1822:
Dimensões

SERVIÇO SOCIAL DO COMÉRCIO
Administração Regional no Estado de São Paulo

Presidente do Conselho Regional
Abram Szajman
Diretor Regional
Danilo Santos de Miranda

Conselho Editorial
Ivan Giannini
Joel Naimayer Padula
Luiz Deoclécio Massaro Galina
Sérgio José Battistelli

Edições Sesc São Paulo
Gerente Iã Paulo Ribeiro
Gerente adjunta Isabel M.M. Alexandre
Coordenação editorial Francis Manzoni, Clívia Ramiro, Cristianne Lameirinha, Jefferson Alves de Lima
Produção editorial Thiago Lins
Coordenação gráfica Katia Verissimo
Produção gráfica Fabio Pinotti, Ricardo Kawazu
Coordenação de comunicação Bruna Zarnoviec Daniel

EDIÇÕES SESC SÃO PAULO
Rua Serra da Bocaina, 570 – 11º andar
03174-000 São Paulo SP Brasil
Tel.: 55 11 2607-9400
edicoes@sescsp.org.br
sescsp.org.br/edicoes
/edicoessescsp

Carlos Guilherme Mota
(ORGANIZAÇÃO)

1822:
Dimensões

PREFÁCIO:
Francisco Alambert

© Editora Perspectiva, 2022

Coordenação editorial Luiz Henrique Soares e
Elen Durando
Edição de texto Marcio Honorio de Godoy
Revisão: Luiz Henrique Soares, Elen Durando,
Ricardo W. Neves
Capa e Projeto gráfico Sergio Kon
Produção Ricardo W. Neves e Sergio Kon

CIP-Brasil. Catalogação na Publicação
Sindicato Nacional dos Editores de Livros, RJ

M581
　　1822 : dimensões / organização Carlos Guilerme Mota ;
prefácio Francisco Alambert. -[3. ed.]. - São Paulo : Perspectiva :
Edições SESC São Paulo, 2022.
　　432 p. : il. ; 23 cm. (Diversos : projetos memórias conexões ; 22)

　　Apêndice
　　Inclui bibliografia
　　ISBN 978-65-5505-104-9　[Perspectiva]
　　ISBN 978-65-86111-82-8　[Edições SESC]

　　1. Brasil - História - Independência, 1822. I. Mota, Carlos
Guilherme. II. Alambert, Francisco). III. Série.

22-77306

CDD: 981.04
CDU: 94(81).043

Meri Gleice Rodrigues de Souza - Bibliotecária - CRB-7/6439
13/04/2022　　18/04/2022

1ª edição, 1972
2ª edição, 1983
3ª edição, 2022

Direitos reservados à

EDITORA PERSPECTIVA LTDA.

Rua Augusta, 2445, cj. 1
01413-100 São Paulo SP
Tel.: (11) 3885-8388
www.editoraperspectiva.com.br

2022

PARTICIPAM DESTA EDIÇÃO

ARTHUR CEZAR FERREIRA REIS Pontifícia Universidade Católica do Rio de Janeiro e Presidente do Conselho Federal de Cultura ᔕ AUGUSTIN WERNET Departamento de História da Faculdade de Filosofia, Letras e Ciências Humanas da USP ᔕ CARLOS GUILHERME MOTA do Departamento de História da Faculdade de Filosofia, Letras e Ciências Humanas da USP ᔕ EMÍLIA VIOTTI DA COSTA Universidade de São Paulo e Universidade de Illinois ᔕ FERNANDO ANTÔNIO NOVAIS Departamento de História da Faculdade de Filosofia, Letras e Ciências Humanas da USP ᔕ FERNANDO TOMAZ historiador, Lisboa. ᔕ FRANCISCO C. FALCON Pontifícia Universidade Católica do Rio de Janeiro ᔕ FRÉDÉRIC MAURO Universidade de Paris X (Nanterre) ᔕ GISELDA MOTA pós-graduada em História Ibérica pela USP; professora do "Ginásio Rainha da Paz" (São Paulo) ᔕ HELGA PICCOLO Departamento de História da Universidade Federal do Rio Grande do Sul ᔕ ILMAR ROHLOFF DE MATTOS Pontifícia Universidade Católica do Rio de Janeiro ᔕ JACQUES GODECHOT Doyen da Faculdade de Letras e Ciências Humanas da Universidade de Toulouse ᔕ JOEL SERRÃO historiador, Lisboa ᔕ LUIZ MOTT Instituto de Ciências Humanas da Universidade Estadual de Campinas. ᔕ MARIA ODILA DA SILVA DIAS Departamento de História da Faculdade de Filosofia, Letras e Ciências Humanas da USP. ᔕ PAULO DE SALLES OLIVEIRA curso de graduação da Faculdade de Filosofia, Letras e Ciências Humanas da USP. ᔕ SÉRGIO PAULO MOREYRA Departamento de História do Instituto de Ciências Humanas e Letras da Universidade Federal de Goiás. ᔕ ZÉLIA CAVALCANTI curso de pós-graduação da Faculdade de Filosofia, Letras e Ciências Humanas da USP.

Sumário

Prefácio à Terceira Edição
Francisco Alambert, 13

Preliminar às Dimensões
Carlos Guilherme Mota, 17

I. DAS DEPENDÊNCIAS

1. As Dimensões da Independência
Fernando Antônio Novais, 23

2. A Independência do Brasil e a Revolução do Ocidente
Jacques Godechot, 33

3. A Conjuntura Atlântica e a Independência do Brasil
Frédéric Mauro, 43

4. Os Remoinhos Portugueses da Independência do Brasil
Joel Serrão, 51

5. Europeus no Brasil à Época da Independência: Um Estudo
Carlos Guilherme Mota, 59

6. Brasileiros nas Cortes Constituintes de 1821-1822
Fernando Tomaz, 75

7. José Bonifácio: Homem e Mito
Emília Viotti de Costa, 97

8. A Interiorização da Metrópole (1808-1853)
Maria Odila Silva Dias, 149

II. DAS INDEPENDÊNCIAS

9. O Processo de Independência no Norte
Arthur Cezar Ferreira Reis, 169

10. O Processo de Independência no Nordeste
Carlos Guilherme Mota, 183

11. O Processo de Independência na Bahia
Zélia Cavalcanti, 205

12. O Processo de Independência em Goiás
Sérgio Paulo Moreyra, 219

13. O Processo de Independência em Minas Gerais
Paulo de Salles Oliveira, 245

14. O Processo de Independência no Rio de Janeiro
Francisco C. Falcón e Ilmar Rohloff de Mattos, 251

15. O Processo de Independência em São Paulo
Augustin Wernet, 291

16. O Processo de Independência no Rio Grande do Sul
Helga Piccolo, 303

III. BIBLIOGRAFIA COMENTADA
Giselda Mota

17. Para a Historiografia da Independência,
325

18. Bibliografia Para a História da Independência,
343

19. Alguns Documentos Básicos Para a História da Independência,
381

APÊNDICE

Um Documento Inédito Para a História da Independência
Luiz Mott, 395

Notas, 413

Os portugueses se atormentam, se perseguem,
e se matam uns aos outros, por não terem entendido
que o Reino, tendo feito grandes conquistas, viveu por mais de três
séculos do trabalho dos escravos e que, perdidos
os escravos, era preciso criar uma nova maneira de existência criando
os valores pelo trabalho próprio.

MOUZINHO DA SILVEIRA,
no Relatório do decreto de 30 de julho de 1832.

Prefácio à Terceira Edição

Este livro foi, e ainda é, um acontecimento. É muito raro que uma coletânea de textos de quase duas dezenas de autores tenha um impacto imediato e profundo em seu tempo. Mais raro ainda é que esse impacto permaneça cinquenta anos depois. Mas é esse o caso da coletânea organizada por Carlos Guilherme Mota por ocasião dos 150 anos da independência do Brasil.

O primeiro motivo para essa permanente força da coletânea está justamente em seu momento histórico. Em 1972, as "celebrações" da Independência estavam pautadas pelos interesses políticos (e consequentes deformações históricas) da Ditadura Militar. Celebrando o passado e sua fundação imperial-escravista, a ditadura civil-militar de 1964 celebrava a si própria, como se fora ela a realizadora, e, sobretudo, a continuadora, do processo de 1822. No pior momento do autoritarismo, sob violenta censura, o livro apareceu como uma forma intelectualmente poderosa de questionamento tanto do passado idealizado quanto do presente, nacionalista e autoritário.

O segundo motivo está no vigor da coletânea, com autores que hoje são clássicos da historiografia brasileira (Fernando Novais, Emília Viotti, Maria Odila Dias, Luiz Mott, para citar apenas alguns) e estrangeira voltada aos estudos do Brasil (Frédéric Mauro, Jacques Godechot, Joel Serrão). A organicidade da obra se dá não apenas pelo seu tema, mas sobretudo pela forma como ele é repartido e analisado. *Grosso modo*, os autores se dividem em dois campos de estudo denominados "Das Dependências" e "Das Independências". Uma espécie de terceira parte encerra o livro, com uma exaustiva análise crítica da bibliografia e historiografia sobre a Independência, até hoje utilíssima, escrita por Giselda Mota, e uma original análise de um documento, até então inédito, encontrado no Arquivo Histórico Ultramarino (Lisboa), feita por Luiz Mott, transcrito em francês e traduzido para o português, tratando das opiniões e observações de um informante anônimo do rei dom João VI.

A primeira parte da obra é dedicada a questões teóricas e historiográficas. É certamente, ainda hoje, a parte mais inovadora do livro. Os diversos olhares se concentram em entender o processo de independência do Brasil no conjunto da ampla crise do Antigo Sistema colonial e do "contexto atlântico". Nas palavras precisas do organizador, tratava-se de indicar "alguns mecanismos de passagem do Antigo Sistema Colonial português para o sistema mundial de dependências, permitindo discutir, tanto do lado europeu como do brasileiro, o significado de 1822". Os quatro primeiros estudos (de Fernando Novais, Godechot, Mauro e Serrão) percorrem perfeitamente esse caminho. Os seguintes trataram de temas internos, com destaque para o texto de Viotti sobre José Bonifácio e para o fundamental "A Interiorização da Metrópole (1808-1853)", de Maria Odila, até hoje um dos mais influentes na historiografia brasileira.

A segunda parte inverte o olhar e passa a perscrutar as multiplicidades do processo de 1822 em nível regional ou local. A noção de "processo" orienta todas as ótimas sínteses, que abordam as regiões Norte e Nordeste e os processos localizados na Bahia, em Goiás, Minas Gerais, Rio de Janeiro, São Paulo e Rio Grande do Sul. Nestes estudos, são dignos de destaque os trabalhos de Francisco Falcón e Ilmar Rohloff de Mattos sobre o Rio e aquele assinado pelo próprio organizador, tratando do Nordeste. Nesse ensaio, Carlos Guilherme Mota resume as descobertas de seus trabalhos anteriores acerca da ideia de revolução no Brasil e sobre a insurreição pernambucana de 1817.

Por isso tudo e muito mais, este livro cinquentão não envelheceu em nada. Suas inovações, teóricas e temáticas, estão ainda na ordem do dia. Sua multiplicidade de pontos de vista, ajustada pela organização criteriosa de temas e objetos, ainda tem muito a ensinar. Hoje, quando se "comemora" os duzentos anos de nosso mito fundador de "independência", quando discursos nacionalistas autoritários retornam à vida política, quando o país, assolado por crises de todas as ordens, clama por repensar a si mesmo, seu passado e o que lhe resta de futuro, um livro como este ressurge para nos iluminar. De novo.

FRANCISCO ALAMBERT
Professor do Departamento de História da USP

Preliminar às Dimensões

Ainda recentemente, num encontro de historiadores realizado no âmbito da programação da XXIV Reunião Anual da Sociedade Brasileira para o Progresso da Ciência (SBPC)[1], o professor Eduardo d'Oliveira França, da Universidade de São Paulo, fazia amplo levantamento dos problemas que aguardam soluções, no que diz respeito à Independência do Brasil. Lembrava o professor Oliveira França a inexistência de monografias de base que fugissem à visão tradicional daquele momento: faltando desde estudos relativos à demografia histórica até investigações na esfera das formações ideológicas, o que caracteriza o período – do ponto de vista historiográfico – é a escassez e a descontinuidade das pesquisas intentadas. Mais do que isso, apontava o professor Oliveira França a dificuldade em formular, com propósito, questões verdadeiramente substantivas para inspirar os trabalhos monográficos e para fugir à linha do ingênuo.

De fato, ampliando tais proposições, o que se verifica é que, enquanto sociólogos, economistas e cientistas políticos se debatem no Brasil de hoje com a problemática da *dependência*, muitos historiadores continuam numa linha estreitamente formalista, aceitando a *independência* como um fato que se esgota no dia de sua proclamação. Não deixa de provocar estranheza tal comportamento, que é bem indicativo do quão pouco caminhou a pesquisa histórica entre nós e de quão complexos são os entraves para o seu desenvolvimento. Sobre um tema crucial, sobre um dos momentos decisivos de nosso passado, muito pouco se fez, em termos estritamente científicos.

Várias questões continuam aguardando solução. Na verdade, ao que parece, o sentido da história do Brasil nesse período (de descolonização, segundo Sérgio Buarque de Holanda) não pode ser dissociado de processos mais abrangentes que a historiografia contemporânea simplifica e ordena sob o rótulo "Do feudalismo ao capitalismo"[2]. Parece certo que a lenta transição do feudalismo ao capitalismo na Europa teve como contrapartida, em certas áreas do mundo colonial, a *passagem*[3] do Antigo Sistema Colonial para o sistema mundial de *dependências*. Para o caso do Brasil, por exemplo, uma leitura atenta do Tratado de 1810 com a Inglaterra permitirá por certo compreender os limites estreitos da independência de 1822.

Por outro lado, problemas complexos podem se apresentar, como o da necessidade de definição da sociedade *colonial*, cuja estruturação explicará mais o predomínio das *persistências* que o das mudanças no período subsequente.

Parece óbvio, hoje, que a compreensão dos processos que ocorrem nas áreas coloniais requer a procura de instrumental conceitual adequado. Nesse sentido, e pensando o Brasil de 1822, poderíamos desde logo indagar: era a sociedade desse período uma sociedade de *classes* (tal como a concebem Caio Prado Júnior, Celso Furtado e José Honório Rodrigues, em perspectivas diferentes)? Ou de *estamentos* (Raymundo Faoro)? Ou, ainda, uma sociedade do tipo *estamental-escravista* (Florestan Fernandes)? Tais questões, vale acrescentar, não serão respondidas pelos pesquisadores de nosso passado tão somente com o aprimoramento de técnicas de quantificação.

O que se pretende com esta coletânea é apresentar ao leitor – por vezes em abordagem menos acadêmica – uma série de perspectivas sobre um mesmo tema. A conclusão ficará por sua conta. Preocupou-nos fornecer um conjunto de interpretações do processo em dois níveis principais: um *geral*, em que, ao lado de indagação mais teórica, ficam indicados alguns mecanismos de passagem do Antigo Sistema Colonial português para o sistema mundial de dependências, permitindo discutir, tanto do lado europeu como do brasileiro, o significado de 1822. Um dos objetivos foi integrar a história do Brasil no contexto que lhe é peculiar: o contexto atlântico. Esse procedimento obrigou-nos, inclusive, a acompanhar mais detidamente o "lado português" da questão, tão desprezado pela historiografia tradicional.

O outro nível de análise, mais *localizado*, levou-nos ao estudo dos diferentes encaminhamentos regionais (e mesmo locais) dos processos de independência. De certa maneira, retorna-se, neste conjunto, à história *événementielle*, sem desconsiderarem os autores, entretanto, a existência de processos maiores em que se articulavam as diversas regiões. Ao mesmo tempo que se enfatiza o localismo das independências nas diferentes áreas, não se descuida do conjunto: do contrário, apenas o fator "coincidência" poderia ser explicativo para a compreensão da concomitância dos processos ocorridos (com dinâmicas diversas, aliás, conforme a região considerada). Sabem eles que, em história, os eventos não podem ser analisados desvinculados de *sistemas*, de *estruturas*, de *processos*.

Na terceira parte, e tendo em vista o caráter da coletânea, tornou-se necessária, mais do que útil, uma bibliografia básica para a história da independência, cujos títulos mais significativos mereceram nota *crítica*. Nesse sentido, tenta-se avaliar o que se produziu de mais expressivo até hoje: o caráter polêmico das notas visa suscitar o debate, objetivo primordial das análises presentes. Precede a bibliografia básica um esboço historiográfico em que ficam registrados os grandes marcos do estudo do tema, bem como suas limitações. Incluiu-se, para encerrar, arrolamento de documentos para a história da independência, acessíveis sobretudo em São Paulo, bem como a transcrição e estudo de documento inédito.

Para a consecução desta coletânea, muitos foram os percalços, a maior parte dos quais ultrapassados pela diligência e crítica de Paulo de Salles Oliveira e Geraldo Gerson de Souza.

Julho de 1972
CARLOS GUILHERME MOTA
Universidade de São Paulo

DAS DEPENDÊNCIAS

1.
As Dimensões da Independência

Fernando Antônio Novais

Neste pequeno estudo, procuraremos apenas apontar as conexões mais importantes que vinculam o movimento de independência de nosso país ao processo mais amplo e profundo da crise geral do antigo sistema colonial da época mercantilista. Efetivamente, do mesmo modo que é impossível uma compreensão verdadeira da forma que assumiu a colonização portuguesa nas terras americanas, sem relacioná-la continuamente às coordenadas estruturais daquele sistema, como procuramos indicar em trabalhos anteriores, pela mesma razão não se pode entender a separação e autonomização da colônia sem inserir esses eventos nos mecanismos de superação do antigo colonialismo. É contudo evidente que não se pode pretender dominar, num rápido ensaio de dimensões reduzidas, todos os componentes de um processo tão vasto e complexo; tudo quanto tentaremos são considerações gerais, demarcando as principais linhas de força desse decisivo ponto de inflexão da história do Ocidente, com vistas a um equacionamento fecundo do problema, que abra caminho a novas indagações.

Por outro lado, somente essa perspectiva possibilita superar certas distorções ou mesmo falácias a que não têm escapado os estudos correntes sobre a independência do Brasil. Por exemplo, os estudos de história econômica, talvez por enfocarem uma única dimensão da realidade histórica, tendem muitas vezes a minimizar o significado da emancipação política; esse processo teria acarretado quase que simplesmente uma transferência de tutela, da portuguesa para a inglesa, a Inglaterra ganhando o papel de uma nova "metrópole". Na realidade, nenhuma modificação fundamental teria ocorrido. Uma repercussão danosa dessa maneira de ver esse momento de nossa história é que os estudos de história econômica não se constituem, assim, em base para uma crítica das teorias do desenvolvimento, com as quais se procura equacionar a situação latino-americana contemporânea. Para o historiador, o pecado capital dessas teorias é justamente que elas tendem a igualizar em categorias genéricas as mais díspares situações históricas (veja-se, por exemplo, a noção de "sociedade tradicional" nas etapas de Rostow). Para que os estudos históricos, a nosso ver, possam servir de base à revisão crítica das teorias de desenvolvimento e subdesenvolvimento, devem eles orientar-se no sentido de alcançarem a identificação da peculiaridade de cada situação histórica específica.

No polo oposto, os estudos tradicionais mais antigos de história geral do Brasil, por se aterem quase que exclusivamente aos aspectos políticos, acabam por conferir à emancipação política uma dimensão que não teve, nem poderia ter. Algumas análises minuciosas dos eventos políticos, centradas nos debates parlamentares do primeiro império, dão por vezes a impressão de que o centro de decisões de nossos destinos, em todos os níveis, se transferira realmente para dentro de nossas fronteiras, como se estivéssemos desvinculados do resto do mundo. Assim, a persistente dependência econômica acaba por parecer um resultado da inépcia da geração que promoveu a independência, sem se levar em conta os parâmetros que balizavam a ação daqueles estadistas. A virtude necessariamente não está no meio, mas a procura de compreensão do passado tem de integrar (ou pelo menos tentar combinar) os vários níveis da realidade: os problemas econômico-sociais, o processo político, os quadros mentais disponíveis, a partir dos quais os atores do drama podiam apreender os problemas emergentes. O enfoque a partir da análise do "sistema" colonial e da sua crise talvez se possa constituir num caminho para essa compreensão.

Mas há ainda uma terceira distorção que importa caracterizar. Alguns autores portugueses e brasileiros assumem, ao estudar a formação brasileira,

uma postura fundamentalmente inversa da perspectiva aqui assumida; o Brasil nunca teria sido colônia, o sistema colonial é um fantasma. Tal visão prende-se, por um lado, à identificação de certas peculiaridades da colonização portuguesa (em confronto com a de outras metrópoles europeias), que são reais, mas que não anulam as linhas mestras do antigo sistema colonial (que é uma estrutura global, subjacente ao processo conjunto da colonização europeia da época moderna), antes devem ser compreendidas a partir dessas linhas mestras. Por outro lado, sobretudo em autores portugueses de linhagem tradicionalista, esse enfoque resulta da constatação de que Portugal não acompanhou, na época mercantilista, o ritmo de desenvolvimento econômico das principais potências europeias: em suma, posto que detentor de extensas colônias, não assimilou os estímulos econômicos para desencadear no fim do período um processo de industrialização. Ora, este é efetivamente um dos problemas capitais da história portuguesa: identificar os fatores pelos quais, apesar da exploração colonial, retrasou-se a metrópole em

D. João VI. Óleo de Luis A. Sequeira. Museu Imperial de Petrópolis, RJ.

D. Carlota Joaquina. Gravura de Debret. Biblioteca Municipal de São Paulo.

relação ao conjunto da economia europeia. Mas a historiografia conservadora prefere sair do problema negando-o, ao afirmar que Portugal não explorava as colônias, ou mesmo quiçá nem tinha colônias. É, porém, evidente, que com essa atitude valorativa (colonização boa, colonização má) não se caminha no conhecimento do passado histórico.

Todavia, atente-se bem: se o Brasil nunca foi colônia, então a independência torna-se um fenômeno incrivelmente nebuloso. Independência em relação a quê, ou a quem, se não havia "dependência"? De fato, o afã de negar o sistema colonial leva necessariamente a caracterizar a independência como uma secessão pura e simples. Mas os problemas continuam. Por que a parte, a maior parte, se separa do todo? Talvez por culpa de malignas "ideias francesas" que contagiaram ingratos súditos da protetora mãe-pátria; ou por causa dos "erros" dos governantes dessa fase conturbada, que não conseguiram timonear satisfatoriamente o barco do Estado. Porém é claro que com juízos de valor não se explicam fenômenos históricos. Os problemas persistem: por que tais ideias encontravam receptividade? Quais as alternativas concretas que se ofereciam aos estadistas que se debatiam com a crise? Positivamente, o maniqueísmo não é um bom método para interpretar a história.

No melhor dos casos, essa perspectiva distorcida nos afirma que o Brasil se separou porque amadurecera para a emancipação. Se nos aprofundarmos porém na análise desse "amadurecimento", iremos esbarrar inapelavelmente nos mecanismos profundos da crise do sistema colonial.

Que se deve pois entender por crise do sistema colonial?

Em primeiro lugar, não se pode pensar em crise de um sistema que não derive do próprio funcionamento desse mesmo sistema; noutros termos, o desarranjo não pode vir induzido de fora, pois nesse caso não se poderia falar em crise do sistema. Por esse motivo, o sistema colonial do Antigo Regime tem de ser apreendido como uma estrutura global subjacente a todo o processo de colonização de época moderna, como indicamos acima, não apenas nas relações de cada metrópole com as respectivas colônias. Nessas relações particulares – ou, como se diz, nos sistemas coloniais português, espanhol, francês etc. –, a crise dá sempre impressão de vir de fora, porque na realidade procede do desequilíbrio do todo. Assim, é aos mecanismos profundos de estrutura que devemos nos voltar primeiramente, para depois irmos nos aproximando com segurança dos casos particulares.

Ora, encarada no conjunto, a colonização dos séculos XVI, XVII e XVIII (e o movimento colonizador foi certamente um dos aspectos mais salientes da Época Moderna) se apresenta a nós essencialmente marcada pela sua dimensão mercantilista; quer dizer, a ocupação e valorização econômica das novas áreas pelos europeus – a chamada europeização do mundo – assume a forma mercantilista nesse período. E isso não decorre apenas da contemporaneidade dos dois fenômenos (expansão colonial e política mercantilista), já em si muito significativa, senão que se revela seja na análise genética (como a colonização se engendrou) seja na estrutural (qual a posição e quais as relações com os demais componentes do Antigo Regime) da própria colonização europeia.

Examinada nas suas origens, a colonização mercantilista aparece como um desdobramento da expansão comercial: isso significa que não se confunde com o seu ponto de partida – e de fato, com a colonização a ação econômica ultramarina dos europeus ultrapassa a órbita da circulação de mercadorias para a da sua produção (o que envolvia povoamento etc.); mas significa também que se mantinham aspectos essenciais do primeiro movimento – e de fato, o sentido básico mantém-se, as mercadorias são produzidas para o mercado europeu. Logo, a função no conjunto continua a mesma, que vinha da exploração puramente comercial, que fora o grande movimento (descobrimentos) através do qual se superara a crise da economia mercantil europeia no fim da Idade Média e início da Moderna. Através da expansão (séculos XV e XVI) superara-se a depressão monetária europeia e se reativara a acumulação de capital por parte da burguesia mercantil. Ao se desdobrar em colonização, o movimento expansionista apenas aprofunda ou antes amplia esse mecanismo: desenvolve-se para ativar a acumulação de capital comercial na Europa, isto é, acumulação por parte da burguesia mercantil, que é uma forma de acumulação originária.

Analisada nas suas conexões com os demais componentes essenciais do mesmo conjunto (Antigo Regime), a mesma natureza da colonização se revela. Quais são, primeiramente, esses outros componentes? No plano político, a época moderna assiste ao predomínio do absolutismo, que foi a forma política preponderante nessa fase de formação dos estados nacionais modernos; no nível econômico, a economia europeia assume a forma do chamado capitalismo comercial, fase intermediária e de formação do capitalismo, na qual as relações de mercado não dominam o conjunto da vida econômica mas já o setor mercantil constitui-se no setor dinâmico da economia; na faixa da vida social, a sociedade estamental persiste, isto é, a estruturação a partir dos princípios do privilégio jurídico, comportando já porém numa das ordens (o terceiro estado) uma crescente diferenciação de classes: não é uma sociedade de classes, mas contém classes no seu bojo.

As inter-relações entre esses vários componentes do Antigo Regime não são difíceis de perceber. À "sociedade de ordens", já não feudal, ainda não burguesa, se prende, de um lado, a forma ultracentralizada que assume o poder absolutista nos estados monárquicos; de outro lado, os limites do desenvolvimento da economia de mercado ou a persistência de amplos setores pré-mercantis. A centralização absolutista e a teorização da origem extrassocial do poder (direito divino) aparecem como a única possibilidade de manter-se a coesão numa sociedade tão essencialmente heterogênea, porque estruturada a partir de princípios distintos; a monarquia de direito divino absolutista se funda exatamente nesse relativo equilíbrio político de forças sociais, e o pressupõe. Com isso (persistência da nobreza, restos de relações servis, consumo suntuário não reprodutivo de parte do excedente etc.) ficam limitadas necessariamente as possibilidades de expansão do setor mercantil da economia, e, pois, de ascensão da camada burguesa da sociedade; efetivamente, nessa primeira fase do capitalismo em formação, pelo fato de o lucro se realizar predominantemente na circulação sob a forma de capital comercial e, pois, a camada empresária não deter o domínio do parque produtor, o processo e o ritmo da acumulação se encontram de certo modo bloqueados, quer dizer, o setor de mercado da economia do Antigo Regime tem poucas condições de um intenso e rápido desenvolvimento autossustentado. Para manter-se crescendo, necessita de apoio extraeconômico do Estado. Ora, exatamente o estado absolutista pode exercer essa função, dada a extrema centralização do poder; e mais, precisa exercê-la para fortalecer-se, em relação aos outros estados, pois nessa fase de formação os estados se desenvolvem uns contra os outros. Daí a política econômica mercantilista, que no fundo visa essencialmente enriquecer o Estado para torná-lo forte, mas ao fazê-lo desenvolve a economia mercantil e acelera pois a acumulação de capital de forma primitiva. Assim se fecha o circuito das inter-relações.

Nesse contexto, a colonização aparece claramente como um elemento da política mercantilista, e pois visando os mesmos fins. Aos elementos internos (toda a política de privilégios, monopólios etc.) da política econômica somam-se os externos, colonização e política colonial: a aceleração no ritmo da acumulação de capital é o objetivo de todo o movimento. Daí a extensão quase diríamos surpreendente que o fenômeno assumiu na época moderna. Os mecanismos pelos quais a colonização se ajusta às funções que exerce no conjunto maior é que se devem denominar sistema colonial; e são basicamente o regime do exclusivo metropolitano do comércio colonial e o escravismo africano e o tráfico negreiro. Através desses componentes estruturais básicos, a colonização se desenvolve dentro dos quadros de possibilidades do sistema: e, ao desenvolver-se, promove a aceleração de capital comercial na Europa.

Até aqui, as condições de equilíbrio. Mas o nosso problema é compreender a crise.

Retomemos, portanto, a noção de crise engendrada no próprio sistema. É que a contradição é inerente à sua natureza, quer dizer, ao funcionar, desencadeia tensões que, acumulando-se, acabam por extravasar seu quadro de possibilidades. Não é possível explorar a colônia sem desenvolvê-la; isso significa ampliar a área ocupada, aumentar o povoamento, fazer crescer a produção. É certo que a produção se organiza de forma específica, dando lugar a uma economia tipicamente dependente, o que repercute também na formação social da colônia. Mas, de qualquer modo, o simples crescimento extensivo já complica o esquema; a ampliação das tarefas administrativas vai promovendo o aparecimento de novas camadas sociais, dando lugar aos núcleos urbanos etc. Assim, pouco a pouco vão se revelando oposições de interesse entre colônia e metrópole, e quanto mais o sistema funciona, mais o fosso se aprofunda. Por outro lado, quanto mais opera a exploração colonial, mais estimula a economia central, que é o seu centro dinâmico. A industrialização é a espinha dorsal desse desenvolvimento, e quando atinge o nível de uma mecanização da indústria (Revolução Industrial), todo o conjunto começa a se comprometer porque o capitalismo industrial não se acomoda nem com as barreiras do regime de exclusivo colonial nem com o regime escravista de trabalho.

30 DAS DEPENDÊNCIAS

Tal é o mecanismo básico e estrutural da crise, no seu nível mais profundo, e ele não decorre de nenhum "erro" ou malevolência dos autores do drama, antes procede do próprio funcionamento necessário do sistema. É claro que não se pode nem de longe pretender explicar as ações humanas no curso dos acontecimentos direta e imediatamente por esses mecanismos de fundo. Mas, por outro lado e igualmente, não se pode prescindir deles numa compreensão global; eles são o ponto de partida, delimitam os marcos estruturais que condicionam imediata e indiretamente o curso da história. Quer dizer: a tarefa, verdadeiramente fascinante, do historiador, será procurar as mediações que articulam os processos estruturais com a superfície flutuante dos acontecimentos.

Considerado o Antigo Regime como um todo interdependente, bastariam esses mecanismos de crise no setor colonial para comprometer o conjunto. Mas nas próprias metrópoles, isto é, no centro dinâmico do sistema, as contradições emergem de seu próprio funcionamento. Aplicada a política mercantilista pelos vários estados, as relações internacionais tendem para um belicismo crônico, que só pode resolver-se pela hegemonia final de um deles. Internamente, nos vários estados, e em função dessa mesma desenfreada competição, a política de fomento econômico vai-se tornando condição de sobrevivência; ora, essa política não se pode implementar sem promover o progresso burguês, rompendo dessa forma o equilíbrio de forças sobre o qual se fundava o Estado absolutista: assim, o estatismo econômico vai deixando de ser visto, pela camada burguesa em vias de dominar todo o processo de produção, como uma alavanca para o desenvolvimento – o intervencionismo do Estado absolutista começa a ser visto como entrave. A burguesia passa a tomar consciência de si mesma e irá se incompatibilizar com o Antigo Regime. No centro dinâmico e na periferia complementar, a velha estrutura, aparentemente tão sólida, se compromete e começa a vacilar nos seus alicerces. Abre-se a fase de reformas, alternativa para a revolução.

Nunca será demais insistir que esse esquema interpretativo não se propõe como sucedâneo dos estudos monográficos que devem iluminar cada processo específico, nem como modelo adaptável a toda e qualquer circunstância. Antes se apresenta como marco para as reflexões, ponto de partida e não de chegada. A tarefa decisiva, já o indicamos, consiste no estabelecimento das mediações que articulam a estrutura fundamental com a flutuação dos eventos. Para ser assim entendido, três observações parecem-nos indispensáveis.

Em primeiro lugar, o arcabouço básico não pode conter nem mesmo moldar todas as manifestações do fenômeno, sendo a realidade histórica sempre muito mais rica, quase diríamos infinita nas suas possibilidades. Assim, na colonização da época moderna, nem todas as colônias se conformam segundo as linhas do sistema; é o caso das chamadas colônias de povoamento, que discrepam da tendência geral. Mesmo nas colônias de exploração, que são as típicas, nem todas as manifestações da vida econômica, política, religiosa etc. exprimem-se segundo as linhas de força do colonialismo mercantilista. Basta pensar em certos aspectos da colonização dos países ibéricos, como, por exemplo, a catequese. De qualquer modo, o que sustentamos é que é a partir do sentido mais profundo do fenômeno, que o esquema interpretativo procura descrever, que se pode analisar e compreender as variações, e não o contrário.

Também é indispensável ter presente, em segundo lugar, que os mecanismos acima descritos, por serem globais, só funcionam naturalmente no conjunto, isto é, encarando-se de um lado as economias coloniais periféricas e, de outro, as centrais europeias. As primeiras estimulavam o desenvolvimento econômico das segundas, dentro do sistema colonial do mercantilismo. Como, entretanto, a colonização se processou dentro de um quadro de aguda competição internacional, a assimilação dos estímulos advindos da exploração do ultramar caía na arena das competições econômicas e políticas, podendo os estímulos transferir-se de umas para outras das metrópoles colonizadoras. Os exemplos de Portugal e Espanha vêm logo à mente.

Finalmente, a terceira observação: ela é a mais importante para entendermos a crise, e nela inserirmos os movimentos de independência. É que o sistema, por assim dizer, não precisa esgotar suas possibilidades para entrar em crise e se transformar. O que chamamos de sistema colonial, na realidade, é subsistema de um conjunto maior, o Antigo Regime (capitalismo comercial, absolutismo, sociedade de "ordens", colonialismo), e se movimenta segundo os ritmos do conjunto, ao mesmo tempo que o impulsiona. Assim, não foi indispensável que se completasse a industrialização

DAS DEPENDÊNCIAS

(no sentido de revolução industrial) de toda a economia central para que o sistema se desagregasse; bastou que o processo de passagem para o capitalismo industrial se iniciasse numa das metrópoles para que as tensões se agravassem de forma insuportável. É que, na realidade, o Antigo Sistema colonial se articula funcionalmente com o capitalismo comercial, e quando esse se supera, as peças do todo já não são as mesmas. Mais rigorosamente ainda, a competição entre as metrópoles europeias (inerente ao sistema, como indicamos) resolveu-se na segunda metade do século XVIII pela hegemonia inglesa; daí ser a Inglaterra a que primeiro abriu caminho no industrialismo moderno. Daí também, e contemporaneamente, essa nação ficar em posição de ajustar todo o sistema a seus interesses, a começar pelo enquadramento das colônias da Nova Inglaterra, até então bafejadas pela tolerância metropolitana. É sabido que esse esforço por enquadrar essas colônias de povoamento nas linhas da política mercantilista engendrou as tensões que resultaram na independência dos Estados Unidos da América.

A partir de então pode-se falar que a crise estava aberta – uma colônia que se torna nação independente ultrapassa totalmente o quadro de possibilidades do sistema. O último quartel do século XVIII e o primeiro do XIX foram efetivamente um longo período de reajuste do conjunto, com alternativas de movimentos reformistas e rupturas revolucionárias: a penosa superação, enfim, da dominação colonial nas Américas, e do absolutismo político na Europa. Este é, a nosso ver, o quadro de fundo *a partir* do qual se pode analisar o movimento de nossa independência, para lhe dimensionar o verdadeiro significado histórico.

2.
A Independência do Brasil e a Revolução do Ocidente[1]

Jacques Godechot

1822-1972: Há cento e cinquenta anos o Brasil é independente. Convém recolocar esse acontecimento no quadro da grande revolução do Ocidente, que começou por volta de 1770, com a insurreição das colônias inglesas da América do Norte, e só terminou, na Europa, com a repressão ao movimento revolucionário de 1848, na América do Norte, com o fim da guerra civil norte-americana, e, no Brasil, com a proclamação da República em 1889.

Como e por que a independência do Brasil pode ligar--se a tal ciclo revolucionário? Recordemos sumariamente os fatos: por volta de 1770, as estruturas sociais do mundo ocidental estão em processo de desagregação. O "regime feudal" ainda existe legalmente; do ponto de vista econômico, o sistema capitalista, em pleno desenvolvimento, está em vias de suplantá-lo. Na Europa, um fluxo demográfico de amplitude excepcional precipita ainda mais o rompimento dos quadros da velha sociedade. A população da Europa aumenta em 40% durante o século XVIII, mas a da Inglaterra quase duplica no mesmo período. Nessa sociedade em curso de transformação, as novas ideias expressas pelos "filósofos" se difundem tanto mais rapidamente por se apoiarem sobre os progressos das ciências e das técnicas e por proporem uma sociedade nova na qual os homens gozarão da felicidade à qual aspiram, e que, politicamente, terá a liberdade e a igualdade como fundamentos. Os soberanos, os governos vigentes, empenham-se na luta contra as novas tendências, reforçando seu poder: aqui, simulando aplicar as ideias dos "filósofos", isto é, o "despotismo esclarecido", lá, favorecendo os "corpos privilegiados", ou seja, a "reação senhorial". As guerras provocadas na América do Norte pelos colonos ingleses contra os franceses favoreceram naturalmente as aspirações dos habitantes das possessões inglesas à maior independência. Opuseram-se ao refortalecimento dos poderes do rei: depois de 1770 sobrevém a revolta. Essa revolta logo se transforma não apenas em uma guerra pela independência, mas em uma verdadeira revolução política, social, econômica, que resultou na criação, em 1776, dos Estados Unidos. Porém a fermentação revolucionária não se limitou à América do Norte e alcançou a Grã-Bretanha. Desde 1779, os irlandeses, armados para a defesa de sua ilha contra um eventual ataque francês, reclamavam mais liberdade especialmente para os católicos, que eram excluídos de todas as funções públicas. O *bill of test*[2] foi abolido na ilha, mas essa concessão foi julgada insuficiente e a agitação não deixaria de crescer. As concessões feitas aos católicos viriam, ao contrário, provocar na Inglaterra, em 1780, um movimento de caráter revolucionário que, em junho, ensanguentou Londres durante oito dias e provocou a destruição, por incêndio, de cerca de quarenta imóveis, entre os quais muitos edifícios públicos importantes.

Os Países-Baixos, que com a França e a Espanha haviam ajudado os Estados Unidos a se tornarem independentes, são, a partir do fim da guerra, isto é, em 1783, o palco de uma luta revolucionária entre os burgueses "patriotas" e os orangistas que sustentam as tendências autoritárias do soberano, o *stathouder*. Este só prevalece em 1787 graças ao apoio de tropas estrangeiras, inglesas e prussianas, que chamou em seu auxílio. Mas a revolução mal é sufocada nas Províncias Unidas e já eclode nos Países-Baixos austríacos, isto é, na Bélgica e no bispado de Liège. Aqui também os "patriotas" são vencidos pela intervenção das tropas alemãs em 1790.

Na Suíça, verificam-se movimentos revolucionários análogos. Em 1781, uma conspiração organizada no cantão de Friburgo malogra e os conjurados são presos. Contudo, no ano seguinte, em Genebra, os democratas tomam o poder em abril, conservam-no por cerca de três meses e não o abandonam senão pela intervenção militar (ainda uma vez) de tropas bernesas, sardas e francesas.

Retratos de D. Pedro I.

36 DAS DEPENDÊNCIAS

Pela mesma época, na Polônia, a Dieta se esforça para renovar o país ao operar uma verdadeira "revolução de cúpula": elaborou a Constituição de 3 de maio de 1791. Em contrapartida, a revolta dos camponeses da Transilvânia, em 1784, terminara pela supressão da servidão pessoal, mas sem reformas políticas.

Bem mais importante, por causa das dimensões, amplitude e profundidade, é a Revolução Francesa, que se inicia em 1787 e atinge toda a sua extensão em 1789. Entre os traços mais notáveis que ressaltam a relevância dessa revolução estão, em primeiro lugar, o fato de que, com 26 milhões de habitantes, a França tenha sido o país mais populoso do mundo ocidental à época. Em segundo lugar, há de se ressaltar que foram sobretudo seus filósofos que difundiram as "luzes" e que a influência intelectual do país sobre o mundo era ainda maior que sua influência política e econômica. Por fim, a Revolução Francesa foi importante porque, à semelhança dos estadunidenses, mas, diferentemente dos holandeses, irlandeses, belgas, genebrinos, ela resistiu vitoriosa, a partir de 1792, às forças contrarrevolucionárias do interior aliadas à intervenção dos exércitos coligados de quase toda a Europa. Desse modo, todos os revolucionários derrotados antes de 1789 contam com a França para reativar em seu país a revolução agonizante, e os novos revolucionários esperam dela a ajuda que lhes permitirá transformar seu país. Na verdade, a França dá vida à Revolução na Bélgica em 1792 e em 1794, e na Holanda, em 1795. Ela também ajuda os revolucionários irlandeses, sem conseguir obter a independência da ilha. Encoraja, ainda, os revolucionários genebrinos, que tomam o poder em 1792. Socorre os revolucionários da Renânia em 1792, os da Itália a partir de 1796 e os da Suíça em 1798. Ela malogra somente na Península Ibérica, onde os poucos revolucionários espanhóis não podem derrotar o regime monárquico solidamente estabelecido pela Igreja. Quanto a alguns revolucionários portugueses, permanecem completamente isolados. Entretanto, as ideias revolucionárias atravessaram novamente o Atlântico. Não resta dúvida que, no Brasil, a conjuração de Tiradentes esteve ligada ao grande movimento que abrangeu o Ocidente. A origem revolucionária e francesa da tentativa insurrecional descoberta na Bahia em 1798 é certa. Encontram-se em poder dos conjurados brochuras e jornais franceses, o texto de discursos pronunciados nos Estados Gerais ou na Convenção. A partir dessa época, as agitações, ainda fracas e pouco estruturadas, perceptíveis no Brasil ligam-se a todas aquelas que começam a transformar o mundo ocidental.

Em 1800, Bonaparte assume o poder. Se na França ele põe termo à Revolução, consolidando seus resultados, para a Europa ele permanece como o homem da Revolução, aquele que continuará a propagar seus princípios e constituições. Ora, sua política subverte a Península Ibérica muito mais que o fizeram os regimes revolucionários franceses do período precedente. Em 1806, Napoleão decide derrotar a Inglaterra por meio do "Bloqueio Continental": procura impedi-la de vender ao continente europeu seus produtos industrializados e mercadorias coloniais. Napoleão esperava criar, assim, uma crise econômica na Grã-Bretanha através da paralisação das indústrias e do comércio. O desemprego geral e o marasmo dos negócios obrigariam, segundo o Imperador, o governo britânico à paz. Para que o bloqueio continental fosse eficaz, era necessário que todos os países da Europa o apoiassem. Ora, Portugal estava ligado à Inglaterra por numerosos tratados de comércio, dos quais o mais célebre havia sido concluído em 1703 por Lorde Methuen. Portugal recusou então a aplicação do bloqueio e repeliu um ultimato de Napoleão a 28 de julho de 1807. Napoleão, com o assentimento da Espanha, decidiu ocupar Portugal a fim de fechar seus portos aos navios ingleses. Um exército comandado pelo general Junot marchou sobre Lisboa. Com a aproximação desse exército, o regente d. João VI (a rainha d. Maria fora declarada mentalmente incapaz) embarcou e partiu para o Brasil. Ao chegar no país, instalou-se na Bahia e, posteriormente, no Rio de Janeiro.

Assim, o movimento revolucionário teve profundas repercussões sobre a evolução do Brasil, pois provocou a transferência da casa real de Portugal de Lisboa para o Rio de Janeiro. Além disso, o Brasil, isolado da metrópole e do continente europeu, viria a modificar sua orientação econômica e abrir-se largamente aos produtos ingleses. Um tratado de comércio foi assinado em 1810 entre o Brasil e a Grã-Bretanha, o que não impediu o Brasil de manter-se informado do progresso das ideias revolucionárias na Europa – e particularmente na Espanha, onde as Cortes de Cádiz adotaram, em 1812, uma Constituição inspirada bem de perto na Constituição francesa de 1791 – e na América, onde as colônias espanholas revoltavam-se contra uma metrópole governada por José Bonaparte, irmão de Napoleão, e onde duas delas, a Venezuela e a região do Prata, proclamavam independência;

38 DAS DEPENDÊNCIAS

a Venezuela chegou até mesmo a instalar a república em 14 de julho de 1811, dia do aniversário da queda da Bastilha.

O Brasil tornou-se também, de fato, um Estado independente, e o regente adaptou-se tão bem ao Rio que recusou regressar a Lisboa em 1814. Com a morte da rainha d. Maria em 1816, ele tomou, no Brasil, o título de rei de Portugal sob o nome de d. João VI.

Na França, a queda de Napoleão, em 1814, e ainda mais de Waterloo, no ano seguinte, marcaram o início da reação. Sem dúvida, o essencial das transformações sociais operadas pela Revolução subsistia e a maioria das instituições criadas por ela permanecia vigente, mas os ultrarrealistas procuravam destruí-las. O povo francês tinha consciência de que eles não o conseguiriam, acreditavam que a Revolução não estava acabada e até mesmo que continuava, sobretudo na América. Nos Estados Unidos, as conquistas da revolução de 1770-1789 permaneciam intatas. Esse país era visto então pelos franceses como a terra por excelência das novas experiências, como o refúgio dos perseguidos e banidos. Mas, na América do Sul, a luta continuava nas colônias espanholas. Muitas delas recusavam-se a reconhecer Fernando VII de Bourbon, restaurado depois de José Bonaparte ter abandonado a Espanha. A opinião liberal francesa seguia de muito perto as lutas que se desenvolviam na América do Sul. Assim, a insurreição pernambucana de 1817 foi objeto de longos comentários na imprensa, apesar da censura[3]. Em Paris, o *Constitutionnel*, fechado pelo governo por ser visto como demasiado liberal, reaparece com o título neutro de *Journal du Commerce*, e dedica importantes artigos a essa revolta. Insiste no fato de que os insurretos haviam proclamado a independência da região e pedia que essa independência fosse reconhecida pelos Estados Unidos. A revolta de Pernambuco se lhes afigurava como um episódio do movimento revolucionário que, temporariamente, havia deixado a Europa e situara-se dali em diante na América. O *Journal des Débats*, mais moderado, também é, todavia, um órgão de oposição. Diversamente do *Journal du Commerce*, acrescenta às notícias do Brasil abundantes comentários, em geral desfavoráveis aos insurretos de Pernambuco: "As notícias de São Salvador", dizia a 5 de julho de 1817, "mostram que os habitantes dessa cidade manifestaram-se a favor do governo régio, e que não havia o menor indício de que se inclinassem para a causa *patriótica* de Pernambuco; pelo contrário, voluntariamente ofereceram-se para marchar contra aquela região a fim de submetê-la à autoridade do rei." O órgão dos "ultras", *La Quotidienne*, atribui ainda maior importância à revolta de Pernambuco. Viu nela, com muita propriedade, a sequência americana da Revolução que havia transformado a Europa e, portanto, colocava franceses e brasileiros em guarda contra seus progressos. Na edição de domingo, 1º de junho de 1817, a primeira página inteira é dedicada ao Brasil. Em 5 de junho, publicava: "As proclamações do governo provisório [de Pernambuco]... não contêm senão repetições no estilo de 1793, a respeito do *monstro infernal da realeza*. Os chefes do tumulto são todos homens desprezíveis, verdadeiros anarquistas; o mais conhecido deles é Martinez, falido fraudulento. Ele não tem o talento nem a reputação necessária para desempenhar o papel de um chefe de governo."

O jornalista da *Quotidienne* era, sem dúvida, hostil aos insurretos de Pernambuco, mas era justo ao ligar suas proclamações às de 1793: há uma filiação entre as reivindicações sociais dos revolucionários franceses de 1793 e as dos insurretos brasileiros de 1817.

Os jornais parisienses não são os únicos a falar da insurreição de Pernambuco. Os de província também a mencionam. O *Journal de Toulouse* publica durante quatro meses, na primeira página de quase todos os seus números, notícias do Brasil. O *Journal de Toulouse* era moderado, e sobretudo prudente. Ele sublinha o liberalismo dos insurretos de Pernambuco, que haviam "respeitado as propriedades inglesas" e permitido constantemente aos navios portadores de pavilhão britânico entrarem no porto. Acrescenta que os insurretos desejam estabelecer um governo de "bases liberais"[4].

É bastante curioso constatar que a proclamação da independência e do Império do Brasil, a 7 de setembro de 1822, tenha provocado muito menos artigos na imprensa francesa que a insurreição de Pernambuco; é que os franceses já consideravam o Brasil como um Estado independente. Quando souberam em 1821 que o rei d. João vi retornara a Lisboa, não pensaram que o Brasil voltasse a ser colônia de Portugal, como não acreditavam que as províncias espanholas da América pudessem voltar a ser colônias da Espanha, ou o Haiti colônia francesa. O que os jornais franceses destacaram é que o Brasil se tornara um império e, portanto, permanecera monárquico, ao invés de transformar-se em república como ambicionavam os insurretos de 1817. Tal é o ponto de vista do *Quotidienne*. Apesar disso, a maior parte dos jornais de Paris e de província publicaram resumos, mais ou menos longos, do manifesto de dom Pedro.

40 DAS DEPENDÊNCIAS

O fato de o Brasil tornar-se um Império não podia, contudo, impedir que esse Império houvesse surgido de um processo revolucionário – como o império napoleônico procedera da Revolução Francesa – e houvesse consolidado seus resultados. E disso os liberais, tanto quanto os conservadores franceses, tinham consciência. Havia, contudo, um problema que eles se propunham, e que colocavam também a respeito dos Estados Unidos: o de saber em que medida a manutenção da escravatura era compatível com um regime que se pretendia democrático. Os jornais franceses imaginavam que os republicanos brasileiros desejassem a abolição da escravatura e que apoiassem as revoltas dos negros. Ficaram muito surpresos ao verificarem que os revoltosos de Pernambuco, em 1817, não decidiram de início a emancipação dos escravos. O *Journal de Toulouse* observa a esse respeito: "O governo provisório de Pernambuco julgou conveniente declarar que o memento atual não é favorável à emancipação dos homens de cor e dos escravos indistintamente. O governo deseja uma emancipação que destrua para sempre o cancro da escravidão, mas desejou-a ao mesmo tempo lenta, regular e legal."[5] Na realidade, por essa época eram pouco numerosos os republicanos brasileiros partidários da abolição da escravatura.

Para muitos jornais franceses, por outro lado, a manutenção da escravatura, que recordavam haver sido restabelecida nas colônias francesas em 1802, era a condição da prosperidade do Brasil. Ora, se a opinião francesa interessava-se pelas transformações políticas e sociais do Brasil, se nelas via articulações com o movimento revolucionário que subvertera o mundo ocidental, também atribuía muita importância ao desenvolvimento econômico desse país e à melhora das relações comerciais entre o Brasil e a França. O tratado de comércio de 1810 havia permitido à Inglaterra assumir uma posição privilegiada no comércio exterior do Brasil. Antes que terminassem as guerras revolucionárias, a França tentara retomar uma posição no mercado brasileiro. A 20 de novembro de 1814, o cônsul francês no Porto escrevia: "No atual sistema colonial, o Brasil é o primeiro ponto onde a França pode tentar estabelecer, o mais rapidamente, um comércio útil."[6] Desde 1816, o comércio entre a França e o Brasil foi reiniciado, e o *Journal de Toulouse* indicava: "Os artigos comerciais, cuja venda é mais segura no Brasil, são os vinhos de Bordéus, os licores, os tecidos de França, as manteigas da Bretanha, os queijos, salsichões e presuntos, óleo de oliva, cambraias, sedas, calçados grosseiros, moinhos manuais, telas de linho para peneiras e móveis, telas metálicas para joeiras, armas de caça e utensílios de pesca e cutelaria. Os tecidos devem ser de qualidade vulgar e próprios para fazer as vestimentas dos negros."[7] Todos os jornais franceses, qualquer que seja sua posição política, insistem então acerca da necessidade de desenvolver o comércio entre a França e o Brasil. Contudo não parece ter havido muito progresso entre 1816 e 1822. As exportações do Havre para o Brasil permanecem estacionárias: passam de 5 100 000 francos em 1816 para 6 300 000 em 1818, caem a 4 250 000 francos em 1819[8]. Por isso, a proclamação do Império independente do Brasil foi muito favoravelmente acolhida pelos comerciantes e industriais franceses, porque confirmava de direito uma independência de fato e permitia esperar, enfim, o desenvolvimento do comércio franco-brasileiro. Contudo ele evolui lentamente; atinge 50 milhões de francos em 1843, quando o comércio inglês com o Brasil era mais que o triplo disso, 160 milhões, sendo então de 400 milhões o comércio exterior total do Brasil. Apesar dessas decepções de ordem econômica, a evolução do Brasil foi seguida atentamente na França. Era muito melhor conhecida que a dos Estados originados das antigas colônias espanholas da América. O fato de o Brasil se haver organizado como monarquia explicaria a atenção que lhe concederam os franceses? O império brasileiro recordava o império napoleônico, a monarquia d. Pedro I lembrava a de Luís XVIII, a Constituição brasileira apresentava analogias com a carta de 1814. No quadro da revolução do Ocidente, as instituições políticas do Brasil lembravam um pouco as da França, enquanto as instituições políticas das repúblicas hispano-americanas evocavam antes as dos Estados Unidos. Assim pode-se explicar a posição relativamente importante que o Brasil ocupava na opinião francesa, há cento e cinquenta anos, na época em que sua independência foi proclamada.

3.
A Conjuntura Atlântica e a Independência do Brasil[1]

Frédéric Mauro

Não se deve dar atenção demasiada à conjuntura, especialmente à conjuntura econômica. O grito do Ipiranga não é consequência direta da alta ou baixa dos preços, da produção nem das exportações de Portugal ou Brasil. Entretanto, a conjuntura, retomando a expressão corrente, mas que possui certo valor científico, pode ser favorável ou desfavorável. Como estava quando o Brasil se separou de Portugal? Mais exatamente, apresentava-se capaz de facilitar ou impedir essa independência?

Ora, o que surpreende é a diferença entre a conjuntura portuguesa e a conjuntura brasileira. A primeira está, de modo claro, sob o signo da depressão. Podemos estudá-la indo dos movimentos de maior duração para os de menor. Ernest Labrousse fala-nos, por vezes, em *tendance majeure*, ou seja, a orientação que tende à alta ou baixa e que cobre vários séculos. Considera-se, geralmente, que, a partir da Baixa Idade Média, França e Inglaterra tiveram uma *tendance majeure* positiva, ao contrário da Alta Idade Média, entre o Império Romano e o século XII, que correspondeu a um período negativo. Para a Espanha, Pierre Chaunu mostrou que, após o impulso da Reconquista e, depois, da Conquista após o estabelecimento de um imenso império mundial no século XVI, o país conheceu, no século XVII, a queda de sua *tendance majeure*. Mostrou também que, desde

44 DAS DEPENDÊNCIAS

os anos 1600, o poderio espanhol e a "economia mundo" espanhola sobre o planeta não haviam cessado de decrescer. Pode-se perguntar se esse fenômeno não foi mais tardio para Portugal graças ao açúcar e ao ouro do Brasil que conferiram à metrópole um brilho inigualável durante os séculos XVII e XVIII; dessa forma, a queda ter-se-ia produzido somente dois séculos após a da Espanha, *grosso modo* em torno de 1800. Nesses vastos movimentos, é permitido tomar uma data aproximativa em números redondos, na medida em que sabemos por antecipação que uma modificação tão profunda não se produz em um dia, nem em um mês ou ano. Talvez fosse melhor dizer 1760 ao invés de 1800, pois 1760 marca aproximadamente o momento em que a produção do ouro brasileiro cessou de crescer e, consequentemente, o Brasil arrastou Portugal num processo de regressão econômica que a política pombalina de industrialização, já estudada por Jorge Borges de Macedo[2], não conseguiu compensar, parar ou retomar. Talvez mais que 1760 ou 1800 pudéssemos dizer 1808 ou 1822, pois a separação entre Brasil e Portugal privou-o definitivamente de sua fonte de riqueza, embora após a decadência do ouro e um longo período de economia estacionaria o Brasil recomeçasse a se expandir com o café, após 1830. Mas essa discussão sobre uma forquilha, que vai de 1750 a 1830, tem pouco interesse: o essencial é que, para Portugal, a queda da *tendance majeure* coloca-se entre as duas datas.

Além da *tendance majeure*, economistas e historiadores interessam-se, geralmente, pelo estudo do movimento secular. A Europa e mais particularmente França e Inglaterra conheceram um século XVI de alta, um século XVII de baixa ou estabilização, um XVIII positivo e mesmo próspero, um XIX em que a Revolução Industrial e as transformações de estrutura por ela introduzidas se produzem encobertas por uma baixa de preços, especialmente dos preços industriais. Na Espanha, a alta imperial do século XVI, o refluxo do século XVII, a prosperidade do século XVIII ligados aos esforços de renovação, a exemplo da Europa, e o afluxo da prata mexicana, precederam um século XIX de declínio, que transformou o país numa nação em vias de desenvolvimento. Para Portugal, o ritmo é semelhante, mas o ouro brasileiro precedeu a prata mexicana tanto no impulso como na decadência. Portanto, após um século XVI de alta e um XVII em que a baixa foi retardada e amortecida pelo açúcar[3], o século XVIII de prosperidade precede o movimento secular negativo do século XIX. Encontramo-nos assim, segundo Albert-Alain Bourdon, em face de um país em vias de subdesenvolvimento[4]. O século XX, embora seja cedo para afirmá-lo, aparecerá talvez para a economia portuguesa e espanhola como um século positivo. O ano de 1822 aparece pois simultaneamente como articulação entre duas *tendances majeures*, e entre um século de prosperidade e um século de depressão, mais próximo já da depressão.

Essa impressão confirma-se ao estudarmos o momento de longa duração Kondratieff ligado, como se sabe, à política e à guerra mas também à tecnologia e à demografia[5]. Esse movimento é muito bem conhecido para a França dos séculos XVIII e XIX, desde a publicação dos trabalhos de François Simiand e Ernest Labrousse. Sabemos que após a prosperidade dos anos 1740-1775 – uma longa e feliz geração – veio o interciclo de baixa, portanto uma fase *b* curta, mas profunda, dos anos 1775-1790, que não deixa de ter responsabilidade no desencadeamento da Revolução Francesa. Em seguida, com as guerras da Revolução e do Império vieram a alta dos preços, a prosperidade ligada às necessidades dos exércitos, deixando o Bloqueio, finalmente, o mercado internacional para a Inglaterra e o mercado europeu para a França. Com os anos de 1815-1820, com a paz e o restabelecimento da liberdade dos mares, apesar do regime do Exclusivo e dos direitos de alfândega, a França conhece uma depressão de longa duração, que se estende até a crise cíclica de 1847. Na Espanha, uma espécie de patamar corresponde ao interciclo de baixa na França dos anos 1775-1790. Essa etapa é fracamente visível na ascensão relativamente rápida dos preços, que atingiram seu *maximum* por volta de 1810. Situa-se, então, a fase *b* por volta de 1845, e a fase *a*, em torno de 1870[6]. *Grosso modo*, com alguns anos de proximidade e intensidade um pouco diferente, o movimento é o mesmo que o da França. Como se processou em Portugal? Como baliza, é importante mencionar o trabalho de Vitorino Magalhães Godinho sobre *Prix et Monnaies au Portugal: 1750-1850*[7]. As médias móveis evidenciam uma lenta ascensão a partir dos anos 1740, uma parada entre 1770 e 1790, um impulso muito forte até cerca de 1815, e, finalmente, uma rápida queda até 1848-1850. O ano de 1822 encontra-se, pois, em plena fase *b*, em plena depressão de longa duração, e Portugal, a longo prazo, vive no ritmo europeu, atlântico e estadunidense.

O que sucedia a curto prazo? Se olharmos as curvas bruscas de Magalhães Godinho, surpreende-nos a espetacular queda dos preços a partir de 1810-1815[8]. Essa queda está ligada a uma série de variações de forte intensidade, mais nítida no Portugal continental que no Portugal marítimo; mais marcada em relação aos cereais secundários, como o centeio, do que ao trigo. Possivelmente

46 DAS DEPENDÊNCIAS

variações de colheita, mas para as quais a situação do mercado de venda deve ter contribuído: o Brasil, doravante largamente aberto ao comércio inglês, dispensa os produtos portugueses. A paz europeia diminui a procura de produtos para alimentação e o fim da guerra anglo-estadunidense de 1812 permite que os produtos estadunidenses cheguem mais facilmente à Europa[9].

Nessa fase de depressão a curto prazo, a tendência descendente do ciclo Juglar manifestou-se claramente na vida econômica e na política econômica portuguesa, marcada por uma tentativa de industrialização pela iniciativa privada, como, em depressões comerciais, pela iniciativa pública: a do marquês da Fronteira e do conde de Ericeira, no final do século XVII, ou a de Pombal de 1769 a 1777.

Vejamos o que escreve Magalhães Godinho sobre o período de 1810-1820:

> Em agosto de 1820 estourava no Porto a revolução liberal que mudará, depois de lutas que se estenderão até 1834, a estrutura política do país. Entretanto, três anos antes, em Lisboa, o governo anglo-português havia conseguido abafar a conspiração de Gomes Freire. A rigor, a grande transformação foi realizada pela "burguesia" e em seu interesse: por burguesia, entendemos círculos de comerciantes, empresários industriais, profissionais liberais e alguns grupos da magistratura e do exército das grandes cidades, sobretudo Lisboa e Porto. As forças revolucionárias combatiam, *grosso modo*, a imobilidade da propriedade fundiária, principalmente a hipertrofia da mão morta tragada pela Igreja e pelos conventos, bem como o direito de primogenitura e todos os encargos que oneravam a exploração da terra, em benefício dos grupos parasitários e ociosos – os grupos que não participavam nem da produção, nem da circulação de bens: pois tais adiantamentos reduziam a parte de lucro tanto do empresário agrícola como do comerciante de produtos do solo, enquanto a imobilização da propriedade reduzia a área dos investimentos de capitais – portanto os lucros possíveis – e a penhora dos bens mobiliários sobre o processo econômico-social. As forças revolucionárias queriam conquistar um lugar ao sol na vida pública, reduzindo o papel dos grupos parasitários, e retirar às finanças públicas o pesado fardo das doações. Queriam igualmente a liberdade de regulamentar a vida econômica a seu modo, desfazer o volume de regulamentos e corporações, para abrir caminho às livres associações de comerciantes e à liberdade do mercado de trabalho, essencial para o esforço industrial desejado.[10]

As medidas tomadas entre 1820 e 1834 substituem "o antigo regime fundiário da empresa senhorial pelo regime fundiário predominantemente burguês"[11]. Daí a criação, em 1821, do primeiro banco português ou o Banco de Lisboa.

Embarque de d. Carlota e sua corte para Portugal. Gravura de Debret. Int. de Estudos Brasileiros.

Desembarque da princesa Leopoldina no Rio de Janeiro. Desenho de J.B. Debret. Bibl. Mun. de S. Paulo.

DAS DEPENDÊNCIAS

Para o Brasil, a perspectiva é muito diferente. O declínio da *tendance majeure* não se efetuou. O Brasil, visto segundo Sirius, continua em ascensão. Nada anuncia sua decadência. Para o movimento secular, seríamos tentados a falar em movimento negativo, uma vez que, após o ciclo do ouro, o país mergulhou numa economia "estacionaria", ou que tendia a tornar-se estacionaria: é o período em que se desenvolve a criação – poderíamos falar num "ciclo do gado" – e as culturas de substituição: cacau no Pará, algodão e arroz no Nordeste e Sul. Mas, exatamente por isso, poder-se-ia indagar se a noção de movimento secular pode ser aplicada ao Brasil como se aplica à Europa ou à América espanhola. Efetivamente, aquilo que se chama movimento secular é, *durante um século*, uma tendência à alta ou baixa. Por exemplo, para o México sabemos que, após o movimento secular positivo do século XVI ligado à produção da prata, a economia recai sobre si mesma, fechando-se numa espécie de prostração que marca o século XVII. Posteriormente, no século XVIII, a produção do ouro brasileiro modificou a relação ouro-prata, ou melhor, aumentando o valor da prata em relação ao ouro, a produção das minas de prata mexicanas sofre grande estímulo. O México atravessa uma nova fase secular positiva. No século XIX, a produção de prata não aumenta mais. As perturbações políticas paralisam as trocas, verificando-se novamente a depressão secular que se estendeu até a pré-industrialização e industrialização de um século XIX positivo. No Brasil, o ritmo é duas vezes mais rápido. Cada século possui seu impulso e seu declínio: o "ciclo", depois a economia estacionaria na qual recai o país. Diríamos: século XVI, pau--brasil; século XVII, açúcar; século XVIII, ouro; século XIX, café; século XX, industrialização. Podemos interrogar quais as razões desse movimento mais rápido, *miséculaire* que não mais nos permite falar de *secular trend*, sendo *trend* uma *tendance*. É necessário, sem dúvida, atentar para a maior variedade de recursos para o mercado internacional, as grandes produções agrícolas substituindo as produções mineiras. Nota-se, por exemplo, que o pau-brasil, o ouro e o ferro são mercadorias extrativas (como a prata do México e Peru), mas o açúcar e o café, que os substituíram, são produtos cultivados. Essa variação mais ampla é acompanhada de uma integração mais forte na economia internacional. Paradoxalmente, esta, que conhece um ritmo secular, estimula o ritmo *miséculaire* brasileiro, pois seu ritmo é a componente algébrica de diversos ritmos nas diferentes regiões do mundo. Essa mesma exigência faz com que o motor brasileiro seja duas vezes mais rápido.

A diferença interessa sobremodo ao nosso propósito. À época da independência, o Brasil não estava passando de um movimento secular positivo a um movimento secular negativo. Passa da economia do ouro à do café. É somente no período da economia estacionaria que está pronto para uma nova aventura, que será, após a do ouro, a do café. Aliás, o torpor dessa economia estacionaria é relativo. Diferentemente da América espanhola, o Brasil jamais permaneceu desligado do mercado europeu. A produção de diamantes prosseguiu por muito mais tempo do que a do metal amarelo. O algodão, o cacau, o arroz, o açúcar, o tabaco, a variedade dos produtos tropicais alimentam o comércio atlântico. Portanto, a longo prazo a perspectiva não é tão negra.

Como se coloca o movimento Kondratieff? Podemos encontrar a resposta na Bahia, graças às pesquisas efetuadas sob direção de Kátia de Queirós Mattoso nos registros da Misericórdia. Ela nos fornece os primeiros resultados na comunicação ao Colóquio de Paris[12], antes de publicar a versão definitiva num grande trabalho[13]. Pôde estudar as flutuações dos preços de dezoito produtos divididos em três grupos: produtos importados, produtos exportados, produtos locais de consumo local. Chega à seguinte conclusão: o movimento de longa duração Kondratieff, que começa por volta de 1787-1790, estende-se até 1842-1845, com seu *maximum* em 1821-1824. Portanto, a fase de prosperidade é mais longa que na Europa. Graças à vinda da Corte portuguesa, ao tratado de comércio com a Inglaterra, graças sobretudo ao desenvolvimento das relações comerciais com a Inglaterra, desde antes de 1810, e à pulverização precoce do regime de exclusivo, o Brasil escapa à guinada portuguesa de 1810-1815 e sua prosperidade prolongada e encorajada é a causa da crise de estrutura do comércio lusitano. A fase *b* será relativamente curta: iniciada tardiamente, parará a partir de 1842-1845, e não como na Europa, por volta de 1847-1850. Resta o movimento a curto prazo, o ciclo Juglar, que conhecemos melhor, atualmente, graças aos trabalhos apresentados no Colóquio sobre "História Quantitativa do Brasil"[14]. Tomemos a comunicação já mencionada sobre os preços. O índice geral não ponderado preparado por Kátia de Queirós Mattoso dá-nos as seguintes variações: 1788-1799, alta; 1799-1804, baixa; 1804-1822, alta; 1822-1827, baixa. O movimento de 1822 surge no final de uma alta cíclica, portanto, numa relativa euforia. O estudo de Jurghen Scheider sobre o comércio da França com o Brasil tem orientação semelhante. O número de navios estrangeiros que entraram nos portos brasileiros eleva-se a 78, entre 1815 e 1819, e a 178, entre 1820 e 1824. O número de navios saídos era de 92 em 1815 e de 150 entre 1820 e 1824. O ano de 1822 chegou mesmo a representar um ponto culminante no comércio exterior brasileiro: o algodão brasileiro substitui então o algodão estadunidense no mercado francês por causa da diferença entre França e Estados Unidos, solucionada pelos dois países apenas no decorrer do ano de 1822. No Rio de Janeiro, como mostra o trabalho de Harold Johnson, a euforia ligava-se à chegada da Corte em 1808. Os preços aumentaram de 7,8% por ano entre 1799 e 1822. O açúcar teve seus preços aumentados a partir de 1810, numa conjuntura a longo prazo e no entanto desfavorável. No Sul, a demografia de Curitiba, estudada por Altiva Pilatti Balhana, cresce lentamente. Mas, a curto prazo, pela série de batismos, há aumento numérico entre 1816 e 1825, encaixado entre dois momentos de regressão: os de 1810-1816 e 1825-1827. O tráfico do porto de Paranaguá parece também ter aumentado.

É possível multiplicar os exemplos. O desenvolvimento de uma pequena indústria brasileira, durante os anos que precederam 1822, não é consequência de depressão econômica, mas está relacionado, sem dúvida, ao corte efetivamente já existente com Portugal e às novas relações com a Inglaterra. É inútil lembrar aqui a política do intendente Câmara e do conde de Linhares. Roberto Simonsen[15] lembra-nos que entre 1815 e 1821 foram fabricados em Ipanema:

ferro em barra – 16 085 arrobas
ferro fundido – 19 589 arrobas
ferro em lingote –18 087 arrobas

A independência do Brasil sobreveio, então, num momento de euforia econômica. Contrasta com a revolução portuguesa de 1820, expressão de profunda inquietação econômica. Tanto uma como a outra são consequência da partida da Corte para o Rio de Janeiro, que explicitou o contraste entre Portugal, num decisivo momento histórico, e o Brasil diante de um futuro promissor. Todavia, a partida da Corte contém em si mesma um profundo simbolismo: o da fragilidade portuguesa comparada à solidez definitiva do subcontinente americano, por ela criado, e que, às vésperas de 1808, tornara-se maior.

4.
Os Remoinhos Portugueses da Independência do Brasil

Joel Serrão

A tardia, lenta e agitada história da institucionalização do liberalismo em Portugal (1820-1834) encontra-se indissoluvelmente ligada, direta ou indiretamente, a sucessos brasileiros que, antes de mais, importa rememorar.

A abertura dos portos brasileiros ao comércio internacional (1807 e 1810), se foi para a colônia em vias de emancipação o início da independência efetiva, originou em Portugal uma conjuntura de crise econômica (da qual foi elemento fundamental a queda das exportações), que viria a ser uma das condições decisivas da arrancada liberal (24 de agosto de 1820), promovida pela burguesia comercial da cidade do Porto, mas com o apoio das forças militares.

O desígnio primacial dos liberais portugueses de 1820 – o seu projeto, de raízes burguesas e de aspiração nacional – tendia, na verdade, a reconstituir o antigo estatuto econômico-administrativo luso-brasileiro gravemente afetado pelo deslocamento da Corte portuguesa para o Rio de Janeiro (1807). E daí que a história do malogro do liberalismo vintista (1820-1823) configura, afinal, o reverso da vitória do Brasil no caminho da independência não só de fato mas agora também de direito.

Tendo logrado chamar à Metrópole d. João VI (1821), falharam, no entanto, os intentos das Cortes Constituintes

52 DAS DEPENDÊNCIAS

no sentido de afastar d. Pedro (1798-1834) do torvelinho brasileiro e no de descentralizar a administração local para, como é óbvio, travar e impedir a articulação nacional da grande colônia sul-americana. Porém, inábil ou impotente, o liberalismo português, enredado em contradições insanáveis, mais não pôde fazer do que, afinal, apressar e consumar o *processus* da autonomia brasileira (setembro de 1822). Por isso, tendo fracassado na missão "nacional" que se havia imposto, o mesmo exército e os mesmos generais, que a haviam "permitido", puseram termo, com facilidade, à primeira e frustre experiência liberal portuguesa (Vilafrancada, maio de 1823), abolindo a Constituição de 1822 e voltando ao regime absoluto na pessoa de d. João VI, a quem caberia resolver a questão brasileira, o que, parcialmente, viria a ocorrer com o reconhecimento da independência da antiga colônia (29 de agosto de 1825).

Muito intencionalmente se escreveu, aí, "parcialmente", pois as esperanças portuguesas oficiais no restabelecimento de uma unidade funcional luso-brasileira, ainda que de tipo diferente do antigo, não tinham esmorecido de todo com o ato diplomático do reconhecimento oficial da independência. Precisamente de 1825 data o *Parecer Sobre um Pacto Federativo Entre o Império do Brasil e o Reino de Portugal*, da autoria de Silvestre Pinheiro Ferreira (1769-1846), ministro de d. João VI quer no Rio de Janeiro quer, depois, em Lisboa. E como é possível compreender, a não ser em função de tal desígnio, o imbróglio da sucessão, ocasionado pela morte do soberano português (1826)?

Com efeito, d. João VI, ainda em vão, tentara, com pertinácia, durante as negociações para o reconhecimento da independência brasileira, que o governo britânico aceitasse o princípio de que o "sobre todos amado e prezado filho, d. Pedro de Alcântara" seria "herdeiro e sucessor destes Reinos" (Portugal), e, pouco antes de falecer, havendo nomeado um conselho de regência, presidido pela Infanta d. Isabel Maria, (1801-1876), atribuía-lhe o encargo de assegurar a governação pública "enquanto o legítimo herdeiro e sucessor desta coroa não der as suas providências a este respeito".

Ora, quem era o "legítimo herdeiro e sucessor desta Coroa" de Portugal? D. Pedro, filho primogênito, porém, desde 1822, soberano de potência estrangeira? D. Miguel (1802-1866), filho-segundo, expulso do país em 1824, que recolheria a herança na impossibilidade legal de o irmão ser investido no cargo?

A facilidade e a rapidez com que a Regência, presidida por d. Isabel Maria, irmã dos dois virtuais sucessores, não obstante a delicadeza do problema jurídico da opção, determinou (dez dias após o falecimento de d. João VI) que as leis, cartas, patentes, sentenças, provisões etc. fossem passadas em nome de "Dom Pedro, por graça de Deus, rei de Portugal e dos Algarves", insinuam que ela procedeu, no ensejo, de acordo com uma política estabelecida ainda em vida do soberano extinto, a qual tendia, como já se sugeriu, à meta da reestruturação da unidade de Portugal e do Brasil sob uma mesma coroa.

Que se tratava de política pouco realista, demonstraram-no os sucessos ulteriores: por um lado, a irreversibilidade do fenômeno da independência brasileira que compeliu d. Pedro à abdicação da coroa portuguesa (2 de maio de 1826), e, por outro, a permanência, na antiga metrópole, de tensões socioeconômicas e ideológicas que a primeira experiência liberal, dado o seu rápido malogro, antes exacerbava que resolvia, as quais propiciavam erupções de desespero e de violência.

De 20 de março a 12 de julho de 1826, rei de Portugal (o ato de abdicação, assinado no Rio de Janeiro a 2 de maio, só foi publicado em Lisboa na data já referida), d. Pedro IV, no uso dos seus poderes soberanos, confirmou a regência instituída por d. João VI, outorgou, em 28 de abril, a *Carta Constitucional*, que teria sido redigida pelo ministro brasileiro da Justiça José Joaquim Carneiro de Campos, marquês de Caravelas, de acordo com os princípios diretores da *Constituição do Império do Brasil* (1823) e, finalmente, abdicou *condicionalmente* (singular abdicação!) em favor de sua filha d. Maria da Glória (1819-1853), a quem caberia congraçar não já os dois Estados, definitivamente separados, mas – suprema ilusão! – o *liberalismo* como d. Pedro, à luz da experiência brasileira, o concebia, e o *tradicionalismo* e os absolutismos portugueses, encabeçados e simbolizados por d. Miguel, a quem se reservava o papel de marido da futura rainha constitucionalista.

Na verdade, a abdicação de d. Pedro da coroa portuguesa, já referida, dependia de *condições:* só se tornaria efetiva após o país ter jurado a *Carta*, o que veio a ocorrer em 31 de julho desse ano de 1826, e depois também da realização do casamento projetado, quando d. Maria da Glória atingisse a maioridade, entre a filha e o irmão do Imperador brasileiro. Entretanto, asseguraria a marcha da governação portuguesa a Infanta d. Isabel Maria que, naturalmente, não deixaria de ouvir os conselhos de d. Pedro. Ora, como acabou por malograr-se tal projeto de enlace e como, simultaneamente,

Imperatriz Leopoldina com seus filhos. Óleo de A. Failutti/Museu Paulista.

foi subindo a maré do tradicionalismo português, que rasgara, com desdém, as dádivas do Imperador, será caso de perguntar se, ao menos íntima e secretamente, o Imperador do Brasil não continuava a considerar-se rei de Portugal?

Coloquemos entre parênteses o melindroso problema jurídico e limitemo-nos tão-só a verificar que, ao menos como tutor de sua filha, coube ao Imperador brasileiro a responsabilidade de atos políticos de grande alcance português: após o malogro da tentativa de deslocar d. Miguel de Viena da Áustria, onde se encontrava exilado, para o Rio de Janeiro (princípios de 1827), a nomeação deste como "seu" lugar-tenente em Portugal (julho de 1827). Ora, como é sabido, a chegada d. Miguel a Lisboa (fevereiro de 1828) precipitou, muito rapidamente, o curso dos acontecimentos que levaram à guerra civil entre liberais e absolutistas (1832-1834), na qual d. Pedro de Alcântara, já então ex-Imperador brasileiro – vertiginosa carreira a sua! –, desempenharia papel de importância crucial à frente do exército que lutava pelo trono de sua filha, a futura d. Maria II, rainha constitucional portuguesa.

No cadinho histórico em que se forjou a onda tradicionalista-miguelista cujo símbolo mais adequado é o perfil da forca a assinalar o ódio mortal à inovação, entraram, na verdade, muitos ingredientes, alguns dos quais não estão dilucidados ainda com a objetividade possível: o arcaísmo da estrutura econômica, uma sociedade que, globalmente considerada, apresentava ainda as características do *ancien regime*, um povo inerme a braços com a miséria e a ignorância. Oliveira Martins, ao historiar o período, chama a atenção para os "comerciantes arruinados, a alfândega deserta, o tesouro vazio [que] enchiam de desespero os cérebros de onde a história de três séculos varrera a lucidez"[1]. Ora, importa acentuar que tal situação provinha diretamente da perda quase total do mercado brasileiro, o que, para já, nos permite afirmar que o miguelismo pretende fundamentar-se, além do mais, num protesto contra os erros dos "pedreiros livres" (é da natureza de certas situações políticas exigirem um bode expiatório) que, com a perda da colônia sul-americana, arrastavam a Pátria à perdição.

Em suma, a crise oriunda da independência brasileira – a mais grave dos anteriores três séculos de história portuguesa – cindira ideologicamente o país e arrastara-o para a guerra civil. O Portugal liberal fora ou assassinado ou posto a ferros ou escorraçado para o estrangeiro, enquanto o Portugal antigo, nos estertores da longa agonia final, agarrava-se a pesadelos delirantes, entre as hosanas dos frades e os repiques dos sinos (1828-1832).

Entretanto, pelo Brasil, as coisas não corriam favoráveis ao temperamento e aos desígnios do Imperador: os ventos da independência nacional, uma vez desencadeados, impeliam o próprio soberano, que se mostrava impotente para contê-los. O ato de abdicação do trono brasileiro (7 de abril de 1831) e o consequente exílio de d. Pedro de Alcântara, aliados à conjuntura política europeia, favorável (após 1830) ao liberalismo, virão acrescentar ao drama português uma personagem de primeiro plano.

Uma vez na Europa, ora em Londres ora em Paris, auscultando os diferentes ideólogos dos emigrados portugueses, de hesitação em hesitação, resistindo cautelosamente ao que dele se esperava e se lhe sugeria, d. Pedro de Alcântara deixará correr quase todo o ano de 1831 até que acaba por tomar a decisão de se empenhar, pessoalmente, na solução do pleito que divide a Nação de seus maiores como Regente em nome de sua filha. Tendo ajudado com o seu aval à obtenção dos meios financeiros necessários à organização de uma esquadra, dirige-se nela aos Açores, onde chega a 22 de fevereiro de 1831, assumindo então a Regência (3 de março). Nomeia ministério, do qual faz parte Mouzinho da Silveira (1780-1849), que logo principiará como Ministro da Fazenda e da Justiça a demolir, por meio de decretos, o Portugal velho, e a erguer, numa febre demiúrgica, as novas estruturas econômica e social, de inspiração burguesa.

Depois, num crescendo, o ex-imperador entrega-se à organização do exército que desembarcaria em Pampelido, nas cercanias do Porto (8 de julho de 1832); entra sem resistência na "capital" do Norte do país; sofre, com valentia, o longo cerco das tropas miguelistas, até que a situação muda: o desembarque no Algarve, a queda de Lisboa e a vitória final sobre o exército de d. Miguel (maio de 1834). Antes de morrer (setembro de 1834), d. Pedro assistira ao funcionamento da *Carta Constitucional* e vira sua filha aclamada rainha de Portugal. Vencera, e, com a sua vitória pessoal, Portugal entrava, sangrando embora de muitas feridas antigas, na Época Contemporânea.

Pois bem, importa reter, nesse ensejo, que o Brasil, como símbolo de um antigo e tradicional estado de coisas superado pelos eventos coevos, necessariamente estava bem presente nas cogitações e preocupações do ministro de d. Pedro que, sob a proteção da autoridade ditatorial deste, instaurara no país a ordem do *laissez faire, laissez passer*. Atendemos, pois, a alguns juízos de Mouzinho da Silveira, nos relatórios que precediam os seus decretos demolidores, redigidos na certeza, por um lado, de que o Brasil seguiria a sua rota própria, e, por outro, de que chegara, enfim, o momento de Portugal colonizar a própria metrópole. Assim, chegou a asseverar, com algum exagero, explicável pelo entusiasmo que punha na efetivação das suas leis inovadoras: "Portugal tem mais do que o bastante para ser, sem o ouro do Brasil, o país mais rico da Europa"[2], pois a separação da antiga colônia constituía "um acontecimento ainda mais fértil em consequências do que foi a descoberta"[3]. Por quê? Logo explica, com lucidez: "Os portugueses se atormentam, se perseguem, e se matam uns aos outros, por não terem entendido que o Reino, tendo feito grandes conquistas, viveu por mais de três séculos do trabalho dos escravos e que, perdidos os escravos, era preciso criar uma nova maneira de existência criando os valores pelo trabalho próprio". Em suma: "é sabido que Portugal precisa realizar no trabalho os meios de vida que tinha nas Colônias"[4]. Consegui-lo-ia, porém?

5.
Europeus no Brasil à Época da Independência: Um Estudo[1]

Carlos Guilherme Mota

Os habitantes em geral, mas especialmente os comerciantes estrangeiros, estão bem satisfeitos por verem as tropas de Lisboa despedidas, porque por muito tempo foram tiranicamente brutais com os estrangeiros…

MARIA GRAHAM,
Diário de uma Viagem ao Brasil, 12 de janeiro de 1822.

I

Não é nossa intenção realizar um levantamento dos europeus no Brasil de maneira sistemática, mas sim deixar algumas observações que permitam caracterizar sua presença aqui, no momento em que as relações entre a colônia e a metrópole portuguesa adquiriam um novo sentido.

Estas observações vão ter o seu significado dentro de certos limites, pois já poderíamos nos perguntar: *quais europeus?* Além de ingleses, franceses etc., devemos desde logo incluir na relação os próprios portugueses que participaram, muitas vezes ativamente, como elementos de resistência à emancipação, uma vez que estavam ligados à dinâmica do Antigo Sistema colonial.

DAS DEPENDÊNCIAS

Poderíamos também nos perguntar: *europeus ligados a quais atividades?* Em outras palavras, um Strangford, um Martius, ou um mercador português, são todos europeus e participam por vezes como inócuos observadores – como é o caso de Martius – do processo em que é levantado no Brasil o problema de sua independência.

Ainda poderíamos nos perguntar: *em que níveis consideraremos a presença europeia em nossa vida, nesse período?*

Discutir a presença europeia implica também discutir a alteração de ritmo que essa presença provocou na vida política, social, econômica, cultural etc., e esse ritmo varia conforme o nível de realidade considerado. Nem sempre se pode apontar exemplo de paralelismo em dois níveis, como aquele observado para os ingleses no Brasil em 1810: no mesmo ano em que obtêm tarifas preferenciais, é traduzido e publicado pela "Imprensa Regia" o "Ensaio Sobre a Crítica", do neoclássico inglês Pope.

Devemos pensar essa presença europeia no Brasil num momento de crise no sistema colonial português, sistema que por sua vez sofre os efeitos de uma mudança da própria dinâmica europeia. Além do que, e contemporânea a essa crise, já se nota a presença – especialmente a inglesa – em termos de expansão de mercados para atender a interesses ligados às grandes transformações industriais do noroeste europeu.

É nesse ângulo que nos situamos para perceber o comportamento desses grupos durante o processo de emancipação, com quem se associam no plano externo e como suas atividades – entendidas dentro do processo acima apontado – condicionam seus comportamentos. Já se vê que os encaminhamentos políticos serão simples soluções a problemas emergentes nesse quadro mais amplo de referências.

Pelos seus próprios limites, este estudo não comportará algo que muito interessa a uma análise globalizadora do processo: *os brasileiros na Europa,* e que interferiram vivamente na independência, como é o caso de Hipólito José da Costa, na Inglaterra.

Uma última dificuldade, e não a menor, advém da ausência de preocupação da historiografia tradicional no estudo desses grupos sociais para o período, especialmente daqueles ligados a atividades portuárias, o que torna um tanto relativa a discussão das questões levantadas[2].

II

Numa perspectiva ampla, a independência do Brasil surge na linha das revoluções de caráter liberal-nacional das primeiras décadas do século XIX, mas apresenta características novas que cumpre sejam reavaliadas.

No caso brasileiro, é difícil dizer até que ponto foi liberal, até que ponto foi nacional não diremos a "revolução", mas a "emancipação" política de 1822. No caso das potências europeias ocidentais, essas revoluções têm, num e noutro aspecto, contornos muito mais nítidos. Para o Brasil, entretanto, é difícil dizer até que ponto há penetração de ideias liberais em harmonia com interesses internos de ordem econômica; para o caso do nacionalismo é difícil igualmente dizer da emancipação correspondente ideológica e cultural, dos costumes, estilo de vida etc. *para que esse nacionalismo adquira expressão.*

De qualquer forma, as três primeiras décadas do século XIX trazem profundas alterações para o Brasil. Alterações que correspondem a um novo ritmo na vida do noroeste europeu e a uma melhor caracterização da vida social da ex-colônia.

Na verdade, a vinda da Corte portuguesa em 1808 – ligada ao problema do equilíbrio europeu – já alterara substancialmente o metabolismo da vida da colônia. Mesmo a vida intelectual foi intensificada: a ela estão ligadas a criação da Imprensa Régia, a intensificação na importação de livros etc.

Observa-se então o afluxo de comerciantes, especialmente comerciantes ingleses, artistas e negociantes franceses, bonapartistas imigrados, cientistas à procura de novos elementos para suas teorias, imigrantes de várias nacionalidades, chamados a conhecer uma realidade para eles exótica e dando caráter cosmopolita aos principais centros da ex-colônia, especialmente os portuários.

Como José Honório Rodrigues bem mostra, baseado no registro de estrangeiros para o Rio de Janeiro, essa renovação populacional deve ser pensada também quanto à grande variedade de procedência, desde China, Java, Cabo da Boa Esperança, Índia, Egito, Grécia, Cabo Verde, Canárias, Moçambique, Luanda (homens livres), Malta, Martinica, Trieste e Rússia. Entretanto, as parcelas mais ponderáveis eram provenientes da Europa[3].

Acompanha esse afluxo o choque de mentalidades, inclusive mentalidade empresarial. É o caso dos portugueses aqui estabelecidos, constituindo

Lord Cochrane

parte da classe comercial. Desejavam o restabelecimento dos seus privilégios e imunidades: detestavam, em geral, o tratado de 1810 com a Inglaterra e, em particular, os "jovens ingleses com grandes ideias". Há, ainda, a verificar a diferença de padrões estéticos. No diário, por exemplo, da inglesa Maria Graham encontramos anotado a 8 de janeiro de 1822: "O divertimento da noite consistiu numa comédia portuguesa muito estúpida, alternada com os atos e cenas de uma ópera de Rossini pelo Rosquellas (violinista), depois da qual ele desperdiçou uma boa dose de boa execução com música muito má."[4]

Evidentemente, a vida cultural do Rio de Janeiro seria sempre insatisfatória para alguém que viesse de ambiente onde Shelley e Keats eram cultivados.

A população que em 1808 vegetava crescera de 60 mil para 150 mil, no Rio de Janeiro[5]. O palco central da independência urbanizava-se lentamente e o corpo diplomático, oficializando a presença europeia no Brasil, oficializava também o novo *status* da ex-colônia.

A compreensão do movimento de 1822 exige, desde logo, a consideração dos dois elementos apontados: no *plano internacional*, as tradicionais ligações da Inglaterra com Portugal (pelos tratados dos séculos XVII e XVIII), intensificados com o bloqueio napoleônico; no *plano interno*, a posição dos mercadores coloniais, únicos elementos que, através de seus agentes, esboçaram reação armada – guerra civil! – durante os movimentos da independência. Enfim, é o choque dos novos interesses, claros nos tratados de 1810, com os velhos interesses, representados pelos grupos que davam a velha articulação da colônia com Portugal.

Nesses velhos interesses estão representados, por exemplo, aqueles negociantes que dominavam o "commercio da Praça da Bahia", que era

composto todo de Portuguezes Europeus; este Commercio comprava aos estrangeiros suas mercadorias e fazia vir de Inglaterra as Maquinas, e utencílios para as serventias dos Engenhos, mas quasi tudo era fiado. Fazia vir da costa d'África escravatura, do Rio Grande as Carnes, e d'outras partes Farinhas. Toda ação e movimento d'Aquelle Commercio, se dirigia a proporcionar-se artigos e meios para poder suprir e adiantar fundos aos Snr.s d'Engenho, estes que recebião adiantado qto precizavão para o andamento de suas fabricas, epotecando aos Negociantes Portuguezes acto contínuo a epotecavão aos estrangeiros para pagamento dos gêneros e Maquinas que lhes tinhão tomado fiadas[6].

DAS DEPENDÊNCIAS

Não só os velhos interesses ficam explicitados, mas também os *principais elementos da cadeia de antagonismos.*

Já se pode perceber por aí o que significava o desaparecimento do intermediário português metropolitano, logo baixando o preço das mercadorias importadas, ampliando o crédito etc. para o grupo que não modificou suas condições de existência, ligado à grande produção agrícola. Em outro momento, com outras preocupações, esses antagonismos já foram notados por Maria Graham, em 12 de janeiro de 1822:

> Os habitantes em geral, mas especialmente os comerciantes estrangeiros, estão bem satisfeitos por verem as tropas de Lisboa despedidas, porque por muito tempo foram tiranicamente brutais com os estrangeiros, com os negros e, não raramente com os próprios brasileiros, e nas muitas semanas passadas a arrogância delas foi revoltante tanto com o Príncipe quanto com o povo.
>
> O aspecto da cidade é bastante melancólico. As casas estão fechadas, as patrulhas percorrem as ruas e todo mundo parece angustiado. Os caixeiros estão convocados na milícia: andam com cintos e boldriés de couro cru sobre as roupas habituais, mas as armas e munições estavam todas em bom estado. Exceto *eles e os ingleses*, não vi ninguém fora de casa.[7]

Se os novos interesses estão em parte ligados ao centro mais dinâmico da vida econômica do momento, isto é, aos impulsos da Revolução Industrial na Inglaterra, fica claro o significado dessa presença inglesa e do reconhecimento quase imediato da independência brasileira por aquela potência.

A emancipação política brasileira adquire consistência na medida em que se dá dentro de área de dominação inglesa, tanto econômica como política. Um problema, entretanto, vai persistir, advindo das próprias bases em que se assentava a produção agrícola no Brasil, e não vai ser resolvido: o da supressão do tráfico negreiro. Na verdade, a maior parte das contradições entre as dinâmicas dos dois sistemas advirá da utilização da mão de obra escrava, nervo da economia brasileira. A expressão mais clara dessa contradição será a independência beneficiando ao mesmo tempo os grandes proprietários (escravocratas) e a Inglaterra (antiescravocrata), ponto de apoio fundamental para a independência.

Assim, essa "internacionalização" do Brasil obedeceu a motores que nem sempre estiveram ligados a mecanismos internos do sistema colonial português, e muito menos brasileiros, embora o ajustamento se tenha dado em função das bases estruturais em que estava montada a vida econômica da ex-colônia.

III

Para avançarmos nesta análise em que se procura caracterizar o sentido da presença de europeus entre nós, é preciso ver em que medida são agentes dessa "internacionalização", como reagem os grupos no Brasil a essa "internacionalização", quais as resistências à mesma, e, ainda, como as contradições emergentes se refletem no processo político, de uma maneira geral.

De início, parece fora de dúvida que, oficialmente desde 1808, essa "internacionalização" se caracteriza e os maiores agentes dela são os ingleses. Ocasionalmente, encontram aqui elementos que têm ideias mais liberais sobre a vida econômica que eles mesmos: Cairu é o caso típico[8]. É curioso verificar que essas transformações são mais sensíveis, no mais das vezes, no setor ligado à comercialização, e que as linhas básicas do setor ligado à produção não são substancialmente alteradas.

Daí ser fácil notar as resistências maiores surgindo vinculadas não à grande lavoura, mas sim aos grupos ligados à comercialização, isto é, aos grupos que faziam as velhas articulações colônia-metrópole, e que veem seus privilégios e imunidades em xeque. Já em 1823, Mariscal mostrava como os senhores de engenho formavam o "partido da Revolução", porque com a revolução viam-se livres dos credores, sendo que o partido europeu funcionava como sustentáculo da realeza, isto é, da velha ordem.

Essas contradições atingiram, em primeiro lugar, o próprio príncipe Pedro. Português de nascimento, brasileiro de formação, inculto, inexperiente em negócios do governo, destreinado quanto à vida cortesã europeia, teve vida palaciana e popular ao mesmo tempo.

Um "filho democrático de um pai de direito divino", no dizer de Alan Manchester[9]. Mais colonial que europeu, enfim.

1821. No mesmo ano em que a Corte retornou a Lisboa, Pedro foi indicado para Príncipe Regente. Iniciou-se, pelas Cortes, o processo de limitação de seus poderes. A "tiranizante saudade" em relação a d. João cede lugar à ira do "jovem radical". Evidentemente, essa ira é explicável por mecanismos mais profundos que aqueles tradicionalmente apontados.

Já há análises em que fica explicitado o caráter não apenas liberal, mas também *recolonizador* da revolução de 1820, do Porto. Desejava-se "uma regulamentação que favorecesse os mercadores portugueses, na sua política tendente a conservar o mercado brasileiro"[10]. Basta que se dê um balanço nas importações portuguesas, o qual mostra que "já em 1819 [...] Portugal dependia tanto do Brasil como da Inglaterra"[11].

O Rio de Janeiro é desligado, pelas Cortes, dos governos provinciais. Estes passam a ter contato direto com a ex-metrópole. As Juntas das províncias – e o processo é mais claro no Norte – passam a entreter ligações com Lisboa.

O príncipe regente sofre limitação de seus poderes. Ao mesmo tempo, uma série de dificuldades ameaçam econômica e financeiramente as bases da ordem que se procuravam afirmar: banco falido em julho de 1821, recursos minguados para escorar as posições.

Trânsito para o caos: setembro, 1821. Em decreto do dia 29, as Cortes aboliram Junta de comércio, tesouro, tribunais e estabelecimentos dos tempos de d. João. Mais do que isso: ordenaram, em termos peremptórios, o regresso do Príncipe Regente.

A ideia da volta ao *status* colonial era um dos frutos da nova política. Ficou claro quando, dias após, foram designados militares para os governos provinciais.

A partir de então, pode-se esboçar a caracterização de posições dos grupos da colônia (embora não seja válida, rigidamente, para todas as regiões):

a. Um aprovando a ação das Cortes e favorecendo a volta ao *status* colonial;
b. Outro insistindo na igualdade dos dois reinos sob uma mesma regra[12].

No primeiro grupo, mais conservador, agiam portugueses imigrados durante a permanência da Corte no Rio de Janeiro, ou portugueses que viam Portugal como centro de seus interesses, embora vivessem no Brasil antes de 1808. Esses portugueses constituíam a parte da *classe comercial* que desejava o restabelecimento de seus antigos privilégios e imunidades. A essa altura já apresenta características *conservadoras* em relação à nova ordem. Qualquer interveniência de outros elementos em suas atividades e à sua visão de ordem era detestada. Formavam-na elementos que, com soldados "pés de chumbo" e funcionários zelosos de sua posição junto a Lisboa, permaneceram leais e *forçaram a guerra civil durante a independência*. E não foi gratuitamente que os ingleses ajudaram a abafá-los (com Cochrane, Grenfeld etc.), no antagonismo já apontado.

Quanto à variação regional da "virulência" desses mercadores na defesa de seus interesses, parece ter variado com o próprio vigor de suas" atividades. John Armitage tem uma das melhores caracterizações desses elementos. Mostra que na Bahia e em Pernambuco estiveram em larga medida ligados ao comércio, mas era no Rio de Janeiro que existia uma maior parcela de portugueses simpáticos ao Brasil. É de notar que, quando do apelo a Cochrane para abafar esses elementos que, pelas suas atividades, ainda permaneciam ligados à estrutura do velho sistema colonial, na organização e tripulação dos navios foi possível contar com "marinheiros nacionais, visto que a navegação costeira era toda feita por portugueses..."[13]

No segundo grupo, estão aqueles portugueses que por casamentos ou interesses ligaram-se à colônia, e os brasileiros.

Mais uma vez surge a contradição: os dois grupos olhavam d. Pedro como seu líder.

Evidentemente, no segundo grupo mencionado, os elementos portugueses, já solidamente estabelecidos por laços de família, de finanças etc., e que entretinham relações com a metrópole, foram sensibilizados pelas tentativas de restauração do sistema monopolista encetadas pelas Cortes. Porém, o grupo não é composto somente por elementos portugueses; há que lembrar as novas atividades e articulações comerciais, incipientes ao que parece, de elementos brasileiros que participaram da elaboração da Carta Regia de 1808. Essa restauração figurava desastrosa e irremediável.

Solução: enquanto os interesses dos elementos desse segundo grupo convergiram, d. Pedro foi encaminhado para a resistência às Cortes. Em caso extremo, para se salvarem da ruína certa, conjecturou-se a proclamação da libertação do Brasil do sistema colonial português.

A revolta se dá. No início do processo, os dois elementos desse segundo grupo continuaram articulados, contra os realistas e contra as tentativas de Lisboa para subjugar a colônia inquieta. D. Pedro, na verdade, é o ponto de apoio desses elementos. No momento em que há a expulsão ou

D. Amelia, segunda esposa d. Pedro I. Óleo de anônimo. Museu Imperial de Petrópolis, RJ.

silenciamento dos realistas e restauradores, abre-se ruidosamente a crise entre os dois grupos.

Favorecendo as tendências absolutistas, estavam os novos interventores (os que suprimiram as cortes brasileiras etc.), parte da classe ligada ao comércio, famílias poderosas, e os brasileiros que julgavam muito avançada a solução constitucional. A única acomodação seria – o governo independente de Lisboa – as duas Coroas unidas por laços de família[14]. Solução política com acomodação familiar.

Numa linha radical, o "partido" brasileiro, pugnando por uma total independência em relação a Lisboa, via como solução a monarquia constitucional. Solução política *excluindo* acomodação familiar. Vale notar que nesse esquema contava número expressivo de republicanos: poderosos numericamente, mas distantes ou destreinados para ação e administração. Estrategicamente mal situados.

À medida que se encaminhava a independência, o processo de atrito entre os dois "partidos" aumentava. Isso se manifestava na disputa da própria posição do príncipe. Sua simples adesão desequilibraria a balança, o jogo do poder seria definido.

Em pouco tempo, o equilíbrio do novo império emergente pendeu para o absolutismo. Por um lado, a pressão exercida pelo exemplo da desintegração da América Espanhola, provocada pelo republicanismo, deve ter influído; por outro, a própria natureza arbitrária do Príncipe Regente não pode ser desprezada. Mas a dinâmica da nova ordem já se fazia sentir; em 1831, a expulsão d. Pedro I dava a medida dos limites de resistência de formas absolutistas de organização do poder naquele momento.

Numa visão de conjunto, pode-se dizer que o fato de a Independência ter-se definido em termos irreversíveis está ligado à articulação de absolutistas e patriotas em apoio a d. Pedro: muitas vezes jogou com um lado ou outro[15].

Logo após a independência, e até 1824, os movimentos separatistas foram abafados, várias vezes com auxílios exteriores e, o que é contraditório nesse esquema, com apoio do "partido" brasileiro. O problema da unidade territorial foi resolvido à medida que era imposta a autoridade d. Pedro I ao Império e, no final do período, quase não mais existiam elementos ligados à velha ordem no Brasil. É nesse contexto que se pode perceber até que ponto, "pela ajuda dos próprios constitucionalistas, o Príncipe fez-se absoluto"[16].

70 DAS DEPENDÊNCIAS

Ao problema da manutenção da unidade territorial está associada a presença de elementos que seriam os suportes da "internacionalização" anteriormente referida. Se restringirmos nossas preocupações apenas ao exemplo inglês, à presença de Cochrane, Grenfeld etc., e às manifestações mais externas da vida brasileira naquele momento, poderemos lembrar as observações de Maria Graham, que poderão dar indícios de mecanismos mais complexos da vida econômica e das necessidades do Brasil na época.

Através de conhecida página de seu diário, pode-se perceber até que ponto o problema da unidade territorial e o da própria independência estão relacionados à necessidade de expansão de mercados para a produção inglesa, intensificada com a Revolução Industrial na Inglaterra:

> Fui a terra fazer compras com Glennie. Há muitas casas inglesas, tais como seleiros e armazéns, não diferentes do que chamamos na Inglaterra um armazém italiano, de secos e molhados; mas, em geral, os ingleses aqui vendem suas mercadorias em grosso a retalhistas nativos ou franceses. Os últimos têm muitas lojas de fazendas, armarinho e modistas. Quanto a alfaiates, penso que há mais ingleses do que franceses, mas poucos de uns e outros. Há padarias de ambas as nações, e abundantes tavernas inglesas, cujas insígnias com a bandeira da União, leões vermelhos, marinheiros alegres, e tabuletas inglesas, competem com as de Greenwich ou Depford. Os ourives vivem todos numa rua, chamada, por causa deles, Rua dos Ourives, e suas mercadorias estão expostas em quadros suspensos de cada lado da porta ou da janela da loja, à moda de dois séculos passados.

Portanto, ao lado de atividades econômicas que encontram novos meios para sua expansão, observa-se a transposição de tradições regionais europeias que aqui adquirem nova configuração, na medida em que interagem entre si e com as nativas e dão novos traços à vida social.

Há, nessa mesma página de diário, a referência que se torna clássica para indicar a natureza das ligações Brasil-Inglaterra e a presença inglesa no Brasil por volta de 1822:

> As ruas estão, em geral, repletas de *mercadorias inglesas*. A cada porta as palavras Superfino de Londres saltam aos olhos: algodão estampado, panos largos, louça de barro, mas acima de tudo, *ferragens de Birmingham*, podem-se obter

um pouco mais caro do que em nossa terra nas lojas do Brasil, além de sedas, crepes e outros artigos da China. Mas qualquer cousa comprada a retalho numa loja inglesa ou francesa é, geralmente falando, muito caro. Divirto-me com a *visível apatia dos caixeiros brasileiros*. Se estão empenhados, como atualmente não é raro, em falar de política, preferirão dizer, na maior parte das vezes, que não têm a mercadoria pedida a se levantar para procurá-la. E se o freguês insistir e apontá-la na loja, é friamente convidado a apanhá-la êle próprio e deixar o dinheiro. Isto aconteceu várias vezes enquanto procurávamos algumas ferramentas em nosso percurso ao longo da *rua Direita, onde em cada duas casas há uma loja de ferragens com fornecimentos de Sheffield e Birmingham.*[17]

Verifica-se, portanto, que, se o Brasil necessitava da potência mais poderosa do momento para a sua afirmação como novo elemento autônomo no mundo colonial, também a Inglaterra tinha sólidas razões para seu reconhecimento e apoio à nova ordem, mais sintonizável com seus interesses. Não devemos nos esquecer de que o Brasil fora "a base principal das operações dos entrelopos ingleses na América do Sul. Com a cumplicidade da metrópole, suas mercadorias aprovisionaram contrabando brasileiro dirigido ao sul pelo Rio da Prata, a oeste pela Bolívia e Peru, ao norte pelo vale do Orenoco, a Venezuela e a Guiana"[18].

O preço do reconhecimento da nova ordem era demasiado alto: a supressão da escravidão e do tráfico negreiro.

Isso significaria simplesmente a supressão do suporte de muitos desses patriotas e de grande ala do partido absolutista. A força dos Constitucionalistas tinha seu apoio nos senhores de terra brasileiros que, por sua vez, viam na utilização da mão de obra escrava a única solução para seu problema de trabalho.

Claro que a Inglaterra exercia suas pressões a partir de sua própria experiência: queria impor regras válidas apenas para o seu jogo. Engrenada em plena Revolução Industrial, suas transformações no campo tinham sido iniciadas há século e meio e seus problemas agrários receberam soluções totalmente diversas daquelas brasileiras.

Por outro lado, o reconhecimento por parte da Inglaterra era vital para a nova ordem que se queria impor. Em 1823, Felisberto Caldeira Brant, agente brasileiro em Londres, num momento de euforia e falsa consciência, escrevia a José Bonifácio, já ministro das Relações Exteriores de d.

Pedro: "com a amizade da Inglaterra, podemos estender nossos dedos ao resto do mundo[...]"[19]

É óbvio que a velha Europa continental não reconheceria a independência, a nova "nação" soberana, antes que Lisboa o fizesse. E seus representantes aqui nunca estiveram tão atentos e bem informados.

Metternich, talvez o melhor porta-voz dessa velha Europa, embora na prática provavelmente não agisse de maneira diversa de Canning, não passaria por cima da autoridade do rei de Portugal. A aquiescência do rei seria imprescindível para o estabelecimento da independência.

Alexandre da Rússia, mais empedernido, via Pedro I como "rebelde e parricida"[20].

Nessas circunstâncias, o ponto de apoio melhor definido para o Brasil era a Inglaterra. Entretanto, a diplomacia inglesa percebia que o problema não era tão simples e direto. Desde 1640 dispensava garantias a Portugal; deveria fazer o mesmo para o Brasil. Mesmo que a antiga metrópole concordasse com a independência, poderia haver guerra, e a Inglaterra entraria ao lado de seu tradicional aliado.

Numa comparação com as independências hispano-americanas, percebe-se que a ação da Inglaterra deu-se em termos mais complexos, mais embaraçosos, com menor liberdade de ação.

Já, porém, em 1824, Canning percebeu que a independência brasileira estava assegurada. O problema seria apenas acomodar, no reconhecimento da independência brasileira, os interesses da Inglaterra com aqueles da velha Europa, o que fez com extrema habilidade.

Num momento em que a diplomacia portuguesa lembrava à Inglaterra os tratados firmados desde 1640, para fundamentar a proteção inglesa a Portugal contra as colônias revoltosas, Canning discordou. Para a Inglaterra, os tempos mudaram: vivia numa nova dinâmica[21]. Enfim, o interesse em abrir novas perspectivas para a expansão do mercado inglês estava em jogo: a prova é que nos anos posteriores verifica-se o auge da presença inglesa no Brasil.

Já se vê que a autonomia é precária, do ponto de vista externo, pelo vigor da pressão inglesa, diplomática, comercial e militar. Internamente, o governo que surge é seriamente limitado em suas articulações com os setores ligados à produção. E será durante as crises que poderemos testar a resistência dos diversos grupos sociais. Como Furtado bem o mostra[22], nos primeiros tempos de autonomia, a classe dos senhores agrícolas baseada no regime de trabalho escravo, e que se autoabastecia nos momentos de crise, foi pouco afetada nessas horas de dificuldades. Já aqueles elementos ligados ao comércio, à burocracia, à vida militar etc. explicarão, com o seu empobrecimento e suas agruras, a radicalização de posições antilusitanas, pois os portugueses, sendo comerciantes, eram diretamente responsabilizados pelas dificuldades emergentes, nos limites da consciência popular da época.

IV

Em suma, pelo que se pode depreender da análise acima, se se quiser perceber os mecanismos da emancipação política de 1822 num contexto mais amplo, o estudo da presença de europeus entre nós torna-se imprescindível, na medida em que são, em parte, os suportes daqueles mecanismos. São enfim representantes de posições europeias em relação às quais a ex-colônia procura se afirmar.

Como foi visto, dentre esses europeus se sobressaem os ingleses e os mercadores coloniais portugueses, grupos mais representativos dos choques de duas dinâmicas profundamente diferentes. Os ingleses, naquele momento, ligam-se às grandes transformações industriais que estão refletidas em sua ativa vida comercial, tão vivamente registrada por Maria Graham em seu diário. Os mercadores portugueses, por sua vez, ligam-se à velha ordem do sistema colonial português, do qual o Brasil é levado a se subtrair, como um Sierra y Mariscal bem o mostra.

Em qualquer hipótese, esses são os grupos mais representativos que os elementos da ex-colônia, em geral ligados à vida da grande agricultura que era revitalizada, devem levar em consideração para suas ações emancipadoras. À medida que o processo de emancipação avança, constatam-se radicalizações nessas três posições a que nos referimos, sobretudo após 1831, quando a vida brasileira desemboca no turbulento período regencial.

Como se sabe, o problema da supressão do tráfico e da abolição da escravatura persistirá como ponto de desencontro entre ingleses e grandes proprietários agrícolas brasileiros. Quanto aos portugueses comerciantes, com seus interesses aqui assentados, muitas vezes ainda sofreriam os efeitos da lusofobia, que se acentuava especialmente nos momentos de crise financeira. Muitas seriam ainda as cenas de sangue, durante a primeira metade do século XIX, aos gritos de "Mata marinheiro!"

6.
Brasileiros nas Cortes Constituintes de 1821-1822

Fernando Tomaz

"Mal com Portugal por amor do Brazil, e mal com o Brazil por amor de Portugal." Dessa forma, rememorando frase célebre, exprimia Vilela Barbosa a situação dilemática em que se acharam os deputados brasileiros às Cortes Constituintes, quando se agravaram as relações entre os dois reinos[1]. Situação "penosa e crítica", no sentimento do seu colega Martins Basto, e que Antônio Carlos expunha nestes termos: "ha um não sei quê de inexprimivelmente doloroso na sensação que em nós produz a vista dos Deputados do Brazil luctando com a indisposição do povo portuguez... insultados, injuriados, e não podendo mesmo a custa de tanto vilipendio, valer à afflicta pátria"[2]. Penosas e críticas eram, de fato, por então, as relações entre Portugal e o Brasil, não obstante os esforços das representações das províncias brasileiras e de um ou outro deputado português[3].

Convenhamos que, desde a chegada da primeira deputação brasileira às Cortes, portugueses e brasileiros falaram, na verdade, linguagens diferentes sob a aparência de intenções convergentes. De um lado e do outro, cedo se gerou a convicção de que o interlocutor procedia de má-fé[4]. A desconfiança instalou-se entre os dialogantes. O deputado português Trigoso, chamando a atenção do Congresso para o perigo que

76   DAS DEPENDÊNCIAS

corria a consolidação da união dos dois reinos, atribuía esse perigo ao "espírito de desconfiança" que se alastrava no Brasil, gerado pela "má *intelligencia*" que ali se tinha dado aos decretos das Cortes[5]. O deputado baiano José Lino Coutinho historiava, a dada altura, as atitudes do Congresso que estavam na origem dessa desconfiança[6]. Por seu lado, Cipriano Barata acusava Portugal de abusar da boa-fé dos brasileiros, para interpretar a seu favor e proveito os direitos do reino do Brasil[7]. E Vergueiro afirmava que o Brasil desconfiava que o Congresso o queria "colonizar", acrescentando: "eu não me occuparei a averiguar se esta desconfiança he bem ou mal fundada, considero a opinião no estado em que ella se acha"[8]. Bem ou mal fundada, a desconfiança, a convicção da má-fé, radicadas no espírito dos portugueses pelo conhecimento dos sucessos que se desenrolavam no Brasil e sublinhadas no espírito dos brasileiros pelas medidas adotadas pelo Congresso para com as suas províncias, não deixaram de ritmar os acontecimentos e acabaram por degradar o diálogo. Reconheceu-se, por fim, a inutilidade de prosseguir neste por degenerar em fracasso. Cedo reconhecia Antônio Carlos que argumentar com os seus colegas portugueses era "estafar-se em pura perda"[9]. Cipriano Barata dizia-se convencido de que era esforço baldado advogar e defender os negócios do reino do Brasil[10]. E o deputado português Abade de Medrões achava, por seu lado, que era perder tempo discutir os problemas do Brasil[11].

O processo vulcânico da independência do Brasil acabou por dar razão a uns e a outros. Aos portugueses precisamente porque a temiam. Aos brasileiros porque nela acharam o meio mais eficaz de dissipar o fantasma do colonialismo.

Conheciam os deputados brasileiros demasiadamente bem a natureza dos problemas do Brasil, para preverem os efeitos que certas decisões tomadas nas Cortes em relação a esses problemas produziriam em terras brasileiras e mostravam-se preparados – pelo menos alguns deles – para enfrentar esses efeitos. Cipriano Barata declarava, prevendo a hipótese de separação: "E que faremos nos Brazileiros; Nada mais nos resta senão chamarmos a Deus, e a Nação por testemunha; cobrirmo-nos de luto; pedirmos nossos passaportes, e irmos defender nossa pátria."[12] No entanto, o ritmo dramático do distanciamento entre Brasil e Portugal, a marcha progressiva para a independência, parece não ter deixado de surpreendê-los, assim como lhes causou certa mágoa a impossibilidade da tão debatida união: "Os papéis públicos mostram *desgraçadamente* uma separação política e absoluta", confessava Antônio Carlos[13]. E confessava, pouco depois, sentir muito as dissidências, pois que pessoalmente era de opinião que as vantagens estavam na união e não na separação[14].

Não se pode, com efeito, evitar a constatação de que as intenções expressas dos homens foram, em boa medida, superadas pelos acontecimentos, quando confrontamos a natureza destes com o teor daquelas[15]. Isso não significa que os deputados brasileiros não se mostrassem ásperos defensores da liberdade do Brasil: "Não tenhão Portugal e seus Deputados tanto cuidado na liberdade do Brazil; elle será livre, porque o quer ser [...]", respondia Antônio Carlos a deputados portugueses preocupados com que a atuação das "facções" pusesse em perigo a liberdade no Brasil[16]. E Vergueiro entendia que "o Brazil tem tão livre a sua vontade e tanto direito a manifestala, como tem e teve Portugal no famoso dia 24 de Agosto, em que se separou do Brazil"[17]. Mas a ideia de liberdade não implicava, no seu espírito, a de independência.

Falaram, sem dúvida, de independência. Mas a ideia de independência, sempre que era aventada pelos deputados portugueses como propósito maior do Brasil[18], era repudiada pelos representantes brasileiros, chegando a encará-la como contrária aos interesses do Brasil: "A voz da independência, Senhores, desapareceu no Brazil logo que raiou no horisonte de Portugal o novo astro", proclamava Muniz Tavares; e garantia que os democratas brasileiros entendiam interessar mais ao Brasil a Constituição do que a independência – e a declaração de d. Pedro ao rei de que não apoiaria a independência mais fixava no seu espírito essa convicção[19]. Vilela Barbosa assegurava: "Os povos do Brazil [...] nem pela ideia lhes passa a independência"[20]; e ao português Xavier Monteiro, que dissera ser preferível perder dez Brasis a perder-se a dignidade nacional, respondia que perdia-se a dignidade nacional querendo perder-se o Brasil[21]. Vaticinava Silva Bueno "consequências funestas" no caso de verificar-se a separação[22]. Antônio Carlos afirmava não existir partido nem "espírito" de independência[23]. José Lino Coutinho assegurava, ao discutir-se uma comunicação da Junta do Governo da Bahia, que esta não procurava promover a separação[24].

A marquesa de Santos. Óleo atribuido a F.P. do Amaral. Museu Histórico Nacional, GB.

A tônica das discussões era posta na política de união. Afirmavam a ideia de união suposta em negação da ideia de independência[25]. "Os povos do Brazil querem a união", diziam Vilela Barbosa e Muniz Tavares[26]. José Lino Coutinho confessava com otimismo que a união entre Portugal e Brasil havia de tornar todos felizes[27]. O prolixo Luís Paulino Oliveira Pinto da França divagava sempre, nas suas intervenções, sobre a união dos dois reinos. Defendia Cipriano Barata a necessidade e vantagens da união e exortava o Congresso a mostrar que queria a paz e a união[28]. Em réplica a Fernandes Thomaz, dizia Domingos Borges de Barros: "Que quer dizer adeus snr. Brazil; Eu fui para aqui mandado para tratar da união da família portuguesa [...] e não para desunir [...] se se trata de desunir, não sou mais Deputado, nem tenho mais lugar neste Congresso."[29] Antônio Carlos sustentava, como vimos, a opinião de que a união era preferível à separação. E na discussão do parecer da Comissão dos Negócios Políticos do Brasil sobre a representação da Junta de São Paulo dirigida a d. Pedro, dizia Muniz Tavares desejar "cordialmente" a união entre Portugal e o Brasil, fim para o qual trabalhava "solícito de dia e de noute"[30].

A política de união assentava, para os deputados portugueses, no fato do juramento pelas províncias do Brasil das "Bases da Constituição Política". Por esse juramento, o Brasil, membro do Reino Unido de Portugal, Brasil e Algarves sob o regime monárquico absolutista, separado de Portugal pela Revolução de 24 de agosto de 1820, aderira ao movimento "regenerador" e sujeitava-se, assim, às decisões do Congresso obtidas por maioria na votação. Por isso passaram a considerar perjuros "os povos do Brazil" quando tiveram conhecimento das atitudes da Junta do Governo de São Paulo e do Governo do Rio de Janeiro para com as Cortes[31]. Mas para os representantes brasileiros, o juramento não conduzia *ipso jacto* à união. Esta só seria possível com a condição de uma perfeita paridade política e, nesse sentido, preveniam o Congresso sempre que se viam perante decisões contrárias aos seus objetivos: "O Brazil quer a união com Portugal mas não segundo a marcha que leva o Congresso", advertia Vergueiro[32]; e, de modo mais preciso, avisava que não era com "sofismas" nem com "armas", mas com "bases" que se devia cimentar a união[33]. Em sessão em que o português Ferreira de Moura se mostrava hostil a Antônio Carlos, arguindo-o sobre o que ele opinava acerca da legalidade das decisões do Congresso, o deputado paulista respondeu que o Brasil se unira à Revolução e se comprometera a jurar a Constituição que o

80 DAS DEPENDÊNCIAS

Congresso elaborasse, mas que isso não o comprometia a jurar uma Constituição que lhe fosse desfavorável[34].

Dessa exigência de paridade política decorreu a posição intransigente do Brasil perante Portugal, posição que as suas deputações mais atuantes – São Paulo, Bahia, Pernambuco – persistentemente defenderam: a rejeição do colonialismo[35].

A era colonial do Brasil pertencia ao passado, e esse passado não queria o Brasil – que fora sede da monarquia durante treze anos, que alcançara o estatuto de reino, que vira os seus portos abertos ao comércio mundial – ver restaurado. Não era do passado que se tratava – desse passado que deixa vestígios na memória coletiva e carreia materiais para a conformação de uma "consciência nacional" –, mas do futuro[36]. Tratava-se de adotar medidas para a reforma de uma sociedade e, como sensatamente lembrava Araújo Lima, "as reformas só dizem respeito ao futuro". E o futuro, sobretudo o futuro a longo prazo, surgia no horizonte mental desses homens com uma coloração de esperança. O seu espírito, moldado nas ideias progressistas do Iluminismo, projetava nesse futuro uma idade de ouro para o Brasil. Não escondiam o seu orgulho quando, ao confrontarem as possibilidades econômicas dos dois reinos, viam o primado indiscutível do Brasil. Cipriano Barata, numa das suas emocionadas intervenções, acentuava que quando a família real se deslocara para o Brasil ficara Portugal como "província" reduzida à condição de ir "mendigar" recursos à capital brasileira e que, sem o Brasil, Portugal seria, depois da Revolução de 1820, uma "nação de 4ª ordem"[37]. Vergueiro, por seu lado, afirmava ter o Brasil consciência dos seus recursos econômicos e das possibilidades que lhe advinham da sua posição geográfica[38]. Antônio Carlos, citando o decreto que abriu os portos do Brasil, dizia: "se ele foi infeliz para Portugal, foi o avesso para o Brazil, foi a fonte da sua actual prosperidade e continuará a ser o estímulo maior da sua progressiva riqueza"[39]; e de modo mais contundente: "Os Brazileiros tem já os olhos abertos, elles sabem que o monopólio, como o despotismo, roda sem cessar em torno das trincheiras da liberdade."[40] E declarava ainda no Congresso, com o seu habitual desassombro, que se o Brasil já não era colônia e que se jamais o viria a ser, a si mesmo o devia e à "natureza" que o fizera chegar ao "estado de virilidade" que fizera cessar a "tutela interessada de metrópoles desconfiadas"[41]. José Lino Coutinho replicava ao deputado português Braamcamp, que se referira ao passado colonial do Brasil: "elle nos lança em rosto o nosso antigo estado de colônia querendo inculcar que a nossa presente cathegoria he um mimo generoso de Portugal. A marcha progressiva do Brazil, suas riquezas, e as luzes do tempo são os únicos motores da nossa elevação"[42].

Defendendo a sua posição no Congresso como a de representantes de uma nação livre, como claramente proclamava Vilela Barbosa[43], mostraram-se particularmente persistentes na oposição a todas as medidas que se lhes afiguravam colocar o Brasil numa posição de subordinação em relação a Portugal. Entendiam que o debate dos problemas brasileiros só poderia fazer-se numa atmosfera autêntica de constitucionalismo se se aceitasse a paridade plena dos dois reinos: "Os povos do Brazil são tão portuguezes, como os povos de Portugal, e por isso hão de ter iguaes direitos", reclamava Antônio Carlos no próprio dia em que prestou juramento no Congresso[44].

Não admitiam, por isso, que o Congresso tomasse decisões acerca do Brasil e muito especialmente que se sancionassem artigos a serem incorporados na Constituição sem que fossem ouvidos os deputados de todas as províncias. Para tornarem mais clara e formal a sua posição, chegaram a declarar, em moção entregue por Feijó, que o que obrigava uma província não obrigava outra: "Não somos deputados do Brazil, de quem em outro tempo fazíamos uma parte immediata, porque cada província se governa hoje independente. Cada hum he somente Deputado da província que o elegeu."[45] A intervenção de Feijó não era a primeira que os brasileiros faziam sobre o assunto. Assim, apressara-se a deputação de Pernambuco, pela voz de Muniz Tavares, logo à sua chegada ao Congresso, a propor que a discussão de um dos artigos do projeto de Constituição ficasse aguardando a chegada às Cortes das deputações que ainda não tinham saído do Brasil[46]. Cipriano Barata e Francisco Agostinho Gomes apresentaram, ao tomarem assento no Congresso, uma "Indicação" manifestando o seu desacordo com o teor de alguns artigos constitucionais já aprovados e propondo que se não desse por definitivamente sancionada a matéria constitucional já debatida e aprovada sem que estivessem presentes todos os representantes do Brasil[47]. Depois de ter feito proposta para que fosse adiada a discussão dos artigos do projeto constitucional sobre as "Juntas Administrativas das Províncias", por faltarem muitos deputados do Brasil[48], afirmava Domingos Borges de Barros: "O Brazil tem direitos que reclamar e tem que se oppor a varias deliberações já sanccionadas por esta assemblea."[49] Embora alguns

82 DAS DEPENDÊNCIAS

deputados portugueses se tivessem conformado com essa atitude, outros – os radicais, em particular – reputavam-na inaceitável, e nessa recusa viam os seus colegas brasileiros uma prepotência do Congresso[50]. Breve chegou o tempo de apontarem essa atitude das Cortes como um dos fatores que haviam contribuído para a evolução dos acontecimentos do Brasil perante inevitabilidade se achavam: José Lino Coutinho citava "leis provisórias" decretadas ao tempo em que o Brasil não enviara ainda todas as suas deputações como um dos casos em que o Congresso, pela sua atuação e "falta da sua palavra", gerara desconfiança no Brasil, e constatava a esse respeito a existência de um "desvio entre a theoria e a practica", sobretudo se se tivesse em conta a afirmação do português Ferreira de Moura, entre outros, de que o Congresso não tinha em vista "colonizar o Brazil"[51].

Manifestação colonialista era, igualmente, aos olhos dos brasileiros, a expedição de tropas para o Brasil. A presença destas em terras brasileiras era declarada como indesejável por gerar nos "povos" um sentimento de opressão, sobretudo quando os governadores de armas mostravam tendências despóticas, e aparecia, assim, como fator desfavorável à realização da política de união. Apontavam os deputados brasileiros as consequências desse aspecto da política de rigidez do Congresso, baseados na sua experiência da vida brasileira, e empenhavam-se de modo dramático em desviar as Cortes daquele rumo. José Lino Coutinho respondia a Fernandes Thomaz, que acusava os brasileiros de considerarem a sua pátria diferente de Portugal, dizendo que o que originava essa "rigorosa distinção" eram os "despotismos" praticados pelas "tropas europeas" em terras brasileiras[52]. Na "Indicação" apresentada por Diogo Feijó e já aqui referida, propunha-se que o provimento de tropas no Brasil se fizesse apenas a requerimento dos governos das províncias[53]. Em outra "Indicação", subscrita por todos os deputados do Brasil, com exceção dos de Maranhão e Pará, requeria-se que se suspendesse a expedição de tropas para a Bahia pedidas pelo governador de armas Madeira de Melo, por tal decisão ser contrária aos interesses da união[54]. Ao debater a questão da expedição de tropas para Pernambuco, os deputados pernambucanos e fluminenses, únicos então presentes no Congresso, assinalando a existência de rivalidades entre "europeus e brazileiros", confessavam os seus receios de que o envio de tropas viesse a exasperar tais rivalidades e criasse um estado de espírito tendente à separação, assegurando Muniz Tavares que o Brasil começara a pensar em ser livre quando vira chegarem tropas de Portugal[55]. José Lino Coutinho entendia que não eram "medidas duras, nem a remessa de tropas as que hão de consolidar a união do Brazil"[56]. E Domingos Borges de Barros era de opinião que se não deviam mandar tropas sem se ouvir o governo da província em causa[57]. E à argumentação dos deputados portugueses de que a expedição de tropas não visava fins políticos nem era expressão de um pensamento colonialista do Congresso, tendo em vista apenas assegurar a ordem contra os "facciosos do partido da independência", reagiam de modo desabrido. Muniz Tavares denunciava o caráter gratuito e "impolítico" dessas medidas, pois que a "desordem" era devida em especial à "tirania" de certos governadores de armas[58]. Vilela Barbosa e Ferreira da Silva classificavam igualmente a expedição de tropas como inútil e desnecessária por existirem, no caso de Pernambuco, forças militares suficientes colaborando com a Junta do Governo na manutenção da ordem[59]. Domingos Borges de Barros declarava, no caso da Bahia: "do Brazil nos tem vindo em muitos papeis de officio, e não officio, que entrou a idéa de que a presença dessas tropas tende a colonizar o pais. He falsa a idéa, mas existe"; e ao ver rejeitada a moção em que se propunha se suspendesse a expedição de tropas para aquela província, previa que a decisão só ocasionaria males no Brasil e confessava que a sua posição de deputado passaria a ser para ele "um sacrifício"[60]. Antônio Carlos, por seu lado, dizia abertamente: "mandar [...] homens da tropa para o Brazil é como uma declaração de guerra"[61]. E perante a dureza da atitude do Congresso, não obstante a opinião condescendente de Fernandes Thomaz de que o corpo militar a ser deslocado para Pernambuco fosse recrutado entre as forças armadas do Brasil e não de Portugal, não deixou de causar certa emoção a declaração de Ferreira da Silva: "levantei-me para fazer dizer que não vá tropa, para o repetir, e se o soberano Congresso decidir que vá, eu lamentarei a desgraça e a miséria da minha pátria"[62].

Era também pretender "recolonizar o Brazil" instituir nas províncias um comando de armas de nomeação régia e independente do governo civil, como fizera o Congresso em setembro de 1821. Assim fora entendido em São Paulo e no Rio de Janeiro e assim o entenderam os deputados brasileiros, que apontaram essa independência e o fato de serem escolhidos oficiais europeus e não brasileiros para aquele posto como fatores que determinavam manifestações de "opressão e despotismo". Dizia Vilela Barbosa:

84 DAS DEPENDÊNCIAS

"Removão-se do Brazil os déspotas e oppressores, e então a voz de independência, a menor voz será crime [...] como ingratidão para com Portugal,
a quem devem o ser e ora o maior de todos os bens, a liberdade"[63]. Araújo
Lima citava o decreto de setembro como um erro da política brasileira do
Congresso: "a nomeação dos governadores de armas escandalisou muito o
Brazil"[64]. Costa Aguiar citava casos de intromissão arbitrária do poder militar nos negócios civis. Antônio Carlos, perante um ofício do governador de
armas da Bahia que dava conta das atividades do "partido revolucionário",
classificava como "um erro" a sua nomeação por se tratar de um indivíduo
de ideologia política "anticonstitucional"[65]. E se o Congresso quisesse provas
do despotismo desses governadores, aí estavam, diziam, os presos acusados de opiniões e atividades políticas, "victimas sacrificadas aos furores"
do governador Luís do Rego Barreto[66], "homens cujo crime he terem sido
presos pela desastrosa revolução de 1817", na opinião de Muniz Tavares[67] e
cuja libertação se impunha por se acharem detidos "sem culpa formada",
como acentuavam Cipriano Barata e Francisco Agostinho Gomes[68]. Apontavam ainda ao Congresso outros abusos dos chefes das forças militares[69] e,
se por um lado insistiam em que se transferissem os governadores de armas
hostilizados com as Juntas Governativas[70], por outro procuravam que se
reformassem as disposições do decreto que, separando o poder militar do
poder civil, tinham criado uma situação que "inferiorizava" o Brasil[71]. Vilela
Barbosa, sabendo que não era apenas a independência dos dois poderes mas
sobretudo o fato de os governadores de armas serem escolhidos com exclusão dos oficiais brasileiros o que "desgostava" o Brasil, propunha que o seu
recrutamento se fizesse no quadro dos oficiais do exército do reino do Brasil, e que se consignasse a sua sujeição ao poder civil, de forma a não só se
garantir às Juntas Governativas um meio de fazer respeitar as suas resoluções mas também de evitar o descontentamento dos oficiais brasileiros[72].
Também a Comissão dos Negócios Políticos do Brasil, após apreciação de
correspondência de d. Pedro dirigida ao rei e por este remetida às Cortes,
apresentava parecer em que se propunha que o comando das armas pas-
sasse a depender das Juntas Governativas e se admitia que os comandantes
nomeados participassem, nos assuntos da sua competência, do poder civil[73].
A discussão do parecer, adiada de alguns meses, revelou quanto a questão
era delicada. Entendia o deputado português Girão que anuir ao parecer era
correr o risco de, tendo-se em conta a crescente hostilidade entre europeus

e brasileiros em terras do Brasil, se ver instaurada uma situação de terror[74]. Ferreira de Moura, insistindo em que as tropas defendiam pessoas e bens e obstavam a atuação do partido da independência, argumentava que conformar-se o Congresso com o parecer era perder-se o domínio de uma situação que tendia para a anarquia[75]. Refutava Antônio Carlos essa argumentação defendendo a necessidade de se conceder às Juntas Governativas poder sobre as forças militares como meio de se garantir a sua eficácia[76]. Cipriano Barata discordava do parecer na parte em que este consignava a participação dos governadores de armas no governo civil, mas procurava persuadir o Congresso a fazer a reforma desejada, garantindo serem infundados os temores de que as Juntas Governativas abusassem do poder, pois que "o Brazil não se quer separar de Portugal"[77]. Seguia-o na discordância Costa Aguiar mas, declarando que o Brasil pretendia acima de tudo a igualdade política – "O que os brazileiros querem é ter os mesmos direitos e em tudo ser equiparados aos povos de Portugal" –, defendia a subordinação da força armada ao poder civil[78]. E, não obstante não terem reclamado contra a exclusão de militares brasileiros do comando máximo daquela força, como fizera Vilela Barbosa, viram o Congresso rejeitar as suas propostas sob pretexto de que a questão cairia no âmbito do articulado constitucional que então se ultimava.

Perseverantes no repúdio do colonialismo e na defesa de um estatuto político para o Brasil que colocasse este a par de Portugal, coerentes com os objetivos da política de união, só desanimaram de prosseguir nessa política quando a rigidez da atitude do Congresso e a evolução dos acontecimentos no Brasil os convenceram da sua total impossibilidade. Empenhados na elaboração de uma Constituição que a todos – portugueses e brasileiros – obrigaria, não pretendiam, de modo algum, que ela lhes garantisse estatuto de exceção: Vilela Barbosa não perdia de vista que as províncias do Brasil não eram "províncias federadas" mas "províncias do Reino Unido" – "todos somos portuguezes" –, no que era secundado por Gonçalves Ledo – "tudo quanto aqui legislarmos he igualmente legislado para ellas, he commum para todo o Reino, longe de nós outras idéas"[79]. Mas precisamente por isso exigiam que o Congresso tivesse em conta que certas determinações do articulado a incorporar na Constituição se não mostravam ajustáveis ao Brasil[80]. Intervieram nesse sentido por várias ocasiões e, em especial, ao discutir-se o artigo sobre a suspensão de magistrados. Dado que esta impendia ao rei, mostravam as perturbações que causaria aos brasileiros o recurso a Lisboa, e para prevenir tais inconvenientes defenderam a necessidade de uma autoridade que exercesse aquele poder no Brasil[81]. Já José Lino Coutinho insistira anteriormente em que, havendo que coibir abusos, deveria atribuir-se às relações provinciais poder para deporem juízes que prevaricassem[82]. Agora, era Marcos Antônio de Sousa que, recorrendo à história, mostrava que já na época colonial se instituíra no Brasil esse poder[83]. Antônio Carlos, argumentando contra os deputados portugueses que sustentavam artificiosamente a indelegabilidade do poder régio para suspender ministros, prevenia o Congresso do perigo que corria a política de união se não fossem dadas aos brasileiros "commodidades" iguais às dos portugueses[84]. Cipriano Barata rematava uma das suas intervenções dizendo que aceitar o artigo era "iludir os povos do Brazil", com o que queria significar que persistir nele, reconhecendo-se o seu desacerto, era, se não prepotência do Congresso, pelo menos atuar de má-fé[85]. A votação frustrou o objetivo dos representantes brasileiros, rejeitando as emendas ao artigo propostas por Vilela Barbosa, Araújo Lima e Borges Carneiro.

A oposição que o Congresso fazia às suas propostas decorria logicamente da política por ele adotada. Sabiam-no os deputados brasileiros, que viam as deputações portuguesas persistir nela não obstante as notícias oficiais e particulares que davam conta do descontentamento que tal política originava no Brasil. E sabendo também que não era possível, nessas condições, prosseguir na política de união, não deixavam de apelar para a assembleia no sentido de se tomarem medidas que evitassem o agravamento da situação. Vilela Barbosa constatava com pessimismo, ao ter-se conhecimento em Cortes de prisões efetuadas na Bahia e da hostilidade que ali reinava entre "Portuguezes brazileiros e Portuguezes europeus": "O horizonte político do Brazil apresenta, com effeito, um aspecto tenebroso, e carrancudo; e eu receio que desate a tempestade"; e instava por que se atuasse contra os desordeiros que procuravam "manter o despotismo"[86]. Após a leitura de uma comunicação da Junta do Governo de Pernambuco sobre o estado de inquietação em que se achava a Província, dizia Antônio Carlos: "O Brazil está em grande fermentação e he necessário acudir-lhe" e, dando conhecimento ao Congresso de notícias "funestas" por ele recebidas do Brasil, reclamava providências urgentes[87]. Araújo Lima, perante as cartas de d. Pedro que participavam a recusa do Brasil a deixá-lo seguir para Portugal, entendia que era oportuno tomar providências adequadas às pretensões brasileiras, pois que as medidas até então adotadas o deveriam ter sido "de outro modo"[88]. Também Muniz Tavares, quando se discutia o parecer sobre a representação da Junta do Governo de São Paulo a d. Pedro, propunha que se encarassem urgentemente os meios de "vencer a crise" – "Salvemos o Brazil, para salvar-nos."[89] E nessa insistência em pedir providências, reconhece-se a sua esperança em criar condições que abrissem caminho à política de união. O seu pensamento era claro: se o Congresso atuasse "de outro modo", o descontentamento desapareceria e a união poderia ser uma realidade. Para isso mostravam que era justificada a desconfiança que o Brasil nutria pelas Cortes. José Lino Coutinho atribuía as "desordens" na Bahia não aos "adeptos da independência", nem aos "revolucionários", mas às "más providências" tomadas a respeito do Brasil[90]. Silva Bueno apontava as "medidas opressivas" do Congresso como fator de descontentamento, e na discussão do parecer da Comissão dos Negócios Políticos do Brasil sobre a representação da Junta de São Paulo, afirmava que o documento era expressão do sentimento que a política das Cortes gerara no Brasil de que Portugal pretendia dominá-lo e deixar de "tratá-lo como irmão"[91]. E Vergueiro, dessolidarizando-se daquele parecer, procurava, no processo histórico e social das relações dos dois reinos, a gênese da crise, fazendo ressaltar que o que se temia no Brasil era o ressurgimento do colonialismo e do despotismo, como deixavam crer as decisões do Congresso, sendo portanto legítimo que o Brasil, querendo ser tratado como "par" de Portugal, procurasse "obstar por todos os meios possíveis" a dominação[92].

Não conseguiram, no entanto, alteração das linhas mestras da política das Cortes. Os deputados portugueses mais influentes persistiam em afirmar que o descontentamento não era fenômeno generalizado, mas simples manifestação partidária dos que pretendiam a independência". Distinguiam dois partidos no Brasil: "os que querem a independência" e "os que querem a Constituição", e embora reconhecessem que certos meios políticos se distanciavam das Cortes, tranquilizavam-se com a afirmação de que a maioria era constituída pelos que aderiam à Constituição[93]. Nesse sentido se orientavam as determinações políticas em relação ao Brasil, e assim não recuava o Congresso em decretar medidas que, pela sua impopularidade, tornaram o descontentamento em desafeição e esta em rebeldia.

Se o Congresso permanecia intransigente na sua posição, não menos intransigentes se mostravam as deputações brasileiras na defesa dos interesses

88 DAS DEPENDÊNCIAS

do Brasil contra tudo o que se lhes afigurasse uma pretensão de "escravizar o reino irmão", como afirmavam os representantes de São Paulo. Mas o sentido da evolução dos acontecimentos do Brasil, se exacerbou essa intransigência, acabou por fazer despertar neles o sentimento de que era ocioso continuar a discussão dos problemas brasileiros: a solução destes seria, acaso, encontrada em outro nível.

Se não era esse ainda o estado de espírito do Congresso quando começou a discussão do projeto de decreto sobre as relações comerciais entre os dois reinos, achava-se ele já disseminado entre os deputados quando essa discussão terminou. O projeto, elaborado com base no princípio de "reciprocidade de interesses" de Portugal e do Brasil, foi encarado pelos deputados brasileiros de São Paulo e Bahia como mais uma manifestação colonialista do Congresso. Assim entendia Cipriano Barata, declarando que nunca assinaria tal projeto que lhe parecia a "sentença de morte" do comércio do seu país e da "nação"[94]. A comissão que o elaborara parecia, de fato, ter perdido de vista as condições criadas ao Brasil pela abertura dos seus portos ao comércio mundial: comparadas aquelas condições com as do novo articulado verificava-se resultar uma situação desfavorável à economia brasileira. O projeto dissimulava uma tentativa de restauração do monopólio português dos produtos do Brasil, assegurando ao mesmo tempo a Portugal um mercado sem concorrência para a colocação dos seus produtos. Assim pensava Antônio Carlos, que mostrava quanto era ilusória a reciprocidade expressa no projeto: o Brasil absorvia, normalmente, metade dos vinhos produzidos por Portugal enquanto Portugal comprava apenas menos da décima parte do açúcar brasileiro; o sistema de taxas e as restrições à exportação de artigos do Brasil viriam a causar prejuízos não só à incipiente indústria brasileira como ao próprio erário[95]. O regresso ao monopólio, a privação do Brasil de produtos da indústria estrangeira seriam, talvez, meios de despertar a economia do continente português, mas eram, com certeza, contrários aos interesses do Brasil. Por isso, aprovaram os artigos que, servindo os interesses de Portugal, não prejudicavam os do Brasil, rejeitando todos os outros[96]. O desacordo sobre a política de união exacerbou-se, finalmente, com a discussão dos artigos adicionais à Constituição que previam alterações à matéria constitucional relativa ao Brasil. O projeto, elaborado por uma comissão constituída por deputados brasileiros de São Paulo, Bahia, Rio de Janeiro e Pernambuco e nomeada para isso pelo Congresso em face das reclamações dos brasileiros, consubstanciava o pensamento político dos mais ativos dirigentes do Brasil. Nele se propunha que em cada um dos dois reinos funcionasse um congresso com competência legislativa no âmbito do reino respectivo e sujeito a Cortes Gerais que apreciariam a sua atuação e legislariam sobre matérias de interesse comum; e que o poder executivo fosse exercido de modo permanente por delegação que recairia, então, na pessoa do príncipe e, na falta deste, em membro da família real ou numa regência. Contrapunham, assim, os deputados brasileiros, à política centralizadora do Congresso, um projeto de inspiração federalista. O deputado português Miranda via nele a "inspiração" da Junta do Governo de São Paulo, descortinando-lhe uma "arquitectura paulista"[97]. E a discussão revelou que o que para uns era condição de união, para outros era condição de desunião. Não havia que pensar em duas legislaturas, protestavam deputados portugueses, pois que a forma constitucional vigente previa uma só câmara: o princípio bicameral, mesmo com subordinação a Cortes Gerais, era o caminho para a independência do Brasil, que se tornaria uma realidade logo que ali se reunisse um congresso[98]. E se a esse congresso competiria, como defendia Antônio Carlos, a fiscalização dos atos do delegado do poder executivo, decorria da ilegitimidade do princípio bicameral que a melhor solução para se evitarem abusos de poder seria a fragmentação do poder executivo[99]. Nessa argumentação, viram os deputados brasileiros a oposição do Congresso à permanência de d. Pedro no governo das terras brasileiras a par de uma tentativa para fazer regressar o Brasil à situação colonial anterior à chegada da família real. José Lino Coutinho rejeitava a proposta, defendendo o estatuto político do Brasil como de "um reino único e indivisível"[100]. E Antônio Carlos, não obstante manifestar desinteresse na discussão – "Não tenho mais voto nem opinião" –, defendia o projeto como "um todo conexo", demonstrando que era inútil encarar a questão do poder executivo desde que se haviam repelido as alterações ao poder legislativo[101]. A decisão final do Congresso foi a que ficou consignada na Constituição: "Haverá no reino do Brazil uma delegação do poder executivo, encarregada a uma regência, que residirá no logar mais conveniente que a lei designar. D'ella poderão ficar independentes algumas províncias e sujeitas immediatamente ao governo de Portugal."[102]

Mas já então, no Rio de Janeiro, ordenara d. Pedro a convocação de uma assembleia constituinte e legislativa, afirmando ao rei, pouco depois,

DAS DEPENDÊNCIAS

ser *inevitável* a separação do Brasil[103]. O Brasil, caminhando para a autonomia, dava um passo decisivo num processo revolucionário que vinha do século anterior, e o Congresso acabaria por reconhecer que o movimento era irreversível[104]. Também assim pensavam os que nele representavam as províncias brasileiras e, apesar da proclamação das Cortes ao povo do Brasil, em que se garantia não ser intenção do Congresso "mantê-lo no estado servil de uma dependência colonial", e se afirmava a pretensão de prosseguir na política de união, perderam os mais atuantes a esperança nessa política[105].

Nessas circunstâncias, puseram os deputados de São Paulo a questão da sua presença no Congresso, em termos de legalidade: sendo dissidentes, as províncias de São Paulo, Rio de Janeiro, Minas Gerais e outras requeriam a anulação das suas representações[106]. Antônio Carlos sustentava a pertinência da moção, argumentando que a convocação de cortes constituintes feita por d. Pedro implicava "soberania separada", e declarava considerar atentatório à sua dignidade e à sua consciência continuar a ter assento em Cortes[107]. Diferente era o critério do Congresso, que persistia em afirmar que a dissidência não era das províncias, mas sim dos governos delas, e se opunha assim a anuir às pretensões dos deputados paulistas[108]. Estes não conseguiram parecer favorável à sua moção, como não conseguiram os baianos que declaravam não poderem continuar a representar a sua província "por contravir à vontade geral dos seus constituintes"[109]. Defendia-a José Lino Coutinho, assegurando acharem-se em luta na Bahia dois partidos, um "brasileiro" e um "europeu", porém o Congresso negou autenticidade dos testemunhos em que a moção se apoiava[110].

Mostravam, assim, esses deputados a sua adesão à política de d. Pedro e ao que Ferreira de Moura designava de "cismática ambição das facções do sul"[111]. Antônio Carlos, lamentando o fracasso da política de união nas condições postas pelo reino brasileiro, admitia que o Brasil, que aderira à Revolução de 1820, "mudara de idéas": "agora [...] podemos não aderir"[112]. Vilela Barbosa defendia a legitimidade da autoridade do príncipe, pelo que não se lhe afigurava serem rebeldes as províncias do Sul do Brasil que o seguiam[113]. Costa Aguiar opunha-se ao parecer da Comissão de Constituição que declarava nulo o decreto de convocação de cortes de 3 de junho, pois que, sendo legítima a atitude de d. Pedro, a decisão do Congresso teria no Brasil "effeitos funestos"[114]. Cipriano Barata reputava "justa" a atitude do príncipe, pois que ela correspondia à vontade do Brasil de "determinar-se livremente" ao ver-se confrontada com as determinações das Cortes que faziam crer que se pretendia "restaurar o sistema colonial"[115]. E José de Alencar sustentava também a legitimidade da autoridade de d. Pedro, visto que o poder por ele exercido não era o que lhe fora delegado pelo rei, mas o que a ele delegava o povo[116].

Deputados dissidentes por serem, em seu critério, dissidentes as suas províncias, entenderam, por fim, escusar-se do juramento e assinatura da Constituição. Questão tanto mais grave quanto parecia carecer de fundamento sólido, dado o critério adotado pelo Congresso para se decidir da dissidência de uma província[117]. Mas se a Constituição consagrava a política brasileira do Congresso à qual sempre se tinham oposto, era evidente que a coerência exigia que a não subscrevessem e jurassem. O cearense Castro e Silva dizia ser a Constituição "diametralmente opposta à prosperidade e dignidade do reino do Brazil"[118]. José Lino Coutinho não a julgava "admissível no Brazil" sem que nela se introduzissem as convenientes "emendas e annotações"[119]. Vilela Barbosa declarava-a "contrária aos desejos dos povos do Brazil"[120]. José de Alencar entendia que subscrevê-la era agir "contra a vontade dos seus constituintes"[121]. Parecia-lhes justificada essa atitude, mas exigia a sua consciência que o Congresso a legitimasse, o que ele evidentemente não podia fazer dado que, por natureza do sistema representativo, todos os deputados eram solidários das decisões tomadas por maioria. Assim entendiam também os deputados das províncias de que não havia notícia de dissidência e até alguns dos que haviam seguido o governo do Rio de Janeiro. Mas, de um modo ou de outro, todos se viam envolvidos numa situação cujo caráter dramático era patente: Antônio Carlos dizia não ser capaz de comparecer perante os seus compatriotas se assinasse a Constituição; Domingos Borges de Barros temia a desonra por a não jurar e José de Alencar confessava que não ficaria bem com a sua consciência se a assinasse[122].

Mas da palavra ao ato, grande é o abismo e maior o risco de o transpor. Dos 46 deputados brasileiros em exercício, assinaram a Constituição 39 e juraram-na 37[123].

Teria, acaso, renascido neles a esperança na política de união? A justificação dada por alguns e bem acolhida por outros de que a assinatura do documento significava tão-só a participação na sua elaboração, afasta essa possibilidade. E o juramento prestado sob pretexto de que a recusa a ele poderia desencadear reação "despótica" do Congresso, anula-a por completo.

Sessão das cortes de Lisboa (14 de maio de 1822). Óleo de Oscar Pereira da Silva. Museu Paulista.

A inconsistência das justificações revela, assim, o verdadeiro significado da atitude dos deputados por São Paulo, que se recusaram a sancionar a Constituição: coerentes com os princípios adotados e que tinham norteado a sua atuação no Congresso, seria para eles um ato de má consciência ratificar um documento que, recusando para o Brasil o estatuto político pretendido, criava condições para a restauração do colonialismo que tanto haviam combatido.

Anexo

Lista dos nomes dos deputados eleitos para as Cortes Constituintes de 1821.

NOMES	OBSERVAÇÕES
ALAGOAS	
Francisco de Assis Barbosa	Assento: 17/12/1821
Francisco Manuel Martins Ramos	Idem
Manuel Marques Grangeiro	Idem
Luís José de Barros Leite	Substituto
BAHIA	
Alexandre Gomes Ferrão	Assento 17/12/1822
Cipriano José Barata de Almeida	Idem
Domingos Borges de Barros	Idem
Francisco Agostinho Gomes	Idem
José Lino Coutinho	Idem
Luís Paulino Oliveira Pinto da França	Idem
Marcos António de Sousa	Idem
Pedro Rodrigues Bandeira	Idem
Inácio Francisco Silveira da Mota	Substituto
Francisco Elias Rodrigues da Silveira	Idem
Cristóvão Pedro de Morais Sarmento	Idem
CEARÁ	
Antônio José Moreira	Assento: 9/5/1822
José Inácio Gomes Parente	Dispensado: doença
Manuel Filipe Gonçalves	Assento: 9/5/1822
Manuel Nascimento Castro e Silva	Idem
Pedro José da Costa Barros	Não compareceu

DAS DEPENDÊNCIAS

NOMES	OBSERVAÇÕES
José Martiniano de Alencar	Assento: 10/5/1822[124]
Manuel Pacheco Pimentel	Substituto
ESPÍRITO SANTO	
João Fortunato Ramos dos Santos	Assento: 18/4/1822
José Bernardino B.P. Almeida Sodré	Substituto
GOIÁS	
Joaquim Teotónio Segurado	Assento: 8/4/1822
Luís Antônio da Silva e Sousa	Não compareceu
Plácido Moreira de Carvalho	Substituto[125]
MARANHÃO	
Joaquim António Vieira Belford	Assento: 8/11/1821
Raimundo de Brito Magalhães e Cunha	Dispensado
José João Beckman e Caldas	Assento 8/11/1821[126]
PARÁ	
Bispo do Pará (D. Romualdo S. Coelho)	Assento: 1/4/1822
Francisco de Sousa Moreira	Assento: 2/7/1822
Joaquim Clemente da Silva Pombo	Substituto
PARAÍBA	
Francisco de Arruda Câmara	Não compareceu
Francisco Xavier Monteiro da França	Assento: 4/2/1822
Virginio Rodrigues Campelo	Não compareceu
José da Costa Cirne	Assento: 15/7/1822[127]
PERNAMBUCO	
Domingos Malaquias de Aguiar Pires Ferreira	Assento: 29/8/1821
Félix José Tavares Lira	Idem
Francisco Muniz Tavares	Idem
Inácio Pinto de Almeida e Castro	Idem
João Ferreira da Silva	Idem
Manuel Zeferino dos Santos	Idem
Pedro de Araújo Lima	Idem
D. Francisco Xavier de Locio e Seibltz	Substituto
António de Pádua Vieira Cavalcanti	Substituto

NOMES	OBSERVAÇÕES

PERNAMBUCO (Comarca do Sertão)

Serafim de Sousa Pereira	Falecido
Teodoro Cordeiro	Não compareceu
Manuel Felix de Veras	Assento: 16/08/1822[128]

PIAUÍ

Miguel de Sousa Borges Leal	Assento: 1/8/1822
Ovidio Saraiva de Carvalho e Silva	Não compareceu
Domingos da Conceição	Assento: 8/7/1822[129]

RIO DE JANEIRO

Bispo de Coimbra	Não compareceu
Bispo titular de Eivas	Falecido
João Soares de Lemos Brandão	Assento: 10/9/1821
Luís Martins Basto	Idem
Luís Nicolau Fagundes Varela	Idem
Custódio Gonçalves Ledo	Assento: 17/9/1821[130]
Francisco Vilela Barbosa	Assento: 18/10/1821[131]

RIO NEGRO

José Cavalcanti de Albuquerque	Assento: 12/10/1822
João Lopes da Cunha	Assento: 29/8/1822[132]

SANTA CATARINA

Lourenço Rodrigues de Almeida	Assento: 19/11/1821
José da Silva Mafra	Substituto

SÃO PAULO

António Carlos Ribeiro de Andrada Machado e Silva	Assento: 11/2/1822
Diogo António Feijó	Idem
Francisco de Paula Sousa e Melo	Dispensado
José Feliciano Fernandes Pinheiro	Assento: 27/4/1822
Nicolau Pereira de Campos Vergueiro	Assento: 11/2/1822
José Ricardo Costa Aguiar e Andrada	Assento: 2/7/1822
António Manuel da Silva Bueno	Assento: 25/2/1822[133]
António Pais de Barros	Substituto

DAS DEPENDÊNCIAS

NOMES	OBSERVAÇÕES
MINAS GERAIS	
António Teixeira da Costa	Nenhum destes
Belchior Pinheiro de Oliveira	deputados compareceu
Domingos Alves Maciel	
Francisco de Paula Pereira Duarte	
Jacinto Furtado Mendonça	
João Gomes da Silveira	
José Cesario de Miranda Ribeiro	
José Custódio Dias	
José Eloi Ottoni	
José de Resende Costa	
Lucas António Monteiro de Barros	
Lucio José Soares	
Manuel José Veloso	
Manuel Rodrigues Jardim	
Bernardo Carneiro Pinto	
José Joaquim da Rocha	
Carlos José Pinheiro	
RIO GRANDE DO NORTE	
António de Albuquerque Montenegro	Não compareceram
Afonso de Albuquerque Maranhão	
Gonçalo Borges de Andrada Andrés	

7.
José Bonifácio: Homem e Mito[1]

Emília Viotti da Costa

Cada classe, casta ou estamento tem seus mitos e heróis, valorizando no passado acontecimentos e personagens que, transformados em símbolos, expressam os valores dominantes. Os mitos e heróis criados em função de determinada realidade perdem o significado quando esta muda, desqualificando as imagens anteriores, tornando-as inadequadas às novas situações. Quando a tensão social aumenta e há luta aberta entre as classes, surgem os iconoclastas interessados em destruir mitos e heróis tradicionais ou em reinterpretá--los em função da nova situação. Aparecem simultaneamente símbolos novos, sínteses das aspirações novas, instrumentos dos novos grupos que ascendem ao poder.

Os heróis míticos que povoaram a imaginação do homem primitivo, os santos, os cavaleiros medievais, os reis e os nobres, personagens das baladas e das crônicas medievais ou do "Antigo Regime" foram substituídos, nos tempos modernos, pelos heróis nacionais. O Estado Nacional criou mitos e heróis em torno dos quais procurou polarizar a nação. Na América, os "forjadores de nacionalidade" que lutaram pela independência de seus países, procurando libertá-los do domínio colonial: Bolívar, Miranda, Washington, San Martín passaram a ser vistos como "heróis nacionais". O que fora crime, punido com a morte no período colonial, a devoção à pátria, a participação em movimentos de emancipação, tornou-se, no país independente, ação digna de memória. Tiradentes, o "pérfido" acusado de "crime horrendo", condenado à morte por sua participação na Inconfidência Mineira, tornou-se herói nacional. Os gritos de "Viva a Pátria", "Viva a Liberdade" com que os rebeldes da revolução pernambucana saíram à rua em 1817, tachados de altamente subversivos pelas autoridades de então, que consideravam a fidelidade à pátria sinônimo de infidelidade ao rei, foram mais tarde vistos pelos historiadores que os interpretaram à luz da óptica nacionalista como afirmações de "nativismo" e "patriotismo".

José Bonifácio de Andrada e Silva foi visto, em 1822, com maus olhos pelas autoridades portuguesas por causa de sua participação nos sucessos que culminaram na Independência. Ele e seus irmãos foram considerados, pelos adeptos do partido português, como "infames conselheiros", "pérfidos sátrapas da família dos Bonifácios". Mais à frente, José Bonifácio passa à História do Brasil como Herói Nacional[2].

Personagem histórica e herói nacional, homem e mito confundem-se na figura do Patriarca, de onde a dificuldade de se proceder a análise objetiva da sua participação nos acontecimentos da Independência. O processo mitificador magnifica a essência do fato acontecido. José Bonifácio é convertido em herói nos manuais de ensino primário onde as crianças aprendem a prestigiá-lo antes mesmo de ter qualquer ideia de pátria ou de história. Em contrapartida, existe uma "lenda negra" de José Bonifácio, registrada em livros e artigos que procuraram através do tempo minimizar sua atuação política com o intuito de desmoralizar o herói e colocar outro em seu lugar: d. Pedro, Gonçalves Ledo etc.

A História, no entanto, se escreve além das balizas das lendas andradinas e antiandradinas. Seu domínio é outro: louvar ou denegrir a personagem histórica não são pontos de partida do historiador a quem compete explicar as relações entre personagens e estruturas que as determinam e são por elas determinadas. Reduzir o Mito e o Herói à proporção de personagem histórica é função do historiador.

Origens da "Lenda Heroica" e da "Lenda Negra" de José Bonifácio

A imagem de José Bonifácio "Patriarca" forjou-se no calor das lutas políticas por ocasião da Independência. A necessidade de defender pontos de vista, de consolidar sua posição à frente do governo levou seus partidários a apresentarem-no ao público como o "Pai da Pátria", o "timoneiro da Independência", o "Patriarca", expressões que começaram a circular já em 1822, quando José Bonifácio ocupava o cargo de ministro de d. Pedro. Pouco tempo depois da proclamação de Independência, quando, por desentendimentos com o imperador, apresentou seu pedido de demissão do cargo de ministro, apareceram várias representações e panfletos pleiteando sua recondução ao ministério. Ao Senado da Câmara Municipal foi levada, na ocasião, uma representação em que os Andradas eram descritos como "a única âncora, [juntos ao trono] do novo Império"[3]. Parte da imprensa fazia coro às manifestações. Eloquente panegírico de José Bonifácio aparecia em 1823 no *Tamoio*[4], jornal editado por Menezes de Drumond, amigo pessoal dos Andradas e seu correligionário. A edição de 6 de agosto caracterizava José Bonifácio como "bom filho, bom pai, bom marido, bom irmão, bom parente, bom amigo", consolidador da Independência. Pouco tempo depois, os Andradas apareceram retratados no mesmo jornal como brasileiros ilustres, "sábios" que a Europa civilizada conhecia e respeitava, que haviam feito a felicidade do Brasil, a sua Independência, a quem cabia a glória de se terem mantido unidas as províncias que uma força desintegradora minava, libertadores da Pátria e fundadores do "vasto e rico Império do Brasil". Segundo o editorial, José Bonifácio tinha sido o primeiro a "trovejar" contra a perfídia das Cortes Portuguesas, o primeiro a pregar a Independência e a liberdade do Brasil, enfrentando os representantes do partido lusitano e os democratas republicanos que se aliavam no intuito de mandar de volta a Portugal o Príncipe Regente.

A denominação de "Patriarca da Independência" conferida a José Bonifácio apareceria em várias outras publicações da época. Em 1832, quando José Bonifácio foi acusado pelo governo da regência de tramar a volta do imperador, sendo destituído do cargo de tutor dos filhos de d. Pedro, o conselheiro

DAS DEPENDÊNCIAS

Cândido Ladislau Japiassu, incumbido de sua defesa, invocou a seu favor sua participação no movimento da Independência, qualificando-o de Pai da Pátria e de Patriarca da Independência. Com esse título, ele passaria à História.

José da Silva Lisboa, visconde de Cairu, autor de *História dos Principais Sucessos Políticos do Império do Brasil*, publicada em 1830, num artigo aparecido no *Diário do Rio de Janeiro* em 18 de março de 1835, chamava José Bonifácio de Patriarca da Independência, para quem, dizia ele, "a História imparcial resguardará o título de Salvador do Brasil pelos conselhos dados a D. Pedro I, o Salvador do Império Constitucional da América". A Independência apareceria, assim, como fruto da ação deliberada de d. Pedro e José Bonifácio.

Não faltaram, na época, versões opostas, nascidas de rivalidades políticas e inimizades pessoais, provindas das hostes adversárias que viam em José Bonifácio apenas um dos ministros do imperador, ministro dos menos liberais: arbitrário, vaidoso, discricionário.

Diatribes contra o ministro e sua política apareceram com frequência na imprensa oposicionista – *Correio do Rio de Janeiro*, *Revérbero Constitucional* e *Malagueta*, por exemplo –, reprovando-lhe as atitudes "aristocráticas", sua aversão à representação popular e a oposição que fazia à convocação de uma Constituinte. Comentava-se que só diante da pressão dos demais cedera José Bonifácio à ideia de convocação de uma Assembleia Nacional. Dizia-se que fora sempre avesso à ideia de Independência, pretendendo manter o Brasil unido a Portugal, perseguindo sem tréguas os elementos mais liberais desejosos de ampliar as liberdades civis. Os órgãos da oposição criticavam acerbamente as medidas tomadas pelo seu Ministério e o próprio príncipe, ao demiti-lo do Conselho de Ministros em 1823, lançou, quase simultaneamente, uma proclamação aos Povos do Brasil afirmando sua aversão ao despotismo e às arbitrariedades, o que foi interpretado como crítica aos Andradas. (Proclamação de 15 de julho de 1823: "Detesta o despotismo e assegura os sagrados direitos dos cidadãos."[5])

As mais violentas críticas a José Bonifácio apareceram nos anos de 1832 e 1833, quando na Câmara dos Deputados, no Senado e através da imprensa seus inimigos políticos Feijó, Evaristo da Veiga, Bernardo de Vasconcelos, Araújo Viana e outros empenharam-se em denegrir sua reputação, procurando destruir seu prestígio político. No *Correio Oficial* de 23 de dezembro de 1833, Araújo Viana, mais tarde visconde e marquês de Sapucaí, ministro da Fazenda da Regência, fez publicar uma *Refutação Formal Histórica Sobre Quem Foi o Verdadeiro Autor da Independência*, procurando mostrar que José Bonifácio não tivera a menor iniciativa nos principais episódios – o Fico, a Convocação da Constituinte, os sucessos do Sete de Setembro –, nada havendo feito para justificar o título de Patriarca da Independência que se lhe pretendia atribuir.

A versão antiandradina encontrou acolhida posteriormente em obras de historiadores que relegaram sua atuação ao segundo plano, ora ressaltando o papel de outros elementos, tais como Ledo, Januário da Cunha Barbosa, Joaquim José da Rocha, ora atribuindo a d. Pedro todo o mérito do movimento. Um historiador consagrado, Francisco Adolfo de Varnhagen, visconde de Porto Seguro, fundamentando-se em depoimentos testemunhais, apresentou José Bonifácio como personagem vingativa e arbitrária, minimizando sua participação na emancipação política do país. Houve quem insinuasse que o juízo pouco favorável de Varnhagen em relação a José Bonifácio se deveu a questões de família. Seu pai fora prejudicado por críticas dos Andradas às suas atividades na Fábrica de Ferro de Ipanema, e Varnhagen nunca lhes perdoara.

Dessa forma, as lendas andradinas e antiandradinas forjadas no calor dos acontecimentos, fruto das perspectivas contraditórias dos participantes, foram incorporadas à História, durante muito tempo limitada à análise psicológica, à descrição dos motivos e lutas pessoais de personagens atuantes na cena política, como se o processo histórico pudesse ser explicado apenas pelo arbítrio de um punhado de homens. Os cultores desse tipo de História tomaram partido, deixaram-se envolver por suas simpatias ou antipatias pessoais, endossando ora os juízos favoráveis a José Bonifácio, ora identificando-se com a versão que lhe retirava todo e qualquer significado. Forneceram dessa maneira uma imagem inteiramente subjetiva do processo histórico da Independência.

Só uma análise das condições estruturais permite ao historiador ultrapassar os limites da crônica subjetiva, entender as razões da Independência e redefinir em termos objetivos o papel real de José Bonifácio no movimento.

José Bonifácio: Formação

Nasceu José Bonifácio em 13 de junho de 1763. Fazia parte de uma das famílias mais ricas de Santos. O pai, funcionário da Coroa, figurava no Recenseamento de 1765 como a segunda fortuna da cidade. Seria difícil dizer exatamente de onde lhe provinham tantos recursos, mas podemos supor. Fora inicialmente coronel do Regimento dos Dragões Auxiliares da Capitania de São Paulo, servira como Fiscal da Intendência das Minas de Paranapanema, Almoxarife da Fazenda Real, Escrivão da Junta da Real Fazenda da cidade de São Paulo. Por ocasião do recenseamento era, segundo consta, mercador em Santos. Vivendo no porto, beneficiara-se provavelmente do incremento do movimento comercial nos fins do século XVIII, motivado pela exportação de açúcar cuja produção se desenvolvia com sucesso, no interior de São Paulo, nas zonas de Itu, Mogi--Guaçu, Jundiaí. Folga de dinheiro e boas relações, advindas de sua posição de funcionário da Coroa, permitiram-lhe propiciar aos filhos um *status* relativamente importante na colônia. Três deles vieram a ocupar altos cargos no governo e na administração: José Bonifácio, Martim Francisco e Antônio Carlos; um outro foi padre e abastado proprietário em Santos. Os três primeiros foram estudar em Coimbra, para onde partiu José Bonifácio em 1783 com a idade de 21 anos, depois de ter feito os preparatórios em Santos e em São Paulo, onde frequentara o curso mantido por frei Manuel da Ressurreição, o que lhe possibilitou os primeiros contatos com a cultura clássica. Lógica, Metafísica, Retórica e Língua Francesa eram as matérias preparatórias para quem desejava ingressar na universidade nessa época. Aos dezesseis anos, José Bonifácio, como tantos outros jovens de seu tempo, já versejava, obediente às regras da poesia arcádica, das quais, anos mais tarde, procuraria libertar-se.

Coimbra reunia grande número de brasileiros, representantes das famílias mais ou menos ilustres da colônia ou membros de sua clientela. Durante o século XVIII, cerca de 1700 brasileiros matricularam-se na universidade, dos quais 68 pertenciam à capitania de São Vicente. Paulistas, como José Bonifácio e, como ele, estudantes em Coimbra foram Bartolomeu Lourenço de Gusmão, Alexandre de Gusmão, Pedro Taques d'Almeida, Matias Aires, João Caldeira Brant, Tomás Antônio Pizarro e Araújo, Antônio Rodrigues Veloso de Oliveira, Diogo de Toledo Lara, Francisco José Lacerda de Almeida, José Arouche de Toledo Rendon e tantos outros que, depois de formados, vieram a se destacar no cenário político e cultural brasileiro, ocupando cargos administrativos ou políticos, publicando obras diversas, ingressando na república das letras[6]. A primeira elite brasileira, a responsável pela institucionalização do país depois da Independência, foi quase toda ela formada na Universidade de Coimbra, o que é um dado significativo para a sua compreensão.

Alguns anos antes de José Bonifácio chegar a Coimbra, a universidade passara por profunda transformação. Pombal, no seu intento de reorganizar Portugal, segundo diretrizes que a burguesia vinha preconizando nos vários países da Europa, procurou modernizar o ensino, ainda preso à retórica clássica. Introduziu na universidade os métodos mais modernos do empirismo. Abrir a universidade ao movimento das Luzes que empolgava o pensamento europeu, varrer o obscurantismo e a rotina em que estava mergulhado o ensino, combater a influência dos jesuítas eram os seus principais objetivos. Com a reforma remodelaram-se os cursos, dando-se maior importância aos estudos científicos. Condenou-se o ensino "meramente teórico e livresco", preconizando-se a observação direta da natureza. Na faculdade de Filosofia, criada em substituição à antiga faculdade das Artes, na qual ingressaria alguns anos mais tarde José Bonifácio, desenvolveram-se estudos de filosofia e ciências da natureza.

Quando José Bonifácio chegou a Portugal, no entanto, já o ministro Pombal caíra em desgraça e a universidade estava longe de se pautar pelas normas do pensamento ilustrado. Atravessava-se um período de repressão às ideias que pareciam por demais avançadas para um Portugal arcaico e carola. O Alvará de 5 de fevereiro de 1778 mandara apreender muitos livros "de perniciosa doutrina", não só "capazes de corromper os bons costumes, como dizia o alvará, mas igualmente contrários "à santidade da religião católica e ao sossego público". Com a queda do ministro, a reação tomara conta de Portugal. Vários lentes foram submetidos a processo por lerem autores franceses, principalmente Rousseau. No ano seguinte, o reitor Francisco de Lemos foi exonerado, sendo nomeado em seu lugar o Principal da Santa Igreja de Lisboa, "com a missão de providenciar contra o ardor revolucionário com que os jovens se aplicavam à lição voluntária dos livros de errada doutrina".

No *Reino da Estupidez*, poema satírico publicado em 1785 atribuído a um estudante brasileiro, Francisco de Melo Franco, que na opinião de alguns contou com a colaboração de José Bonifácio, mestres e cursos são impiedosamente criticados.

José Bonifácio. Óleo de Benedito Calixto. Museu Paulista, SP.

A Reforma trouxe à Universidade de Coimbra alguns professores "dignos de tal nome" – dizia-se no poema –, mas para distingui-los seria preciso "ter a vista bem perspicaz: tanto reina ainda aqui mesmo a Estupidez". Sobre os estudantes de Leis, e José Bonifácio era um deles, observava-se que o único fruto que levavam era a "pedantaria, a vaidade e a indisposição de jamais saberem, enfarinhados unicamente em quatro petas do Direito Romano", não sabendo "nem o Direito Pátrio, nem o Público, nem o das Gentes, nem Política nem Comércio", nada que fosse útil enfim. O poema denunciava ainda o atraso de Portugal em relação ao progresso de outros países, as arbitrariedades cometidas pela fidalguia, a falta de compostura do clero, o fanatismo, a incredulidade e a ignorância do povo em geral, condenando a submissão de Portugal aos estrangeiros:

Miserável nação! que fielmente
Os tesouros franqueia aos Estrangeiros
Por chitas, por fivelas, por volantes
E por outras imensas ninharias![7]

Relatava, enfim, como a Estupidez fora introduzida na academia.

É nessa universidade, "Reino da Estupidez" de onde a reforma Pombalina não conseguira varrer, de todo, os modelos tradicionais, que José Bonifácio inicia-se nos autores da Ilustração, ampliando, ao mesmo tempo, seus conhecimentos dos clássicos.

Leitor incansável, José Bonifácio não se contentaria com o que lhe era ensinado na universidade. Suas notas, dispersas hoje em vários arquivos, e suas poesias estão, assim como suas cartas, cheias de referências a Rousseau, Voltaire, Montesquieu, Locke, Pope, Virgílio, Horácio, Camões, denotando uma formação humanista ampla e familiaridade com os autores da Ilustração, o que irá explicar mais tarde suas teorias políticas.

Embora continuasse a versejar, as preocupações científicas passaram ao primeiro plano, fixando-se seu interesse nos estudos de mineralogia. Contando com o apoio do duque de Lafões, conseguiu, depois de formado, uma viagem de estudo pela Europa, viagem que se prolongou por dez anos, durante os quais prosseguiu os estudos acompanhando cursos de Química de Fourcroy, Lavoisier, Jussieu, fazendo estágios em regiões mineiras da Europa (Tirol, Estíria, Caríntia), viajando pela França, Alemanha, Áustria,

Hungria, Suécia, Noruega, Dinamarca. Quem o encontrasse naquela época veria nele o jovem cientista interessado em mineralogia e jamais suspeitaria que vinte anos mais tarde viria ele a desempenhar importante papel na emancipação da colônia portuguesa na América.

Não obstante se especializasse em mineralogia, as preocupações de José Bonifácio ultrapassavam esses limites. A formação humanística despertara-lhe o gosto por temas de História, Filosofia, Literatura, evidenciado em suas numerosas notas e apontamentos reunidos hoje em parte no Instituto Histórico e Geográfico do Rio de Janeiro, no Museu Paulista e no Instituto Histórico e Geográfico de São Paulo.

Na França esteve em plena Revolução, nos primeiros meses de 1791, guardando uma penosa impressão dos movimentos revolucionários e da agitação das massas. Entre os autores da Ilustração, se alinharia melhor ao lado de Voltaire e Montesquieu do que de Rousseau. Sua irreverência em matéria religiosa, sua desconfiança em relação às massas, sua pouca simpatia pelos regimes democráticos lembram as críticas de Voltaire ao clero em geral e o seu horror à *canaille*. Seria um liberal, mas nunca um democrata. Suas ideias, aliás, acompanhavam de perto as de Melo Franco, ele também discípulo de Locíce, Condillac, Helvetius e Cabanis, para quem a "licença de uma grande liberdade" era tão nociva quanto os despotismos. De Voltaire provavelmente lhe vinha a convicção manifesta por Melo Franco num *Discurso Recitado como Vice-Secretário da Academia Real de Ciências de Lisboa*, em 24 de junho de 1816, em substituição a José Bonifácio, quando afirmava que as sociedades são necessariamente compostas de opulentos, abastados e pobres, ideia que José Bonifácio teria certamente subscrito sem hesitação[8].

José Bonifácio:
O Administrador e o Cientista

De volta a Portugal, casado com uma irlandesa, Narcisa Emília O'Leary, viu-se acumulado de vários cargos e obrigações: professor da Cadeira de Metalurgia de Coimbra, Intendente-Geral das Minas e Metais do Reino, Membro do Tribunal de Minas, Administrador das antigas Minas de Carvão de Buarcos e das Fundições de Ferro de Figueiró dos Vinhos e Avelar, Diretor do Real Laboratório da Casa da Moeda, Superintendente das Obras de Reflorestamento nos areais das costas marítimas, Desembargador da Relação e Casa do Porto, Superintendente do Rio Mondego e Obras Públicas de Coimbra, diretor das obras de encanamento e serviços hidráulicos, Provedor da Finta de Magalhães.

Suas relações com altas personagens do governo, tais como o conde de Linhares, ministro de d. João VI, explicam em parte a indicação para tantas funções. O "brasileiro" José Bonifácio parecia, até os 56 anos de idade, perfeitamente integrado na vida pública portuguesa, ocupando altos cargos na administração, exercendo incessante trabalho intelectual e científico, publicando vários artigos em revistas especializadas de diversos países da Europa[9]. Dotado de imensa curiosidade intelectual, estava sempre estudando e escrevendo sobre os mais diversos assuntos: história, geografia, filosofia, economia, ciências naturais, literatura. Tudo interessava a ele[10].

A preocupação intelectual, o apego à ciência, não o impediam de participar ativamente na administração e na política; ao contrário, enriqueceram-no de temas e motivos.

Como homem público, não se recusava a enfrentar crises políticas, nem a assumir funções de liderança. Em 1808, quando as tropas francesas invadiram Portugal, motivando a fuga de d. João VI para o Brasil, José Bonifácio não abandonaria seu posto. Participaria do Corpo Voluntário Acadêmico, com o fito de defender o território do ataque estrangeiro. Não satisfeito com essa atividade, poria em prática seus conhecimentos de Química, colaborando no fabrico de munições. Acompanhou pessoalmente as ações militares, ocupando sucessivamente o posto de major, tenente-coronel e comandante, participou do Serviço Secreto e colaborou na construção de fortificações. Seu patriotismo, conhecimento e valor foram muito elogiados pelos setores governamentais. Era, aos olhos de todos, um bom português, fiel a Portugal e ao príncipe.

Estava ainda em Portugal quando seu irmão, Antônio Carlos, ouvidor em Pernambuco, se viu envolvido na Revolução que aí estourou em 1817, sendo preso como um dos conspiradores que, aos gritos de "Viva a Pátria" e "Viva a Liberdade", tentaram implantar um regime republicano no Brasil.

Em Portugal, José Bonifácio era testemunha dos descontentamentos crescentes resultantes da permanência de d. João VI no Brasil, agravados depois da derrota napoleônica. As progressivas vantagens oferecidas à colônia desde

108 DAS DEPENDÊNCIAS

a Abertura dos Portos, em 1808, os privilégios concedidos aos ingleses pelo Tratado de 1810, que prejudicara os negócios de Portugal, irritavam os portugueses que viam suas atividades comerciais decair rapidamente.

Até a vinda da Corte, o comércio internacional português realizara-se na sua maior parte com o Brasil. Portugal, além de consumidor, era o entreposto da distribuição de todo o comércio exterior da colônia. Não obstante o crescente contrabando, mantinha ainda até aquela data situação privilegiada em virtude do sistema de monopólios. Lucravam os navios portugueses, com os fretes marítimos, as alfândegas, com as importações dos produtos coloniais e a exportação das manufaturas estrangeiras, os comissários portugueses, com o armazenamento e revenda dos produtos. Todo esse esquema desmoronara com a Abertura dos Portos e os Tratados de Comércio. De pouco tinham valido aos portugueses as medidas tomadas por d. João VI, tentando garantir seus privilégios quer favorecendo produtos transportados em barcos portugueses, quer oferecendo vantagens para importação de vinhos, azeite e outros artigos fabricados em Portugal ou em suas colônias. Sem resolver satisfatoriamente o problema dos portugueses, as medidas que tentavam salvaguardar seus privilégios provocavam o descontentamento dos brasileiros.

Em Portugal, a crise afetava não apenas os setores mercantis, mas toda a produção incapaz de fazer frente à concorrência da Inglaterra, onde a introdução da máquina revolucionava a produção, lançando as bases da grande indústria.

Para os portugueses, todos os males pareciam resultar da permanência da Corte portuguesa no Brasil e da autonomia relativa concedida à colônia. Acreditava-se em Portugal que a volta de d. João acarretaria a anulação das regalias concedidas ao Brasil e o restabelecimento do Pacto Colonial rompido. Não se contava com a oposição dos coloniais e dos ingleses, eles próprios beneficiários da nova situação.

Enquanto em Portugal os descontentamentos se acumulavam, no Brasil as contradições da política de d. João VI, anulando monopólios e privilégios antigos, favorecendo a liberalização da economia ao mesmo tempo que criava novos privilégios, na tentativa de garantir os interesses dos portugueses, provocava descontentamentos. O predomínio dos reinóis nos quadros administrativos reforçava os ressentimentos.

O impulso dado à economia a partir da abertura dos Portos contribuía para tornar mais aparente o caráter obsoleto das instituições coloniais remanescentes, multiplicando os pontos de atrito e aumentando os motivos de insatisfação. As restrições à livre circulação, criadas pelas barreiras antepostas ao tráfico interprovincial, a exploração das populações locais favorecida pelos numerosos estancos ainda remanescentes, a prepotência dos funcionários portugueses, as exações fiscais que alguns usufruíam, a venalidade e morosidade da justiça, tudo gerava tensão e desagrado.

As ideias liberais que no Brasil tinham encontrado adeptos nos movimentos revolucionários dos fins do século XVIII ganhavam novas adesões. A Revolução de 1817 em que se vira envolvido o irmão de José Bonifácio revelava a gravidade da situação. Realizada sob o influxo das reivindicações liberais, não ocultava o sentimento antiportuguês que a motivara. A repressão violenta não seria suficiente para conter as nascentes aspirações de autonomia.

O eco dos acontecimentos chegava a Portugal, onde José Bonifácio permanecia ainda. Em 1816, numa longa petição em que enumerava os serviços prestados, solicitava ao príncipe permissão para voltar ao Brasil, o que só obteria em outubro de 1818[11]. Em 24 de junho de 1819, despedindo-se de seus consortes na Academia de Ciências de Portugal, comunicava-lhes que partia para o "novo Portugal" onde nascera. A essa altura, visto de Portugal, o Brasil ainda lhe parecia uma extensão natural do reino. Mais tarde tentaria salvaguardar a integridade do Império Português diante da iminência de uma secessão, só renunciando à ideia quando os fatos demonstraram claramente a impossibilidade de resguardar a autonomia administrativa relativa que o Brasil conquistara, preservando-se a união Brasil e Portugal.

Voltava ao Brasil aos 56 anos, acompanhado de sua mulher, a irlandesa Narcisa Emília O'Leary, a quem, no seu dizer, a natureza não dera cabeça fria e nervos robustos, mas que os teria para aceitar uma filha natural do marido que recebeu recém-nascida, ajudando a criar e que levaria o seu nome Narcisa Cândida, certamente em homenagem à sua complacência. Fazia-se acompanhar ainda de outra filha, Gabriela Frederica, e de sua valiosa biblioteca, cerca de seis mil volumes[12]. Chegando ao Brasil, preferiu localizar-se em Santos, sua terra natal, onde vivia ainda parte de sua família, a se fixar na Corte, junto das intrigas palacianas. Instalado em Santos, prosseguiu nos estudos científicos, realizando, em 1820, em companhia do irmão Martim Francisco, uma viagem pelo interior de São Paulo, anotando observações e redigindo uma *Memória Econômica e Metalúrgica*[13], onde

DAS DEPENDÊNCIAS

fez duras críticas à direção da Fábrica de Ferro Ipanema, administrada na ocasião por Frederico Varnhagen, pai do futuro historiador, visconde de Porto Seguro. A seguir, redigiu um relatório sobre a situação das salinas. Em 18 de agosto de 1820, recebeu o título de Conselheiro da Coroa.

O ano de 1820 traria uma profunda mudança no panorama político. Em janeiro eclodia na Espanha a Revolução liberal. D. João VI, alertado por seus conselheiros, apressou-se em decretar várias medidas beneficiando os comerciantes portugueses[14]. As medidas não foram suficientes para deter a revolução. Em agosto de 1820, ela estourava na cidade do Porto. Constituíram-se as Cortes, exigiu-se a promulgação de uma Constituição e a volta do príncipe.

Os acontecimentos repercutiram no Brasil, onde se multiplicaram as adesões à revolução constitucionalista do Porto. Portugueses e brasileiros, comerciantes, fazendeiros, funcionários da Coroa e militares portugueses aderiram à revolução pelos mais diversos e, por vezes contraditórios, motivos. Uns identificados com os interesses metropolitanos apoiavam a Revolução na esperança de restabelecer o Pacto Colonial rompido, outros viam na revolução uma conquista liberal que poria por terra o absolutismo e garantiria a ampliação das liberdades conquistadas.

A despeito de se ter realizado em nome de princípios liberais, insurgindo-se contra o absolutismo real e pleiteando o estabelecimento de um governo constitucional, a revolução assumiu em Portugal um sentido antiliberal, na medida em que pretendia anular as concessões liberais feitas por d. João ao Brasil.

No Rio de Janeiro, em 26 de janeiro, diante da resistência de d. João em atender às solicitações das Cortes Portuguesas, houve um pronunciamento militar acompanhado de manifestações de rua, culminando no compromisso assumido pelo regente de aceitar e fazer cumprir a Constituição que as Cortes viessem a votar. As Câmaras de todo o país foram convidadas a proceder a igual juramento. Simultaneamente foram dadas instruções para a eleição de deputados brasileiros que deveriam representar o Brasil junto às Cortes de Lisboa.

D. João VI resolveu finalmente voltar a Portugal, deixando como regente o príncipe d. Pedro.

Enquanto esses episódios se sucediam no Rio de Janeiro e se organizavam por todo o país Juntas Governativas, procedendo-se ao juramento da Constituição, a maioria da população interiorana permanecia à margem do que se passava nos principais centros. As ideias liberais ou republicanas, como notara um viajante[15] que percorria o Brasil na época, não pareciam comover as populações interioranas que continuavam fiéis ao rei. No interior, o que contava era a opinião política do chefe local[16] e não as ideias políticas, em geral mal assimiladas. As populações votavam a favor da Constituição ou contra ela segundo as simpatias ou antipatias dos poderosos. Apenas nos centros maiores havia participação do povo, constituído por artesãos e pequenos comerciantes, soldados, caixeiros e outros, na sua maioria negros e mulatos, livres ou alforriados.

O caráter agrário da economia, não permitindo que se constituíssem núcleos urbanos numerosos, coincidindo as aglomerações mais importantes com os portos exportadores, não dera margem ao desenvolvimento de uma camada urbana análoga à burguesia europeia. Daí a especificidade do liberalismo brasileiro, cultivado pelas classes agrárias que levantavam a bandeira do liberalismo contra a metrópole em defesa da autonomia da colônia, procurando, ao mesmo tempo, preservar intatas as antigas relações de produção sobre as quais assentava seu poderio.

José Bonifácio e a Junta Governativa de São Paulo

Em São Paulo, em 12 de março de 1821, o governador e o capitão-geral João Carlos de Oyenhausen anunciaram o advento do regime constitucional. Em 23 de junho, o "povo" paulista era convocado a toque de sino para proceder à escolha dos membros da Junta Provisória. José Bonifácio, pela sua importância política e relevo social, foi convidado a presidir ao ato, sugerindo que a eleição se fizesse por aclamação, à medida que os nomes fossem propostos. Não era bem um procedimento democrático o que propunha. Entre os nomes apresentados, José Bonifácio incluiu o de Oyenhausen, vetado pelos elementos radicais mais empenhados em romper com o passado, que desejavam excluir do governo o ex-representante da administração portuguesa. José Bonifácio manifestava assim a intenção conciliatória que norteava sua atuação. Teve seu nome indicado para composição da Junta, entrando dessa maneira para a história política do Brasil, na qualidade de membro da Junta Governativa de São Paulo, ao lado

DAS DEPENDÊNCIAS

de outros representantes das várias "classes", tal como se entendia então: a militar, a comercial, a literária, a pedagógica, a agrícola.

Empenhando-se com o ardor que lhe era característico, José Bonifácio passou à relação das instruções que orientariam a bancada paulista composta de seis deputados que iriam a Lisboa defender os interesses da Província, entre os quais destacava-se seu irmão Antônio Carlos.

O texto *Lembranças e Apontamentos*[17], subscrito por todos os membros e vogais do Governo Provisório de São Paulo e que serviu de diretriz para os deputados paulistas, tem sido em geral atribuído a José Bonifácio, dada a coincidência da matéria com seus pontos de vista emitidos em outras ocasiões. Longe de revelar intenção separatista, aceitava o princípio da integridade e indissolubilidade do Reino Unido, assegurada a igualdade de representação nas Cortes Gerais e Ordinárias. Tratava de ressalvar princípios liberais, procurando preservar as vantagens conquistadas pelo Brasil desde 1808, em particular a autonomia administrativa. Visando a tal objetivo, sugeria a instalação de um Governo Geral Executivo no Reino do Brasil a que ficariam submetidas todas as províncias. Recomendava a criação de uma universidade, a multiplicação de escolas, a fundação, no interior do país, de uma cidade destinada a ser a sede do governo, com o fito de estimular o povoamento do sertão. Fazia ainda sugestões sobre o desenvolvimento da mineração, a civilização dos índios, colonização, emancipação dos escravos. Preconizava uma política de terras capaz de fazer voltar às mãos do Estado as terras doadas por sesmarias que não se achassem cultivadas, constituindo latifúndios improdutivos. Reivindicava, finalmente, a igualdade de direitos políticos e civis entre cidadãos de Portugal e do Brasil, "quanto o permitissem a diversidade dos costumes e território e as circunstâncias estatísticas".

O entendimento com as Cortes, que na ocasião da redação do texto parecia tão promissor, não tardaria em se revelar impossível. As Cortes declararam os governos provinciais desligados do Rio de Janeiro e subordinados diretamente a elas. Antes mesmo da chegada dos deputados brasileiros decretava-se a transferência para Portugal do Desembargo do Paço, da Mesa de Consciência e Ordens, do Conselho da Fazenda, da Junta de Comércio, da Casa de Suplicação e várias outras repartições criadas quando da instalação da Corte no Brasil. As medidas atingiam em cheio a autonomia conquistada pelos brasileiros. As disposições que se seguiam não deixaram dúvidas quanto aos propósitos recolonizadores das Cortes. Como consequência, cresceu a tensão entre colônia e metrópole, pondo em risco a solução de compromisso almejada não só por José Bonifácio como pelos grupos dominantes em geral: proprietários de terras, traficantes de escravos, "capitalistas", funcionários administrativos, que encaravam com simpatia a instituição de uma monarquia dual que concedesse relativa independência à colônia mas mantivesse a unidade do Império intata.

Decretos de setembro e outubro determinaram a volta do príncipe regente a Portugal, nomeando para cada província um governador de armas na qualidade de delegado do Poder Executivo, independente das respectivas Juntas Administrativas locais. A fim de garantir a execução das medidas e prevenir movimentos de protesto, destacaram-se novos contingentes de tropas para o Rio de Janeiro e Pernambuco.

As medidas provocaram tumultos e manifestações de desagrado no Brasil. Ficara claro que as Cortes intentavam reduzir o país à situação colonial existente antes da transferência da Corte Portuguesa para o Brasil.

Em Portugal, os deputados brasileiros, em minoria nas Cortes, não conseguiam fazer valer suas reivindicações apresentadas sob a zoada das vaias dos portugueses que não perdiam ocasião de manifestar antipatia pelos "mulatos brasileiros".

O partido da Independência ganhou novas adesões. O temor das agitações populares e principalmente o receio de que qualquer situação revolucionária propiciasse revolta de escravos levaria os representantes dos grupos dominantes a acercarem-se do Príncipe Regente, na esperança de que este enfrentasse as Cortes Portuguesas fazendo valer os seus direitos, permanecendo no Brasil como garantia da ordem interna e da autonomia ameaçada. Favoráveis à Independência também se manifestariam os comerciantes estrangeiros, cujos privilégios se viam ameaçados com a perspectiva da recolonização e eventual restabelecimento dos monopólios.

Motivos diversos, por vezes contraditórios, radicalizados pela política levada a efeito pelas Cortes, contribuíram para reforçar o movimento em favor da Independência: velhos ódios raciais entre a população mestiça que se vira discriminada pela legislação e os "branquinhos do reino"; irritação dos contribuintes diante das exações fiscais da metrópole; descontentamento em face da justiça venal e morosa; repulsa à arbitrariedade dos administradores assim como as restrições, impostas por dispositivos coloniais caducos, ao livre funcionamento da economia; aspirações dos escravos e dos despossuídos

DAS DEPENDÊNCIAS

de toda sorte à emancipação e à participação em termos mais equânimes na sociedade; enfim, os motivos mais diversos confundiam-se nas aspirações da Independência.

Desde outubro de 1821 começaram a aparecer pelas ruas do Rio de Janeiro panfletos denunciando as intenções recolonizadoras das Cortes e concitando o príncipe a assumir a direção do movimento em defesa da autonomia do país. Algumas Juntas manifestaram-se no mesmo sentido. Entre elas a de São Paulo, que endereçou ao príncipe, em dezembro, uma carta fazendo críticas às decisões das Cortes e acusando-as de intentar escravizar o país e reduzi-lo à situação de colônia[18]. O movimento culminaria em 9 de janeiro, quando o príncipe decidiu desobedecer às ordens de Lisboa e permanecer no país.

Não se tratava de uma ruptura verdadeira, pois o gesto de desobediência foi saudado com gritos de *Viva as Cortes, Viva a Religião, Viva a Constituição, Viva El-Rei Constitucional, Viva o Príncipe Constitucional, Viva a União de Portugal com o Brasil*. Tentava-se, ainda nesse momento, salvaguardar a unidade.

A partir do Fico, a tensão entre Metrópole e Colônia agravou-se. O príncipe procurou apoio entre os homens de prestígio e de reconhecida fidelidade à monarquia. José Bonifácio, pela sua posição social, serviços prestados à Coroa, experiência administrativa, conhecimentos e prestígio internacional, parecia o homem indicado para assessorá-lo. Fora ao Rio de Janeiro em companhia de três companheiros de São Paulo entregar ao príncipe uma Representação manifestando mais uma vez a repulsa de São Paulo às medidas decretadas pelas Cortes. Chegado ao Rio, tomou conhecimento do convite do príncipe, passando a partir de então a exercer as funções de ministro de Estado.

José Bonifácio no Ministério (Primeira Fase)

Assumia o cargo num momento crítico. Três grupos disputavam a liderança dos acontecimentos: um deles, composto na sua maioria de comerciantes portugueses, ansiosos em restabelecer antigos privilégios, concentrados, na sua maioria, no Rio de Janeiro e cidades portuárias do Norte e Nordeste do país, aos quais se juntavam militares e alguns funcionários da Coroa, decididos a apoiar a política das Cortes; um outro grupo, composto de brasileiros e portugueses recrutados entre os elementos mais poderosos em posses e empregos de representação, como altos funcionários, fazendeiros, comerciantes ligados ao comércio internacional, principalmente inglês e francês, que almejavam a autonomia, embora encarassem com simpatia a fórmula da monarquia dual, mas que, diante da impossibilidade dessa solução, aceitariam a ruptura definitiva com Portugal; finalmente, um terceiro grupo, visando a independência, composto de elementos mais radicais e democratas, na maioria ligados a atividades urbanas e setores médios da sociedade, entre eles farmacêuticos, jornalistas, ourives, médicos, professores, pequenos comerciantes, escalões inferiores do exército, padres, que sonhavam com um regime republicano à semelhança dos países da América. Este último grupo viu-se enfraquecido a partir do momento em que se ofereceu a possibilidade de realização da independência sob a direção do príncipe. Não foram poucos os que, como Antônio Carlos, irmão de José Bonifácio, e ex-revolucionário de 1817, se sentiram à vontade para adotar em 1822 a solução monárquica, que oferecia a garantia de uma revolução de cima para baixo, dispensando grande mobilização popular.

Aliança de José Bonifácio Com os Grupos Conservadores

Em meio às tendências antagônicas, José Bonifácio se colocaria ao lado do partido monarquista, aliando-se aos grandes proprietários de terras, senhores de escravos, altos funcionários. Essa aproximação se explica, tendo em vista o horror que votava às revoluções de massa, ao que considerava excessos de liberdade, sua antipatia invencível pelas soluções democráticas que o levariam a escrever em certa ocasião com a veemência que o caracterizava: "Nunca fui nem serei realista puro, mas nem por isso me alistarei jamais debaixo das esfarrapadas bandeiras da suja e caótica Democracia [...] A minha Constituição não é a sua e serei sempre o que quiserem contanto que não seja o que eles são: nem corcunda nem descamisado."[19]

A aliança de José Bonifácio com os elementos mais conservadores, cujos interesses interpretava ao propor a solução monárquica, ao sugerir eleições indiretas, ao tentar reprimir as agitações através de um esquema rígido de segurança, era uma aliança precária, tendo em vista suas opiniões favoráveis à emancipação gradual dos escravos e contrárias à posse improdutiva da terra, assim como sua antipatia pelos títulos de nobreza tão almejados pela maioria dos proprietários de terra e prestigiosos comerciantes. Nos primeiros tempos, no entanto, diante da atitude ameaçadora do partido português e das Cortes, as divergências foram minimizadas e todos se uniram em torno de José Bonifácio e do príncipe contra o inimigo comum.

José Bonifácio
e a Convocação da Constituinte

Em 16 de fevereiro convocava-se um Conselho e procuradores gerais das províncias do Brasil, com o fito de analisar as decisões das Cortes e examinar a sua aplicabilidade ao Brasil, bem como promover, dentro dos limites impostos pelo Poder Executivo, as reformas e melhoramentos necessários à prosperidade e desenvolvimento do território brasileiro. A seguir, um decreto proibiu o desembarque de tropas provenientes de Portugal e, diante da agitação das tropas sediadas no Rio de Janeiro, determinou-se sua saída para Portugal. Em maio baixaram-se ordens para que não se desse execução a nenhum decreto das Cortes Portuguesas sem a autorização prévia do príncipe. Em 13 de maio, este recebia do Senado da Câmara do Rio de Janeiro o título de Defensor Perpétuo do Brasil.

Enquanto a adesão do Rio de Janeiro à causa do príncipe parecia inquestionável, as resistências apareciam em outros pontos do país, principalmente nas províncias do Norte, onde se concentravam comerciantes e tropas portuguesas; José Bonifácio, consciente das resistências, procuraria, de todas as maneiras, ganhar o apoio dessas províncias, enviando emissários com a incumbência de aliciar, entre as categorias dominantes, elementos que oferecessem o apoio necessário.

Para enfrentar as tropas do general Madeira sediadas na Bahia, que se recusavam a obedecer às ordens do príncipe, José Bonifácio contratou os serviços do general francês Pedro Labatut, que servira na guerra peninsular e se alistara nos exércitos revolucionários da América, colaborando na campanha da Colômbia com Bolívar, com quem acabou se desentendendo, indo para as Antilhas, depois para a Guiana Francesa e, finalmente, para o Rio de Janeiro. No Brasil, Labatut chefiaria o chamado exército pacificador, assumindo o posto de brigadeiro em 3 de julho de 1822.

Nas províncias de São Paulo e Minas também se manifestavam algumas resistências. Na primeira, elas se concentravam em torno do antigo capitão-geral: Oyenhausen. Um levante em Santos, conhecido como a Bernarda de Francisco Inácio, até hoje pouco esclarecido, mas visando ao que parece fazer oposição aos Andradas, foi violentamente reprimido por José Bonifácio. As agitações no Rio foram igualmente reprimidas com rigor, acarretando várias prisões de elementos portugueses e de indivíduos conhecidos por suas ideias radicais.

No Rio de Janeiro, trabalhava-se pela convocação de uma Constituinte. O Senado da Câmara, em 23 de maio de 1822, fazia uma representação ao príncipe, pedindo a convocação da Assembleia Geral das Províncias com o objetivo, entre outros, de verificar a viabilidade de aplicação ao Brasil da Constituição elaborada pelas Cortes de Lisboa, estabelecer as emendas, reformas ou alterações necessárias e deliberar sobre as justas condições com que o Brasil deveria permanecer unido a Portugal. Aproveitava-se a ocasião para mais uma vez protestar contra as Cortes, referindo-se ao "devastador projeto de se tornar fazer Lisboa o Empório exclusivo do comércio do Brasil, [...] com a ruína certa de nossa agricultura, oposição ao levantamento de nossas fábricas e violenta infração da propriedade dos nossos lavradores que um direito inviolável tem de vender os gêneros de sua colheita a quem lhes oferecer melhor mercado".

Atendendo à representação dos Procuradores Gerais no mesmo sentido, d. Pedro decretou, em 3 de junho de 1822, a convocação da Constituinte. Não era oficialmente ainda uma proclamação de Independência, pois se procurava ressalvar a união com a "Grande Família Portuguesa", em verdade difícil de ser mantida a essa altura depois de todos os atos de desrespeito às ordens das Cortes. José Bonifácio assinara a representação juntamente

118 DAS DEPENDÊNCIAS

com outros procuradores[20]. Pouco confiante, no entanto, na capacidade deliberativa das Assembleias Constituintes, organizadas segundo princípios democráticos, ambicionando um voto qualificado que permitisse aos homens de cultura e conhecimento o controle do poder da nação, um governo de "sábios e honrados", José Bonifácio, ao que parece, relutara em convocá-la. Não faltou na época quem espalhasse tê-lo ouvido dizer: "Hei de enforcar estes constitucionais na Praça da Constituição." Verdadeiros ou não, os boatos contribuíram para ampliar a distância entre José Bonifácio e o grupo radical liderado por Gonçalves Ledo, que inutilmente tentara no Conselho de Procuradores fazer passar o princípio da eleição direta, apresentando-a como a única forma realmente democrática de eleição. A proposta de José Bonifácio sugerindo eleição indireta sairia, no entanto, vitoriosa.

A decisão de 19 de junho de 1822, estabelecendo as condições de recrutamento do eleitorado, revelam a intenção classista que a inspirava. Concedia-se o direito de voto a todo cidadão casado ou solteiro de mais de vinte anos que não fosse filho-família, excluídos também os que recebessem salários ou soldadas, com exceção dos caixeiros de casas de comércio, os criados da Casa Real que não fossem de galão branco e os administradores das fazendas rurais e fábricas. Impedidos de votar ficavam também os religiosos regulares, os estrangeiros não naturalizados e os criminosos. Votavam, no entanto, os analfabetos[21]. Não obstante, essas disposições eram nitidamente mais democráticas do que as que serão adotadas mais tarde, fixando um imposto mínimo para a qualificação dos votantes eleitores e deputados.

Logo após a convocação da assembleia, José Bonifácio fez baixar vários atos visando garantir a autonomia. Em 21 de junho de 1822, impunha-se como condição para admissão a cargo público o juramento prévio à causa da União e Independência do Brasil. Em 5 de agosto, recomendava-se aos governos provinciais que não dessem posse a funcionários nomeados em Portugal. Dias antes, o príncipe decretara que as tropas portuguesas que tentassem desembarcar sem sua ordem seriam daí por diante consideradas inimigas.

Os atos do governo repercutiram como declaração de guerra em Portugal. Os Andradas passaram a ser considerados traidores. Uma publicação de 1822, "Reforço Patriótico ao Censor Lusitano na interessante tarefa que se propôs de combater os periódicos", chamava-os de infames conselheiros, "pérfidos e indignos sátrapas da família dos Bonifácios." Era tarde para recuos. José Bonifácio e d. Pedro estavam na proa do movimento que cada vez mais se radicalizava e não havia mais como voltar atrás.

Com energia, José Bonifácio se aplicou na tarefa de reprimir tanto as agitações promovidas pelos elementos do "partido português" – "pés de chumbo" e "corcundas", como os chamava –, elementos contrários ao príncipe e à causa da Independência, quanto as reivindicações dos liberais que ultrapassavam os limites que lhe pareciam corretos: os "demagogos", "anarquistas", aqueles que mais tarde na Assembleia Constituinte chamaria de "mentecaptos revolucionários". Aumentou o número de espias da política, mandou vigiar casas, apreender panfletos, prender jornalistas, criando um foro especial para julgamento de crimes de imprensa, sugerindo que a marcha do processo obedecesse ao rito dos Conselhos Militares. Tais medidas antagonizaram-no mais ainda com os setores radicais que passaram abertamente à oposição, castigando-o pela imprensa, disputando-lhe a simpatia do príncipe, intrigando-o sempre que possível. Até a Independência, no entanto, o conflito permaneceria no segundo plano, vindo à tona logo após a sua proclamação.

José Bonifácio Procura Apoio dos Governos Estrangeiros

Convencido da necessidade do apoio das potências europeias, José Bonifácio desenvolveu intensa atividade junto às embaixadas, procurando captar as simpatias dos governos estrangeiros. Num manifesto redigido por ele, em nome do príncipe e dirigido às Nações Amigas, garantia-lhes que os seus interesses seriam respeitados. Nomeou representantes brasileiros junto aos governos de Londres, Paris, Washington, Argentina.

Desde o Congresso de Viena, as grandes potências reunidas na Santa Aliança tinham-se comprometido a repelir os movimentos revolucionários que eclodissem na Europa e na América, o que pairava como uma ameaça sobre o Brasil. José Bonifácio esperava contar com a neutralidade da Áustria, líder da Santa Aliança, confiando na intervenção da princesa Leopoldina, de quem se tornara grande amigo. Confiando na atuação da princesa, não deixava, entretanto, de fazer seu jogo junto ao embaixador austríaco, procurando conquistar-lhe as simpatias, tranquilizando-o sobre o futuro da monarquia, ao mesmo tempo que ameaçava acenando com a possibilidade da formação de uma Liga dos países americanos. Apreensivo, informava o embaixador austríaco aos seus superiores que ouvira o sr. Andrada dizer, diante de vinte pessoas, que era necessário constituir uma Grande Aliança ou Federação Americana com inteira liberdade de comércio entre os países, e se a Europa resistisse fechar-se-iam os portos e adotar-se-ia o sistema da China[22]. Não se tratava apenas de ameaças, José Bonifácio pensava realmente assim. Por isso, deu instruções a Antônio Manuel Correia da Câmara, nomeando-o cônsul em Buenos Aires, recomendando-lhe que fizesse sentir as "utilidades incalculáveis" que poderiam resultar de uma Confederação ou Tratado defensivo que permitisse à Argentina e ao Brasil, aliados a outros governos da América espanhola, se oporem aos manejos da política europeia[23]. No mesmo sentido, dirigiria uma carta a Rivadávia, conclamando todos os governos da América a se unirem contra as pretensões da Europa. Não menos audaciosa era a linguagem que usava com o enviado inglês, ao qual assegurava que o Brasil desejava viver em paz com todas as nações estrangeiras, mas jamais consentiria que estas interferissem nos negócios internos do país. Sonhos audaciosos, para quem, apoiando-se nos proprietários de terra e comerciantes estrangeiros, pretendia, num país de economia tipicamente dependente, cuja única fonte de riqueza provinha da exportação de produtos coloniais, fechar os portos à Europa, seu principal mercado, ou impedir a interferência de nações poderosas como a Inglaterra, de onde lhe vinham não só as manufaturas mas também o capital. Suas veleidades esbarrariam na resistência dos interesses estrangeiros solidamente ancorados no Brasil, onde encontravam apoio no seio das categorias dominantes ligadas a atividades agrárias e ao comércio de exportação.

Os acontecimentos ocorridos no Brasil repercutiram em Portugal, onde circulavam os mais desencontrados boatos e se sugeria que fossem tomadas medidas drásticas determinando a volta imediata do príncipe. Nos derradeiros dias de agosto, chegaram ao Brasil notícias das últimas decisões das Cortes, reduzindo o príncipe à situação de delegado temporário das Cortes com secretários de Estado nomeados em Lisboa, circunscrevendo-se sua autoridade às províncias onde ela se exercia ainda de forma efetiva e mandando processar quantos houvessem procedido contra a política das Cortes.

Reunido o Conselho de Estado, sob a presidência da princesa Leopoldina, quando d. Pedro se achava em viagem por São Paulo, tomou conhecimento das notícias chegadas de Portugal, anunciando o propósito de enviar tropas ao Brasil e contendo afirmações consideradas ofensivas ao príncipe. José Bonifácio escreveu ao príncipe, concitando-o à ação rápida. Já há algum tempo vinha percebendo o ministro que a solução carinhosamente acalentada de uma monarquia dual era impossível. Convencera-se afinal e não era dado a hesitações. Diante das últimas disposições das Cortes, nada mais havia a fazer senão proclamar o rompimento definitivo com Portugal. Era o que deveria ser feito e a isso concitava o príncipe[24].

Lutas Entre José Bonifácio e os Liberais Radicais

A proclamação da Independência inaugurou uma fase nova para o ministro. Seus inimigos redobraram suas atividades, procurando intrigá-lo junto ao príncipe. A partir de então, contariam com uma aliada poderosa, a futura marquesa de Santos, com quem d. Pedro iniciara uma ligação amorosa e que seria desde o primeiro momento inimiga decidida de José Bonifácio.

Os radicais conspiravam no Grande Oriente, tendo conferido a d. Pedro o título de Grão-Mestre em substituição a José Bonifácio, que até então ocupara o cargo.

Aliança de José Bonifácio Com os Conservadores

Desconfiado do "radicalismo" dos membros do Grande Oriente, José Bonifácio fundara o Apostolado, sociedade secreta que reuniria altos funcionários "capitalistas", fazendeiros, na sua maioria homens de meia-idade, formados em Coimbra, naturais de Minas e Bahia, elementos os mais representativos da aristocracia da época, que ocupariam, mais tarde, altos postos no governo.

Sessão do conselho de 2 de setembro de 1822. Óleo de Georgina de Albuquerque. Museu Histórico Nacional, GB.

Destacam-se entre eles o conde da Palma, o visconde do Rio Seco, os futuros barões de São Gonçalo, Rio Bonito, o visconde de Cabo Frio, o futuro marquês da Praia Grande, Carneiro de Campos, Estêvão de Rezende, Clemente Ferreira França, José Egídio de Almeida, Nogueira da Gama, Silveira de Mendonça, mais tarde agraciados com títulos de nobreza, respectivamente marquês de Caravelas, Queluz, Valença, Nazaré, Santo Amaro, Sabará e ainda o desembargador Veloso de Oliveira e o presidente do Banco do Brasil João Antônio Lisboa.

O compromisso assumido pelos membros do Apostolado obedecia à linha política de José Bonifácio e era de molde a angariar a adesão dos grupos dominantes interessados em realizar a Independência mas desejosos de pôr um freio às reivindicações dos setores mais liberais. Juravam fidelidade ao Império Constitucional, comprometendo-se a fazer oposição: "tanto ao despotismo que o altera, quanto à anarquia que o dissolve"[25].

Liderados por José Bonifácio, os homens do Apostolado, decididos a "manter a ordem", a impedir "os excessos do povo" assim como a agitação dos "anarquistas" e "comuneros", como chamavam aos liberais mais radicais, derrotaram com facilidade os grupos mais extremados, liderados por Ledo e Januário da Cunha Barbosa, que não contavam por sua vez com o apoio popular. Antes, no entanto, estes conseguiram infligir uma derrota ao ministro. Por solicitação de Ledo, d. Pedro mandou cessar a devassa instaurada por José Bonifácio contra os participantes da Bernarda Paulista e soltar os presos. José Bonifácio ameaçou renunciar mas, atendendo à solicitação do príncipe, acabou permanecendo no posto. O gesto do príncipe, no entanto, o desgostara e o ministro não tardaria em revelar seu ressentimento.

Às vésperas da aclamação de d. Pedro como Imperador do Brasil, Ledo e seus partidários, ao saírem do Senado, foram apupados e apedrejados por um grupo de populares, entre os quais se apontavam elementos tidos como agitadores profissionais. Atribuiu-se a agressão a José Bonifácio e ao Apostolado. D. Pedro foi aclamado Imperador em 12 de outubro e, dias após, o ministro investiu contra o grupo maçônico, seu adversário. Fez saber a Ledo que seria punido se insistisse na sua política. Mandou suspender a publicação do *Correio do Rio de Janeiro*, jornal da oposição, dando ordens a seu redator, J. Soares Lisboa, para que deixasse o país. Prosseguindo na sua política contra os "radicais", José Bonifácio obteve de d. Pedro autorização para fechar temporariamente o Grande Oriente.

Os inimigos do ministro reorganizaram-se, centrando sua ação em torno do príncipe que, pressionado, voltou atrás, mandando reabrir a maçonaria, cancelando a ordem de deportação de J. Soares Lisboa. Sentindo-se desprestigiado, José Bonifácio apresentou sua demissão, sendo acompanhado nesse ato por Martim Francisco, que ocupava o Ministério da Fazenda.

Os adeptos de José Bonifácio promoveram uma manifestação, levantando parte da população do Rio de Janeiro e exigindo a reintegração dos Andradas no ministério. Por trás do movimento estava o Apostolado. Manifestos e proclamações foram espalhados pelas ruas da cidade, apresentando os ministros demissionários como vítimas da conspiração dos radicais, inimigos do trono. De algumas províncias vieram manifestações em favor dos Andradas. A luta era apresentada, aos olhos da opinião pública, como uma disputa entre liberais liderados por Ledo, inimigos da monarquia constitucional, e José Bonifácio, aliado do trono e adepto da monarquia constitucional. Não faltou quem na época qualificasse o grupo de Ledo de democrata. Na realidade, porém, embora fosse Ledo mais liberal do que José Bonifácio, no que diz respeito ao sistema de eleições, por exemplo, nunca chegou verdadeiramente a ser um democrata. Isso fica provado pelos comentários publicados no *Revérbero Constitucional*, jornal que representa seu ponto de vista. Esse afirmava, por exemplo, por ocasião do Fico, que "o Brasil, adotando o príncipe, adotou o partido mais seguro, vai gozar dos bens da liberdade, sem as comoções da Democracia e sem as violências da Arbitrariedade". Por outro lado, a oposição que o grupo de Ledo fazia à monarquia não era tão fundamental. Visava apenas cercear o poder real e submetê-lo ao parlamento. Tanto é assim que, mais tarde, acomodaram-se à ordem monárquica. Durante a Regência, outros grupos mais radicais passaram a fazer-lhes oposição, em nome de um liberalismo mais democrático, criticando o latifúndio, o trabalho escravo, a aristocracia e os privilégios[26].

A imagem forjada nas lutas pela liderança política na época da Independência fixou-se, no entanto, na história que consagrou o grupo de Ledo como líder dos setores liberais e democratas, inimigos do trono.

Pressionado pelo Apostolado e pela agitação desencadeada, d. Pedro não tardou em solicitar a José Bonifácio e a seu irmão que reassumissem os cargos no ministério[27].

Uma representação "popular", solicitando a d. Pedro a volta do ministro ao poder, afirmava ser ele considerado o terror dos "tenebrosos e incendiários partidos" que levariam a desunião às províncias do país, nas quais reinava, em algumas, a aristocracia, em outras, a democracia, e, em todas, a confusão, o despotismo, a desolação e a guerra civil.

Azeredo Coutinho, membro do Conselho de Estado, historiando os acontecimentos, acusava o partido "democrata", "inimigo do trono", de tramar contra José Bonifácio[28]. Depoimentos desse tipo serviram para reforçar a imagem de que Ledo e seu grupo representavam o grupo democrata e liberal, na época da Independência.

Reintegrado no ministério, sentindo-se apoiado pelo príncipe e por uma parcela da opinião pública que se manifestara ruidosamente em seu favor, José Bonifácio investiu novamente contra o grupo de Ledo. Prisões, deportações, devassas, penas de exílio para José Clemente Pereira, Januário da Cunha Barbosa, Pereira da Nóbrega e Gonçalves Ledo, "furiosos demagogos e anarquistas" que na sua opinião punham em risco a ordem pública, foram as primeiras medidas tomadas pelo ministro.

Rompia publicamente com os "radicais", apoiando-se mais uma vez no Apostolado: "clube de aristocratas servis", no dizer de Frei Caneca, liberal extremado, ex-revolucionário de 1817, anos mais tarde envolvido na Confederação do Equador (1824), preso e condenado à morte.

José Bonifácio, no entanto, não tardaria a se incompatibilizar com seus aliados do Apostolado.

O Ideário Político de José Bonifácio

Tendo vivido mais de trinta anos na Europa, identificara-se em vários aspectos com o pensamento ilustrado, assimilando a visão crítica da burguesia europeia, condenando o latifúndio improdutivo, o trabalho escravo, valorizando o trabalho livre e a mecanização. Da Ilustração também lhe viera um acentuado anticlericalismo, sua confiança na eficácia da educação como meio de transformação da sociedade, incluindo-se a educação feminina, sua aversão aos privilégios e títulos de nobreza e a todas as formas de absolutismo. Não daria nunca sua adesão às soluções revolucionárias, encarando com desconfiança o que considerava "excessos de liberdade". O chefe de Estado, a seu ver, devia ser menos um líder revolucionário, um representante do povo do que um déspota esclarecido, e menos um déspota esclarecido do que um monarca constitucional. Numa carta ao conde de Funchal, datada de 30 de julho de 1813, lamentando-se da situação em que vivia Portugal que compara ao Inferno de Dante, criticava o obscurantismo, a corrupção, a deficiência da moralidade dos costumes e das instituições. Advertia ao amigo do ambiente que encontraria na Corte do Rio de Janeiro: "Dinheiros, títulos, roliços Heróis, gritam em cardume os nossos Portugueses; renda no Erário e novos impostos, os nossos estadistas, ignorância e superstição os nossos sabujos da Coroa e submissão passiva os nossos sátrapas", e mais adiante lembrava ao amigo que iria viver entre "cafres" e o jeito era "alumiá-los e humanizá-los". Já nessa carta de

DAS DEPENDÊNCIAS

1813, confessava suas dúvidas quanto à possibilidade de reunir num corpo político homogêneo elementos tão heterogêneos como brancos, mulatos, pretos livres e escravos, índios etc., referindo-se à escravidão como "um cancro" que ameaçava o Brasil[29].

Toda sua vida se regeria por esse quadro de valores. Abominava os "extremos" da República, não desejando tampouco um governo absolutista. Por isso se oporia em 1823 ao Imperador como se opusera às intenções republicanas de Ledo e Januário da Cunha Barbosa. "A monarquia absoluta é, na realidade, uma aristocracia encoberta[30], por isso tem todos os males do despotismo e da aristocracia", escreveria ele. Louvava a liberdade, em prosa e verso: "A liberdade é um bem que não se deve perder senão com o sangue."[31] Para garantir a liberdade, imaginava um regime constitucional, nos moldes da Grã-Bretanha, mas sem esquecer que a "bondade de qualquer Constituição é que esta seja a melhor que a nação possa e queira receber". Assim, as melhores instituições absolutamente não são as melhores relativamente: "Tudo é filho do tempo e das luzes."[32]

Duvidava das possibilidades de funcionamento de um regime constitucional no país em vista do atraso do povo. Quando se discutira a convocação da Constituinte, confessara a Mareschal, ministro austríaco, sua dúvida de que fosse possível reunir cem homens aptos para exercer "criteriosamente" suas funções, lamentando maliciosamente não poder importá-los de fora, engajando-os na Áustria ou na Suíça como fizera com os soldados mercenários[33].

> Como será possível governar debaixo de uma monarquia constitucional a um país dividido em províncias distantes e isoladas, com costumes e prevenções diversas e com povoação heterogênea e dispersa? Donde sairão, de um povo, pobre e arruinado pela escravidão e guerras, o ouro necessário para satisfazer o luxo de uma Corte e uma nobreza nova e sem cabedais? Onde estão os palácios e ainda as estradas por onde rodem as carroças da Casa Imperial?[34]

Não obstante essas restrições, veria na monarquia constitucional a única saída para o país composto de senhores e escravos e ameaçado, a seu ver, pelo radicalismo de pequenos grupos.

Temeroso das mudanças bruscas e radicais, mais confiante no "progresso do espírito humano", não seria avesso às transformações lentas e progressivas.

Os que se opõem às reformas [escreveria ele, criticando os adeptos do *status quo*], por nímio respeito da antiguidade, por que não restabelecem a tortura, a queima de feiticeiros etc.? Seriam nossos pais culpáveis para com os seus antigos quando adotaram o Cristianismo e destruíram a escravidão na Europa? Não era isto abandonar a antiguidade para ser moderno? E por que não aproveitaremos nós as luzes do nosso tempo, para que a nossa posteridade tenha também uma antiguidade que de nós provenha, mas que o deixe de ser, logo que o progresso do espírito humano assim o exigir?[35]

E em outra ocasião: "Nas reformas deve haver muita prudência, se conhecer o verdadeiro estado dos tempos, o que estes sofrem que se reforme, e o que deve ficar do antigo. Nada se deve fazer aos saltos, mas tudo por graus, como obra da Natureza."[36]

Adepto da liberdade, não avançaria muito no seu liberalismo, cujo limite era dado pelas reivindicações da "suja e caótica democracia", como dizia. Imaginava um corpo eleitoral do qual ficariam excluídos os "assalariados", "os que vivem de soldada", como se dizia então. Preconizava o sistema de eleição indireta, almejava o voto qualificado "dos homens sábios e honrados".

Na Assembleia Constituinte, combateria os que se apegavam aos princípios metafísicos sem conhecimento da "natureza humana", responsáveis, no seu entender, pelos horrores cometidos na França – onde as constituições nem bem aprovadas eram logo rasgadas – e na Espanha e em Portugal, "nadando em sangue". Preconizava uma Constituição "que nos dê aquela liberdade de que somos capazes, aquela liberdade que faz a felicidade do Estado e não a liberdade que dura momentos e que é sempre a causa e o fim de terríveis desordens". Não cederia aos argumentos daqueles que procuravam mostrar-lhe que os excessos cometidos na França vinham menos das constituições liberais e mais dos privilégios que lutavam para sobreviver, menos dos que lutavam por manter as liberdades do que daqueles que temiam ver reduzidos os seus privilégios. Não se abalaria com as acusações que lhe eram feitas pelos liberais de que com sua política estava na prática defendendo os "fautores do despotismo", ao invés de representar os interesses do povo que o elegera. Entre os riscos do absolutismo e do radicalismo faria sua opção apoiando até onde pôde o Imperador, mas entrando em conflito com este, quando, no exercício do poder, ultrapassou os limites que lhe pareceram constitucionais[37].

Seu programa político filiava-se a uma posição conservadora, consentânea com os interesses dos grupos rurais, igualmente interessados no estabelecimento de um regime monárquico no qual o poder real ficasse limitado pelo compromisso constitucional e pela atuação do Legislativo, recrutado pelo voto qualificado. Divergia apenas quanto à fixação dos limites do poder real. As oligarquias rurais, aliadas aos elementos mais liberais nessa questão, consideravam imprescindível limitar o poder real, submetendo-o à hegemonia do Legislativo que poderiam facilmente controlar. Interpretando o ponto de vista burocrático, José Bonifácio pretenderia reforçar o poder do rei, receando o governo das oligarquias.

O Radicalismo de José Bonifácio

Se o seu programa político o aproximava mais dos conservadores do que dos liberais, seu programa social e econômico o afastava dos conservadores, colocando-o ao lado dos liberais mais extremados que na prática política perseguia e na teoria não raro ultrapassava. Embora jamais chegasse a aceitar a apologia revolucionária e democrática da *Nova Luz Brazileira*, jornal contundente aparecido em 1829, ou do *Jurujuba dos Farroupilhas*, que atacavam a "canalha revolucionária", criticavam os latifúndios improdutivos, combatiam a escravidão, os privilégios da nobreza e os tratados de comércio com as nações estrangeiras, denegrindo a "aristocracia de chinelo vendida à Europa", sugerindo o sequestro dos bens dos Barões do Rio da Prata, Vilela, Baependi e dos Conselheiros de Estado, vendo na anarquia um "mal efêmero que ordinariamente conduz a um bem maior", afirmando ser a "anarquia mil vezes preferível à tirania" e pleiteando a exclusão da eleição da "gente hipócrita e ambiciosa, aristocrata, gente que só acha razão nos ricos, capitalistas e poderosos, por mais malvados e ladrões que sejam"[38], José Bonifácio estaria, no entanto, identificado com as opiniões desses jornais no tocante à aristocracia, tratados de comércio, abolição da escravatura e extinção do latifúndio improdutivo.

Estaria ao lado dos radicais em sua abominação aos títulos de nobreza. A ele como a Feijó, a quem aliás perseguira por suas ideias liberais e da parte de quem mais tarde sofreria ataques e perseguição, repugnavam os títulos tão ansiosamente disputados por fazendeiros, negociantes, altos funcionários em geral, a quem d. Pedro distribuía títulos a mãos cheias. A maioria dos seus companheiros do Apostolado seriam agraciados com títulos de nobreza: Joaquim Carneiro de Campos, em 1824, com o título de marquês de Caravelas, Manuel Jacinto Nogueira da Gama, com o de visconde, mais tarde conde e marquês de Baependi, Estêvão de Rezende, barão com grandeza em 1825, conde e marquês de Valença, José Severiano Maciel da Costa, visconde e marquês de Queluz etc. Dificilmente esses homens aceitariam por muito tempo, como líder, a José Bonifácio, que se opunha à criação de uma nobreza artificial, não perdendo ocasião de arreliá-la, reprovando-lhe a ignorância, os "sórdidos interesses" e o "servilismo", recusando-se a aceitar para si qualquer título ou honraria. De forma irreverente, conduzia-se José Bonifácio diante daquela "aristocracia" pressurosa em disputar as atenções do príncipe. Já no exílio, comentaria, anos mais tarde, com ironia e sarcasmo: "Quem creria possível que nas atuais circunstâncias do Brasil havia a Grã Pata (alusão a d. Pedro) de pôr tantos ovos de uma vez, como dezenove viscondes, vinte e dois barões... Nunca o João pariu tanto na plenitude e segurança do seu poder autocrático." E prosseguindo nas suas invectivas: "Quem sonharia que a Mixella Domitilla seria Viscondessa da Pátria dos Andradas? Que insulto desmiolado! Quando esperaria o Futriqueiro Carneiro ser Barão e os demais da mesma ralé? Ó meu bom Deus, porque me conservas a vida para ver meu país enxovalhado a tal ponto! E esses bandalhos do Governo não veem a impolítica de tal procedimento que fará pulular novos inimigos a Imperial criança?"[39]

Mais incômoda ainda à aristocracia rural do que sua aversão aos títulos de nobreza e seu sarcasmo ferino eram sua intenção de pleitear a cessação do tráfico e a gradual emancipação dos escravos, assim como suas críticas ao latifúndio e seus projetos de reforma do sistema de propriedade da terra.

Já na Instrução aos Deputados Paulistas, deixara clara sua opinião, requerendo uma legislação que viesse melhorar a sorte dos escravos, favorecer a emancipação gradual e a "conversão de homens imorais e brutos em cidadãos ativos", vigiando para que os senhores os tratassem como "homens e não como brutos animais". É bem verdade que cautelosamente acrescentava que tudo isso deveria ser feito "com tal circunspecção que os miseráveis escravos não reclamem estes direitos com tumultos e insurreições que

DAS DEPENDÊNCIAS

podem trazer cenas de sangue e de horrores". A ressalva, entretanto, não bastava para tranquilizar os fazendeiros cuja principal riqueza era representada por terras e escravos. A ideia de substituir o trabalhador escravo pelo livre aparecia, na época, aos olhos da maioria, como sonhos de visionário, e de nada adiantaria o exemplo de José Bonifácio que introduzia na sua propriedade em Santos vários imigrantes com a intenção de demonstrar aos seus compatriotas a viabilidade de sua sugestão.

Repetindo os argumentos de Rousseau e Condorcet, escreveria José Bonifácio que a sociedade civil tem por base primeira a justiça e por fim principal a felicidade dos homens, e prosseguia dizendo:

> mas que justiça tem um homem para roubar a liberdade de outro homem e o que é pior dos filhos deste homem, e dos filhos destes filhos? Nos dirão talvez que se favorecerdes a liberdade dos escravos será atacar a propriedade. Não vos iludais, Senhores, a propriedade foi sancionada para o bem de todos, e qual é o bem que tira o escravo de perder todos os seus direitos naturais e de se tornar de pessoa a cousa, [...] Não é pois o direito de propriedade que querem defender, é o direito da força, pois que o homem não podendo ser cousa, não pode ser objeto de propriedade[40].

Ao mesmo tempo que combatia nesses termos a escravidão, recomendava o uso de máquinas que diminuíssem a necessidade de mão de obra e observava que, se fossem calculados os custos da aquisição das terras, dos escravos, dos instrumentos rurais que cada um necessitava, seu sustento, vestuário, moléstias que os dizimavam, fugas repetidas, ver-se-ia que o trabalho livre era mais produtivo. Parecia-lhe paradoxal que um povo livre e independente adotasse uma Constituição liberal e um regime representativo, mantendo escravizado mais de um terço da sua população. Considerava a escravidão corruptora da sociedade, responsável pelo pouco apreço ao trabalho, pela desagregação da família e deterioração da religião. Os negros, dizia ele, "inoculavam nos brancos sua imoralidade e seus vícios".

Conhecendo a dificuldade de abolir a escravidão em virtude de numerosos interesses que estavam ligados a ela, sugeria José Bonifácio, como primeira etapa, a cessação do tráfico dentro de um prazo de quatro ou cinco anos, alvitrando ainda uma série de medidas paralelas tendentes a regulamentar as relações entre senhores e escravos, proibindo a concessão de alforria aos escravos velhos ou doentes, interditando a separação de marido, mulher e filhos por motivo de venda, condenando o excesso de castigos e garantindo assistência jurídica ao escravo, amparo à infância e à maternidade. Esboçava assim os princípios de uma legislação social do trabalho, proibindo ao menor de doze anos e à mulher grávida de mais de três meses o trabalho insalubre, concedendo à mãe, depois do parto, um mês de convalescença e um ano de trabalho junto à "cria".

Não obstante recomendasse sempre que tudo fosse feito com moderação e circunspecção para evitar alvoroço da população escrava, sua posição apareceria como demasiado avançada aos olhos de seus amigos que viviam em função do trabalho escravo nas lavouras ou se enriqueciam às custas do tráfico.

Na época eram poucos os que, como José Bonifácio, denunciavam a escravidão: Maciel da Costa, José Eloy Pereira da Silva, Domingos Alves Branco[41], um punhado de homens menos vinculados aos interesses agrários, representantes daquela "inteligência" brasileira identificada com o pensamento ilustrado.

Por essa razão, os acordos firmados por d. João com a Inglaterra, comprometendo-se a fazer cessar o tráfico, tinham ficado apenas em promessas. Com a transferência da Corte portuguesa para o Brasil e a consequente abertura dos portos às demais nações, a economia de exportação fora estimulada, ao mesmo tempo que se frustraram as possibilidades de desenvolvimento industrial diante da impossibilidade de concorrer com os produtos manufaturados estrangeiros que chegavam ao Brasil por preço inferior ao que seria possível alcançar na ocasião. A indústria local viu-se sufocada no embrião, tanto mais que os principais capitais eram canalizados para as áreas de maior lucratividade representadas, na ocasião, pelo tráfico de escravos e pela exportação de produtos tropicais. O escravo constituía a principal força de trabalho. É portanto fácil compreender a desconfiança com que as propostas de José Bonifácio eram recebidas. Pelas mesmas razões, não seriam acatadas as sugestões no sentido de incrementar a mecanização da lavoura. Numa economia de base escravista, em que os problemas de aumento de produtividade se resolviam com a compra de mais terras e mais escravos (os quais precisavam ser mantidos ocupados incessantemente), não havia lugar para mecanização. Por isso foram inúteis os esforços realizados nesse sentido por alguns indivíduos mais "progressistas", assim como fracassaram os eventuais esforços governamentais e a ação de organismos como a Sociedade Auxiliadora da Indústria Nacional, criada anos mais tarde, interessada em estimular a mecanização.

132 DAS DEPENDÊNCIAS

José Bonifácio não teve oportunidade de apresentar sua *Memória Sobre a Escravidão* à Assembleia Constituinte, pois esta foi dissolvida antes de chegar ao termo de seus trabalhos. Anos mais tarde, Joaquim Nabuco, um dos líderes do movimento abolicionista no parlamento, insinuou que o afastamento de José Bonifácio do ministério, ocorrido pouco menos de um ano após a Independência, deveu-se às suas ideias sobre escravidão. Na realidade, dois meses após o afastamento dos Andradas do ministério, o governo brasileiro oficializava o tráfico, estipulando os impostos que deveriam ser cobrados por africanos importados, decisão referendada pelo então ministro da Fazenda, Manuel Jacinto Nogueira da Gama, futuro marquês de Baependi, fazendeiro e proprietário de escravos, genro de Brás Carneiro Leão, uma das maiores fortunas do Rio de Janeiro, e da baronesa de São Salvador dos Campos dos Goitacazes, irmão de José Inácio Nogueira da Gama, fazendeiro este também e um dos maiores proprietários de terras do vale do Rio do Peixe, onde chegou a reunir dezessete sesmarias.

Embora não se tenham provas que confirmem a tese de Nabuco, é de supor que a posição assumida por José Bonifácio, no que diz respeito à questão escravista, o tenha incompatibilizado com setores importantes da sociedade que lhe vinham dando apoio desde os primeiros tempos do governo quando, por sua aversão ao radicalismo dos liberais, passara a combatê-los. Igual escândalo deviam provocar suas ideias a propósito da política de terras expostas nas *Instruções do Governo Provisório de São Paulo aos Deputados da Província às Cortes Portuguesas*, onde, no item 11, sugeria uma nova legislação sobre sesmarias, fundando-se para isso nas Ordenações do Reino e argumentando que as leis referentes à concessão de terras haviam sido desrespeitadas, permitindo-se, contrariamente ao espírito da lei, a criação de latifúndios improdutivos "com sumo prejuízo da administração, da justiça e da civilização do País". Por isso sugeria que todas as terras que não se achassem cultivadas reintegrassem os bens nacionais, permitindo-se aos donos conservar apenas meia légua quadrada, com a condição de começarem logo a cultivá-las. Recomendava ainda a instituição de uma caixa cofre para recolher o produto da venda de terras, sendo o capital acumulado empregado na promoção da colonização. Com esse objetivo, sugeria fossem concedidos lotes de terra a europeus, pobres, índios, mulatos e negros forros. Recomendava finalmente que todos os proprietários de terra fossem obrigados a conservar a sexta parte de sua propriedade intata; coberta de matos e arvoredos, proibindo-se a derrubada e as queimadas, salvo quando fossem as matas substituídas por bosques artificiais[42]. Procurava dessa maneira prevenir os inconvenientes oriundos do desflorestamento sem medidas.

Ao preconizar a sua política de terras, José Bonifácio não pretendia ser revolucionário. Inspirava-se em textos jurídicos que regiam o Brasil colonial. Na prática, no entanto, as disposições legais haviam sido sempre sistematicamente desrespeitadas. A grande propriedade improdutiva, menos do que um mero capricho dos proprietários, fora desde o início uma imposição do próprio sistema colonial e da economia de exportação que o caracterizava. Por isso, burlando os dispositivos jurídicos que tentavam impedir a concentração de terra nas mãos de uma minoria, os proprietários reivindicavam sesmarias em seu nome e no de seus familiares, reunindo glebas extensas que se viam aumentadas pelas alianças entre famílias. Nessas condições, qualquer tentativa de redistribuir as terras, fragmentando as propriedades, despertaria necessariamente a resistência dos setores vinculados à propriedade agrária, encontrando simpatia apenas em alguns setores restritos: a intelectualidade da época que, como José Bonifácio, pensava os problemas brasileiros sob a óptica burguesa europeia, ou entre setores de "classe média" que viviam nos grandes centros.

Ao combater o latifúndio, José Bonifácio estaria assumindo a mesma posição defendida por órgãos liberais radicais como a *Nova Luz Brasileira*, que sugeria a elaboração de um cadastro de terras, "um inventário de bens para acabar com o disfarçado feudalismo brasileiro" e extinguir os "sesmeiros e aristocratas", impedindo que o povo continuasse escravo dos aristocratas[43].

Também ao lado dos liberais estaria José Bonifácio em matéria de religião. Formado no convívio com os autores da Ilustração, conservaria por toda vida uma certa irreverência que lhe permitia fazer afirmações que certamente escandalizariam os meios católicos mais conservadores, como quando dizia que o catolicismo convinha mais a um governo despótico que a um constitucional e que a "religião que convida à vadiação e faz do celibato uma virtude é uma planta venenosa no Brasil". Na discussão a propósito da liberdade de culto, travada na Assembleia Constituinte em 1823, suas simpatias estariam ao lado dos que a defendiam (Muniz Tavares, Custódio Dias, Carneiro de Campos), contrariando alguns dos seus mais fervorosos companheiros, tais como Azeredo Coutinho, que consideravam a liberdade de culto um atentado à religião[44].

Na posição de intelectual e burocrata, formado na Europa, impregnado de ideias ilustradas, não diretamente vinculado aos meios agrários e mercantis, colocando-se frequentemente contra os interesses desses grupos, José Bonifácio perderia progressivamente suas bases políticas.

Manifestara pouca simpatia pelos tratados de comércio com os ingleses e opunha-se aos empréstimos, considerando-os lesivos ao interesse nacional. Num de seus textos, analisa os efeitos do Tratado de Methuen, observando que "os portugueses deviam-se escandalizar da pouca gratidão britânica". A Pontois, representante francês do Rio de Janeiro, confessava que todos os tratados de comércio e amizade concluídos com as potências europeias eram pura tolice, e que nunca os deixaria ter feito se estivesse no Brasil. Numa de suas cartas escritas do exílio, referindo-se ao tratado de reconhecimento da Independência do Brasil, que estipulava o pagamento de 2 000 000 libras esterlinas a Portugal e obrigava o Brasil a assumir junto ao governo britânico um pesado empréstimo, comentaria José Bonifácio acremente: "ao menos temos Independência reconhecida, bem que a soberania nacional recebeu um coice na boca do estômago de que não sei se morrerá ou se restabelecerá a tempo, tudo depende da conduta futura dos Tatambas" (referindo-se à elite responsável pelos destinos políticos do país)[45].

Queda de José Bonifácio

Defendendo opiniões que pareceriam radicais à elite dirigente, incompatibilizando-se dessa forma com suas próprias bases, incapaz de simpatizar com o programa político dos radicais dos quais se aproximava quando discutia questões sociais e econômicas, José Bonifácio viu-se levado a apoiar-se cada vez mais no príncipe, a quem por sua vez parecia dar incondicional apoio nos primeiros tempos. Assim, por exemplo, na Abertura da Assembleia Constituinte, quando a Fala do trono provocou sérias críticas, tomou partido decididamente ao lado de d. Pedro. Dissera o príncipe esperar que a Constituição que viesse a ser feita tivesse sua "imperial aceitação". A alguns políticos pareceu que o príncipe interferia indevidamente nos assuntos da Assembleia. Defendendo o príncipe, José Bonifácio atacava os "mentecaptos revolucionários que andam como em mercados públicos apregoando a liberdade, esse bálsamo da vida de que só eles se servem para indispor os incautos"[46]. Não tardou, entretanto, em incompatibilizar-se com o príncipe e, quando o apoio lhe faltou, foi alijado do ministério.

Para o enfraquecimento de suas bases políticas, muito contribuíram medidas tomadas por ele contra os portugueses em decretos de 12 de novembro e 11 de dezembro de 1822. O primeiro declarando sem efeito as graças e ofícios pertencentes a pessoas residentes em Portugal e o segundo mandando sequestrar as mercadorias, prédios e bens pertencentes a vassalos de Portugal.

Comentando com hostilidade o ato do ministro, um jornal da oposição, *A Malagueta*, dirigido por L.C. May, afirmaria mais tarde que provocara a emigração de numerosas famílias e cabedais, calculando em mais de quatro mil e setecentas as pessoas que teriam fugido "com medo e dinheiro".

A 15 de julho de 1823, pouco mais de um ano após ter assumido o cargo de ministro de d. Pedro, José Bonifácio demitia-se pela segunda vez, agora em caráter definitivo. Não mais voltaria ao ministério. Mas não abandonaria as lides políticas, passando desde então à oposição.

Em Portugal, os acontecimentos políticos tinham tomado uma nova direção. Considerando a política das Cortes Portuguesas como principal responsável pela Independência do Brasil e esperando reunir novamente as duas coroas, alguns setores do comércio tinham-se aliado ao clero e ao rei, alcançando, em maio de 1823, a vitória sobre as Cortes, fato conhecido em Portugal como "Viradeira". Imediatamente foram enviados emissários ao Brasil com o fito de convencer d. Pedro a voltar atrás e aceitar a reunião das duas coroas. Com esse objetivo, chegou ao Rio de Janeiro a missão Rio Maior.

A 16 de outubro de 1823, o jornal *O Tamoio* transcreveria uma carta do conde de Subserra destinada a Antônio Carlos de Andrada e Silva, concitando-o a colaborar na remoção dos empecilhos à união das duas coroas.

A perspectiva de restabelecer os laços com Portugal alvoroçou os comerciantes portugueses sediados no Brasil. Alguns já imaginavam ver anulada a Independência. Expressão desse estado de espírito é a proclamação publicada no *Tamoio* em 6 de novembro de 1823, em que se dizia, entre outras coisas, que unido o laço "tão vergonhosamente rompido com nossos irmãos, fazendo-se de dois hemisférios um e de dois interesses um, renasceria o comércio".

Ao projeto da reunião das duas coroas se oporiam agora não só os nacionais em geral como também os comerciantes ingleses interessados em preservar o

136 DAS DEPENDÊNCIAS

monopólio comercial conquistado. Na *História dos Principais Sucessos Políticos do Império do Brasil*, José da Silva Lisboa transcreve documentos sobre o assunto, um dos quais sugere a interferência britânica no sentido de impedir a restauração almejada pelos portugueses. Ao invés de apoiar as pretensões de Portugal, o governo britânico deixara sempre bem claras suas intenções de garantir a autonomia brasileira, procurando atuar como mediador junto ao rei de Portugal, no sentido de que fosse reconhecida a Independência do Brasil.

A perspectiva de uma restauração da situação anterior à Independência acirrara os ânimos, criando um ambiente de tensão crescente entre portugueses e brasileiros, antagonizando ainda mais a Constituinte e o príncipe. A situação se tornou crítica quando se discutiu a questão do veto do imperador. Os jornais oficiais pleiteavam fosse concedido ao imperador o direito ao veto absoluto. Na Câmara, defendendo o ponto de vista de um grande número de deputados, o mais moço dos Andradas diria que não competia ao poder executivo a sanção das leis da Assembleia Constituinte. Em represália à atitude desafiante dos jornais da oposição que não poupavam críticas ao imperador e que preconizavam a adoção apenas do veto suspensivo, a guarnição pronunciou-se a favor do veto absoluto.

A dissolução da Assembleia tornou-se iminente, tendo em vista a crise aberta pela discussão sobre o veto. Justificava-se o golpe entre os setores áulicos como um recurso para salvar as instituições políticas ameaçadas por um bando de "demagogos e anarquistas". Crescia a tensão entre Legislativo e Executivo. Um incidente veio desencadear a crise. Oficiais portugueses, sentindo-se ofendidos por artigos publicados no *Sentinela*, sob o pseudônimo de Brasileiro Resoluto, agrediram, ao que parece por equívoco, o farmacêutico David Pamplona Corte Real. O episódio repercutiu de modo rumoroso na Assembleia, provocando discursos violentos nos dias 10 e 11 de novembro, pronunciados no recinto da Câmara sob os aplausos entusiásticos do povo que se amontoava nas galerias. O ambiente parecia francamente revolucionário. A Assembleia declarou-se em sessão permanente. O ministério quase todo demissionário foi substituído por outro de escasso prestígio junto à Câmara, embora gozasse da estima do imperador. Houve movimentação de tropas e o ministro do Império compareceu à Assembleia para prestar esclarecimentos. Os Andradas foram acusados de, na qualidade de mentores do *Tamoio* e do *Sentinela*, instigarem desordens e desrespeitarem o imperador. Em 12 de novembro, um decreto de d.

Pedro determinou a dissolução da Assembleia[47]. Vários deputados foram presos ao deixar o edifício onde se reuniam, sendo alguns logo soltos, permanecendo detidos outros tantos. Entre estes encontravam-se Montezuma, José Joaquim da Rocha, Martim Francisco, Antônio Carlos e o padre Belchior Pinheiro. José Bonifácio, que se tinha retirado momentaneamente para casa, foi detido e encarcerado juntamente com os demais, recebendo ordem de desterro. Encerrava-se assim melancolicamente a primeira fase de sua carreira política no Brasil.

O "patriarca da Independência" seguiria, em 20 de novembro de 1823, para o exílio na Europa.

Exílio

Fixando-se no sul da França, nas proximidades de Bordéus, José Bonifácio aí viveria dos 61 aos 66 anos. Retomaria o curso de suas leituras interrompidas pela agitação política, empenhando-se na tradução de Virgílio e Píndaro. Voltava à poesia, preparando uma edição de seus versos que publicaria sob o pseudônimo de Américo Elísio.

Desenvolveria intensa atividade epistolar, pontilhando suas cartas com expressões desabusadas, desabafos, confissões de saudade de sua "bestial" província, tecendo comentários irreverentes sobre d. Pedro, a quem alcunhava ora de Rapazinho, ora de Imperial Criança, ora de Pedro Malazartes, ora de Grã Pata. A d. João VI, a quem no passado oferecera alguns versos, não pouparia, chamando-o de João, o Burro. Entre o desalento e a esperança de acabar seus dias num "cantinho bem escuro e solitário" da sua "bestial Província", passaria seus dias. Encarava o exílio como fruto da traição do príncipe e da conspiração dos "pés de chumbo" e "corcundas" portugueses. Em prosa e em verso punha sua mágoa e sua desesperança:

> Morrerei no desterro, em terra estranha
> Que no Brasil só vis escravos mearão
> Para mim o Brasil não é mais pátria
> Pois faltou a justiça.[48]

Caricatura de José
Bonifácio. *Revista ilustrada*.
Inst. de Estudos Brasileiros.

Durante mais de cinco anos acompanhou do exílio a política brasileira, criticando os erros do imperador com a mesma severidade com que julgava os elementos que o cercavam, assistindo à distância ao conflito entre Legislativo e Executivo que se configurara claramente, mais uma vez, depois da convocação da Assembleia Legislativa em 1826.

Depois da dissolução da Assembleia Constituinte, d. Pedro outorgara uma Carta Constitucional em 1824, incorporando alguns princípios gerais do projeto original da Constituinte, mas procurando reforçar o poder real. Para isso instituiu, ao lado do Poder Executivo, o Poder Moderador que atribuía ao imperador o direito de dissolver a Câmara e lhe reservavam também o direito de empregar a força armada de mar e terra quando bem lhe parecesse conveniente à segurança e defesa do Império. Essas medidas contrariavam o espírito inicial do projeto apresentado à discussão pela Constituinte dissolvida, que previra que nos casos de "revolta declarada", quando se fizesse necessário o emprego do exército para restabelecer a ordem interna, a decisão caberia ao Executivo mediante o exame da Assembleia.

A Carta Constitucional de 1824 representava uma vitória do Executivo sobre o Legislativo, do imperador sobre as oligarquias.

A oposição ao imperador foi mais vigorosa nas províncias do Norte, as mais afetadas pelo forte centralismo que caracterizava a Carta. A bandeira do liberalismo federalista serviria mais uma vez para arregimentar grupos descontentes. Mais uma vez a solução republicana foi aventada. Os revolucionários tiveram adesões nos estados de Pernambuco, Paraíba, Rio Grande do Norte e Ceará. A intenção de formar uma Confederação do Equador frustrou-se frente à pronta repressão do governo central e devido à dificuldade de se manter coesa uma frente revolucionária em que, ao lado de senhores de escravos, figuravam líderes da "ralé" urbana, verdadeiros *sons culottes*. Sufocado o movimento, a oposição liberal refluiu temporariamente.

D. Pedro tardou dois anos em convocar a Assembleia Legislativa, que só se reuniu em maio de 1826. O conflito entre Executivo e Legislativo tornou-se mais evidente daí por diante. Os liberais acusavam d. Pedro de preterir os brasileiros em favor dos portugueses. A morte de d. João VI veio piorar a situação. Não obstante d. Pedro renunciasse à Coroa portuguesa em favor de sua filha, a princesa Maria da Glória, optando pela sua permanência no Brasil, seu gesto não foi suficiente para captar a confiança e o apoio dos grupos políticos que controlavam a Câmara dos Deputados, desejosos de

140 DAS DEPENDÊNCIAS

se emanciparem da tutela constrangedora do príncipe e sempre prontos a ver nos seus atos manifestações de absolutismo.

Disputar a hegemonia ao imperador, lutar pela abolição das instituições coloniais remanescentes tais como o Morgadio, a Intendência da Polícia, a Fisicatura, o Desembargo do Paço, a Mesa de Consciência e Ordens seria o programa dos liberais nessa fase. *A Aurora Fluminense*, órgão liberal dirigido por Evaristo da Veiga, um dos líderes políticos mais influentes da nova fase, ao mesmo tempo que fazia essas reivindicações, atacava ainda os absolutistas, os corcundas e áulicos, todos os que se "locupletavam nos cargos públicos vivendo das graças do monarca".

José Bonifácio assistia de longe aos acontecimentos, ansioso por voltar. Criticando sua deportação, acusava o exército de ter violado a Constituição, dissolvendo a Assembleia: "Fomos presos e fomos deportados violentamente, sem crime e sem sentença", escrevia ele em uma de suas notas. "Assim a nossa liberdade pessoal e os nossos interesses individuais foram atrozmente viola-dos, o que nunca se praticou em nenhum governo absoluto europeu que tenha consciência e vergonha. Veio depois a nova Carta que foi jurada pelo Governo e contra a letra desta Carta continuou o nosso Degredo", e, revoltado, prosseguia:

> Diz a Constituição que todos os poderes políticos do Império são delegações da Nação, ora a Nação nunca quis nem podia delegar poderes para prender e desterrar cidadãos não só inocentes, mas beneméritos do Império e da Pátria. A nossa deportação foi pois e continua a ser um atentado não só injusto e anti-constitucional, mas igualmente impolítico e imoral porque aterrou e aterrará todos os homens de bem, que não podem jamais confiar no Governo; a todos presentes e futuros deputados da nação que não estão seguros de sua inde-pendência e inviolabilidade; imoral porque se pagou com tirania e ingratidão a homens que tinham feito muito a bem do Estado e do Brasil.[49]

Volta ao Brasil

José Bonifácio permaneceu no exílio até 1829, voltando ao Brasil após mais de cinco anos de deportação, sob a penosa impressão da recente morte da esposa, falecida durante a viagem de volta.

De volta ao Rio, acabaria por fixar residência em Paquetá, mas seu refúgio não estaria fora do alcance das lutas políticas que se acirraram em 1830. A notícia da revolução liberal que depôs na França a Carlos X, pondo em seu lugar Luiz Filipe, repercutira nos meios liberais brasileiros que, descontentes com a atuação do imperador, almejavam a instituição e um regime que conferisse ao Legislativo a supremacia. O clima revolucionário era estimulado pela hostilidade tradicionalmente existente entre portugueses e brasileiros, entre negros e brancos, entre os elementos ligados ao artesanato e pequeno comércio dos principais núcleos urbanos e a "aristocracia da terra". A morte da princesa Leopoldina, os insucessos da Guerra Cisplatina, a revolta dos mercenários em 1828 haviam contribuído para abalar ainda mais o prestígio do imperador. A situação agravava-se com a alta dos preços dos gêneros, provocando o descontentamento da população urbana.

Em São Paulo o assassinato do jornalista liberal Libero Badaró desencadeou uma crise.

No Rio, em 1831, as constantes manifestações de rua revelavam o grau de tensão.

Parte da população constituída principalmente de portugueses manifestaria seu apoio ao príncipe quando este voltou de uma viagem a Minas, onde fora recebido com frieza pela população, contrastando essa atitude com a cálida recepção que ali tivera em 1822. As manifestações converteram-se, no Rio, em conflito aberto, passando para a História como a Noite das Garrafadas.

Para d. Pedro, a situação tornara-se insustentável. Pressionado pelos meios políticos nacionais, abdicaria em favor de seu filho, nomeando para tutor o velho ministro de quem exigia "mais uma prova de amizade". Mais uma vez, José Bonifácio era chamado à cena política num momento de crise. Tinha contra si a desconfiança de seus adversários políticos que exploravam o fato de ele ter sido indicado para tutor sem consulta prévia à Assembleia. O fato serviria de pretexto para que se lhe contestasse a tutoria. O ato de d. Pedro foi anulado, embora José Bonifácio permanecesse na qualidade de tutor que lhe foi delegado pela Câmara e pelo Senado. Com isso, reservava-se o Parlamento o direito de fiscalizar seus atos[50].

Com a abdicação de d. Pedro, assumiu o poder a ala moderada, excluindo-se das posições de mando os radicais desejosos de precipitar as reformas e que pregavam a federação, a abolição e a cassação dos direitos políticos de conhecidos homens públicos.

DAS DEPENDÊNCIAS

O grupo dos exaltados de outrora, que tinha feito oposição ao imperador, convertera-se em moderado, procurando no poder consolidar a autoridade à sombra do trono e de um menino de cinco anos que tão cedo não teria condições de intervir no cenário político, o que oferecia a garantia da autonomia do Legislativo. Ao lado destes, surgiram, desde logo, os restauradores, tramando a volta do imperador. Segundo depoimento de Feijó, pertenciam a esse grupo os elementos mais conservadores: a gente de dinheiro, os que possuíam riquezas, condecorações e influência.

O choque entre os vários grupos provocaria numerosos conflitos em todo o país. Menos de vinte dias depois da abdicação começaram no Rio de Janeiro os movimentos de rua, apresentando reivindicações sociais que apareceriam aos olhos dos liberais moderados como pretensões "anarquistas". A *Aurora Fluminense*, que em outros tempos fora considerada pela *Gazeta do Brasil*, órgão governamental, de "fedorenta sentinela da demagogia e do jacobinismo", convertera-se em órgão dos grupos moderados.

Aos radicais aderira com facilidade a soldadesca, composta em parte de indivíduos egressos da escravidão ou evadidos dos clãs rurais, a gente desocupada dos centros urbanos. Recrutados de forma irregular, submetidos a medidas disciplinares rígidas e castigos aviltantes, os soldados aderiram facilmente aos revoltosos, que não perdiam ocasião de aliciá-los, fazendo-os ver que eram cidadãos como os demais, devendo lutar por seus direitos. Os oficiais, dissociados da soldadesca insurreta, formaram um batalhão à parte: o Batalhão dos Bravos da Pátria, como os apodou a *Aurora Fluminense*, "defensores da liberdade ameaçada", segundo se dizia pela "feroz oklocracia" (governo das multidões). Criou-se a Guarda Nacional com o objetivo de armar os cidadãos interessados na manutenção da ordem e em resistir aos "inimigos da liberdade", acusados de estarem, com sua agitação, perturbando o comércio e contribuindo para a estagnação da indústria.

A Nação que havia sofrido o despotismo de um rei não devia sofrer o despotismo popular, dizia Evaristo da Veiga, interpretando o ponto de vista dos moderados. Um dos deputados, Odorico Mendes, pedia que se desse ao governo poderes excepcionais, necessários, no seu entender, para a conservação da ordem pública. De vários pontos da província do Rio de Janeiro e de São Paulo chegaram representações contra os "anarquistas". A repressão não se fez esperar. Dela se incumbiu Feijó, mandado vigiar outrora por José Bonifácio, que o considerava perigoso liberal, mas que agora, ocupando o cargo de Ministro da Justiça, tratava de sufocar as reivindicações dos setores mais radicais.

Comentando os acontecimentos depois da repressão, Feijó, o radical de outrora, observaria que ela tivera o mérito de "desenganar aos poucos facciosos e anarquistas que ainda nos incomodam", afirmando que "o brasileiro não foi feito para a desordem, que o seu natural é a tranquilidade e que ele não aspira a outra coisa além da Constituição jurada, do gozo dos seus direitos e de suas liberdades".

Testemunha dos acontecimentos, José Bonifácio diria na Câmara que se tendo deitado barro na roda do dia 7 de abril (data da abdicação do imperador), saíra uma moringa quando se esperara um rico vaso.

Tutor do filho de d. Pedro, José Bonifácio passaria a sofrer ataques do grupo moderado que via nele e em seus irmãos a ameaça de uma Restauração. O receio cresceria à medida que a agitação de rua punha em risco a estabilidade da Regência. Bernardo de Vasconcelos, Feijó, Evaristo da Veiga passaram a atacá-lo. A *Aurora Fluminense* referia-se aos Andradas numa linguagem desabrida. José Bonifácio foi acusado de conspirar contra o regime. Inimizades pessoais entre ele e Feijó, a quem perseguira no passado, contribuíram para agravar-lhe a situação.

Num relatório apresentado à Câmara dos Deputados em 10 de maio de 1832, Feijó afirmava que o quartel-general dos conspiradores se instalara na Boa Vista, onde estava José Bonifácio. Na Câmara, vários deputados sugeriram sua destituição do cargo de tutor. Passando na Câmara o parecer favorável à destituição por 45 votos contra 31, foi vencido no Senado por um voto. O prestígio do tutor ficava assim profundamente atingido e os ataques à sua pessoa prosseguiram. Acusavam-no de conspirar em favor da volta de d. Pedro, criticavam-se seus menores atos: a maneira livre com que educava os príncipes reais, sua irreverência de linguagem, sua displicência em matéria de etiqueta. Algumas, acusações maldosas e infundadas, outras, verdadeiras. Ao velho ministro sempre repugnaram os modos falsos dos cortesãos improvisados. Numa de suas notas, sem data, escrevia: "nada me enfastia mais do que ver rostos hipócritas e conversações monotônicas ou sempre eruditas ou com um ar de importância"[51]; em outra passagem, confessava-se "amigo da boa e pequena sociedade, indiferente à numerosa e inimigo antipático da má, livre no discurso por gosto, porém acanhado quase sempre no obrar; a etiqueta me aborrece e quando seguro da minha consciência, pouco

144 DAS DEPENDÊNCIAS

cuidadoso do que dirão os outros". Por isso se comprazia em chocar o auditório com seus ditos maliciosos e sua palavra livre. Nunca se comovera com os títulos e continuava a desprezar e arreliar aquela nobreza ávida de títulos e riquezas, não escondendo preconceitos de cor. Numa carta a Barbacena, datada de 1º de abril de 1830, publicada por Venâncio Neiva, repelia o que considerava afirmações caluniosas publicadas pelo *Diário Fluminense*, que o acusava de tramar contra o imperador, repetindo uma afirmação que no exílio fizera em uma de suas cartas – a de que seus inimigos, se para acusá-lo pudessem inventar um oitavo pecado mortal, pulariam de contentes. Dizia: "nunca desejei mandos, como quer inculcar P.B., nem riquezas adquiridas por *fas* ou *nefas*, nem jamais fita estreita ou larga ou um *crachat* que muitas vezes entre nós abrilhanta tavernas e armazéns de negros novos, nem outras fantasmagorias tais ou quejandas jamais ofuscaram a razão ou fizeram-me cócegas no coração".

A língua ferina, a atitude desafiante que lhe era peculiar multiplicavam o número de seus inimigos. A propósito dos três regentes indicados pela Câmara, dissera: "Dois são camelos e um é velhaco."[52] Não é pois de estranhar que estes lhe movessem uma campanha impiedosa que enfurecia ainda mais o velho Andrada. A um padre enviado com a missão de sondá-lo sobre a possibilidade de renunciar à tutoria, teria dito: "Diga a esses canalhas que, embora velho, sou ainda bastante forte para obrigá-los a se arrependerem de sua insolência."

O pretexto para o afastamento de José Bonifácio de tutoria não faltou. Em dezembro de 1833, a Sociedade Militar, reduto dos conservadores, afixou na fachada um retrato que parecia ser de d. Pedro I. Houve tumultos, apedrejamentos, falou-se no risco iminente de uma Restauração. Imediatamente a Regência suspendeu, por decreto, José Bonifácio do seu cargo.

José Bonifácio tentou resistir. Escreveu ao ministro do Império uma carta muitas vezes reproduzida, negando ao governo o direito de suspendê-lo do exercício de tutor. "Cederei à força que a não tenho, mas estou capacitado que nisto obro conforme a lei e a razão, pois que nunca cedi a injustiças e ao despotismo há longo tempo premeditados e ultimamente executados para vergonha deste Império."[53]

Tropas foram convocadas para depô-lo. Cercada a Quinta da Boa Vista onde se encontrava e esgotados todos os argumentos de persuasão e diante da pertinácia do antigo ministro, que se recusava a obedecer às ordens da

Regência, a tropa invadiu a Quinta. Foi-lhe dada ordem de prisão e confinamento em Paquetá.

No processo-crime que lhe moveu a Regência, nada se apurou. Intimado a indicar advogado de defesa, José Bonifácio no mesmo tom altivo e seguro com que se dirigira ao Governo em outras circunstâncias e que nem a idade, nem as perseguições e a moléstia que minava seu corpo tinham conseguido abalar, respondeu não precisar de defesa, pois não cometera crime passível de julgamento. Caso fosse necessário indicar um advogado, dizia ele, nomeava "todos aqueles homens de probidade" que quisessem se encarregar de sua defesa.

Para defendê-lo, apresentou-se Cândido Ladislau Japiassu que, embora tivesse obtido sua autorização, não foi aceito pelo presidente do júri que considerara José Bonifácio revel. Não obstante a recusa, Japiassu fez publicar a defesa de José Bonifácio, louvando sua participação no movimento da Independência e exaltando sua figura de homem público.

O processo arrastou-se de dezembro de 1833 até março de 1835, quando foi absolvido por unanimidade. Mais de duas mil pessoas saudaram o resultado do julgamento, dando vivas a José Bonifácio e aos juízes populares que o tinham absolvido. Fazia-se justiça ao ministro, repelindo-se a acusação infundada que sobre ele recaíra.

A justiça vinha tarde. Alquebrado pela idade e pela doença que o mataria em breve, José Bonifácio viveria seus últimos anos em Paquetá entre livros e trabalhos iniciados e nunca concluídos, interrompidos no passado tumultuoso pela solicitação da política. A moléstia obrigou-o a deslocar-se de Paquetá para Niterói, onde havia melhores condições de assistência médica. Pouco mais de três anos viveu José Bonifácio depois do julgamento, falecendo em 6 de abril de 1838, com a idade de 75 anos.

Nos seus últimos anos, vivendo à margem da política, veria antigos liberais do primeiro Império, seus adversários ferrenhos de outrora, convertidos em moderados na primeira fase da Regência, tornarem-se cada vez menos liberais e cada vez mais conservadores. O último gesto de liberalidade fora o Ato Adicional, em 1834. Pretendera-se com ele, como reconheceria um de seus autores, Bernardo de Vasconcelos, então já arrependido do liberalismo das medidas tomadas, "parar o carro revolucionário". As agitações promovidas pelos setores mais radicais em todo o país preocupavam os homens que haviam tomado o poder. Resolveram então reunir-se em torno do jovem príncipe, procurando consolidar as posições ameaçadas pelas reivindicações

146 DAS DEPENDÊNCIAS

radicais. As eleições de 1836 resultaram na vitória dos adeptos do "regresso", o grupo liderado por Bernardo de Vasconcelos e Honório Hermeto, apoiado de preferência por proprietários agrícolas, senhores de escravos.

José Bonifácio assistira nos últimos anos à derrota de seus ideais políticos e econômicos. Sonhara com uma monarquia constitucional e o que tinha pela frente era o governo de uma oligarquia que sempre receara. Combatera o latifúndio e pregara uma nova política de terras que permitisse o melhor aproveitamento das áreas improdutivas, e via o latifúndio afirmar-se cada vez mais como base da economia agrícola, à medida que as plantações de café se multiplicavam ao longo do Vale do Paraíba. Preconizara a cessação do tráfico e a emancipação gradual dos escravos e, não obstante a lei de 7 de novembro de 1831 (fruto em grande parte da pressão inglesa) proibisse o tráfico, os africanos continuavam a ser despejados em massa nas costas brasileiras. O desenvolvimento da cultura cafeeira vinha contribuindo em muito para revalorizar o braço escravo. Tentara estimular a emigração estrangeira e vira fenecer os núcleos coloniais, incapazes de sobreviver dentro dos quadros de uma economia baseada no latifúndio autossuficiente e no trabalho escravo. Repelira os tratados de comércio e os empréstimos que colocavam o Brasil na dependência dos países estrangeiros, mas assistira à renovação dos acordos com a Inglaterra e vira sucederem-se os empréstimos no estrangeiro. Sonhava com um Brasil que mantivesse intatas algumas de suas tradições e costumes, recriminando os políticos que queriam transformar o Brasil numa Inglaterra ou numa França, mas assistira à invasão progressiva do mercado brasileiro por produtos e costumes ingleses e franceses. Repugnavam-lhe os títulos e a nobreza improvisada, mas vira multiplicarem-se os barões, condes e marqueses. A derrota dos seus ideais era consequência da vitória das oligarquias a quem apoiara no passado, temeroso das reivindicações democratizantes.

José Bonifácio: O Mito

Duas vezes condenado e uma vez banido, José Bonifácio passaria à História como o Patriarca da Independência. As versões contemporâneas dos que procuraram na época diminuir sua participação nos acontecimentos, embora chegassem aos nossos dias alimentadas por alguns cronistas, foram vencidas pelo tempo à medida que os ideais de José Bonifácio que correspondiam a uma imagem do Brasil segundo o modelo ilustrado, característico do estágio mais avançado do capitalismo europeu, ganharam sentido na sociedade brasileira, a partir do momento em que a economia escravista entrou em crise e a abolição e a imigração entraram para a ordem do dia. Os abolicionistas exaltariam sua figura, reeditariam sua Memória sobre escravidão. Os positivistas, aos quais agradava a aversão de José Bonifácio aos princípios metafísicos e às revoluções, e que apreciavam seu espírito reformista, estimulariam as festividades cívicas e o culto do herói nacional. A figura do patriarca politicamente conservador, pouco amigo dos "excessos democráticos" e da "liberdade sem medidas", seria simpática aos homens do Império e da República que, como ele, procuravam "conciliar a liberdade com a ordem". José Bonifácio, a quem repugnavam os excessos da "suja e caótica democracia", seria também paradoxalmente louvado pelos democratas que nele viram mais tarde o precursor da reforma agrária, do voto dos analfabetos. "Nacionalista, republicano, homem de esquerda", assim seria retratado em 1963 por ocasião da comemoração do segundo centenário de seu nascimento em uma das obras então publicadas a seu respeito[54].

À margem dos esforços da historiografia, a lenda andradina permaneceu no que tem de mais irredutível: o mito da nacionalidade. José Bonifácio, simbolizando os anseios de emancipação do jugo colonial, continuará a ser reverenciado como herói enquanto perdurarem as ideias de nacionalidade, autonomia e integração nacional.

8.
A Interiorização da Metrópole (1808-1853)

Maria Odila da Silva Dias

Ao tentar uma apreciação sumária do estágio atual da historiografia brasileira sobre a "independência", desejamos relembrar e enfatizar algumas balizas já bem fundamentadas por nossos historiadores e que dizem respeito a certos traços específicos e peculiares do processo histórico brasileiro da primeira metade do século XIX. O principal deles é o da continuidade do processo de transição da colônia para o império. Ressalte-se em seguida o fato de a "independência", isto é, de a separação política da metrópole (1822) não ter coincidido com o da consolidação da unidade nacional (1840-1850)[1], nem ter sido marcado por um movimento propriamente nacionalista ou revolucionário. Então nos confrontamos com a conveniência de *desvincular o estudo do processo de formação da nacionalidade brasileira no correr das primeiras décadas do século XIX da imagem tradicional da colônia em luta contra a metrópole.* No estágio dos estudos em que nos encontramos, seria esta sem dúvida uma atitude sábia e profícua a desvendar novos horizontes de pesquisa[2] – o que evidentemente não implicaria em excluir o processo brasileiro do contexto maior dos muitos paralelismos históricos de sociedades coloniais em busca de uma identidade própria.

As diretrizes fundamentais da atual historiografia da emancipação política do Brasil foram lançadas na obra de Caio Prado

150 DAS DEPENDÊNCIAS

Júnior, *Formação do Brasil Contemporâneo* (1944), em que o autor estuda a finalidade mercantil da colonização portuguesa, a sua organização meramente produtora e fiscal, os fatores geográficos de dispersão e fragmentação do poder e a consequente falta de nexo moral que caracteriza o tipo de sociedade existente no final do século XVIII e início do século XIX; contradições e conflitos sociais internos sem condições de gerar forças autônomas capazes de criar uma consciência nacional e um desenvolvimento revolucionário apto a reorganizar a sociedade e a constituí-la em nação[3]. O mesmo autor, num pequeno ensaio sobre o "Tamoio e a Política dos Andradas"[4], analisa as graves e profundas tensões sociais que vieram à tona quando a revolução liberal do Porto fez difundir na colônia as aspirações de liberalismo constitucional, suscitando desordens e um sentimento generalizado de insegurança social e acarretando, de imediato, a reação conservadora, característica principal dos acontecimentos que então se desenrolam no Brasil. Para os homens de ideais constitucionalistas parecia imprescindível continuar unidos a Portugal, pois viam na monarquia dual os laços que os prendiam à civilização europeia, fonte de seus valores cosmopolitas de renovação e progresso. A separação, provocada pelas Cortes revolucionárias de Lisboa, teria de início a conotação reacionária de contrarrevolução e a marca do partido absolutista[5].

A continuidade da transição no plano das instituições e da estrutura social e econômica também foi estudada por Sérgio Buarque de Holanda em seu trabalho sobre "A Herança Colonial: Sua Desagregação", onde analisa as transações e compromissos com a estrutura colonial na formação do império americano[6]. Algumas diretrizes indicadas por Caio Prado Júnior foram elaboradas por Emília Viotti da Costa em seu trabalho "Introdução ao Estudo da Emancipação Política", onde a autora também analisa as contradições da política liberal de d. João e a pressão dos comerciantes portugueses prejudicados com a abertura dos portos e a concorrência inglesa, forçando o monarca a adotar medidas protecionistas e mercantilistas destinadas a proteger seus interesses[7]. Atribuem-se os germes da separação ao conflito de interesses entre as classes agrárias, nativistas de tendência liberal e os comerciantes portugueses apegados à política protecionista e aos privilégios de monopólio.

O problema inerente ao amadurecimento do capitalismo industrial na Inglaterra é de âmbito amplo e define o quadro geral das transformações do mundo ocidental nesse período. A luta entre os interesses

Aceitação provisória da Constituição de Lisboa no Rio de Janeiro, em 1821. Gravura de Debret. Bibl. Mun. de São Paulo.

Cortejo do batismo da princesa dona Maria da Glória, no Rio de Janeiro. Gravura de J. Debret. Bibl. Mun. de São Paulo.

DAS DEPENDÊNCIAS

mercantilistas e do liberalismo econômico se processaria de forma intensiva na Inglaterra de 1815 a 1846, afetando drasticamente a política de todos os países coloniais diretamente relacionados com a expansão do império britânico do comércio livre. Não afetou nenhuma área tão diretamente como as Antilhas, e o tema foi magistralmente estudado por Eric Williams, em seu livro *Capitalism and Slavery* (London, 1946). Foi o pretexto para a fundação de um novo império português no Brasil; teve evidentes reflexos na política econômica e no processo de separação de Portugal. A historiografia da época já definiu bem as pressões externas e o quadro internacional de que provêm as grandes forças de transformações. Resta estudar o modo como afeta as classes dominantes da colônia e os mecanismos internos inerentes ao processo de formação da nacionalidade brasileira. Perdendo o papel de intermediários do comércio do Brasil, restava aos comerciantes portugueses unir-se às grandes famílias rurais e aos interesses da produção. Estes nem sempre estavam separados das atividades de comércio e transporte, como se constata no caso do Barão de Iguape em São Paulo[8]. A pressão inglesa pela abolição do tráfico tenderia, por seu turno, a levantar a hostilidade dos interesses agrários contra o poder central. Associar esquematicamente os interesses das classes agrárias brasileiras com as do imperialismo inglês seria, pois, simplificar um quadro por demais complexo.

Apesar de estarem bem definidas suas diretrizes fundamentais, nossa historiografia, ao descortinar o processo *sui generis* de transição do Brasil colonial para o império, ainda não se descartou completamente de certos vícios de interpretação provocados por enfoques europeizantes, que destorcem o processo brasileiro, entre os quais avulta o da imagem de Rousseau do colono quebrando os grilhões do jugo da metrópole, ou da identificação com o liberalismo e o nacionalismo próprios da grande revolução burguesa na Europa. Emília Viotti da Costa opõe ressalvas a esses conceitos, mas as contradições ainda estão para ser explicitadas[9].

Durante muito tempo ressentiu-se o estudo da nossa emancipação política do erro advindo da suposta consciência nacional a que muitos procuravam atribuí-la. O modelo da independência dos Estados Unidos fascinava os contemporâneos e continua de certa forma a iludir a perspectiva dos historiadores atuais. Sérgio Buarque de Holanda refere-se mais objetivamente às lutas da "independência" como a uma guerra civil entre portugueses desencadeada aqui pela Revolução do Porto[10] e não por um processo autônomo de arregimentação dos nativos visando reivindicações comuns contra a metrópole. O fato em si da separação do reino em 1822 não teria tanta importância na evolução da colônia para império. Já era fato consumado desde 1808 com a vinda da Corte e a abertura dos portos e por motivos alheios à vontade da colônia ou da metrópole. A preocupação, por si, evidentemente, justificada de nossos historiadores em integrar o processo de emancipação política às pressões do cenário internacional, envolve no entanto alguns inconvenientes ao vincular demais os acontecimentos da época a um plano muito geral; contribuiu decisivamente para o apego à imagem da colônia em luta contra a metrópole, deixando em esquecimento o processo interno de ajustamento às mesmas pressões que é o de *enraizamento de interesses portugueses* e sobretudo *o processo de interiorização da metrópole no Centro-Sul da Colônia*. O fato é que a consumação formal da separação política foi provocada pelas dissidências internas de Portugal expressas no programa dos revolucionários liberais do Porto, e não afetaria o processo brasileiro já desencadeado com a vinda da Corte em 1808.

A vinda da Corte para o Brasil e a opção de fundar um novo império nos trópicos já significara por si uma ruptura interna nos setores políticos do velho reino. Os conflitos advindos das cisões e do partidarismo interno do reino desde a Revolução Francesa iriam se acentuando com o patentear das divergências entre portugueses do reino e portugueses da nova Corte. Com o tempo, a dissidência doméstica tenderia a intensificar-se[11]. O importante é integrá-la como tal no jogo de fatores e pressões da época sem confundi-la com uma luta brasileira nativista da colônia *in abstrato* contra a metrópole, o que nos levaria de volta à distorção dos mitos. A história da emancipação política do Brasil tem que ver, no que se refere estritamente à separação política da Mãe Pátria, com os conflitos internos e domésticos do reino, provocados pelo impacto da Revolução Francesa, tendo inclusive ficado associado à luta civil que se trava então entre as novas tendências liberais e a resistência de uma estrutura arcaica e feudal contra inovações que a nova Corte do Rio tentaria impor ao reino.

Os sacrifícios e as aflições da invasão francesa, a repressão violenta de qualquer mudança alimentada pelo clima da própria guerra contra

DAS DEPENDÊNCIAS

Napoleão, o temor das agitações jacobinas contribuíram pois para despertar ciúmes e tensões entre portugueses do reino e portugueses da nova Corte. Em Portugal, a devastação e a miséria da guerra agravadas pela pressão da antiga nobreza foram ainda mais acentuadas pelo tratado de 1810, que não só retirava qualquer esperança de reviver o antigo comércio intermediário de produtos coloniais que exerciam os comerciantes dos portos portugueses, como também prejudicava o industrialismo incipiente defendido por homens como Acúrcio das Neves e por "brasileiros" como Hipólito da Costa[12]. À fome generalizada, à carência de gêneros alimentícios, à desorganização da produção de vinho e azeite somava-se a paralisação dos portos, de início fechados por Junot e depois desvitalizados e sem movimento por causa do tratado de 1810. Para Pereira da Silva, que escreveu sobre este período, não eram menores os males de Portugal que os de Espanha, a que se refere sugestivamente como sendo "mais um cadáver que uma nação viva"[13]. Em face à miséria desse período de crise e da extrema decadência, confrontava-se o reino com a relativa prosperidade e otimismo de perspectivas que se abriam então para o Brasil.

Dom Rodrigo de Souza e Coutinho tinha o novo império do Brasil como a tábua de salvação do reino; acreditava poder reequilibrar a vida econômica de Portugal através de uma política econômica puramente comercial e financeira. Revitalizada a circulação da moeda e com bons rendimentos alfandegários, o reino teria condições de se refazer, pois contaria com os auxílios provenientes da prosperidade do Brasil[14]. Seria vital, porém, reanimar a agricultura de Portugal e, para isso, percebia a necessidade de modernizar a estrutura social e econômica do reino, no que talvez cedesse em parte à pressão dos ingleses, convencidos da inviabilidade de Portugal, caso não se procedesse a algumas reformas da estrutura arcaica do sistema de propriedades fundiárias, para o que sugeriam que se convocassem novamente as antigas Cortes. O Príncipe Regente opôs-se decididamente à pressão inglesa pela reconvocação das Cortes, mas endossou a necessidade de modernização da estrutura econômica e social do reino, pois a prosperidade do novo império nascente não poderia arcar sozinha com as despesas enormes que requeria a reconstrução da antiga metrópole. A Corte não hesitaria em sobrecarregar as províncias do Norte do Brasil de despesas que viriam acentuar as características regionais de dispersão, já bem definidas nos dois séculos anteriores de colonização; mas, como esses recursos não bastavam, preferia introduzir reformas econômicas e sociais no reino a fim de evitar sobrecarregar a Corte, que começava a enraizar-se e a estreitar seus laços de integração no Centro-Sul.

Durante a ocupação francesa, recorreram-se a impostos extraordinários e a subscrições voluntárias para financiar a luta[15]. Também lançaram mão da emissão indiscriminada, o que acarretou a desvalorização da moeda do reino em relação à da nova Corte, tendo como consequência o movimento crescente de evasão da moeda para o novo império[16]. Terminada a guerra, a nova Corte não queria continuar a cobrar impostos demasiados sobre as capitanias do norte do Brasil, pois já eram grandes as despesas exigidas pelo funcionalismo e membros da nova Corte, sem contar as despesas com as guerras da Guiana e do Prata. Daí o Príncipe Regente definir para o reino uma política regalista de reformas modernizadoras[17]. Pretendia lançar mão da venda de bens da igreja e da coroa no próprio reino, reformar resquícios antiquados de contribuição feudal, lançar novos impostos ordinários menos injustos e mais aptos a dinamizar a economia agrária do reino[18], vender bens da coroa, a prebenda de Coimbra, as capelas e sobretudo acabar com o esquema administrativo das lesírias, terras incultas ao longo dos rios, vendendo-se e cobrando-se as décimas e as sisas das vendas, o que concorreria para multiplicar o número de propriedades e para aumentar a produtividade, impedindo extensões de terras não cultivadas[19].

Contra a política do Príncipe Regente ressurgiam-se os setores mais conservadores do reino que, aterrados aos seus direitos antigos, contribuíam para mais dificultar a devastação causada pela guerra na vida econômica do país. Após o fim da luta, e contrariamente às ordens recebidas da nova Corte, a regência do reino, ligada por laços de parentescos e interesses a setores da nobreza agrária e ao clero quiseram fazer continuar o sistema de impostos extraordinários que recaía sobre comerciantes e funcionários da cidade, principalmente de Lisboa e do Porto[20]. A pressão inglesa e a política comercial da nova Corte faria, entretanto, com que essa também não pudesse contar com os setores mais progressistas do reino, interessados como estavam em medidas protecionistas, nos esforços de industrialização ou em reconquistar antigos privilégios mercantilistas do comércio com o reino unido[21].

As tensões internas e inerentes ao processo de reconstrução e modernização de Portugal viriam, pois, exacerbar e definir cada vez mais as divergências de interesses com os portugueses no Brasil. A nova Corte, dedicada à consolidação

156 DAS DEPENDÊNCIAS

de um império no Brasil, que deveria servir de baluarte do absolutismo, não conseguiria levar a bom termo as reformas moderadas de liberalização e reconstrução que se propôs executar no Reino, aumentando as tensões que vão culminar na revolução do Porto.

Consumada a separação política, que aceitaram mas que de início não quiseram, não pareciam brilhantes para os homens da geração da independência as perspectivas da colônia para transformar-se em nação e sobretudo em uma nação moderna com base no princípio liberal do regime constitucionalista. Os políticos da época eram bem conscientes da insegurança das tensões internas, sociais, raciais, da fragmentação, dos regionalismos, da falta de unidade que não dera margem ao aparecimento de uma consciência nacional que desse força a um movimento revolucionário capaz de reconstruir a sociedade. Não faltavam manifestações exaltadas de nativismo e pressões bem definidas de interesses localistas. No entanto, a consciência propriamente "nacional" viria através da integração das diversas províncias e seria uma imposição da nova Corte no Rio (1840-1850) conseguida a duras penas através da luta pela centralização do poder e da "vontade de ser brasileiros"[22], que foi talvez uma das principais forças políticas modeladoras do império; a vontade de se constituir e de sobreviver como nação civilizada europeia nos trópicos, apesar da sociedade escravocrata e mestiça da colônia, manifestada pelos portugueses enraizados no Centro-Sul e que tomaram a si a missão de reorganizar um novo império português[23]. A dispersão e fragmentação do poder, somada à fraqueza e instabilidade das classes dominantes, requeria a imagem de um estado forte que a nova Corte parecia oferecer[24].

As condições, enfim, que oferecia a sociedade colonial, não eram aptas a fomentar movimentos de liberação de cunho propriamente nacionalista no sentido burguês do século XIX. Desde o deslocamento de d. João VI à colônia, portugueses, europeus e nativos europeizados combinavam forças de mútuo apoio, armavam-se, despendiam grandes somas com aparelhamento policial e militar[25], sob o pretexto do perigo da infiltração de ideias jacobinas pela América espanhola ou através dos refugiados europeus. Inseguros de seu *status* de homens civilizados em meio à selvageria e ao primitivismo da sociedade colonial, procuravam de todo modo resguardar-se das forças de desequilíbrio interno. A sociedade que se formara no correr de três séculos de colonização não tinha outra alternativa ao findar do século XVIII senão a de transformar-se em metrópole a fim de manter a continuidade de sua estrutura política, administrativa, econômica e social. Foi o que os acontecimentos europeus, a pressão inglesa e a vinda da Corte tornaram possível.

A vinda da Corte com o enraizamento do estado português no Centro-Sul daria início à transformação da colônia em metrópole interiorizada. Seria esta a única solução aceitável para as classes dominantes em meio à insegurança que lhes inspiravam as contradições da sociedade colonial, agravadas pelas agitações do constitucionalismo português e pela fermentação mais generalizada do mundo inteiro na época, que a Santa Aliança e a ideologia da contrarrevolução na Europa não chegavam a dominar. Pode-se dizer que esse processo, que parte do Rio e do Centro-Sul, somente se consolidaria com a centralização política realizada por homens como Caxias, Bernardo de Vasconcelos, Visconde do Uruguai, consumando-se politicamente com o marquês de Paraná e o Ministério da Conciliação (1853-1856). Ainda está para ser estudado mais a fundo o processo de enraizamento da metrópole na colônia, principalmente através da organização do comércio de abastecimento do Rio e consequente integração do Centro-Sul; as inter-relações de interesses comerciais e agrários, os casamentos com famílias locais, os investimentos em obras públicas e em terras ou no comércio de tropas e muares do Sul, no negócio de charque, processo esse presidido e marcado pela burocracia da Corte, os privilégios administrativos e o nepotismo do monarca[26].

Este é tema recorrente nas cartas de Luiz dos Santos Marrocos, que atribuía a contínua postergação da volta da Corte à pressão de interesses particulares ávidos de privilégios de concessões em obras públicas. Em suas cartas constatava com desânimo os enormes investimentos locais que faziam os principais homens de negócios da Corte e que demonstrava sua intenção de permanecer no país. Em carta de março e maio de 1814, atribuía o atraso da volta da Corte para Portugal à construção do Palácio da Ajuda. Referia-se ao "letargo e silêncio", que encobriam interesses particulares[27]. A volta não se daria tão cedo: "Não é porque crescem aqui as obras de melhor accommodação futura, mas há cousas particulares e não sei se expressões de autoridades, que fazem recear uma mui prolongada permanência nesse clima. Por todas as repartições eclesiásticas, civis e militares há estas aparências." (p. 188) As construções não paravam: refere-se em sua correspondência às reformas do arsenal da marinha (p. 215), a um palácio no sítio de Andarati para d. Carlota residir (p. 216), a um aumento no palácio de S. Cristóvão para o verão da família real (abril de 1815), ao palácio de Sta. Cruz para as jornadas de fevereiro, julho e novembro (p. 222), a um palácio novo no sítio da Ponte do Caju que consumiria 77 milhões (p. 232); em fevereiro de 1816, a um picadeiro novo que consumiria 50 milhões e a uma cadeia nova "com dinheiro arrecadado num dia de Benefício do teatro da Corte" (p. 260). Loterias e subscrições voluntárias atestavam os interesses de enraizar a Corte. "Há muitas e muitas obras, mas são daquelas, de que os pseudo-brasileiros, vulgo janeiristas, se servem para promover o boato de persistirmos aqui eternamente", escreve em carta de dezembro de 1814 (p. 220). Também interessantes são as suas referências aos investimentos particulares das principais fortunas da Corte. Em novembro de 1812, conta do soberbo palácio no Lago dos "Siganos", que construía José Joaquim de Azevedo, logo barão do Rio Seco; em agosto de 1813, o mesmo "capitalista" construía um segundo palácio no sítio de Mataporcos, igualmente faustoso (p. 154). Refere-se aos interesses de Fernando Carneiro Leão na real loteria do teatro S. João (p. 50n.) e às propriedades luxuosas de alguns ministros, por exemplo, a aquisição pelo Conde da Barca de duas casas por 45 mil cruzados, onde "vai fazer a sua habitação", acrescentava com evidente desagrado o bibliotecário de d. João VI, que não via a hora de retornar a Portugal.

Marrocos fornece algumas pistas curiosas sobre o enraizamento dos interesses portugueses no Brasil, não só em construções de luxo mas também e sobretudo na compra de terras e no estabelecimento de firmas de negócios: "José Egídio Alvarez de Almeida lá vai para o Rio Grande ver e arranjar uma grande fazenda que comprou por 63 mil cruzados e ali estabelecer hua fábrica de couros de sociedade com Antônio de Araújo."[28]

Também continua pendente o estudo mais específico dos regionalismos e das relações da Corte com as províncias do Norte e Nordeste em que se define claramente a continuidade com a estrutura política e administrativa da colônia. Como metrópole interiorizada, a corte do Rio lançou os fundamentos do novo império português chamando a si o controle e a exploração das outras "colônias" do continente, como a Bahia e o Nordeste[29]. Não obstante a elevação a Reino Unido, o surto de reformas que marca o período joanino visa à reorganização da metrópole na colônia e equivale, de resto, no que diz respeito às demais capitanias, apenas a um recrudescimento dos processos de colonização portuguesa do século anterior[30].

Um estudo mais aprofundado do mecanismo inerente às classes dominantes no Brasil colonial seria um grande passo no estado atual da historiografia da "independência". Viria certamente esclarecer de forma mais específica e sistemática a relativa continuidade das instituições que caracteriza a transição para o império. Quando se aprofundar o estudo do predomínio social do comerciante e das íntimas interdependências entre interesses rurais, comerciais e administrativos, estará aberto o caminho para a compreensão do processo moderado de nossa emancipação política. A instabilidade crônica da economia colonial gerava mecanismos sociais de acomodação, tais como a consequente e *relativa* "fluidez" e "mobilidade" das classes dominantes servindo como força neutralizadora para abafar divergências e impedir manifestações de descontentamento que multiplicassem inconfidências e revoltas. A própria estrutura social, com o abismo existente entre uma minoria privilegiada e o resto da população, polarizaria as forças políticas, mantendo unidos os interesses das classes dominantes. O sentimento de insegurança social e o "haitianismo", ou seja, o pavor de uma insurreição de escravos ou mestiços como a que se dera no Haiti em 1794, não deve ser subestimado como traços típicos da mentalidade da época, reflexos estereotipados da ideologia conservadora e da contrarrevolução europeia[31]. Agiu como força política catalisadora e teve um papel decisivo no momento em que regionalismos e diversidades de interesses poderiam ter dividido as classes dominantes da colônia. Nesse sentido, são sugestivas as considerações e as inquietações dos homens das duas primeiras décadas do século XIX sobre as perspectivas que poderia oferecer a colônia para se constituir em nação. Para alguns utópicos e sonhadores, tudo evidentemente parecia possível. Mas, no geral, homens de ânimo mais ponderado, dotados de um senso arguto da realidade do meio para o qual se voltavam com opiniões políticas e conservadoras, conforme requeria a época e o meio, expressavam mil inseguranças e um profundo pessimismo arraigado no sentimento generalizado de insegurança social e de pavor da população escrava ou mestiça: "amalgamação muito difícil será a liga de tanto metal heterogêneo, como brancos, mulatos, pretos livres e escravos, índios etc. etc., em um corpo sólido e político", escrevia José Bonifácio, em 1813, para d. Domingos de Souza Coutinho[32]. Sob o impacto das agitações constitucionalistas da revolução liberal que viera ferventar as contradições internas da sociedade colonial, Sierra y Mariscal, em 1823, calculava que

160 DAS DEPENDÊNCIAS

dentro de três anos a "raça branca acabará às mãos de outras castas e a província da Bahia desaparecerá para o mundo civilizado"[33].

Grande foi a apreensão quando a revolução do Porto e a volta de d. João VI para o velho reino fizeram perigar a continuação do poder real e do novo estado português no Centro-Sul que os interesses enraizados em torno da Corte queriam preservar. Além disso, grande era a falta de segurança social que sentiam as classes dominantes em qualquer ponto da colônia; insegurança com relação à proporção exagerada entre uma minoria branca e proprietária e uma maioria de desempregados, pobres e mestiços, que pareciam inquietá-los mais do que a população escrava. À insegurança do desnível social somavam-se os problemas advindos da diversidade étnica de que portugueses ou nativos enraizados eram muito conscientes: "em Portugal e no Brasil os homens de senso conhecem que, deslocando-se o poder real, o Brasil se perde para o mundo civilizado e Portugal perde a sua independência"[34]. Verdade é que Sierra y Mariscal apegava-se a uma ordem de coisas que a infiltração do contrabando inglês na colônia e a marginalização econômica e política de Portugal, no correr do século XVIII, já vieram desmentir[35]. Não obstante, a Corte e a administração portuguesa, a monarquia, o poder real, o mito da autoridade central pareceria sempre uma âncora de salvação e segurança, "por isso é que o governo deve ter molas muito mais fortes que em qualquer outra parte. A educação, o clima, a escravidão são justamente a causa desta fatalidade"[36].

Horace Sée, que veio ao Brasil em 1816, testemunha a falta de unidade e comunicação entre as diferentes possessões portuguesas no continente americano[37]. Dez anos mais tarde, em pleno primeiro reinado, o ministro inglês Chamberlain escrevia para Canning, manifestando a sua grave apreensão com a indiferença e o descaso manifestados pelo governo do Rio de Janeiro para com os problemas de miséria e seca que agitavam o império, da Bahia para o Norte, tornando cada vez mais iminente e perigosa a centelha de uma revolução que poderia cindir o império[38]. Conscientes de sua fraqueza interna, os portugueses da nova Corte dedicaram-se a fortalecer a centralização e o poder real que os revolucionários do reino queriam transferir de volta à antiga metrópole:

> o Brasil é um país nascente, um povoado de habitantes de diversas cores, que se aborrecem mutuamente: a força numérica dos brancos é muito pequena e só Portugal pode socorrer eficazmente no caso de qualquer dissensão interna

ou ataque externo. As capitanias não se podem auxiliar mutuamente, por estarem separadas por setores imensos de modo que aquele país não forma ainda um reino inteiro e contínuo, necessita em consequência de sua união com Portugal, por meio da carta constitucional que fará felizes ambos os países [...][39]

A fraqueza e dispersão da autoridade, as lutas de facção tornavam mais aguda a insegurança das contradições internas sociais e raciais e estas identificavam-se para os homens da época com o perigo da dispersão e desunião política entre várias capitanias. Para Sierra y Mariscal, que escrevia em 1823, as possessões americanas dos portugueses apresentavam um quadro desolador e malbaratado de desagregação:

> Pernambuco dissidente já do Rio de Janeiro. A Bahia nula em rendas e rotos os elementos de sua prosperidade. O Rio de Janeiro a ponto de uma bancarrota pelos esforços e sacrifícios que tem feito e pelas perdas sofridas. As províncias do Sul inquietas. As províncias do Maranhão e Pará nulas para o partido da revolução e tudo junto porão o governo do Rio nas tristes circunstâncias de caírem em terra com a carga, sem esperanças de mais se levantar[40].

Pode-se vislumbrar, dentro dos padrões da época, o carisma que teria a imagem de um Príncipe Regente e a força com que atraía a massa de povos mestiços e desempregados, incapazes de se afirmarem, sem meios de expressão política, tomados de descontentamento. E em sua insatisfação, por demais presos ao condicionamento paternalista do meio em que surgiram, esses povos mestiços e desempregados revoltavam-se contra monopolizadores do comércio e contra atravessadores de gêneros alimentícios. Fascinava-os, por outro lado, a Corte e o poder real, incutindo neles uma verdadeira atração messiânica; significava, para eles, a esperança de socorro de um bom pai que vem curar as feridas dos filhos. Nem a febre do constitucionalismo chegaria a afetar drasticamente seu condicionamento político.

Também as classes dominantes tenderam a apegar-se à Corte. Tais classes eram atormentadas pela falta de perspectiva política e pelo desejo de afirmação diante de facções rivais, tinham sua vaidade satisfeita pelo nepotismo do príncipe, eram atraídas por títulos[41] e sobretudo acreditavam que a Corte atenderia seus anseios de assegurar sua autonomia local sobre a proteção e sanção do poder central que viria afirmar sua posição em meio à população escrava, ou pior, em meio à turbulência de mestiços que não

162 DAS DEPENDÊNCIAS

eram proprietários. Além disso, precisavam dos capitais dos portugueses adventícios; firmavam com eles compromissos de proprietários e laços de casamento. O Banco do Brasil oferecia vantagens para os que sabiam buscar a proteção política. "A falta de meios que tem essa espécie de aristocracia lhe priva de formar clientes e de fazer-se hum partido entre o povo, porque eles mesmos são fraquíssimos e precisam da proteção dos Negociantes com que se honram muito. O Comércio, se se quer, é quem é o único corpo aristocrata."[42] Ao se aprofundar o estudo do predomínio social do comerciante e da íntima interdependência entre interesses rurais, administrativos, comerciais, temos um quadro mais claro dos *mecanismos de defesa e coesão do elitismo* que era característica fundamental da sociedade do Brasil Colonial. Já foram lançadas as diretrizes de revisão do mito europeu da sociedade dual e várias obras existentes analisam, sobre novos prismas, a suposta dicotomia ou oposição entre interesses urbanos e rurais, identificados, confundidos uns com os outros e harmonizados pela administração pública, dado o grande papel social que exercia na colônia[43]. A vinda da Corte haveria de ressaltar traços já bem aparentes na segunda metade do século XVIII e que tendiam a acentuar o predomínio do comerciante. Por isso alarmava-se Sierra y Mariscal com a revolução do Porto, e as manifestações hostis aos comerciantes portugueses: "roto o dique que continha as revoluções [o comércio], não havendo quem supra a lavoura, esta não pode dar um passo. Um ano de guerra civil auxiliado do céu, natureza da agricultura e topografia da província tem relaxado a disciplina da escravatura. Os Senhores de Engenho não tendo quem lhes adiante fundos não podem alimentar os escravos e neste estado os escravos se sublevam e a Raça Branca perece sem remédio"[44]. Sierra y Mariscal refletia o pensamento dos brancos e proprietários da Bahia e Pernambuco, mas generalizava a sua apreensão para todo o império português. Era a missão da monarquia portuguesa salvar a raça branca e salvar-se a si mesma porque se um incêndio eclodisse nas províncias do Norte do Brasil "levariam a dissolução e a anarquia a todas as possessões pacíficas da parte d'aquém do Cabo; sem que se excetuassem as ilhas de Cabo Verde e Açores e neste terrível conflito a base mesma da monarquia se abalaria"[45].

Os conflitos gerados pela incompatibilidade entre o absolutismo e a política mercantilista da coroa e as pressões do novo liberalismo econômico, oriundo do amadurecimento do capitalismo industrial na Inglaterra, foram sem dúvida a chave-mestra a desencadear as forças de transformação no período. Dadas porém as peculiaridades sociais da sociedade colonial brasileira, não se identificaram de imediato com "um movimento de libertação nacional". Tamanha era a complexidade dos conflitos internos e a heterogeneidade dos regionalismos, que o que finalmente assistimos no decorrer dos episódios das primeiras décadas do século XIX, que se convencionou chamar de "época da independência", é a uma fragmentação localista ainda maior e simultaneamente a um *recrudescimento da presença de portugueses*[46]. Ao contrário do que se dá na maior parte dos países da América espanhola, em que os "creolos" expulsam e expropriam os espanhóis metropolitanos, nós assistimos, em torno da nova Corte e da transmigração da dinastia de Bragança, ao enraizamento de novos capitais e interesses portugueses, associados às classes dominantes nativas e também polarizadas em torno da luta pela afirmação de um poder executivo central que queriam fortalecer contra as manifestações de insubordinação das classes menos favorecidas, muitas vezes identificadas com nativismos facciosos ou com forças regionalistas hostis umas às outras e por vezes à nova corte, como seria o caso do Nordeste na revolução de 1817 e na Confederação do Equador[47]. Tanto assim é que os conflitos e as pressões sociais e raciais contra o português, rico monopolizador do comércio e dos cargos públicos, não seriam resolvidos pela "independência" em 1822, nem pela abdicação de d. Pedro em 1831. Não se tratava de um mero preconceito chauvinista relacionado com a separação da Metrópole; era um conflito interno, inerente à sociedade colonial e que mesmo o império não superaria. A lusofobia transparece continuamente nos desabafos da imprensa através de todo o século XIX, nas reivindicações dos "praieiros" da corte e de Pernambuco (1848) pela nacionalização do comércio a varejo, repetindo-se em muitos outros episódios esparsos de violência, como, por exemplo, o que se dá em Macapá, em Goiânia, em 1873[48], e pela Primeira República adentro.

Se as diretrizes fundamentais da historiografia brasileira já estão bem definidas, precisam ainda ser melhor elaboradas por estudos mais sistemáticos das peculiaridades da sociedade colonial, que nos permitam uma compreensão mais completa desse processo de interiorização da metrópole, que parece a chave para o estudo da formação da nacionalidade brasileira. O fato é que a semente da "nacionalidade" nada teria de revolucionário: a monarquia, a continuidade da ordem existente eram as grandes preocupações dos homens que forjaram a transição para o império: "também não queremos uma revolução e uma revolução será se se mudarem as bases de

164 DAS DEPENDÊNCIAS

todo o edifício administrativo e social da monarquia; e uma revolução tal e repentina não se pode fazer sem convulsões desastrosas, e é por isso que não a desejamos"[49]. A semente da integração nacional seria pois lançada pela nova Corte como um prolongamento da administração e da estrutura colonial, um ato de vontade de portugueses adventícios, cimentada pela dependência e colaboração dos nativos e forjada pela pressão dos ingleses que queriam desfrutar do comércio sem ter de administrar. A insegurança social cimentaria a união das classes dominantes nativas com a "vontade de ser brasileiros" dos portugueses imigrados que vieram fundar um novo império nos trópicos. A luta entre facções locais levaria fatalmente à procura de um apoio mais sólido no poder central. Os conflitos inerentes à sociedade não se identificam com a ruptura política com a Mãe Pátria, e continuam como antes sendo relegados para a posteridade.

A participação dos ilustrados brasileiros na administração pública portuguesa é fenômeno característico e muito peculiar às classes dominantes da sociedade colonial[50]. O "elitismo burocrático" era uma das válvulas de escape da instabilidade econômica sabiamente expressa no ditado do século XVIII: "pai taverneiro, filho nobre e neto mendicante"[51]; essa instabilidade econômica gerava mecanismos de acomodação social destinados a amparar o *status* dos "empobrecidos"[52] e a manter a harmonia do corpo social; era o caso das santas casas, dos conventos, das ordens religiosas, do funcionalismo público em geral[53].

Não se pode subestimar o papel do "elitismo burocrático" na sociedade colonial, pois explica em grande parte a íntima colaboração entre as classes dominantes nativas e a administração pública portuguesa que vive a sua fase máxima com a vinda da Corte e a fundação do novo império.

Nessa época, absorvidos na engrenagem maior de uma política de Estado, empenharam-se ativamente os ilustrados brasileiros na construção do novo império dos trópicos. A ilustração brasileira não pode ser pois identificada com "anticolonialismo" ou com a luta da colônia contra a metrópole.

Estadistas como dom Rodrigo ou o conde da Barca tinham como missão precípua a tarefa da fundação de um novo império, que teria como sede o Rio de Janeiro e deveria impor-se sobre as demais capitanias. E para esse trabalho contaram com a colaboração e empenho dos ilustrados brasileiros.

Com a vinda da Corte, pela primeira vez, desde o início da colonização, configuravam-se nos trópicos portugueses preocupações próprias de uma colônia de povoamento[54] e não apenas de exploração ou feitoria comercial, pois que no Rio de Janeiro teriam que viver e, para sobreviver, explorar "os enormes recursos naturais" e as potencialidades do império nascente, tendo em vista o fomento do bem-estar da própria população local. Para isso queriam firmar o tratado de 1810 e a abertura dos portos "de maneira que, promovendo o comércio, pudessem os cultivadores do Brasil achar o melhor consumo para os seus produtos, que daí resultasse o maior adiantamento na geral cultura e povoação deste vasto território"[55]. Promover o povoamento, "o aumento da agricultura, as plantações de cânhamo, especiarias e de outros gêneros de grande importância, de conhecida utilidade, assim para o consumo interno como para exportação, a extração dos preciosos produtos, dos reinos mineral e vegetal e que tenho animado e protegido..."[56] Déspotas esclarecidos e fisiocratas iludiam-se exagerando os recursos das novas terras e estavam tomados pela febre dos melhoramentos materiais. Reservavam privilégios para o Centro-Sul, onde se instalara a Corte. A fim de custear as despesas de instalação de obras públicas e do funcionalismo, aumentaram os impostos sobre a exportação do açúcar, tabaco, algodão e couros, criando-se ainda uma série de outras tributações que afetavam diretamente as capitanias do Norte, que a Corte não hesitava ainda em sobrecarregar com a violência dos recrutamentos e com as contribuições para cobrir as despesas da guerra no reino, na Guiana e no Prata. Para governadores e funcionários das várias capitanias, parecia a mesma coisa dirigirem-se para Lisboa ou para o Rio de Janeiro[57].

Pelo menos dois dos ministros de dom João VI tinham experiência na administração colonial[58]. Os governadores das várias capitanias continuaram com as atribuições militares despóticas que tinham antes. Apesar das boas administrações do conde de Palma em Minas Gerais e do conde dos Arcos na Bahia, não serviam os governadores de bons elos de ligação ou unidade entre as várias regiões da colônia, trancando-se em suas respectivas jurisdições, cometendo excessos e arbitrariedades e desrespeitando muitas vezes a autoridade da Corte[59]. É inegável, entretanto, o esforço feito pelos ministros do Príncipe Regente no sentido de tornar mais eficiente a centralização administrativa através da nomeação de juízes de fora representantes do poder central, atentos à missão de coordenar os interesses locais com os da nova Corte.

Além disso, preocupou-se a Corte em abrir estradas e, fato quase inédito, em melhorar as comunicações entre as capitanias, em favorecer o povoamento e a doação de sesmarias. Tinham como fé obsessiva aproveitar as

166 DAS DEPENDÊNCIAS

riquezas "de que abunda este ditoso e opulento país, especialmente favorecido na distribuição de riquezas repartidas pelas outras partes do globo"[60];
precisavam incrementar o comércio e movimentar meios de comunicação
e transporte[61]. Além dos estrangeiros, continuaram os viajantes e engenhei-
ros nacionais a explorar o interior do país, a realizar levantamentos e mapas
topográficos para o que foi especialmente criada uma repartição no Rio de
Janeiro[62]. Levantou-se uma carta hidrográfica das capitanias compreendidas entre o Maranhão e o Pará; foram enviadas expedições para examinar
os rios tributários do Amazonas. Tentaram dar acesso ao comércio de Mato
Grosso pelos rios Arinos, Cuiabá e Tapajós, ligando Mato Grosso por via
fluvial e terrestre com São Paulo[63]. Através do Guaporé, Mamoré e Madeira
encontraram o caminho que poria em contato o Amazonas com os sertões do interior do país. Concederam-se privilégios, estatutos e isenções
de impostos para uma companhia de navegação fluvial[64]. O Tocantins e
o Araguaia foram explorados, embora não se tivesse chegado a organizar
uma companhia de navegação regular. Em Goiás, vários "capitalistas" se
reuniram e começaram o transporte regular pelos seus rios. Também foram
melhor investigados os rios Doce, Belmonte, Jequitinhonha, o Ribeirão de
Santo Antônio do Cerro do Frio, em Minas Gerais. Abriram-se caminhos
do interior para Ilhéus e para o Espírito Santo e outro de Minas Novas para
Porto Seguro[65]. As tradições da colonização portuguesa e o afã de integração e conquista dos recursos naturais delineavam a imagem do governo
central forte, necessário para neutralizar os conflitos da sociedade e as forças de desagregação internas.

Essa "tarefa" de reforma e construção absorveu os esforços dos ilustrados brasileiros a serviço da Corte portuguesa e nela se moldaria a geração
da "independência". Não se deve subestimar as consequências advindas
desse engajamento numa política de estado portuguesa; marcaria profundamente a elite política do primeiro reinado e teria influência decisiva sobre
todo o processo de consolidação do império, principalmente no sentido de
arregimentação de forças políticas, pois proviria em grande parte daquela
experiência a imagem do estado nacional que viria a se sobrepor aos interesses localistas. Algumas décadas após a independência (1838-1870) chegariam
os ilustrados brasileiros a definir seu nacionalismo didático, integrador e
progressista e uma consciência social eminentemente elitista e utilitária[66].

DAS INDEPENDÊNCIAS

"Não somos deputados do Brasil [...],
porque cada província se governa hoje
independente."

PE. DIOGO ANTÔNIO FEIJÓ,
deputado paulista. Cortes de Lisboa, 1822.

9.
O Processo de Independência no Norte

Arthur Cezar Ferreira Reis

O extremo-norte do Brasil, como teremos ocasião de registrar nas páginas seguintes, viveu, no período colonial, uma vida tranquila, mas desligado, administrativamente, do restante do Brasil, vinculado que era diretamente a Lisboa e não à Bahia ou ao Rio de Janeiro. A Amazônia mantinha contatos com Mato Grosso, Goiás e Piauí, havendo tênues relações mercantis com a Bahia. Era, portanto, uma situação singular, que poderia ter autorizado a secessão na hora grave em que aqueles vínculos de subordinação foram rompidos, sem que, no entanto, ocorresse a destruição da unidade da nova Nação soberana que se afirmava, na Sul-América, justamente por esse quadro unitário, inconfundível, num cenário político, como o do mundo hispânico, que não se pudera manter com a mesma unidade, repartindo-se em vários Estados apesar do esforço de Simão Bolívar e de alguns poucos seguidores de seu pensamento e de sua doutrina. A decisão das unidades que compunham o extremo-norte, visando à participação nos destinos do Brasil, é, em consequência, um aspecto expressivo como característica muito firme da região, que, mesmo após, nas horas graves que se seguiram, no primeiro Império e nas Regências, em nenhum momento abandonou aquele propósito de fidelidade à união nacional.

Aclamação de d. Pedro I no campo de Santana. Gravura de Debret. Inst. de Estudos Brasileiros.

D. Pedro compõe a música do hino da independência. Óleo de Augusto Bracet. Museu Histórico Nacional, GB.

E no entanto, insista-se na tese, a formação que a marcava não autorizava o movimento de opinião que se formou para acompanhar as outras áreas integrantes do Império que se elaborava. Como explicar o fato histórico incontestável? Que teria ocorrido, que forças teriam sido capazes de permitir uma conclusão satisfatória? O milagre da unidade seria a razão fundamental?

A série de sucessos que ocorreram tanto no extremo-norte como nas outras partes do Brasil, desde a chegada da família real portuguesa, pondo fim ao distanciamento entre as várias regiões do espaço político, contribuíram, de certo modo, para que fosse perdendo vitalidade aquele contingente negativo, embora o poder econômico em mãos de homens de negócio portugueses constituísse ainda instrumento poderoso para a manutenção dos vínculos com o Reino metropolitano. E tanto era ainda poderosa essa vinculação que, nas Cortes de Lisboa, quando se aventou a separação do Brasil, tentou-se impedir a participação da Amazônia e do Maranhão através da criação de um Vice-Reinado autônomo, desagregador. Foi mais forte, porém, o sentimento de nacionalidade. E o extremo-norte se fez, por decisão própria, parte integrante do novo Império.

A formação territorial do Império português no extremo-norte do Brasil constituiu página de máxima importância pelo que importava como criação de área disponível, útil, incorporada, de onde extrair produtos primários da maior significação nos mercados europeus como sucedâneos, para Portugal, do que a nação ibérica estava perdendo com a passagem do Oriente das especiarias a outras mãos e ímpetos econômicos.

A atração que a Amazônia provocou, pela existência daquelas riquezas em potencial, explica a presença de ingleses e holandeses que nela haviam iniciado o negócio rendoso do extrativismo vegetal e animal.

A presença dos luso-brasileiros nas décadas iniciais do século XVII, lutando por desalojar aqueles estrangeiros, era natural se considerarmos a competição de aparência político-imperial, mas, na realidade, tratava-se de competição intensa no campo da atividade econômica. Já a propósito das navegações no século XVI, Silva Rego, comentando e explicando a originalidade dessas navegações, a dinâmica e os objetivos maiores e menores delas, assinalava que além de espírito, e talvez mais que espírito, a empresa estivera condicionada pela preocupação da pimenta.

Na peleja pelo exercício da soberania na Amazônia, o campo econômico foi positivamente um polo magnético de atração. Durante duzentos

DAS INDEPENDÊNCIAS

anos, na luta contra a natureza e por processos que variaram muito pouco, exerceu Portugal, como no restante do continente-Brasil, uma soberania constante, vigorosa, com resultados também os mais variados[1].

Ao iniciar-se o século XIX, quando o arquipélago-Brasil, pela contingência nova da presença da Corte de Lisboa no Rio de Janeiro, que passava, assim, realmente, e beneficamente, a exercer seu papel de centro coordenador e aglutinador e de força de unificação da colônia, em vésperas de emancipação, a Amazônia apresentava-se, no corpo do império, como um espaço sobre o qual ainda se poderia afirmar a existência de uma fidelidade impressionante ao que emanava do reino. Na história da região, ocorrera apenas um episódio contrário a esse espírito de fidelidade. Fora aquele, registrado em 1777, quando foi descoberta aspiração secessória de um grupo descontente, que procurara a proteção de monarca estrangeiro. Não tomou vulto o sucesso, quase imperceptível na região e desconhecido da quase totalidade de nossos historiadores[2].

Falando para Lisboa, ao dar suas primeiras impressões sobre a imensa região que lhe fora atribuída para governar, d. Marcos de Noronha e Brito, conde dos Arcos, havia proposto um quadro negativo:

> O serviço q. aqui ha a fazer a S.A.R. he a meu ver o mais importante possível; trata-se de converter huma colônia bruta, despovoada, e pobre, em uma q. seja civilizada, populosissima, e rica; mas quer a Disgraça que Portugal não tenha neste momento proporção pa me mandar os socorros sem os quaes não posso principiar qualquer passo pa tão interessante empreza; e entretanto vou passando a vida desesperadamente... vendo-me à testa de uma Nação barbara, onde não ha Religião, nem Justiça, as duas bases em que só pode sustentar-se o sistema social q. por ora he aqui completamente desconhecido, e vendo assim esperdiçar dezejos ardentíssimos de servir o Príncipe justamente, na pozição local de toda a America q. mais necessita neste momento de bom servisso, e q. tendo-o pode ser a mais valiosa hypotheca da Nação. Neste mesmo tempo acha-se V. Exa. na parte do Mundo onde ha famosas novidades. [3]

Até que ponto seria efetivamente realístico o que o capitão-general expunha com tanta crueza e com o espírito negativo?

A Amazônia, no que diz respeito à sua organização administrativa, compunha, ao encerrar-se o período colonial, uma Capitania Geral, a do Pará e

Rio Negro, criada em 1772, com sede em Belém. A capitania de São João do Rio Negro era capitania subordinada que aspirava a autonomia, solução já proposta, sem maior solução, aos altos escalões do poder na sede da monarquia. No eclesiástico, havia um bispado e duas vigararias gerais; aquele com sede em Belém e estas a do Baixo Amazonas em Santarém e a do Rio Negro em Lugar da Barra, hoje Manaus. Havia quatro governos militares, três nas áreas mais perigosas da fronteira e um na entrada da região alto Rio Negro, alto Rio Branco, Amapá, Marajó, com sede em Forte de S. Gabriel, Forte de S. Joaquim, Forte de Macapá. Somavam dezenas os núcleos urbanos resultantes de aldeamentos mantidos pelos religiosos, pequenos estabelecimentos criados pelos próprios colonos, feitorias de pesca, estabelecimentos militares ou feitorias de comércio. A população era, em grande parte, mestiça de reinóis e mulheres indígenas. O Estado incentivara o processo para dar mais expressão e vigor quantitativo ao povoamento. O contingente demográfico negro africano era muito menos expressivo. A participação do estrangeiro nada significava. Os casais de açorianos, chegados no século anterior, concentravam-se em Macapá e Bragança. Em 1799, um censo então realizado dera o seguinte resultado: Pará, 61.212 habitantes; Rio Negro, 15.480 habitantes; Marajó 6.706 habitantes; total: 83.398 habitantes. Em 1816, esse total subiria para 94.125 habitantes para toda a região[4].

A circulação de homens e mercadorias operava-se sempre pela via fluvial. O comércio a longa distância, isto é, o de exportação para o exterior, processava-se com a utilização de uma frota resultante da obra construtiva da Companhia de Comércio do Grão-Pará e Maranhão. Fazia-se com o Velho Mundo e já com os Estados Unidos. Os principais produtos eram: cacau, café, algodão, arroz. Começava a exportação de borracha para a Inglaterra. As madeiras eram o forte da produção extrativa. Com elas construíra-se muito do que, depois do terremoto, em Lisboa, valia na renovação da capital portuguesa[5].

Na segunda década do século XIX, o tenente-coronel José de Brito Inglês, por ordem do governo, percorreu a Amazônia com a missão de fazer um inventário rigoroso acerca de sua realidade. Esse inventário foi realizado e permite conhecer, com exatidão, a vida regional em seus altos e baixos[6]. Esse trabalho é tão sério e detalhado quanto o de Spix e Martius no que diz respeito ao descritivo minucioso constante do livro *Viagens ao Brasil*. O balanço que os dois textos indicaram poderão ser a resposta àquela afirmação negativa do conde dos Arcos? O sucessor do conde, capitão-general José Narciso de Magalhães, mais compreensivo acerca do que aquele mundo exótico representava como desafio à ação criadora e disciplinadora do homem, concluíra diversamente sua versão sobre o meio exótico – "êle mais que nenhum precisa de um gênio criador", expressão que, anos mais tarde, em 1828, outro governante, Paulo José da Silva Gama, barão de Bagé, reafirmava, dizendo que a Amazônia, face à sua problemática gigantesca, exigia um homem de gênio, isto é, o estadista de vistas largas capaz de compreendê-la e enfrentá-la[7].

É de assinalar, por fim, que outra característica muito séria a considerar no exame das condições do extremo-norte era a gigantesca faixa de fronteiras com os vizinhos, de cepa espanhola ou não: vice-reinos do Peru, Nova Granada, capitania-geral da Venezuela, Guianas Britânica, Holandesa e Francesa. Esta era, até então, a que provocara maiores preocupações, pela constância de propósito de seus governantes em crescer em detrimento do Pará. Os estabelecimentos militares, montados frente aos territórios da Inglaterra e Espanha, bastavam para impedir qualquer surpresa. Ademais, naqueles ermos do continente, não havia condições, do lado de lá, para incursões perigosas à segurança da soberania de Portugal[8].

Com o advento do liberalismo revolucionário da França, como já anteriormente com o exemplo das Treze Colônias, na Norte-América, as autoridades no Pará haviam voltado a preocupar-se. As ordens expedidas de Lisboa eram terminantes: cuidado com os possíveis aliciadores ideológicos, contra os quais deveriam agir sem hesitações[9].

A revolução atingindo a Guiana, como era natural, provocou imediato estado de alerta no Pará. D. Francisco Inocêncio de Souza Coutinho, que exercia o governo, tratou de enfrentar a situação estabelecendo rigorosa vigilância na fronteira. Para uma ação militar de maior envergadura, fez adestrar contingentes, montou um serviço de espionagem na área francesa. Indo mais longe, pediu autorização para invadir a Guiana, anexando-a e desse modo pondo fim às incertezas correntes. Não foi autorizado[10]. Sempre atuante, porém, recebeu quantos franceses que, fugindo à exaltação das ideias revolucionárias, procuravam abrigo no Pará, entre eles dois, Jacques Sahut e René Grenouvillier, com os quais montou, em Belém, o primeiro jardim botânico no Brasil[11]. A conquista posterior, de Caiena, por forças saídas de Belém, com a ocupação do território durante sete anos, encerrou o período de receios e provocações. Mesmo com a retirada das tropas de ocupação luso-brasileiras, brasileiras principalmente, a vizinhança não se tornou ao perigo latente do passado recente. Na fronteira com os territórios espanhóis, no norte e oeste, à explosão dos movimentos de libertação procedeu-se de maneira idêntica na defesa do espaço face aos perigos que a revolução poderia transmitir, contaminando a fronteira e, inclusive, exportando ideologia que envolvesse as guarnições ali localizadas. Na fronteira com a Venezuela, as cautelas foram dobradas. É que os rebeldes, tendo se apoderado do vale do Cassiquiari, vindos do Orenoco, tentaram, se não a invasão, a penetração ideológica. Fugitivos de ambos os lados da luta sangrenta escapavam e se refugiavam na parte brasileira. Ameaças e conversas ocorreram, então, sem maiores consequências. O comandante da guarnição brasileira, tenente Ferreira Barbosa, caído em suspeição, foi afastado[12]. Em Tabatinga, ocorreu a rendição dos destacamentos espanhóis que, não querendo render-se aos rebeldes, preferiram atravessar a fronteira, entregando suas armas ao destacamento do estabelecimento militar luso-brasileiro[13]. Estava a Amazônia, assim cercada, livre de perturbações? Quando ocorreu o movimento de 1817, no Nordeste, as precauções foram grandes. A região todavia não se deixou envolver, permanecendo em paz.

O ambiente no Pará, como no Amazonas, no entanto, começara a tomar cores mais vivas. No Rio Negro, o governante coronel Manoel Joaquim do Paço era acusado de malversação dos dinheiros públicos. Em Belém, o capitão-general conde de Vila Flor, tendo-se afastado do posto, fora substituído por uma Junta, composta do arcediago Antônio da Cunha, coronel Joaquim Felipe dos Reis e ouvidor Antônio Maria Carneiro e Sá. Essa Junta era acusada, também, de atos contrários à boa ética administrativa. Havia, assim, mal-estar na região, propiciando facilidades a qualquer tentativa de subversão que pudesse ocorrer. E ocorreu, quando, chegado de Lisboa, o estudante universitário Felipe Alberto Patroni Martins Maciel Parente promoveu reuniões na loja do comerciante José Batista da Silva, concertando o pronunciamento da Amazônia em favor da decisão política que se afirmava em Portugal para pôr fim ao absolutismo e iniciar a experiência liberal. Obtida a adesão de oficiais da guarnição, em particular os coronéis João Pereira Villaça e José Rodrigues Barata, que comandavam os dois regimentos de infantaria sediados em Belém, em 10 de janeiro de 1821 ocorria a deposição da Junta e a organização de uma outra, com o que se davam os primeiros passos, no Brasil, na direção do regime liberal.

DAS INDEPENDÊNCIAS

A integração do Maranhão ao império português na Sul-América começou como episódio do conflito entre portugueses e franceses na disputa pelo espaço no ultramar. Vencida a partida por aqueles, São Luís comandou a empresa colonial, que alcançou a Amazônia e atingiu também o Piauí. Este fora, inicialmente, uma página da aventura do sertanista nordestino e paulista. Não se iniciara, como nas outras partes do Nordeste, pelo litoral atlântico, mas pelo sertão interior.

Em 1621, como resultante da ação legal do Estado, criara-se o estado do Maranhão, que abrangeu o Ceará e se estendeu, com sede em São Luís, à Amazônia. Em 1655, restabelecera-se o Estado, que fora extinto em 1642. Em 1751, deram-lhe nova denominação – estado do Grão-Pará e Maranhão, agora com sede em Belém.

O processo de dominação do meio físico, com sua utilização na empresa econômica e como demonstração de posse efetiva pelo homem, fora um tanto lento. A mesma mestiçagem entre o ádvena europeu e a mulher da terra ocorrera com intensidade. O contingente africano, no Maranhão, crescera pela necessidade de mão de obra para o empreendimento agrário, representado pela cana-de-açúcar, algodão, arroz, tabaco e "droga do sertão" (cacau, cravo fino e grosso, baunilha).

No Piauí, o criatório de gado vacum e cavalar constituíra o fundamental como característica econômica. As fazendas desenvolviam-se sem todavia mercado externo, devido à falta de comunicações maiores com esse mesmo exterior que não fosse o português. Parnaíba era o porto para esse relacionamento, assim mesmo sem grandes perspectivas.

Em fins do século XVIII, Maranhão e Piauí começaram, porém, a desenvolver-se. A Companhia de Comércio do Maranhão e Grão-Pará dera uma contribuição valiosa no particular do incentivo à economia regional. Com a vinda da Família Real, as duas unidades continuaram a experimentar progresso. Os dados estatísticos do balanço do comércio são expressivos, refletindo a intensidade do comércio. Parnaíba, a essa altura, já exportava para a Europa[14].

O que é de notar é que toda essa produção era agora enviada a mercados no exterior, não se destinando, assim, a mercados internos. Procedia-se ao relacionamento com o mundo sem participar, complementando, das exigências internas da colônia, que se preparava para o exercício da soberania plena. É certo que o gado do Piauí tinha consumo no Maranhão e, pela via interna, chegava à Bahia e às Minas. O quadro da prosperidade material, no entanto, como se pode verificar dos relatos de Spix e Martius, não apresentava boas cores no Piauí, onde os núcleos urbanos eram muito pobres, enquanto no Maranhão já se notava menos rudeza. O isolamento em que, em certos aspectos, se mantinha o Piauí, serve para explicar a situação.

A sociedade, no Maranhão e no Piauí, era, quantitativamente, mestiça. O elemento reinol era mais ponderável no Maranhão e quase inexpressivo no Piauí. Em 1820, viviam nas duas Capitanias: oitenta mil no Piauí e 152.893 no Maranhão. A capital deste, São Luís, agasalhava trinta mil habitantes; Oeiras, capital do Piauí, abrigava 14.074 habitantes[15].

O movimento de 1817, no Nordeste, não ecoara nas duas unidades. Haviam sido tomadas providências para evitar a contaminação da ideia revolucionária, não se constatando qualquer manifestação que permitisse vislumbrar a existência de um anseio, de um sentimento de liberdade política. As notícias do que ocorria no mundo ou mesmo nas outras partes do Brasil não chegavam com facilidade de maneira a autorizar a elaboração de um estado de consciência autonomista.

À nova do pronunciamento do Porto, em 1820, Maranhão e Piauí, acompanhando os sucessos do Pará, decidiram-se pela adesão ao movimento. A nova sensacional chegara a São Luís em 3 de abril de 1821 e a Oeiras em 24 de maio. No primeiro momento houvera a indecisão por parte das autoridades constituídas, receosas de uma decisão que as comprometesse. Não lhes fora possível, no entanto, retardar por muito tempo uma solução face à inquietação que principiou a existir. Tentando manter-se na direção da Capitania, o capitão-general do Maranhão, marechal Bernardo da Silveira Pinto da Fonseca, procurara a colaboração da força armada e da Câmara Municipal de São Luís, o que conseguira, no primeiro momento, apesar da murmuração dos que desejavam a mudança do governo face à nova situação que se criava. Por fim, às instruções para organizar Juntas, como ocorrera por toda parte, teve de deixar o poder, sendo substituído pela que ficou constituída sob a presidência do bispo frei Joaquim de Nossa Senhora de Nazaré. No Piauí, um agitado servidor da Junta da Fazenda, Antônio Maria Caú, pretendera o afastamento do governador, coronel Elias José Ribeiro de Carvalho. Preso, deportado para a Paraíba, nem por isso deixou de ocorrer a manifestação revolucionária da qual decorrera o

178 DAS INDEPENDÊNCIAS

afastamento do governador e a constituição da Junta, sob a presidência do dr. Francisco Zuzarte Mendes Barreto.

As duas Juntas não se manifestaram favoráveis a qualquer demonstração mais positiva no sentido de mudança radical no processo político. O bispo Nazaré, no Maranhão, não aceitava qualquer alteração que importasse em rompimento dos vínculos com Portugal[16].

A escolha dos que representariam as duas províncias nas Cortes de Lisboa processou-se sem maiores dificuldades. Houve a escolha de deputados e respectivos suplentes, aos quais foram dadas instruções sobre a conduta a adotar e esclarecimentos acerca da situação das duas unidades[17].

À comoção do dia 10, no Pará, seguiu-se a repercussão, no interior, com o afastamento do comandante militar de Marajó e a deposição do governador do Rio Negro, este substituído por uma Junta Governativa.

Em Belém, no entanto, graves fatos começaram a ocorrer com a disputa pelo poder e representações perante a Corte de Lisboa. Patroni não se conformava com a situação de inferioridade a que o haviam relegado, provocando intranquilidade. A solução encontrada foi mandá-lo para Lisboa, como delegado da revolução paraense perante a Constituinte. Quanto à escolha dos deputados, realizada no Pará e no Rio Negro, receberam os escolhidos instruções a que deveriam obedecer como vozes da região.

O que vai acontecer, daí por diante, em face do que em Lisboa tentavam os homens que haviam promovido a revolução constitucionalista e do que, no Rio de Janeiro, realizavam os próceres do movimento autonomista, revela a existência de duas áreas em conflito tentando a manutenção dos vínculos de subordinação a Lisboa ou o rompimento dessa vinculação. Conspirava-se contra a manutenção do domínio de Portugal. Os que desserviam à causa da emancipação mostravam-se violentos e dispostos a não ceder, empregando métodos de repressão. No Piauí, não havia imprensa. No Maranhão, o velho capitão-general fizera circular um jornal, *O Conciliador*, que defendia, porém, o ponto de vista da Junta presidida pelo bispo Nazaré[18]. No Pará, só em princípios de 1822 circularia *O Paraense*, mantido por Patroni, que regressara de Portugal, e pelo tipógrafo Daniel Garção de Melo, e desde o primeiro número francamente na linha do rompimento dos vínculos com Lisboa, Patroni não alcançara ali o sucesso que esperava.

Fizera uma publicação, intitulada *Gazeta do Pará*, em que divulgara toda a documentação relativa ao 10 de janeiro[19]. As Cortes não lhe haviam reconhecido a condição de deputado. Falando perante d. João VI, usara expressões que foram consideradas desrespeitosas: "Senhor. Os Povos não são bestas, que sofrem em silêncio todo o peso que se lhes impõe."; "O Brasil quer estar ligado a Portugal, mas se o ministério do reino-unido, pela sua frouxidão, contribuir para consistência e duração da antiga tirania, o Brasil em pouco tempo proclamará a sua independência."

No jornal, Patroni deve ter provocado, naquela linguagem violenta que o caracterizava, verdadeiro terror. Os escravos o tinham na conta de redentor. Aos grupos, ouviam a leitura do que lhe saía da pena demolidora sobre a igualdade entre os homens. Inflamados pelos princípios ardentes que ele pregava, fugiam em massa para o interior, onde organizavam mocambos e perturbavam a ordem. Já se sentia mesmo o resultado da ideologia revolucionária de Patroni, na atitude que assumiam, desrespeitando, sem-cerimônia, os brancos. Os lusitanos votam-lhe agora um ódio feroz! Para onde se marchava, afinal!

Com a posse, em abril de 1822, no comando das Armas da Província, do Brigadeiro José Maria de Moura, que chegara de Pernambuco, onde não se pudera manter, pela oposição da província, em armas pela independência, a situação parecia segura aos que serviam aos interesses de Portugal, conquanto uma nova Junta de Governo se mostrasse vacilante entre os grupos em choque. Ademais, três irmãos, João, Julião e Manoel de Vasconcelos já haviam iniciado propaganda revolucionária, fazendo circular panfletos tidos como perigosos à ordem vigente, o que era real, pois neles se pregava, sem maiores rodeios, a independência. Preso Patroni, substituíra-o, na direção do jornal, o cônego Joaquim Gonçalves Batista Campos, em breve agredido por militares portugueses. A agitação era latente. Proclamações de ambos os lados convocavam os paraenses. O brigadeiro achava que a Junta não se mostrava à altura da gravidade do momento. Esta acusava-o de perturbador de suas atribuições, agente provocador do mal-estar reinante. Um agente do príncipe d. Pedro, José Luís Airosa, personagem sobre cuja atuação pouco ou nada se soube ainda, teria trazido instruções. Pelo interior, havia os mesmos sinais de insatisfação. Em 10 de março de 1823, às 6 horas da manhã, a guarnição de Belém, às ordens do coronel João Ferreira Vilaça, depôs a Junta e constituiu outra, sob a presidência do bispo d. Romualdo Antônio de Seixas, que parecia adepto da causa lusitana. O *Paraense* passou a circular sob o nome de *O Luso-Paraense*. Os que se batiam pela independência foram presos. Em 14 de abril, no entanto, sublevada, parte do 20 Regimento de Infantaria, sob o comando do tenente Boaventura Ferreira da Silva, atacava, com civis armados, que haviam planejado o movimento na casa do italiano João Batista Balby, o quartel do regimento de artilharia. Fracassou, porém, a tentativa. No Marajó, em 28 de maio, fugitivos do pronunciamento de Belém apoderaram-se da freguesia de Muaná, sendo batidos, mais tarde, por contingentes fiéis ao brigadeiro. Uma Junta de Justiça, em 16 de maio, condenou à morte os rebeldes, sentença transformada em deportação para Portugal por decisão de uma assembleia convocada para o palácio por d. Romualdo, que não aceitara a penalidade sangrenta. 267 patriotas, dos quais 217 eram militares e cinquenta civis, viajaram, deportados, na galera Andorinha do Tejo, sendo recolhidos à prisão de São Julião, em Lisboa, de onde só regressariam depois de consumada a independência.

No Maranhão e no Piauí, o que sucedia era ainda mais sério. Em 19 de outubro de 1822, a vila de Parnaíba aclamara o imperador. Chefiara o pronunciamento um magistrado, o dr. João Cândido de Deus e Silva, mais tarde membro do Parlamento Nacional, e que fora um dos primeiros intérpretes do sistema liberal[20]. O gesto cívico fora seguido por idênticos atos em Campo Maior e Piracuruca.

O Comando das Armas estava confiado, então, ao brigadeiro João José da Cunha Fidié, que reagiu imediatamente, marchando sobre Parnaíba, de que se apoderou facilmente. À sua saída da capital, o brigadeiro brasileiro Manoel de Souza Martins, na madrugada de 24 de janeiro de 1823, ocupou a cidade, proclamando-se, na Câmara Municipal, a incorporação da província ao império. Forças cearenses, invadindo o Piauí, reuniram-se aos contingentes rebeldes, enfrentando Fidié, que tentara recuperar a capital. Travou-se combate nas cercanias do rio Genipapo, em 13 de março. Fidié venceu, mas, ao invés de prosseguir em direção a Oeiras, retirou-se para o Maranhão, concentrando-se em Caxias.

Em São Luís, a nova da defecção do Piauí causara espanto e grandes receios nas camadas governantes. Já ali também se conspirava sob orientação de João Bráulio Muniz, futuro Regente do Império. O comandante militar era o marechal Agostinho Antônio de Faria, que assegurava a resistência, imaginando que em Caxias ela poderia ser realizada com êxito. A guarnição da cidade, no entanto, recusou-se a marchar contra os rebeldes do Piauí, sendo desarmada, enviada a São Luís e a seguir embarcada para Lisboa. No vale do Itapicuru principiavam, então, choques, no sistema de guerrilhas, entre grupos armados que desejavam a independência e os que se mantinham na ilusão do futuro político. Em São Luís, descoberta conspiração que visava à imediata integração do império, fizeram-se prisões e deportações. As forças do Ceará e do Piauí, organizadas sob o nome de Força Expedicionária, sob o comando dos coronéis José Pereira Filgueira e Simplício Dias da Silva, comissionados pelo imperador para libertar as duas províncias, avançaram sobre Caxias.

A revolução, a essa altura, começava a alastrar-se. A situação estava perdida para os que se mantinham fiéis a Portugal e teimavam em ignorar a situação no realismo por que ela se apresentava. Uma tentativa de parte da guarnição de São Luís, adepta da independência, foi vencida. Em Itapicuru-Mirim, a essa altura, constituíra-se Junta independente, um governo provisório que seria completado quando da queda da capital. Em 20 de julho de 1823, prestava-se, ali, juramento de fidelidade ao império nascente. Em 26 de julho, com a chegada ao porto de São Luís de frota sob o comando de lorde Cochrane, o quadro alterou-se prontamente, praticando-se, em 28, solenemente, apesar de esforços de um grupo português que não se conformava, o ato de incorporação ao império.

Em Caxias, Fidié não dispunha de forças para prosseguir na resistência. No mesmo dia 28, ignorando o que sucedia na capital, rendia-se aos patriotas do Ceará, Piauí e Maranhão. A Junta de Itapicuru-Mirim, trasladando-se para São Luís e incorporando novos titulares, passou a compor o governo nacional da província[21,22]. Faltava o extremo-norte. Que estaria a suceder ali?

O desassossego pelo interior da região amazônica crescia, a essa altura, a olhos vistos. Panfletos incendiários manuscritos circulavam. Insultavam-se os portugueses em papeluchos pregados às portas de suas residências. Estes revidavam no mesmo diapasão. Por ocasião da escolha de novos vereadores para a Câmara Municipal de Belém, nenhum reinol conseguiu ser eleito. Vivas ao Brasil independente, por ocasião da posse, foram ouvidos, ao mesmo tempo que, à noite, as casas de brasileiros se iluminaram. O brigadeiro Maria de Moura não tinha descanso. Sua correspondência, com Lisboa ou com as autoridades da capital e do interior, deixa ver claro a inquietação que o atormentava e o quadro do momento. Chegara às mãos

182 DAS INDEPENDÊNCIAS

da Junta um apelo de José Bonifácio para que a região de logo se integrasse no império. Repelindo o apelo, manifestara-se favorável a uma vinculação com Portugal. E, em gesto ainda mais hostil, fizera proceder à eleição da representação paraense ao parlamento português, criado em consonância com a nova ordem política vigente com a Carta Constitucional portuguesa. Era esse um gesto de franca recusa ao ingresso na família política brasileira que já se definira com o 7 de Setembro. À nova de que d. João assumira o poder absoluto, o brigadeiro preparou-se para controle ainda mais rígido do governo local. A Junta, no entanto, às ponderações de d. Romualdo Seixas, conseguiu adiar a decisão pleiteada pelo comando militar, à alegação de que se fazia necessário notícia oficial de Lisboa.

Seis dias decorridos, 13 de agosto, fundeava no porto de Belém o brigue de guerra Maranhão, comandado pelo capitão John Pascoe Greenfell, que intimou a Junta a definir-se. Moura não se intimidou. Convocou a oficialidade e a Junta. Esta recusou-se. Moura, com a ajuda financeira de comerciantes portugueses, tentou reagir. Em vão. À noite, uma assembleia, reunida no palácio do governo, decidiu não demorar a aceitação do fato consumado da independência. Os patriotas agiam. Já haviam mandado três delegados ao Rio de Janeiro, por terra, para obter recursos necessários ao que se ia obter agora mais facilmente. Presos o brigadeiro e o coronel Vilaça, em 15 de agosto a província, em ato solene, decidia-se pelo Brasil[23]. Em 9 de novembro ocorreu fato idêntico em Lugar da Barra, onde funcionava a Junta de Governo do Rio Negro. Completava-se a integração. Inconformados, dezenas de portugueses abandonaram a região, retirando-se para Portugal. Encerrava-se, assim, o ciclo nervoso da conquista da independência. Já começara a experiência liberal, experiência dolorosa que se encerraria com o movimento da Cabanagem.

10.
O Processo de Independência no Nordeste

Carlos Guilherme Mota

I

Escrevendo suas memórias durante os anos de 1815 e 1816, na biblioteca de Southey, na Inglaterra, Koster dava-se conta da atmosfera revolucionária vivida no Brasil. No ano seguinte, ocorreria a maior insurreição havida no mundo luso-brasileiro até então, abrangendo quase todo o Nordeste. Nesse momento, não só se explicitavam as profundas contradições do sistema colonial português, como já se anunciavam algumas das ambiguidades da Independência vindoura.

Com olhos de súdito de potência industrial é que Koster enxergava as realidades do Nordeste e do Norte do Brasil. Referindo-se ao Maranhão, escrevia:

> Grandes quantidades de mercadorias vieram da Grã-Bretanha depois que se abriu o tráfego para o porto principal e outros na costa, mas o saldo das vendas não foi satisfatório. A província do Maranhão não pode sofrer confronto com a de Pernambuco. Ainda está numa idade infantil. Existem índios bravios e as plantações do continente estão sob o perigo de assaltos. A proporção das pessoas livres é pequena. Os escravos têm

184 DAS INDEPENDÊNCIAS

muita preponderância, mas essa classe necessita de pouca cousa, no tocante aos gastos, quando o clima dispensa o luxo.[1]

A importância e necessidade de população livre para a expansão da economia baseada na grande indústria ressaltam na formulação acima, dispensando maiores comentários. Pode-se notar, todavia, que em Pernambuco a estrutura básica da sociedade, embora permanecesse inalterada em suas determinações essenciais, isto é, organizada em função da utilização da mão de obra escrava, já ia sofrendo diferenciação, dando origem a contingentes livres, embora não proprietários.

Koster, amigo do padre revolucionário João Ribeiro, e atento observador da mentalidade dos homens do Nordeste, não deixaria de notar as diferenças entre os representantes da aristocracia nativa, em contraposição às atitudes dos portugueses. Escrevendo sobre Francisco de Paula Cavalcanti de Albuquerque, envolvido em conspiração em 1801, lembrava que, estando em Lisboa quando da denúncia, vira-se obrigado a fugir para Londres, onde foi bem recebido. Este último fato fazia com que procurasse posteriormente ocasiões de testemunhar reconhecimento às pessoas daquela nação. Que pertencia à elite modernizante não padece dúvida[2]: "Quando chegou ao Rio Grande do Norte raras eram as pessoas que se vestiam bem, mas ele conseguiu persuadir uma família a mandar comprar no Recife tecidos manufaturados na Inglaterra. Uma vez introduzidas, essas mercadorias fizeram sucesso, e como ninguém queria ser excedido por outro, no curso de dois anos, o uso se tornou geral."[3]

Também no Ceará, o viajante pôde testemunhar a estima das elites locais pelos seus compatriotas. Luís Barca Alardo de Menezes que, segundo conjetura o barão de Studart teria aderido posteriormente à Independência, exercia o governo e fizera sentir a Koster que apreciava os ingleses e desejava que eles se estabelecessem naquela capitania[4]. Ao mesmo tempo, estimulava exportação de produtos diretamente para a Inglaterra, beneficiando o grande comerciante Lourenço da Costa Dourado que, segundo informa Luís da Câmara Cascudo, possuía em Londres uma firma comercial, Martins e Dourado, depois ampliada para importação de gêneros brasileiros na capital britânica e Liverpool[5].

A facilidade de penetração da economia inglesa era favorecida pelos esforços de modernização já existentes no país. O padre Pedro de Souza Tenório, por exemplo, da paróquia de Itamaracá, empenhava-se em explicar aos agricultores "a utilidade dos novos métodos de agricultura, os novos maquinismos para os engenhos de açúcar, e muitas alterações na espécie, que são conhecidos e praticados com sucesso nas colônias de outras nações".

O Padre Tenório, mais tarde gravemente implicado na insurreição, desdobrava-se para arrancar os velhos hábitos de muitos agricultores. Parece ter desenvolvido esforços no sentido de polarizar os interesses das camadas dominantes, embora fosse "amável para com os pobres"[6].

Assim, os interesses da indústria inglesa acabavam por se beneficiar com as disputas existentes entre as áreas coloniais ligadas à grande agricultura de exportação. Na medida em que o Nordeste sofria concorrência de outra região onde a introdução de técnicas industriais alterava a fisionomia do processo produtivo – era o caso das Antilhas –, necessário se fazia importar implementos para enfrentar a competição. Que o processo de infiltração inglesa se deu também nessa frente de especulação, atesta-o Sierra y Mariscal, em suas *Idéas Geraes Sobre a Revolução no Brasil e Suas Consequências*[7]. E se beneficiavam também, certamente, das diferenças entre os portugueses (sobretudo os recém-chegados) e os antigos proprietários já abrasileirados. Referindo-se àqueles, Koster não deixou de registrar a impermeabilidade às inovações que os peculiarizava: "É entre essa parte da população, que deixou seu país para fazer fortuna no Brasil, que a introdução de melhoramentos é quase impossível."[8]

A presença inglesa ia se impondo nos diversos níveis de vida do Nordeste. Os símbolos de autoridade dos zeladores do regime pouco significavam aos súditos do rei da Inglaterra: vale a pena, para demonstrá-lo, registrar o episódio ocorrido "pouco depois de ser aberto o porto aos navios britânicos". Koster narra que três ingleses recusaram-se descobrir quando do encontro com patrulha: agredidos e ofendidos, reagiram conseguindo derrotar a patrulha. Koster, na perspectiva de súdito inglês, encerra a narrativa dizendo que seus compatriotas "recusaram aceitar essa humilhante demonstração de submissão ao poder militar, e os portugueses, posteriormente, abandonaram o hábito"[9].

Viajando pelo interior nordestino, teve oportunidade de sentir as diferenças entre a mentalidade capitalista e a mentalidade rústica dos sertanejos. Ao chegar a Santa Luzia (Assu, no Rio Grande do Norte), querendo pagar pelo leite de cabra que solicitara a alguns sertanejos, foi asperamente interpelado se pretendia insultá-los, ao oferecer pagamento. Desculpou-se pelo engano, dizendo que: "pertencia a um país onde tudo se pagava, até areia

186   DAS INDEPENDÊNCIAS

para esfregar a soalhos"[10]. Nessa medida, e através de episódios dessa natureza, é que se verifica como a introdução lenta de padrões de comportamento do capitalismo industrial ia-se desenvolvendo na região, de maneira descompassada e irregular. Seria errôneo, todavia, imaginar tal processo como realidade exclusivamente econômica. Pelo contrário, não foram poucas as vezes em que fatores extra-econômicos interferiram no bloqueio à expansão do desenvolvimento das articulações comerciais orientadas pela Inglaterra. A começar pelos traços da mentalidade global das "classes baixas", cuja credulidade estava "acima de qualquer juízo"[11]: a religião dominava o universo mental do sertanejo, atravessando as consciências rústicas e, em certo sentido, colocava-as num plano pré-político. Ao lado da Igreja oficial e da religião católica – "liame que prende todo esse povo e o sustenta, no fio das ideias recebidas, juntos às populações maiores de outros distritos"[12] –, desenvolviam-se crenças vindas das costas africanas, cultivadas sobretudo pelos mandingueiros nagôs, imprimindo fortes marcas na consciência social. A essas estruturas mentais, certamente Koster e os ingleses permaneceriam estrangeiros, como criaturas que não viram "esse tempo de maravilhas"[13].

Não obstante, e a despeito dos choques culturais, da religiosidade e do estádio pré-político de amplos segmentos sociais da região, a presença inglesa ia se definindo em todos os seus termos, "devido aos grandes pedidos de algodão desta província para as vizinhas e para os mercados britânicos"[14]. Na prática, muitos foram os negociantes que se beneficiaram da abertura dos portos e dos tratados de 1810. E a esse processo correspondia modernização das elites nativas, "na alta classe do povo", para retomar as palavras do viajante. Na prática, a baixa nos preços de todos os artigos de tecidos, de porcelanas, cutelaria, favorecia a imagem que se fazia dos ingleses entre nós. O "aparecimento de um novo povo entre eles, a esperança de melhor situação para todos, a de ver o país tomar vulto, reanimando em muitas pessoas as ideias que dormiam há tempos, desejando mostrar o que possuíam" significavam, *na perspectiva do inglês*, uma revolução nas estruturas da sociedade e das relações internacionais em que se ia envolvendo o Nordeste? Não, por certo. A passagem da dependência portuguesa à dependência inglesa não implicaria em revolução, mas em *reformas*. Certamente Koster exprimia os anseios das vagas sucessivas de comerciantes impulsionados pela Revolução Industrial na década que antecedeu a Independência, ao escrever que "esperava, sinceramente, que o Supremo Governo veja a necessidade de reformar e que o povo não espere demasiado, considerando porém que são preferíveis privações – a uma geração de sangue, confusão e miséria. A comunicação com outras nações tem sido útil ao país e os benefícios auferidos irão aumentando"[15].

II

"Louvar uma rebelião feita e completada não é bom."
O advogado Aragão e Vasconcelos

A rigor, já na inconfidência dos Cavalcanti e Albuquerque (Suassuna), em 1801, a ideia de independência se manifestara. Em 1817, à época das apurações das "culpas", João Nepomuceno Carneiro da Cunha era acusado de haver pregado a revolução anteriormente, em dezembro de 1815, na presença de Antônio Carlos, em Igaraçu[16]. Carneiro da Cunha, aliás, não constituía exemplo isolado: a saturação das consciências revolucionárias se acentuaria no transcorrer da segunda década e, dessa forma, pode-se dizer que as ideias de revolução iam-se espalhando pelo litoral e pelas povoações interioranas atingidas pelos mesmos movimentos de conjuntura e alterações climáticas.

Torna-se possível entender, nessa perspectiva, que muito antes do motim militar de 6 de março, a fermentação revolucionária já se desenvolvera a passos largos. O vigário de Recife, o padre Antônio Jácome Bezerra, por exemplo, detido em 22 de maio de 1817, era acusado de tratar da revolução há sete anos[17]. Da mesma maneira, os padres Muniz Tavares, Albuquerque Cavalcanti e Lins, João Ribeiro (que "aliciava a mocidade à sua aula", no Seminário de Olinda) e Antônio Pereira de Albuquerque eram clérigos que, à sombra da maçonaria, vinham tratando há tempo de projetos revolucionários. E a atmosfera se condensara a tal ponto que não era raro ser dispensado, anos antes da eclosão, o tratamento de "patriota" nas manifestações de sociabilidade[18]. O acirramento de ânimos passava, assim, a se manifestar no nível do vocabulário político: indício de descolonização das consciências.

Em contrapartida, não se pode dizer categoricamente que a entrada do almirante Rodrigo Lobo em 19 de maio em Recife tenha *acabado* com a insurreição. Da mesma forma, toda a gestão do governador Luís do Rego Barreto, até sua expulsão em 1821, foi caracterizada por trepidações que

188 DAS INDEPENDÊNCIAS

bem mostravam ser impossível o retorno pura e simplesmente ao *status quo ante*. Não só Rego Barreto como também Ribeiro Cirne chegaram a falar no perigo de "nova revolução", sendo que o revolucionário David Targini, mais alguns companheiros guerrilheiros, continuaram atuando por muito tempo após o refluxo, na Serra dos Martins, no interior do Rio Grande do Norte. Que a ordem não voltou a ser restabelecida prontamente nos antigos termos, prova-o a carta do desembargador Osório de Castro a Tomás Antônio Vila Nova Portugal, em 15 de janeiro de 1818: "Enquanto os ânimos não estiverem em toda quietação, será sempre útil conservar dois batalhões a mais de europeus para contrabalançar a tropa da terra, e nestas oficiais sempre europeus, havendo um meio de transplantar os do país."[19]

Para responder aos problemas criados com insurreição tão ampla, Osório de Castro contrapunha um reforço no nível militar. Visão demasiado estreita para as dimensões do problema. Nem mesmo os esforços de acomodação de Luís do Rego, no momento liberal ditado pela Revolução de 1820, conseguiriam conter o processo de descolonização. Nessa medida, a volta ao poder em 26 de outubro de 1821 do ex-réu Gervásio Pires Ferreira, o mesmo que em ato revolucionário e público juntara os cofres da Companhia de Comércio aos do Erário em 1817, configura o ápice do movimento nacional e liberal descolonizador, quase um ano antes da Independência de 1822.

Nessa perspectiva, as ocorrências de 1821[20], 1824[21], 1831[22] e 1848[23] se configuram desdobramentos de um mesmo processo manifestado pela primeira vez em 1817, qual seja, o de afirmação de uma primeira camada dirigente nacional. Algumas formas de pensamento produzidas no transcorrer do processo revolucionário voltariam a emergir nos diagnósticos sociais realizados nos movimentos posteriores, bem como nas reflexões daqueles que procuraram explicar o universo social nordestino, como Muniz Tavares e Joaquim Nabuco[24]. Se se quiser, uma certa maneira de enxergar o Nordeste foi então gerada, calcada na perspectiva da camada dominante das elites estamentais, mais precisamente.

No plano das ideias, que nos interessa em especial, torna-se difícil indicar quando termina o processo. O certo é que em Montpellier, onde, no final do século XVIII, estudara Arruda Câmara, posteriormente orientador do padre João Ribeiro, ainda existia, em 1831, a Sociedade Luso-Brasiliense, núcleo em que continuavam a ser cultivados os valores de 1817 e 1821[25]. Nesse sentido, não será eficaz estabelecer o ano de 1888 como marco final, data em que – pelo menos oficialmente – haveria as profundas alterações

Execução de Frei Caneca (Detalhe). Óleo de Murilo La Greca. Coleção Murilo La Greca, Recife, PE.

190 DAS INDEPENDÊNCIAS

na organização do trabalho preconizadas por Arruda Câmara e agitadas pelos seus discípulos em 1817 e 1824?

No nível dos eventos pode-se afirmar que o projeto revolucionário vinha sendo articulado com zelo e eficácia. De outra forma, como explicar a rapidez com que vieram a público proclamações tão bem elaboradas? Da mesma maneira, como se admitiria a rápida instituição de Governo Provisório em Recife, em que os interesses das diversas categorias (agrícolas, comerciais, militares e eclesiásticas) se vissem tão prontamente ajustadas?[26]

Ademais, tudo leva a crer que a data da eclosão estava marcada para o dia 16 de março daquele ano[27], sendo que denúncia dada ao desembargador José da Cruz Ferreira no dia 10 do mesmo mês alertava os zeladores do regime[28]. Tal denúncia precipitara a repressão, que começara na fortaleza das Cinco Pontas: o motim militar que resultou na morte do brigadeiro português. Barbosa de Castro, e seu ajudante de ordens tenente-coronel Alexandre Tomás, antecipou o desenvolvimento do processo. "A tentativa da revolução fora imprudente e prematura", dissera no patíbulo o jovem revolucionário Antônio Henriques[29]. "Prematura", portanto *projetada*.

Na verdade, fora convocado para o dia 6 na fortaleza das Cinco Pontas, em Recife, um Conselho de Guerra. Paralelamente eram detidas as lideranças civis por um marechal, o que foi feito sem dificuldades. Do motim militar, que resultou na morte do brigadeiro, surgiram líderes os capitães José de Barros Lima (vulgo Leão Coroado) e Pedro da Silva Pedroso, bem como os tenentes Antônio Henriques e José Mariano de Albuquerque Cavalcanti. Tendo notícia desses acontecimentos, o governador refugiou-se na fortaleza do Brum, onde capitularia pouco depois, sem oferecer resistência.

"O Governador Caetano Pinto não foi obrigado a depor a sua autoridade, assinar o *ultimatum* e entregar a fortaleza do Brum por alguma ordem do governo porque quando o fez ainda não havia governo", sustentava o advogado baiano Aragão e Vasconcelos, na Defesa Geral[30]. No dia seguinte, o golpe consolidava-se com a constituição de um Governo Provisório. Manuel Correia de Araújo, representante da agricultura, Domingos José Martins, do comércio, padre João Ribeiro, do clero, José Luís de Mendonça, da magistratura (autor do célebre *Preciso*), e Domingos Teotônio Jorge, das forças armadas, compunham o primeiro governo nacional brasileiro, secretariado pelo padre Miguelinho e assessorado por um Conselho de Estado (verdadeira expressão da *intelligentsia* nativa) composto por Antônio de Morais e Silva, José

Pereira Caldas (o "Franklin" de João Ribeiro), o deão Bernardo Luiz Ferreira Portugal, Gervásio Pires Ferreira e pelo ouvidor de Olinda, o então radical Antônio Carlos Ribeiro de Andrada. O mineiro José Carlos Mayrink da Silva Ferrão, tio da Marília de Dirceu, ficara convocado para ajudar o padre Miguelinho, uma vez que exercera semelhante cargo no governo de Caetano Pinto.

O governo assim constituído estava longe de ser homogêneo: a tendência moderada de José Luís de Mendonça[31] era suplantada pelo radicalismo do comerciante Domingos José Martins e do mulato Pedro da Silva Pedroso, o qual inquietara anteriormente o próprio Deão e voltaria, em 1822 e 1823, à cena política pernambucana, tentando implantar o haitianismo.

O sistema republicanista era a meta do governo revolucionário. Nova bandeira, novos tratamentos e novos costumes deveriam ser implantados. Os termos "patriota" e "vós", à maneira francesa, foram adotados. Domingos José Martins, jacobino rústico, casara-se com a filha de um dos mais importantes comerciantes nativos (Maria Teodora, filha de Bento José da Costa), em cerimônia oficiada pelo padre João Ribeiro. Em seguida, num simbolismo não desprovido de significado, fazia-a cortar os cabelos à francesa.

O Governo Provisório enviou a todas as câmaras das comarcas "que formavam a antiga Capitania" uma Lei Orgânica, documento fundamental para compreender os alvos da revolução intentada. Nesse texto[32], ficavam delimitados os poderes do Governo Provisório da República de Pernambuco, vigentes enquanto não se conhecesse a Constituição do Estado elaborada por Assembleia Constituinte, a ser posteriormente convocada. Da mesma forma, era fixada a estrutura do governo revolucionário, bem como alguns princípios para administração da justiça. O trânsito da velha ordem à ordem nova era calculado, pelo que se observa no artigo 21: "As leis até agora em vigor, e que não estão, ou forem ab-rogadas, continuarão a ter a mesma autoridade enquanto lhes não for sub-rogado um código nacional e apropriado às novas circunstâncias e precisões."[33]

O esforço de adequação de superestrutura jurídica às peculiaridades do ambiente fica patente em tal artigo. Da mesma forma, vale ressaltar que a ideia de *nacionalidade* surgia explícita no primeiro texto jurídico revolucionário.

Dentre os princípios estabelecidos, são expressivos o de liberdade de consciência ("É proibido a todos os patriotas o inquietar e perseguir a alguém por motivos de consciência", no artigo 23) e de liberdade de imprensa (sendo proibidos, entretanto, os ataques à Religião, à Constituição etc., artigo 25). A religião

192 DAS INDEPENDÊNCIAS

do Estado era a católica romana, sendo as outras "toleradas"; os ministros católicos, contudo, passavam a ser "assalariados pelo governo" (art. 24).

Os "europeus naturalizados e estabelecidos" que dessem prova de adesão ao "partido da regeneração e liberdade" seriam considerados "patriotas" (art. 26). Por "europeus", no caso, deve-se entender "português", uma vez que no artigo 27 o mesmo critério para "estrangeiro de qualquer país" era estatuído, desde que naturalizado e de comunhão cristã.

O último artigo (28), finalmente, delimitava o período de vigência do Governo Provisório. Funcionaria ele enquanto se não ultimasse a Constituição do Estado. Não fosse convocada a Assembleia Constituinte dentro de um ano, ou não fosse "concluída a Constituição no espaço de três anos", ficaria anulado o Provisório. Nesse caso, entraria "o povo no exercício da soberania para o delegar a quem melhor cumpra os fins da sua delegação"[34].

Outra importante medida revolucionária configurava a abolição do alvará de 20 de outubro de 1812, decidida pelo Provisório em 9 de março de 1817: incidia tal alvará na esfera da tributação, sobretudo da carne, de loja de fazendas e molhados, embarcações etc., "tornando desigual a sorte dos habitantes do mesmo país"[35].

Na Paraíba, medidas de caráter igualmente revolucionário foram adotadas no primeiro mês, dentre elas a abolição da ouvidoria e câmaras, bem como dos tributos sobre a carne verde, lojas e tavernas, supressão das insígnias reais, regulamentação do tratamento entre os patriotas, estabelecimento de igualdade nos direitos aduaneiros entre as nações estrangeiras, proibição de detenção por simples denúncia, remoção do gado para o interior em favor da agricultura (a linha divisória no sentido norte-sul passando por Campina Grande), isenção para o algodão de metade dos direitos de exportação[36] e, em 22 de março de 1817, a cunhagem de nova moeda[37].

No final do primeiro mês revolucionário, ante o perigo de desconjuntamento da revolução em Pernambuco e na Paraíba, João Ribeiro escrevia sobre a necessidade de melhor articulação entre as duas ex-capitanias e Rio Grande do Norte e Ceará, "que deveriam formar uma só República, devendo-se edificar uma cidade central para capital"[38]. O ideal *federalista* insinuava-se, dessa forma, nas palavras do discípulo de Arruda Câmara.

Na Paraíba, o movimento começou por ser deflagrado em Itabaiana, sob a liderança de Amaro Gomes Coutinho (posteriormente a seu nome se agregou, por decreto revolucionário, o de "Vieira"). Em 16 de março, atingiu a capital.

No Rio Grande do Norte, o movimento só se configurou em 28 de março, sob a liderança do senhor de engenho André de Albuquerque Maranhão. Dois emissários de importância foram enviados ao Ceará e à Bahia: o padre José Martiniano de Alencar incumbiu-se da primeira (foi detido, posteriormente, no Crato, e enviado a Salvador); e o padre José Inácio de Abreu e Lima (o Padre Roma) encarregou-se da segunda, sendo detido pela polícia do conde dos Arcos, antes de atingir seus objetivos. Levava sessenta cartas para serem entregues a patriotas baianos, assinadas por Domingos José Martins e pelo Governo Provisório[39]. Foi fuzilado.

Que a insurreição teve seus emissários menores, não padece dúvida. Basta referir, para se entender a irradiação do processo, que os caminhos do gado veicularam e auxiliaram na difusão para o interior. Por exemplo, da Paraíba para o Ceará, na linha das migrações do Aracati para os mercados, muitas ideias foram veiculadas. Dizia um delator: "Um comprador de gados vindo da Paraíba foi à casa do próprio sargento-mor, o qual na verdade nada lhe quis vender, mas sempre ficou com o manifesto da insurreição da Paraíba, que vi."[40]

No plano exterior, foram enviados emissários aos Estados Unidos (Antônio Gonçalves da Cruz – o Cabugá – e Domingos Pires Ferreira, parente de Gervásio), a Buenos Aires (Félix Tavares de Lima) e à Inglaterra (com a intenção de articular, Hipólito José da Costa, antigo conhecido de Domingos José Martins).

À euforia do movimento contribuíram boatos que aumentavam o radicalismo do processo. O padre José Inácio de Brito, por exemplo, festejava o levante simultâneo de Minas Gerais, do Rio Grande do Sul e de "outras partes do Brasil"[41]. Em tal ambiente, tornava-se possível vigorar o boato da morte do conde dos Arcos, tendo "sido passado a fio de espada o 1º Batalhão de Infantaria denominado dos Úteis"[42], na Bahia: com essa falsa notícia, iluminou-se a cidade e foram repicados os sinos.

Na Bahia, entretanto, d. Marcos de Noronha e Brito, o conde dos Arcos, tão logo soubera do levantamento, passara a organizar a repressão: por terra era enviada tropa comandada pelo marechal Cogominho de Lacerda e, por mar, um brigue, uma corveta e uma escuna, sob o comando do capitão Rufino Pires Batista, com a finalidade de bloquear Recife e portos adjacentes nas mãos dos rebeldes. Observando a organização da reação, a bordo do Amphion, brigue ancorado no porto do Rio de Janeiro, escrevia o comodoro inglês Bowles em 4 de abril de 1817:

DAS INDEPENDÊNCIAS

A esquadra, preparada rapidamente, partiu anteontem sob as ordens do Comandante Rodrigo Lobo (recém-chegado do Rio da Prata no Vasco da Gama), e consiste na Thetis, 36 canhões, acompanhada de Aurora e Benjamin, corvetas de 20 canhões, e Maria Theresa (escuna) de 12. Juntar-se-lhe-ão na Bahia dois brigues com 16 canhões cada, e em Pernambuco alguns pequenos vasos que o Governador da Bahia despachara imediatamente após a notícia da revolta.[43]

E prosseguia o comodoro: "Uma força de 900 homens já partiu por terra da Bahia, e grandes dotações são aqui coletadas para equipar um corpo de tropas que será brevemente despachado no Rainha de Portugal e Vasco da Gama, com 74 canhões cada, e em algumas grandes barcas transportadoras."[44]

Em 28 de abril de 1817, ainda no Rio de Janeiro, o comodoro Bowles informava:

Pernambuco continua no mesmo estado de revolta, mas em Alagoas (um pouco mais ao sul), onde também a insurreição eclodiu, os leais habitantes vizinhos foram capazes de arregimentar sozinhos forças para recuperar a cidade e dispersar os rebeldes. Obteve-se vantagem importante, não apenas do ponto de vista de repercussão na opinião pública, mas também porque Alagoas foi o ponto fixado para o desembarque de tropas procedentes daqui e da Bahia contra Pernambuco.[45]

Segundo o comodoro, o rei superintendia pessoalmente todo o preparo das tropas a serem comandadas pelo general Luís do Rego Barreto, futuro governador de Pernambuco (1817 a 1821). As forças do general Luís do Rego consistiram, ainda segundo a mesma fonte, em cerca de 2.500 homens, às quais se somariam igual número na Bahia.

Sobre a atmosfera revolucionária existente em todo o Brasil, Bowles informava, na mesma carta aos centros de controle da South American Station, ter feito algumas descobertas importantes concernentes particularmente ao *revolutionary spirit* que prevaleceria no território brasileiro. Para ele, parecia muito claramente que as ramificações da conspiração contra a Família Real e seu governo estavam muito amplamente desenvolvidas. E seu fracasso (caso ocorresse) seria atribuído "menos à explosão *prematura* em Pernambuco que a alguma lealdade ou boa disposição entre brasileiros, os quais estão profunda e geralmente implicados"[46].

A contrarrevolução ia se estabelecendo em paralelo às medidas dos zeladores do sistema. Alagoas, inicialmente, seguida de vilas no interior pernambucano e paraibano: Vitória de Santo Antão, Pau-d'Alho, Brejo da Areia, Mamanguape, Alagoa Grande, Bananeira, Campina Grande, Guarabira estiveram no rastilho revolucionário e contrarrevolucionário. Alguns núcleos resistiram intensamente, como é o caso de Mamanguape (Paraíba), que se rendeu apenas em 6 de maio. Núcleos de resistência muitas vezes se recolheram em pontos de difícil acesso, como é o exemplo dos rebeldes da Serra da Raiz, que se entregaram apenas em 30 de maio.

Múltiplas escaramuças revelaram o despreparo do exército revolucionário. Dissensões entre membros do Governo Provisório revelaram as diferenças de linhas entre um Francisco de Paula Cavalcanti de Albuquerque e um Domingos José Martins, redundando na falta de coesão da elite dirigente[47]. Ademais, como bem nota Amaro Quintas, não foram aproveitados pela elite dirigente os esforços do mulato capitão Pedro da Silva Pedroso, elemento radical que esboçara um "arremedo do Terror"[48].

Nesse ínterim, era assassinado no Rio Grande do Norte o senhor de engenho André de Albuquerque Maranhão e, na Paraíba, aprisionava-se o governo revolucionário.

Bloqueado o porto de Recife, organizou-se o governo revolucionário sob a forma de ditadura: plenos poderes ficavam confiados a Domingos Teotônio Jorge. Comandando o bloqueio com o almirante Rodrigo Lobo, o capitão José Maria Monteiro lançou proclamação aos habitantes de Pernambuco, da qual vale a pena ressaltar algumas passagens significativas:

> Habitantes de Pernambuco! Chegando a notícia aos Governadores do Reino de Portugal e dos Algarves, do horroroso atentado cometido nesta Capitania nos dias seis e seguintes de Março do presente ano, viram com a dor e indignação de que estão penetrados todos os bons Portugueses, que um bando de faciosos, e revolucionários, comprimindo momentaneamente pela força os sentimentos de honra, e fidelidade, de que tendes dado tão decisivas provas, apresentaram à Europa espantada o primeiro exemplo entre os Portugueses de deslealdade a seu natural e legítimo Soberano. [...] Que segurança pode ter contra a força do poder colocado em tais mãos o Capitalista opulento, cujas riquezas estão desafiando todos os dias a sede ardente de ouro que os domina?

196 DAS INDEPENDÊNCIAS

Infelizmente as fatais Cenas da Revolução Francesa, cujos princípios eles proclamam, devem abrir os olhos a toda a casta de Proprietários, e aos mesmos povos, de quem aqueles revolucionários se serviram como instrumentos, e que conheceram à sua custa, mas já tarde, que a lisonja com que iludiram até as últimas classes da Nação, não era mais que um veneno sutilmente preparado, que veio a degenerar para todos no mais tirânico despotismo e insuportável miséria.

Se tais vêm a ser indispensavelmente os efeitos, que os princípios revolucionários modernos devem produzir, e realmente produziram na Europa, que incalculáveis males não ameaçam o Brasil no seu estado atual? O exemplo da Ilha de São Domingos é tão horroroso, e está ainda tão recente, que ele só será bastante para aterrar os Proprietários deste Continente [...] Os Governadores do Reino de Portugal e dos Algarves, informados deste sacrílego atentado contra a Soberania do nosso Augusto Rei, e Senhor, e a violência com que o chamado Governo Provisório detém a propriedade dos Portugueses, que provavelmente rouba, para com ela se pôr em salvo; e persuadindo-se que em semelhante crise todos os Vassalos de Sua Majestade devem acudir sem demora a destruir no Berço uma rebelião que se ganhasse forças faria nadar em sangue este delicioso País [...]

(Ass.) José Maria Monteiro, Capitão de Fragata.[49]

Pelo que se pode perceber, o capitão dirigia-se aos proprietários, acenando com o perigo de repetição dos eventos de São Domingos. Mas não deixava de se referir às propriedades dos portugueses em mãos do Governo Provisório. Um antagonismo básico ficava assim explicitado entre colonizadores e colonizados; o outro consistia no perigo que representava para os proprietários (fossem portugueses ou brasileiros) a "enchente escrava", simbolizada no exemplo de São Domingos.

Condições de rendição foram oferecidas ao comandante do bloqueio, por duas vezes. A primeira é enviada por intermédio do inglês Koster e do mineiro José Carlos Mayrink, a segunda pelo desembargador José da Cruz Ferreira. Os textos das "Insinuações, ou condições oferecidas" pelos revolucionários, bem como as respostas de Rodrigo Lobo são os seguintes:

Os Patriotas à testa do Partido da Independência entregaram ao Comandante do Bloqueio por parte de S.M.F. os cofres públicos, e munições, e mais efeitos pertencentes outrora à Coroa, no estado em que atualmente se acham. A Vila do Recife, Santo Antônio, Boa Vista não sofrerão dano algum por parte do partido Independente. Os prisioneiros que se acham por ordem das autoridades em razão das suas opiniões políticas não sofrerão dano algum, ou insulto, antes serão relaxados da prisão. S.M.F. concederá anistia geral a todos os implicados na presente Revolução: haverá perfeito esquecimento de todos os atos perpetrados até hoje, como se nunca tivessem existido, e não poderá ninguém ser por ele perseguido. Será permitido a qualquer que se quiser retirar deste Porto, o fazê-lo com a sua família, dando-se-lhe o preciso passaporte; podendo livremente dispor de todos os bens que possuir quer de raiz, quer móveis. Para verificação e entrega que deve fazer o partido Independente, mandará o Comandante do Bloqueio um emissário seu que à vista dos respectivos Livros do Cofre será entregue o que existir. Feita a entrega, levantará o Comandante o Bloqueio a fim de deixar passar o vaso ou vasos neutros que levarem os que se quiserem retirar. Deverá o Comandante do Bloqueio expedir incontinente ordens ao Comandante do Exército de S.M.F. para que não avance contra esta Praça enquanto se não ultimar a presente Negociação.

Assinados:

Domingos Totônio Jorge, Govern. das Armas.

Pe. João Ribeiro Pessoa, Gov. Provisório.

Miguel Joaquim de Almeida Castro, Secretário Interior.

Francisco de Paula Cavalcante e Albuquerque (Gal. de Divisão).

José Pereira Caldas, Conselheiro.

Antônio Carlos Ribeiro de Andrada, Conselheiro.

Pedro Souza Tenório, Secretário Ajudante.

A resposta de Rodrigo Lobo foi a seguinte:

Condições pelas quais devo entrar em Pernambuco: eu tendo em meu favor a razão, a Lei as forças armadas, tanto terrestre como marítima, para poder entrar no Recife com a espada na mão a fim de castigar muito à minha vontade a todo e qualquer indivíduo Patriota, ou infiel vassalo, que são sinônimos, por terem atropelado o sagrado das Leis del Rei Nosso Senhor. Portanto eu não posso admitir condições indignas como as que se propõem; e só sim mandando à terra um ou mais oficiais e Tropa para tomar o comando das Fortalezas, retirando-se das suas Guarnições e entrar aquelas que eu eleger e da mesma forma as Embarcações armadas, arvorando-se logo as Reais Bandeiras em toda parte, salvando as ditas fortalezas, gritando sete vezes Viva El Rei

198 DAS INDEPENDÊNCIAS

N.S. e toda a Família Real e os Corpos Militares em armas dando três descargas e no fim delas dando os mesmos vivas, a que deverão responder a minha Esquadra e então saltar eu em terra a tomar o Governo de toda a Capitania, ficando em curto dia todos os Membros do Governo e os Chefes dos Corpos, e Comandante da Fortaleza, até que S.M. haja por bem determinar a sua conduta sobre a revolta acontecida em Pernambuco. Devendo eu assinar debaixo da minha palavra a todos os senhores referidos que pedirei ao nosso amável soberano a segurança das suas vidas. Devendo mandar por terra eu um oficial participar ao Gal. das Tropas que marcha até entrar no Recife, devendo retirar-se os Povos que eu me parecer para suas habitações; e quando eu saltar em terra estará no Cais a Nobreza, e Corpo do Comércio com as Autoridades Civis e Militares para se gritar em alta voz Viva El Rei N.S. e toda a Família Real e dali marcharmos para darmos as devidas graças ao Deus dos Exércitos por tão feliz restauração de tornar aos seus limites o Sagrado das Leis com que somos regidos pelo melhor dos soberanos, e depois recolher-me à Casa da habitação dos Generais, aonde estará a Guarda que me compete como Capitão General continuar dali por diante a felicidade dos Povos fiéis vassalos del Rei N.S. A bordo da Fragata Thetis, surta em franquia defronte de Pernambuco em 18 de maio 1817.

Assinado:

Rodrigo José Ferreira Lobo. Chefe de Divisão Comandante.

Ao que responderam os insurgentes:

Intimação última ao Comandante do Bloqueio das Forças de S.M.F. defronte de Pernambuco: Eu abaixo assinado, Supremo Governador Civil e Militar do Partido da Independência em Pernambuco pela dissolução do Governo Provisório, em resposta das condições referidas pelo Comandante das Forças Navais de S.M.F. estanciadas defronte de Pernambuco respondo que são irreceptíveis no todo as ditas condições como declararam o Povo, e o Exército junto, e para esse efeito. Agradeço ao dito Comandante a palavra que dá de segurança de vida dos ditos membros do Governo Provisório, que não pediram, nem aceitam, e declaram que tomam a Deus por testemunha de que ele é responsável por todos os horrores que se vão praticar. Amanhã de 19 do corrente, assim que não chegar resposta do dito Comandante até ao meio dia, serão passados à espada os presos tanto oficiais Generais no Serviço de S.M.F. como os mais prisioneiros por opiniões realistas. O Recife, Santo Antônio, Boa Vista serão arrasados e incendiados e todos os Europeus de nascimento serão passados à espada. Estas promessas serão executadas, apesar da repugnância que tenho de usar de medidas rigorosas. O Governo de Pernambuco, que ora eu só represento, creio tem dado sobejas provas da sua generosidade, salvando os seus mais encarniçados inimigos como melhor pode dizer o mesmo Agente empregado nesta Missão. Este é o meu ultimatum, se o Comandante do Bloqueio não acordar às justas condições oferecidas e apontadas ontem. Quartel do Governo Civil e Militar. 18 maio 1817.

O Patriota Domingos Teotônio Jorge. Gov. Civil e Militar.

A última resposta do comandante do bloqueio não tardou:

Última decisão minha: Tendo-me sido apresentada a determinação em que diz estar o Governador ora existente no Recife, tenho a participar-lhe que em nada me atemorizam as suas ameaças. Porém rogado pelo fiel vassalo de S.M.F. o Sr. Desembargador José da Cruz Ferreira, nomeado Ouvidor da Comarca do Certão, convenho que haja um Armistício até que o dito Desembargador possa chegar ao Rio de Janeiro a rogar a S.M. perdoe aos Rebeldes que atropelaram o Sagrado das suas sábias Leis, pois que não é possível que um vassalo esteja autorizado para perdoar tão atrozes delitos e nem é do meu modo de pensar. Portanto pode o Governador aprontar uma embarcação de que tem no Porto para o sobredito Desembargador ir orar a El Rei N.S. por todo o Povo do Recife. Esta embarcação sairá em Lastro, que seja bastante para reger a vela; e logo que saia para a Esquadra, eu lhe porei um comandante e parte de Guarnição trazendo aquela com que sair, e os mantimentos para a viagem, e pelo que pertence ao Recife, pois que obra debaixo de outras ordens; e o mais que eu posso fazer é participar-lhe esta minha determinação que não duvido que aceite; contudo não fico pelo resultado. E caso que o Governador, com a sua Mobília, se queira retirar à corte do Rio de Janeiro, convenho que não haja a menor vingança com os desgraçados em prisão; e eu tome o comando da Capitania como já disse.

A bordo da Fragata Thetis, de fronte de Pernambuco em 18 maio 1817.

Assinado:

Rodrigo José Ferreira Lobo. Chefe e Comandante. [50]

Em 19 de maio, a vila de Recife amanhecia abandonada pelos revolucionários. Há indícios de, a conselho de José Carlos Mayrink, terem querido partir em direção ao interior para constituir uma utópica "república ideal", uma "república de lavradores". Mas, na realidade, a fuga foi atabalhoada, tendo se suicidado o padre João Ribeiro, no engenho Paulista, em condições semelhantes às de seu inspirador francês Condorcet.

A violência da repressão marcará os momentos posteriores, nos moldes estabelecidos pelas Ordenações do Reino. Em Salvador, morreram fuzilados Domingos José Martins, José Luís de Mendonça e o padre Miguelinho. Em Recife, a Comissão Militar presidida pelo general Luís do Rego Barreto mandou enforcar Domingos Teotônio Jorge, José de Barros Lima, o padre Pedro de Souza Tenório, Antônio Henriques: "Depois de mortos serão cortadas as mãos, e decepadas as cabeças e se pregarão em postes, a saber a cabeça do 10 réu na Soledade, as mãos no quartel, e a cabeça do 30 em Itamaracá, e as mãos em Goiana, e os restos de seus cadáveres serão ligados às caudas de cavalos e arrastados até ao cemitério."[51]

Na Paraíba, foram igualmente executados Amaro Gomes Coutinho "Vieira", Inácio Leopoldo de Albuquerque Maranhão, o padre Antônio Pereira de Albuquerque e outros.

À famigerada Comissão Militar, sucedeu o Tribunal de Alçada, presidido pelo desembargador Bernardo Teixeira, que continuou na linha do mais rígido absolutismo. Luís do Rego Barreto, então governador, começou a adotar linha mais branda em relação aos eventos de 1817, sobretudo porque se dava conta das profundas raízes da insurreição, e nesse sentido passou a desentender-se com o desembargador. Representava o governador a linha da repressão liberal, em contraste com a adotada pelo desembargador, mais aferrado aos valores do *status quo ante*.

Em fevereiro de 1818, d. João VI ordenava o encerramento da Devassa, sendo libertados então os réus sem culpa formada, enquanto os outros eram enviados para os cárceres baianos[52]. Alguns dos detidos em Salvador obtiveram perdão real; outros lá faleceram, sendo que os restantes foram libertados pelo afrouxamento das estruturas do Reino Unido provocado pela Revolução Constitucionalista de 1820. Das prisões baianas sairia deputado às Cortes portuguesas Muniz Tavares[53], violento inimigo do general Barreto[54] e principal responsável pelo próximo afastamento deste.

Com a Revolução metropolitana de 1820, o governador de Pernambuco procurou ajustar-se ao constitucionalismo português, criando no ano seguinte uma Junta Constitucional Governativa sob sua presidência[55] e procedendo à eleição para deputados às Cortes Constituintes (em 7 de junho). Sofreu atentado em 21 de julho, uma vez que as tensões não cessaram de se manifestar, opondo nacionais e portugueses.

Depois de tomar medidas drásticas contra os conspiradores (liderados pela família Souto Maior, envolvida na insurreição de 1817), procurou demitir-se e estabelecer bases para a eleição de outra Junta Governativa, quando foi surpreendido pela organização da Junta de Goiana (29 de agosto). Essa Junta, que contava com cerca de dois mil homens em armas, instalou seu quartel-general em Beberibe, opondo-se decididamente às forças de Rego Barreto e do Batalhão do Algarve.

Oliveira Lima, baseado no livro manuscrito das sessões da Junta, verificou que, na primeira sessão em Beberibe (5 de outubro), o governador ficava demitido de seu cargo[56], sendo obrigado pouco depois a retirar-se para seu país. Assim, *5 de outubro de 1821*, data da Convenção de Beberibe, *marca o fim do domínio português no Nordeste*, com a instituição de duas Juntas Governativas: uma em Recife, outra em Goiana.

Os resultados, entretanto, não foram duradouros. Um aprofundamento do processo verificou-se com a eleição de Junta presidida por Gervásio Pires Ferreira[57], *comerciante nacional*, em 26 de outubro do mesmo ano de 1821. Conseguiu controlar o poder até 17 de setembro do ano seguinte, quando foi deposto e substituído por outra Junta interina de cinco membros, presidida por Francisco de Paula Gomes dos Santos, tendo Pedro Pedroso por Governador das Armas[58].

Essa Junta não conseguiu se firmar no poder e, em pouco tempo, foi eleita outra, presidida por Afonso de Albuquerque Maranhão, sendo o revolucionário de 1817 Francisco Pais Barreto um dos membros do governo. Segundo Amaro Quintas, esse governo foi alcunhado "Governo dos Matutos", porque sua maioria estava integrada por elementos da *aristocracia rural*. O processo sofreu ainda outro aprofundamento, e nele Pedroso representou a tendência mais popular e igualitária, tendo sido chefe da "ditadura efêmera" de fevereiro de 1823, em que se tentava repetição dos acontecimentos do Haiti. O movimento populista porém surgiu extemporâneo, num período em que Pedro I já fora aclamado imperador em Pernambuco, em 8 de dezembro de 1822.

Os esforços de centralização monárquica orientados pelo imperador iriam esbarrar, todavia, em novo movimento de caráter republicanista, a Confederação do Equador (1824), em que se destacaria antigos revolucionários de

1817, entre eles Manuel de Carvalho Pais de Andrade e frei Joaquim do Amor Divino Caneca. Mas o governo central conseguiria impor suas regras ao Nordeste separatista e republicanista, não sem o auxílio do inglês Cochrane.

Observando-se a curva do processo, não é difícil verificar que os esforços de liberalização dentro do sistema vinham se desenvolvendo num crescendo significativo. A essa tendência não escapariam nem mesmo o antigo governador deposto, Caetano Pinto, e o governador encarregado da repressão, Luís do Rego. E, no ângulo dos revolucionários, vale notar que 1817 representa uma primeira tentativa de ajustamento no nível das camadas dominantes: mercadores nativos, aristocracia rural, militares e clero. A composição do Governo Provisório de 1817 reflete, pois, com nitidez, os esforços de integração, no sentido de definir-se uma elite liberal e nacional.

Na perspectiva do sistema, nota-se que a política adotada era a de primeiramente abafar, com violência (lembre-se a atuação da Comissão Militar), para, em seguida, se liberalizar, seja na figura de Luís do Rego, seja na do próprio rei. Na perspectiva da revolução, pode-se acompanhar sua marcha a médio prazo: expulso Luís do Rego em 1821, voltariam os diversos componentes daquelas camadas apontadas a tomar o poder. Se, com Gervásio (outubro de 1821), eram os comerciantes nativos que emergiam, com Afonso Albuquerque Maranhão (setembro de 1822) era a aristocracia rural que voltava à tona. O aprofundamento verificado em fevereiro de 1823, com Pedro da Silva Pedroso, representaria o passo seguinte do desenvolvimento revolucionário, com alteração radical nas estruturas que iam sendo modeladas pelas elites estamentais: a reviravolta haitianista, com implicações sociais e raciais a um só tempo.

Tal reviravolta não chegou a se caracterizar uma vez que as camadas dominantes já haviam experimentado o poder e sabiam dos limites estreitos pelos quais poderiam transitar. A descolonização em relação a Portugal deveria fazer-se sem alterações profundas na estrutura básica da sociedade: a permanência da mão de obra escrava era um requisito estrutural para a descolonização.

Num plano mais geral, finalmente, vale observar que os esforços das lideranças nativas em sua ação descolonizadora eram complementados pela penetração da economia inglesa, beneficiária direta do processo.

11.
O Processo de Independência na Bahia

Zélia Cavalcanti

"Triste Bahia, oh quam dessemelhante"
GREGÓRIO DE MATTOS, século XVII, Salvador

Os estudos até hoje publicados sobre o movimento de independência na Bahia dedicam-se à simples descrição dos episódios militares dos anos 1821, 1822, 1823 e repetem, de certa forma, as mesmas interpretações e versões tradicionais do movimento de emancipação política do Brasil. Apoiando-se em documentos, os historiadores, preocupados quase exclusivamente com os acontecimentos políticos, limitam-se à descrição de episódios e personagens. Procurando retratar o passado em todos os seus detalhes e em ordem cronológica, essa historiografia, ao reproduzir os documentos, como forma de não fugir à verdade histórica, apenas repete as interpretações subjetivas das personagens que se envolveram nos acontecimentos.

O número desses trabalhos específicos sobre o tema é bastante reduzido[1]. O exemplo mais expressivo é dado pela obra de Braz H. do Amaral[2]: embora o autor se limite a parafrasear os documentos, o trabalho traz uma contribuição significativa ao estudo do assunto, na medida em que um grande número de documentos é transcrito integralmente, sob forma de apêndice, a cada capítulo do seu livro.

204 DAS INDEPENDÊNCIAS

A análise mais recente integra um estudo mais amplo sobre a província da Bahia na primeira metade do século XIX[3]. Esse estudo não se diferencia fundamentalmente dos que o procederam: o autor se atém ao nível aparente do processo e assume ideias de contemporâneos ao movimento. Embora procure explicar os inúmeros fatos que relata como consequentes de posições políticas derivadas de interesses econômicos, a análise, não sendo feita no nível das estruturas, não esclarece os antagonismos básicos responsáveis pelo processo brasileiro de emancipação política. É de frisar que, nesse trabalho, não há separação nítida dos textos documentais transcritos, nem remissão às fontes, o que impossibilita a utilização posterior dos textos.

O presente trabalho não se propõe inovador: procuramos apenas colocar os episódios ocorridos na Bahia no quadro da análise dada pelo estágio atual de conhecimentos sobre o processo de emancipação política do Brasil.

Dentre os estudos até agora publicados, o trabalho que, do nosso ponto de vista, melhor esclarece as linhas básicas desse processo é o de Emília Viotti da Costa[4]. *Foi no ângulo da análise contida nesse trabalho que procuramos analisar os acontecimentos registrados na Bahia.* Nessa perspectiva, o significado dos indivíduos, eventos e opiniões contemporâneas é conferido a partir de determinações gerais: pelas contradições internas que explicam o processo de emancipação, visto como "fenômeno que se insere dentro de um processo amplo, relacionado, de um lado, com a crise do sistema colonial tradicional e com a crise das formas absolutistas de governo e, de outro lado, com as lutas liberais e nacionalistas que se sucedem na Europa e na América desde os fins do século XVIII"[5].

Do Tema

Quando o capitalismo industrial passou a preponderar e as aspirações da burguesia, no sentido de controlar o poder, colocaram em questão o Estado absolutista, o sistema colonial montado pelo capitalismo mercantil entrou em crise: o sistema de monopólios e privilégios (concedidos pelo Estado aos mercadores) regulador das relações entre a metrópole e a colônia se viu condenado. Então novas formas de colonialismo se constituíram, modificando as relações políticas e comerciais entre os centros econômicos e as zonas periféricas; a teoria econômica que as informava traduzia as aspirações de grupos vinculados ao capitalismo industrial que imprimiam suas diretrizes à política e criticava a política mercantil, condenando os monopólios e privilégios, propondo o regime de livre concorrência.

Foi na Inglaterra, onde a transição do capitalismo mercantil para o capitalismo industrial se deu inicialmente, que primeiro se constituiu uma nova política colonial (após a independência de suas colônias americanas) em relação à América. Embora Portugal e Espanha persistissem nas antigas formas de produção e consequentemente defendessem o sistema colonial sob formas mercantilistas, a crise desse sistema terminou atingindo essas nações e suas colônias.

Durante o período colonial brasileiro, o regime de monopólios e privilégios gerou tensões permanentes entre produtores e distribuidores, entre os que disputavam o usufruto de privilégios, entre Portugal, que detinha o monopólio do comércio com o Brasil, e as nações impedidas de participar desse comércio. Essas tensões se traduziam em conflitos como a Guerra dos Mascates, Beckman ou a Guerra dos Emboabas pela ocupação de parte do território (holandeses e franceses) e pelos atos de pilhagem e contrabando.

De um lado, a impossibilidade de eliminar a concorrência estrangeira pelo intenso contrabando ia tornando os monopólios menos operantes no fim do século XVIII; de outro, o crescimento da demanda de produtos coloniais (consequente da ampliação do mercado europeu) e o aumento das exigências de troca pela população colonial faziam com que a persistência legal dos monopólios se tornasse cada vez mais insuportável.

Esses fatos levaram ao desenvolvimento de um ambiente hostil à metrópole; não havia mais identidade de interesses entre o produtor colonial, o comerciante e a Coroa. No nível do sistema, o *pacto colonial* havia-se rompido.

O golpe decisivo no antigo sistema colonial foi dado com a transferência da Corte portuguesa para o Brasil. Durante os anos que permaneceu aqui, a série de medidas tomadas por d. João VI em relação ao comércio externo, à produção e comércio internos, por suas ambiguidades, agravaram os antagonismos latentes. À abertura dos portos (janeiro de 1808) seguiram-se medidas revogando as proibições à produção e ao comércio da colônia, justificadas como essenciais aos princípios de liberdade e livre concorrência e à intenção de abolir os monopólios e privilégios, que norteavam a nova política da Coroa. No entanto, essa liberalização da produção e do comércio, na medida em que se chocava com os interesses portugueses, não modificou totalmente o sistema: ao lado das medidas de caráter liberal, muitas outras restritivas e de caráter monopolista foram tomadas, no sentido de proteger os interesses de produtores e comerciantes portugueses[6]. Essa política conciliatória de interesses tão divergentes quanto os dos produtores e comerciantes portugueses, estrangeiros e brasileiros e as necessidades da Coroa, não poderia senão aprofundar os antagonismos. Os numerosos conflitos decorrentes acentuaram e tornaram claras as divergências entre colonos e agentes da metrópole. As ambiguidades dessa política favoreceram a simpatia pelas ideias liberais e pelas formas representativas de governo tanto na colônia quanto na metrópole; os objetivos que justificavam a adesão aos princípios liberais no Brasil eram contudo opostos aos que operavam em Portugal: no primeiro caso, liberalismo significava livre comércio; no segundo, o cerceamento da política liberal de d. João VI no Brasil.

Segundo a perspectiva que adotamos, os acontecimentos registrados na Bahia, no período em que se dá a emancipação política do Brasil, traduzem o antagonismo existente entre os interesses dos colonos e os interesses dos agentes da metrópole.

O Movimento Constitucionalista de 1821: Uma Aliança Temporária

O caráter antiliberal e recolonizador da política das Cortes portuguesas não se deixava adivinhar em 1820 quando da Revolução do Porto, movimento que instituiu a monarquia moderada em Portugal. O caráter liberal de que se revestiu, a reivindicação que fazia da forma de governo representativo, deu margem, na colônia, a uma série de movimentos de adesão ao regime constitucional adotado na metrópole[7]. Desses movimentos participavam tanto colonos quanto agentes da metrópole: do ponto de vista da população colonial, aderir ao sistema constitucional significava destruir o poder absoluto da Coroa e assim anular as medidas restritivas ao livre comércio; do ponto de vista dos agentes da metrópole, aderir ao sistema constitucional significava destruir o poder absoluto da Coroa e assim anular as medidas liberais, as quais se opunham a seus interesses.

Na Bahia, às primeiras notícias sobre a revolução portuguesa começaram a se fazer reuniões das quais participavam portugueses e brasileiros, destacando-se, entre pessoas de profissões diversas, oficiais do regimento da cidade e comerciantes portugueses. O movimento, que dizia ter por objetivo assegurar a vitória, o triunfo da revolução portuguesa, embora encontrasse resistência organizada pelo presidente da província (conde da Palma), é vitorioso em 10 de fevereiro de 1821: adota, para a província, o sistema constitucional já aceito, em princípio, no reino, e institui um novo governo (Junta Provisional) desligado do Rio de Janeiro, onde o novo sistema ainda não fora aceito, obedecendo diretamente às Cortes reunidas em Lisboa.

Nas proclamações feitas pelo novo governo da província, percebe-se que os representantes da população colonial identificavam seus interesses com os dos agentes da metrópole (daí a aliança no movimento) porque também consideravam a monarquia absoluta prejudicial aos objetivos que perseguiam e porque não viam a oposição que existia entre os seus interesses e os de seus aliados[8].

> Os nossos irmãos europeus derrotaram o despotismo em Portugal e restabeleceram a boa ordem e a glória da nação portuguesa [...]; os males que eles lá sofriam e os motivos que tiveram, vós bem sabeis e nós ainda aqui hoje os experimentamos; a agricultura, comércio e navegação arruinados, violentos tributos arbitrários, corrupção dos magistrados, pobreza dos povos, miséria dos soldados e toda casta de opressão, despotismo e tirania. [...] o despotismo e a traição do Rio de Janeiro maquinam contra nós [...] não devemos consentir que o Brasil fique nos ferros da escravidão. Soldados! Ganhemos a glória de destruir a tirania. [...] libertemos a nossa afligida pátria [...][9]

> Vassalos comuns de uma Pátria comum e regidos pelo mesmo sistema administrativo e por conseguinte participando em comum dos males nascidos dos erros e defeitos da mesma administração, deveriam naturalmente olhar como sua a causa de Portugal. [...] Necessidades comuns demandam remédios comuns [...][10]

O movimento não foi precursor do que se registrou, pela independência, no ano seguinte. Seu objetivo foi a manutenção da união entre Portugal e Brasil

DAS INDEPENDÊNCIAS

num só Reino, com o mesmo sistema político e administrativo: manutenção do Reino Unido do Brasil, Portugal e Algarves (estabelecido em 1815) com uma só Constituição para todas as partes do Reino. Esse objetivo é patente nos documentos relativos ao movimento e aparece nítido nas proclamações feitas pela Junta de Governo e pelo Senado da Câmara da capital da província quando do recebimento do decreto de 18 de fevereiro de 1821[11].

A Junta de Governo da província manifestou-se contra esse decreto, proclamando ao povo:

> Não cansa a perversidade dos inimigos da ordem. [...] O decreto de 18 de fevereiro desse ano, essa obra de iniquidade que macula o Brasil [...] apesar da arte com que lhe disfarça o veneno, respira sem rebuço o maior desprezo pelo povo Brasiliano [...] que até aqui sorvera mudo baldões e injúrias [...] Cria o ministério que são tão baixos os poderes mentais dos brasileiros que não enxerguem o grosseiro artifício de suas tramas e desça de cabeça baixa na mais comum armadilha? [...] Vós conheceis bem que a nossa força consiste na comunhão de interesses, vistas e instituições com o país de vossa origem [...][12]

A Câmara da capital da província dirigiu-se à Junta de Governo, dizendo:

> uma separação tão revoltante como impolítica entre seus fiéis vassalos [...] quando já os havia unido pelo imortal diploma de 16 de dezembro de 1815, o qual não teria efeito se a mesma Constituição não regesse os três reinos de Portugal, Brasil e Algarves [...] esse senado declara [...] que empregará todas as suas forças para não consentir nem direta, nem indiretamente na mais pequena separação entre os Portugueses da Europa, das Ilhas e do Brasil [...] e que a Constituição que as Cortes em Lisboa estão organizando será irrevogavelmente aquela que deverá reger essa Província [...][13]

Fica evidente, por esses documentos, que o movimento de fevereiro de 1821 foi produto de uma aliança entre "brasileiros" (entendidos como aqueles que reivindicavam liberdade de comércio, fossem produtores ou comerciantes brasileiros, portugueses ou estrangeiros, e seus aliados junto à força armada) e "portugueses" (entendidos como os representantes dos interesses da metrópole e seus aliados junto à força armada). Aos olhos dos agentes do processo, a oposição de objetivos, já assinalada, estava nublada pela motivação comum do movimento. Sendo no entanto um dado estrutural à crise do sistema, não tardaria a se manifestar.

"Primeiro Passo Para a Independência da Bahia, Ocorrido em Cachoeira" (Detalhe). Óleo de Antonio Parreiras. Pref. Mun. De Cachoeira, BA.

O Rompimento da Aliança

Na série de medidas das Cortes portuguesas, que atentavam contra a autonomia administrativa do Brasil, foi decretada: em abril de 1821, a independência dos governos provinciais frente ao governo do Rio de Janeiro[14]; em 29 de setembro, 10 e 18 de outubro, a volta do Príncipe Regente, nomeando, para cada província, na qualidade de delegado do poder executivo, um governador de armas, independente das Juntas Governativas, e destacando novos contingentes de tropa para o Rio de Janeiro e Pernambuco.

Quando a política das Cortes se revelou recolonizadora (contra a autonomia administrativa do Brasil; procurando anular as regalias da abertura dos portos brasileiros; legislando no sentido de privilegiar o comércio português), formaram-se dois "partidos"[15] na província: o dos que pretendiam a continuação do Brasil como parte do reino de Portugal sob domínio de uma Constituição conforme as ideias do movimento de 10 de fevereiro (*partido português* ou *partido re-colorizador* composto quase exclusivamente de portugueses detentores de privilégios); e o dos que pretendiam a separação do Brasil de Portugal, tornando-se um Estado Constitucional, favorável, portanto, à autonomia administrativa (*partido brasileiro* ou *partido nacional*, composto de produtores e comerciantes aos quais não convinha a recolonização).

No dia 3 de novembro, um movimento militar tentava destituir o governo estabelecido pelo movimento de fevereiro do mesmo ano (1821), exigindo um novo governo constituído segundo a vontade do povo: os manifestantes desejavam um governo com maioria *brasileira*[16]. A Junta Provisional apoiada em civis *portugueses* frustrou-lhes o intento que só foi conseguido dois meses depois (12 de fevereiro de 1822), quando tomou posse a nova Junta, eleita por determinação das Cortes de Lisboa, para renovação do governo reconhecido: entre os sete participantes do novo governo, apenas um era *português* (também de nascimento)[17].

A esse movimento seguiram-se numerosos motins entre militares (oficiais e seus subordinados) *portugueses* e *brasileiros*. O exemplo mais significativo desses motins, que revelavam em última instância a oposição dos *partidos*, foi a luta armada de fevereiro de 1822. O brigadeiro Inácio Luís Madeira de Mello havia sido nomeado para governador de armas na Bahia, por carta regia de 9 de dezembro de 1821, segundo o decreto já citado das Cortes: à sua posse se opuseram aqueles que haviam escolhido, para ocupar o cargo, o tenente-coronel Manuel Pedro, durante a revolta constitucionalista. Embora a questão se revestisse de um aspecto puramente formal (reclamava-se a falta de certas formalidades no diploma de nomeação de Madeira Mello), os interesses divergentes que opunham os "partidos" levaram-nos ao choque armado.

A leitura dos documentos relativos a esse episódio demonstra que as razões da ocorrência de luta armada não podem ser reduzidas, como querem alguns historiadores, à simples consequência "dos atos reveladores de ciúme, e rivalidades entre portugueses e brasileiros"[18]. Esses atos de "rebeldia" contra as determinações das Cortes indicam a tomada de consciência, pelos *brasileiros*, de que a política das Cortes portuguesas era oposta aos objetivos que perseguiam e da impossibilidade de alcançá-los mantendo-se obedientes às suas determinações.

A representação feita ao Senado da Câmara da cidade, contendo 421 assinaturas, contra a posse do brigadeiro, justifica a não aceitação da posse de Madeira pelo fato "de que do comando das armas depende em grande parte o gozo da liberdade civil ou a escravidão, segundo forem liberais ou despóticas as intenções daquele a quem for ele confiado [...]"[19]

Na carta e na manifestação enviadas a Lisboa, respectivamente pela Junta e Câmara da Capital, relatando os acontecimentos relativos à posse de Madeira de Mello, percebemos que esses órgãos de governo utilizaram o pretexto da falta de formalidades no diploma de nomeação do brigadeiro para não lhe dar a posse de um cargo ao qual, do seu ponto de vista, não tinha direito, não devia ocupar, mesmo tendo sido nomeado em Lisboa; esses órgãos, compostos de elementos do *partido nacional*, não concordavam com a limitação da autonomia administrativa da província: sendo o cargo de governador das armas independente da Junta, Madeira teria liberdade de impor, pelas armas, os decretos das Cortes portuguesas.

A Junta Provisória [...] leva ao conhecimento de V. Excelência [...] a infausta nova dos sucessos acometidos nessa cidade [...] por ocasião da posse que do governo das armas *pretendeu tomar* o Brigadeiro Inácio Luís Madeira de Mello [...] A mesma Junta, devendo ser o órgão do povo da Província, não conhece perfeitamente o seu voto; ele [...] tem absolutamente emudecido [...] todavia não pode ela deixar de dirigir a El-Rei [...] e às soberanas Cortes da Nação [...]

súplicas para que se deem prontas e eficazes providências; e prestando todo respeito pelas decisões [...] parece que essa funesta experiência depõe contra a inteira independência do poder militar nessas remotas províncias. A Junta inerte tem de ser mera espectadora dos atos daquele poder os mais violentos e irregulares; e, achando-se reduzida a simples fantasma, tornou-se incapaz de sustentar sua autoridade nas ocasiões de maior crise [...][20]

A Câmara da cidade da Bahia [...] leva ao [...] conhecimento de Vossa Majestade os desastrosos sucessos [...] por ocasião do exercício do generalato das armas dessa Província, *a que se julgou com direito* o Brigadeiro Inácio Luís Madeira de Mello em consequência da carta regia de 9 de dezembro [...]. E desta forma ficou empossado do governo das armas o Brigadeiro [...]; porém não restabelecida ficou a tranquilidade e segurança individual [...] principalmente quando ainda é conservada a causa que a promoveu. [...] Portanto fica evidentíssimo que a remoção das tropas europeias dessa Província é de absoluta necessidade para conseguirmos tranquilidade e prosperidade [...][21]

A tomada de consciência, pelos *brasileiros*, do antagonismo existente entre seus interesses e os dos *portugueses*, não se traduzia apenas por atos hostis às determinações das Cortes portuguesas, mas também pela propagação, na província, das ideias de emancipação política em relação a Portugal que se desenvolviam em outras províncias.

Através dos documentos pelos quais o general Madeira de Mello comunicou a Portugal os acontecimentos relativos a sua posse, vemos que o movimento pela emancipação política progredia rapidamente na província. Esse fato representava uma séria ameaça aos interesses portugueses representados, na província, pelo general. Com a emancipação da Bahia, o reino perderia uma das mais ricas e produtivas províncias do Brasil; era pois importante manter o domínio da Bahia, mesmo que outras províncias chegassem à emancipação.

ataques públicos que se fazia às autoridades e pessoas que não eram de seu faccioso partido; [...] os papéis de sua maior estima e que mais giravam entre eles eram os incendiados vindos do Rio, São Paulo e de Pernambuco, em que positivamente era atacada a autoridade de V. Majestade, uns impressos, outros manuscritos; [...] tomando posse interinamente o Brigadeiro Manuel Pedro do governo das armas por ser a patente mais superior (ou fosse aquela eleição ao aprasimento de todos os habitantes da Província ou não) [...] ninguém se opôs [...] só quando consta que sou eu despachado é então que não devem ter execução as ordens Del-Rei! [...] Só com sofismas e com testemunhas corréos do mesmo sedicioso delito é que se poderá querer nublar a facção que positivamente se dirige à suspirada independência, o que não acontecerá se V. Majestade e El-Rei tomarem as necessárias precauções [...] dei a El-Rei uma declaração [...] e lhe pedi as forças: que vi eram necessárias; [...][22]

hoje tenho escrito [...] falam-lhe mais especificamente sobre o Brigadeiro Manuel Pedro de Freitas Guimarães e sobre as providências que julgo da primeira urgência para conservar essa parte da monarquia Portuguesa. [...] Brigadeiro Manuel Pedro [...] um dos mais reconhecidos independentes [...]. Deu o mesmo Brigadeiro todos os passos para fazer progredir o partido [...] Procurou os meios de aumentar a força aos corpos do país, publicando bandos para perdão de desertores e para o recrutamento [...] cumpre-me informar a Vossa Majestade que a Cidade da Bahia, por sua situação geográfica, pelo seu comércio, população e outras peculiaridades, é um daqueles portos do Brasil que muito convém conservar para assegurar a estabilidade do reino. A importância do seu Recôncavo torna ainda mais interessante a cidade e a Província; porém da conservação dele está dependendo a da cidade. [...] não há outro recurso [...] senão a força [...] em consequência tenho pedido a Sua Majestade dois batalhões [...] cavalos e outros objetos militares precisos para a conservação desta Província [...] considero da maior importância [...] existir uma força marítima [...][23]

Os *portugueses* não percebiam que a crise que o reino atravessava provinha da própria debilidade da economia portuguesa e do agravamento de sua tradicional dependência à economia britânica com o desenvolvimento industrial. As medidas recolonizadoras das Cortes portuguesas aprofundaram os antagonismos gerados pela crise do sistema colonial mercantilista, tornando o rompimento da união à antiga metrópole a única solução possível para aqueles que defendiam o regime de livre comércio: produtores e comerciantes brasileiros, portugueses e principalmente ingleses, os mais beneficiados com a abertura dos portos e os tratados de 1810.

A Guerra (1822-1823)

Depois dos acontecimentos de fevereiro de 1822, as posições estavam tomadas. A intenção de não executar os decretos das Cortes, frustrada com a vitória das tropas de Madeira de Mello, levou os vencidos a se organizarem no interior da província, no sentido de expulsar definitivamente as tropas portuguesas[24].

Os acontecimentos que se registravam no Rio de Janeiro, São Paulo e Minas em favor da independência, repercutiam na província, fazendo crescer, cada vez mais, o número dos que desejavam a emancipação política brasileira. O fato de d. Pedro ter condenado os acontecimentos de fevereiro, intimando Madeira de Mello a se retirar com suas tropas para Portugal (junho – intimação que não foi obedecida), assim como fizera com Avilez, fez com que aumentasse sua popularidade na província, levando o *partido da independência* a se voltar para o governo do Rio de Janeiro (onde já fora convocada uma assembleia constituinte), desejando unir a Bahia às províncias coligadas. Assim, o movimento pela independência ganhava mais um aliado.

No interior da província, eram realizadas reuniões, principalmente em Santo Amaro, Cachoeira e São Francisco, dirigidas pelos latifundiários locais e oficiais do regimento da cidade que para lá tinham se retirado. Na capital, o general Madeira, apoiado por comerciantes portugueses, organizava a defesa, pois previa o ataque ao *partido da independência*, e pedia a Lisboa que enviasse mais tropas.

No dia 22 de março, os deputados da Bahia reunidos em Lisboa escreveram à Junta e às câmaras da província pedindo que se pronunciassem, dessem suas opiniões sobre:

> 1º – Se convém à Província da Bahia que haja no Brasil uma delegação do poder executivo, para facilitar o recurso necessário aos povos desse Reino. 2º – Se lhe convém que hajam duas delegações em diferentes pontos do Brasil para o mesmo fim. 3º – Se lhe convém que o poder executivo resida só em El-Rei, delegando este a cada Junta Governativa de cada Província a parte do mesmo poder que necessário for para a pronta execução das leis e recurso dos povos, como acontecia antigamente com os Capitães-Generais. 4º – Finalmente, não convindo os três precedentes arbítrios, qual seja aquele que julga a Província mais conveniente ou útil ao seu bom regime e administração [...][25]

A primeira Câmara a se manifestar foi a da Vila de Santo Amaro: decidia pelo reconhecimento da autoridade do príncipe regente, d. Pedro de Alcântara, ou seja, opinava pela instituição de um único centro do poder executivo no Brasil, exercido pelo príncipe regente segundo as regras prescritas em uma Constituição liberal. Em 25 de junho, uma manifestação da Vila de Cachoeira aclamava a regência de d. Pedro. O documento em que é firmado a aclamação e reconhecimento do príncipe regente declara que os seus autores se manterão obedientes às autoridades constituídas naquela vila e na capital da província *assim que essas tenham aderido ao sistema da Corte do Rio de Janeiro*, ou seja, assim que se submetam à autoridade de d. Pedro.

> para o fim [...] se aclamasse S.A. Real, o Sr. Príncipe D. Pedro, Regente e Perpétuo defensor, e protetor desse Reino do Brasil, na forma que foi aclamado na cidade do Rio de Janeiro [...] conservando essa Vila e todo seu distrito debaixo da sujeição, e obediência das autoridades constituídas nessa Vila, e da mesma forma às autoridades constituídas na Capital da Província logo que essas tenham aderido ao sistema da Corte do Rio de Janeiro, que acabamos de proclamar, ficando esta Câmara obrigada na primeira ocasião a representar a S.A. Real a retirada da tropa europeia por ser esta além de desnecessária, prejudicial ao sossego desta Província; [...][26]

Essa manifestação foi repelida por tropas portuguesas estacionadas no rio Paraguaçu (em frente a Cachoeira) por ordem de Madeira de Mello que, percebendo a agitação em que se encontrava o interior da província e principalmente as vilas daquela região, mandara para lá uma escuna de guerra. Houve troca de tiros durante dois dias, sendo vitorioso o *partido da independência*.

A câmara da Vila de Cachoeira, ao comunicar ao príncipe regente sua aclamação e reconhecimento e os episódios ocorridos a partir do ataque da tropa portuguesa, confirma o desejo de unir o governo da província ao do Rio de Janeiro e reconhece o erro cometido no ano anterior quando se manifestara pela união a Portugal; embora procure culpar, por esse ato, unicamente à Junta Governativa eleita pelo movimento de fevereiro de 1821, a linguagem em que foi escrita a comunicação revela que seus autores também se julgam culpados.

> Senhor – O leal e brioso povo do distrito de Cachoeira [...] acaba de proclamar e reconhecer V.A.R. como Regente Constitucional e Defensor Perpétuo do Reino do Brasil [...] o verdugo da Bahia, o opressor Madeira, quis renovar

nessa Vila as sanguinosas catástrofes do dia 19 de fevereiro e seguintes da Capital da Província [...] este povo brioso almeja por repetir o grito regenerador dos mais felizes Fluminenses, Paulistas, Mineiros, Continentistas e Pernambucanos; almeja para apagar a feia nódoa do cisma que a seu bel prazer sete homens levantaram entre esta e as mais Províncias Brasilienses [...] cresceram os grilhões e algemas [...] Os Cachoeiranos [...] não poderão mais contemporisar [...] augusto título de sua verdadeira regeneração.[27]

Nos dias que se seguiram, outras vilas se uniram a Cachoeira: primeiramente Santo Amaro, São Francisco, Maragojipe e Inhambupe e depois as demais vilas da província. Foram, no entanto, os episódios registrados em junho, na Vila de Cachoeira, que deram início, na Bahia, à guerra de independência que se estenderia até o ano seguinte (julho de 1823).

Quando o movimento emancipacionista se alastrou pela província, essa passou a ser governada por uma Junta Provisória composta por representantes das vilas sublevadas: foi esse governo que dirigiu o cerco à capital da província onde se encontravam estacionadas as tropas portuguesas comandadas por Madeira de Mello; a cidade foi cercada, seu porto bloqueado, ocupadas as estradas pelas quais a cidade era abastecida.

Até outubro, o ataque às tropas de Madeira e às forças enviadas de Lisboa foi feito apenas pelas forças organizadas na província. Nos fins desse mês, tropas enviadas do Rio de Janeiro por d. Pedro, sob o comando do general Labatut, chegam à Bahia, assumindo, esse general, o comando das operações. A estratégia empregada por Madeira era a de manter a cidade como única forma de conservar o controle sobre toda a província: favoreceu, com isso, a intensificação do cerco e isolamento da cidade, que no fim de 1822 estavam consolidados[28].

Em maio de 1823, uma esquadra comandada pelo lorde Cochrane, enviada do Rio de Janeiro, passa a participar do bloqueio marítimo à capital da província. A partir desse mês, até o fim da guerra, a direção das operações esteve a cargo do general Lima e Silva[29]. Em junho, o cerco à cidade se intensifica e nos primeiros dias de julho as tropas portuguesas embarcam para Lisboa[30].

Da guerra na Bahia, da qual uma descrição detalhada nos parece desnecessária[31], é importante que se retenham alguns aspectos: a resistência, por um ano, das tropas portuguesas; a ajuda militar enviada pelo governo do Rio de Janeiro; a presença de um lorde inglês na resistência às tropas portuguesas.

O fato de as tropas portuguesas permanecerem lutando por um ano (de junho de 1822 a julho de 1823), mesmo depois de a independência haver sido proclamada pelo governo do Rio de Janeiro (setembro de 1822), é muito significativo: demonstra, em última instância, a intenção da monarquia portuguesa de manter no Brasil o domínio ao menos de uma província (não por acaso uma das mais ricas), para não perder totalmente o usufruto das riquezas de sua ex-colônia, que sustentara, até então, a debilitada e dependente economia portuguesa. Não sendo possível à imediata reconquista de todo Brasil, que fosse mantida a Bahia, não só por sua riqueza como também por sua situação geográfica: dividindo o novo império, seria mais fácil a reconquista das províncias emancipadas.

Para o novo império, não interessava a perda da Bahia para Portugal: ao mesmo tempo que perdia uma de suas mais ricas províncias, a presença de tropas portuguesas significava um perigo constante a sua estabilidade. Por essas razões, o governo do Rio de Janeiro, temendo que as forças provinciais não fossem suficientes para o combate às tropas portuguesas, enviou tropas em ajuda aos sublevados.

Contra os interesses portugueses e a favor do novo império estaria o governo britânico. Sendo a Inglaterra o país mais beneficiado com a abertura dos portos brasileiros e os tratados de 1810, não consentiria em perder as vantagens de comércio com o Brasil que adquirira: exigência do grau de desenvolvimento industrial que atingira. Aos ingleses interessava mais manter as vantagens auferidas no comércio com o Brasil (que ocupava lugar predominante em seu comércio) do que manter boas relações com a monarquia portuguesa. Assim, não é de estranhar a presença de um lorde inglês (Cochrane), que já participara do movimento de independência do Chile, como comandante da esquadra que em maio de 1823 seguiu para a Bahia, com o fim de fortalecer o bloqueio às tropas portuguesas.

Conclusão

Como se sabe, a independência, realizada pelas categorias dominantes da sociedade (na maioria latifundiários, altos funcionários e grandes comerciantes), se fez sem que a estrutura econômica, social e política do Brasil fosse

218 DAS INDEPENDÊNCIAS

fundamentalmente modificada: manteve-se a "vocação agrícola" brasileira e a produção baseada no trabalho escravizado; as categorias dominantes mantiveram-se como representantes da sociedade junto ao poder monárquico (monarquia constitucional na qual apenas as categorias dominantes seriam representativas e continuariam a defender seus interesses).

Como nas demais províncias, o *partido nacional* da Bahia tinha como único objetivo romper o sistema colonial no que ele significava de restrição ao livre comércio e à autonomia administrativa; o liberalismo que expressava em sua luta contra a política recolonizadora das Cortes portuguesas e no movimento pela emancipação política, significava apenas a conservação da liberdade de comércio adquirida e a emancipação da tutela administrativa portuguesa e do fisco.

A expulsão das tropas portuguesas estacionadas na Bahia foi organizada e iniciada pelos grandes proprietários, senhores de engenho, altos funcionários e grandes comerciantes: terminada a guerra, elegeram, para o governo da província, elementos que representassem seus interesses[32]. Esse fato torna-se evidente quando lemos uma das primeiras medidas tomadas pelo novo governo.

O Governo Provisório desta Província querendo acautelar como é de seu dever, os graves prejuízos que resultam, tanto aos particulares, como geralmente a toda Província, da dispersão dos escravos que andam vagando fora da companhia de seus Senhores pelas povoações, lugares e matas do Recôncavo e alguns retidos em poder estranho, ordene o seguinte:

10 – Que toda e qualquer pessoa que tiver em seu poder algum escravo que por legítimo título não lhe pertença, o entregue imediatamente ao seu verdadeiro dono [...].

20 – Que todos os Juízes e Capitães Mor façam a mais exata indagação para descobrirem tais escravos e faze-los prender [...].

30 – Que todos os proprietários de Engenho e Fazendas indaguem se nas suas terras se acolhem alguns desses escravos e os faça prender e remeter à cadeia mais vizinha [...]. Palácio do Governo da Bahia, 31 de julho de 1823.[33]

12.
O Processo de Independência em Goiás

Sérgio Paulo Moreyra

Lembrame agora que Portugal em outro tempo nunca Conveio que os Brazileiros fossem·instruídos só a fim deos concervar naignorancia e fazer delles a sua preza...

TRISTÃO PINTO DE CERQUEIRA,
fazendeiro do arraial de Pontal – norte de Goiás, a quase 2000 km do litoral – em carta de 30 de junho de 1823.

Introdução
A Conjuntura

No final da segunda década do século XIX, Goiás teria pouco mais de cinquenta mil habitantes, dos quais cerca de vinte mil eram escravos. A capitania estava dividida em apenas duas comarcas. A do sul, com sede na capital, Goiás, concentrava 61% da população total (entre os quais, 82% de toda a população branca). No território da comarca do sul, apenas o sudoeste era um vazio total. Ao norte, onde a sede da comarca era a vila de São João da Palma, a população concentrava-se a nordeste. Descendo os rios, além de Porto Real só existia a povoação da Carolina[1].

DAS INDEPENDÊNCIAS

A decadência da mineração e a falta de alternativas econômicas provocaram a dispersão da população – que se concentrara em diminutos arquipélagos demográficos – da capitania, a partir das últimas décadas do século XVIII. A insignificância da comercialização levou à produção de bens exportáveis para mercados litorâneos. Essa procura de opções que permitissem a sobrevivência fez surgir uma frágil economia açucareira[2], ampliou a produção de cereais e ativou o interesse pela navegação dos rios que conduziam ao Pará.

Algumas décadas mostraram a impossibilidade de exportação de excedentes agrícolas, pois os cursos dos rios não permitiam navegação regular, e a precariedade e alto custo do transporte terrestre impediam que os produtos fossem colocados nos mercados consumidores a preços competitivos[3].

Nesse quadro de impossibilidades, a pecuária aflorou como a única solução econômica, pelo baixo custo de produção e por ser autotransportável. Na terceira década do século XIX, mais de seiscentas fazendas de criação espalhavam-se pelas chapadas e cerrados, exportando anualmente cerca de vinte mil cabeças de gado vacum e pequena quantidade de muares e cavalares[4].

A lenta afirmação da economia agrária reduziu progressivamente a significação dos núcleos urbanos, acelerando a decadência iniciada com o declínio da mineração. Alguns arraiais desapareceram, e os remanescentes sobreviveram debilitados e semidespovoados. Com exceção da cidade de Goiás, haviam-se transformado em entrepostos – visitados para a aquisição dos gêneros indispensáveis – e centros das periódicas manifestações coletivas de religiosidade.

A esse processo de ruralização corresponderam uma diluição dos padrões de vida anteriormente permitidos pelo ouro, um isolamento físico decorrente da rudimentar autossuficiência agrária, um enfraquecimento das articulações sociopolíticas e uma estagnação tecnológica e dos níveis de aspiração da população livre. E mais, o surgimento de novas formas de servidão e dependência, pois a mão de obra escrava – inadequada para o trabalho livre, de criar extensivamente – exigia substituição.

Assim, no momento da independência, o acesso ao conhecimento e compreensão do que ocorria nas outras províncias, no Rio de Janeiro e na Metrópole, estava restrito a um pequeno número de grandes proprietários[5] e ao estamento burocrático, concentrado na capital.

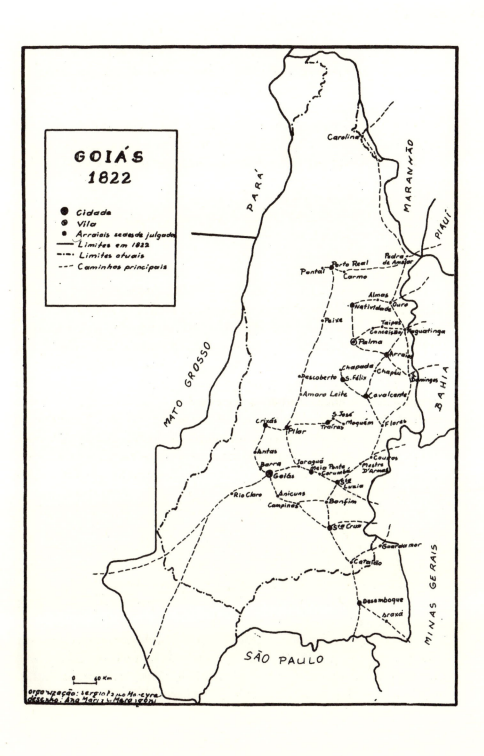

O Príncipe Regente D. Pedro e Jorge de Avilez na Fragata "União", em 8 de Fevereiro de 1822. Óleo de Oscar P. da Silva. Museu Paulista.

O Último Capitão-General

Desde outubro de 1820, estava em Goiás o último governador colonial, Manoel Inácio de Sampaio. Suas iniciativas para reorganizar a administração haviam provocado irritação geral, que cresceu até fazer dele o alvo físico de um descontentamento que se acumulara durante as décadas anteriores.

Em 1803, já era perceptível o descontentamento contra um sistema administrativo que, montado quase um século antes para supervisionar e fiscalizar a sociedade mineradora, mostrava-se ineficiente para responder às necessidades e reivindicações da nova sociedade agrária. Nesse ano, uma circunstancial desinteligência entre o capitão-general João Manoel de Menezes e a câmara de Vila Boa levara os camaristas ao extremo de tentar prender o governador. Não tendo conseguido controlar a tropa, a câmara foi sitiada e o fato não ultrapassou o nível de um incidente.

Após um período em que os conflitos foram amenizados pela eficiência do capitão-general d. Francisco de Assis Mascarenhas, a inércia de seu sucessor, Fernando Delgado Freire de Castilho, reativou as contradições. Os sentimentos antigovernistas fundavam-se tanto nessa inércia como no poder excessivo que tinham os governadores. Quando, em 1816, um conflito de interesses levou os proprietários rurais do extremo sul – a região situada entre os rios Paranaíba e Grande, hoje o Triângulo Mineiro – a requererem do rei sua anexação à comarca mineira de Parascatu, o atendimento do pedido repercutiu fortemente na capital, tornando mais flagrante aos olhos locais o desinteresse do governo pela capitania empobrecida.

Quando Manoel Inácio de Sampaio assumiu o governo, tomou algumas decisões que o incompatibilizaram fortemente com o estamento burocrático, com os fazendeiros e negociantes. Verificando a contabilidade da Companhia de Mineração de Anicuns – empresa de capital misto criada alguns anos antes – e percebendo graves inexatidões, acusou publicamente seus administradores de improbidade e mandou reter seus salários na Junta de Fazenda. Isso repercutiu com maior intensidade do que esperava, pois o entrelaçamento das famílias e dos interesses fazia, como numa reação em cadeia, qualquer acusação individual transformar-se em afronta coletiva[6].

A análise da situação orçamentária e das reservas financeiras levou-o a mandar sustar por completo o pagamento de todas as dívidas contraídas pelo governo antes de sua chegada. Algum tempo depois procurou resolver o problema – sob pressão dos interessados –, pagando todos os credores e funcionários com bilhetes de crédito de circulação livre no território da capitania[7]. Como os comerciantes da capital viviam dos fornecimentos à tropa e ao funcionalismo, viram-se forçados a receber os bilhetes e aceitar o desaparecimento de seus capitais, só recompostos alguns anos depois, quando tais papéis terminaram por ser recolhidos.

A Luta Por Novo Governo
O Início da Crise

Quando o correio da corte chegou à capital na noite de 24 de abril de 1821, trazendo informações precisas sobre o movimento constitucionalista português, toda a madrugada foi ocupada por reuniões em diversas casas da cidade.

No dia seguinte, o capitão-general deu início ao que se transformaria numa guerra de proclamações, que se multiplicariam ao longo de dois anos. Fez afixar um pedido de moderação em todos os locais de afluência, solicitando reflexão e cuidado na escolha dos deputados que deveriam ser eleitos às Cortes[8], esperando que, ao acenar com a promessa eleitoral, os ânimos iriam se conter.

Na mesma semana, entre as festas de rua e as cerimônias dos juramentos de fidelidade às Cortes, foram expedidas ordens de convocação das Juntas eleitorais das freguesias. Escolhidos os eleitores, deveriam reunir--se na capital em agosto[9].

Entretanto, os meses seguintes foram agitados pelos radicais. A princípio disfarçadamente e depois às claras, promoviam reuniões, faziam comícios e afixavam violentas proclamações antiportuguesas pelos muros e até nas paredes do palácio.

Existiam dois grupos coordenados. Um, civil, liderado pelos padres Luís Bartolomeu Marques[10], José Cardoso de Mendonça e Lucas Freire de Andrade. O outro, militar e agindo entre a tropa, era dirigido pelo capitão Felipe Antônio Cardoso[11], secundado pelo capitão Francisco Xavier de Barros e pelo soldado Felizardo Nazaré.

Sentindo-se incomodado pela ação do padre Marques[12], o capitão-general fê-lo vir ao palácio e repreendeu-o publicamente. O padre, ciente do temor que inspirava, redobrou seus esforços pela sublevação.

Mas, embora soubessem contra quem deveriam lutar, não se definiam a respeito do objetivo da luta. Invectivavam contra a dominação e contra a presença lusa em qualquer função pública, sem conhecerem os rumos a tomar. Em uma província central, condicionada permanentemente a depender da direção, das iniciativas, das importações e dos modismos litorâneos, em uma região onde se recebiam todas as coisas de segunda mão, através de intermediários, era necessário que alguma forma de orientação lhes fosse dada, a partir da qual estruturassem a ação.

Receberam esse impulso no final de julho, quando passou por Goiás o correio da Corte, com destino a Mato Grosso. A renovação das informações sobre o que se passava no Rio e o conhecimento de que em São Paulo já se constituíra um governo provisório, levaram o padre Marques e o capitão Cardoso a dirigirem seu esforço no sentido de convencer o povo a forçar a criação local de um governo semelhante.

O governador Manoel Inácio de Sampaio – que se limitava a agir conforme as instruções que recebia – por não ter ordens do regente a esse respeito, procurava persuadir publicamente a todos da necessidade de fidelidade às Cortes e confiança no governo[13].

A Rebelião Frustrada

Apesar da ação dos radicais, Sampaio teve condições para realizar a eleição dos deputados, em 7 de agosto. Embora não ocorressem pressões anormais, os nomes de sua preferência foram sancionados: o desembargador Joaquim Teotônio Segurado[14], o cônego Luís Antônio da Silva e Souza e, para suplente, Plácido Moreira de Carvalho.

O capitão-general manobrara com habilidade, esperando que os eleitos viessem auxiliá-lo a confirmar sua autoridade. Propôs o nome de Segurado porque, devendo ser eleito um deputado de cada comarca, o representante natural do norte seria o ouvidor. O segundo deputado, respeitado por todos, além de ser o governador da prelazia – como procurador do bispo Cego, d. Francisco, que ainda não chegara a Goiás – era brasileiro e seu amigo[15].

226 DAS INDEPENDÊNCIAS

O suplente, sobrinho de um padre da capital, era um goiano ausente que residia entre os índios, nos sertões fronteiriços de Maranhão e Pará, a quem Sampaio conhecera quando governara o Ceará[16].

Se as eleições foram aceitas pela maioria, para quem eram o indício de que o despotismo começava a declinar, fizeram que os rebeldes objetivassem sua ação. O padre Marques e o capitão Cardoso prepararam um golpe que deveria eclodir às nove horas da noite de 14 de agosto. Nessa noite, Sampaio deveria ser preso e assumiriam o governo.

Feitos todos os preparativos, ao anoitecer todos estavam em posições predeterminadas, aguardando o momento de agir. Às oito horas da noite, surpresos, perceberam que a tropa se movimentava pela cidade, ocupando os pontos estratégicos e, pouco depois, o capitão Cardoso cruzava as ruas escoltado por um pelotão comandado pelo tenente-coronel Luís da Costa Freire de Freitas, a maior autoridade militar da capitania.

O capitão-general recebera, depois do anoitecer, uma denúncia[17] sobre o golpe e seus chefes. Depois de despachar com urgência ordens para a tropa, mandara prender o capitão Cardoso, o padre Marques e o soldado Nazaré. Apenas o padre conseguira escapar.

Na mesma noite, convocando o ouvidor Paulo Couceiro de Almeida Homem, ordenou a abertura de devassa contra os seis cabeças da rebelião, acusados da tentativa de implantar um governo ilegal. Tomados os depoimentos, os dois militares foram remetidos à cadeia, onde permaneceram presos e incomunicáveis por uma semana[18].

No decurso dessa semana, a maior parte dos conspiradores acovardou-se, inclusive o capitão Xavier de Barros – que foi à presença de Sampaio jurar-lhe obediência. Este, recompondo sua autoridade, sentia-se temeroso da ação que os rebeldes pudessem desenvolver no futuro, mas não se dispunha a assumir a responsabilidade de um encarceramento coletivo. Passado o momento crítico, evitou agir contra os que não haviam sido presos. Sabia que os revoltosos eram partidários da independência total de Portugal, enquanto ele próprio – conforme demonstraram suas ações futuras – limitava-se a seguir as instruções recebidas da regência[19].

Quando a indiferença começava a generalizar-se e o padre Marques – precavido contra a fragilidade de seus companheiros – limitava-se a escrever cartas a algumas pessoas do interior, na esperança de uma reação vinda dos arraiais, um negociante chegou do Rio de Janeiro trazendo cópia de um decreto das Cortes. Esse documento autorizava o povo a instalar governos provisórios nos locais cujos governantes se recusassem ao reconhecimento da autoridade parlamentar.

Distorcendo o sentido do decreto, reiniciaram-se os comícios, as reuniões clandestinas e os pasquins e proclamações voltaram a amanhecer nos muros. O governador replicava, tentando convencer o povo de que o texto era aplicável aos que resistissem às ordens das Cortes, o que não ocorrera em Goiás, onde os deputados já haviam sido eleitos.

A Câmara, cujos componentes temiam tanto o radicalismo do padre Marques como a presença da tropa armada, enviou ao governador um ofício, em 21 de agosto, pedindo-lhe que esquecesse o passado e evitasse a ampliação da discórdia. Sendo público o envio desse documento, o povo ajuntou-se em frente ao palácio esperando uma resposta. De tal forma estavam amedrontados que, com a demora, começaram a chamar por Sampaio. Este saiu, discutiu com os principais e, sob o aplauso coletivo, decidiu-se expulsar da cidade os cabeças da revolta[20], estabelecendo-se o prazo de oito dias para o cumprimento da ordem e tendo todos assinado documento que legitimava a decisão.

Com a expulsão desses homens, efetivada no início de setembro, deixou de existir a única iniciativa organizada na capital, francamente favorável à independência. Os protestos posteriores – dos que permaneceram – de que haviam apoiado o capitão-general sob coação física, tiveram a finalidade de provar a arbitrariedade de Sampaio e justificar, perante as cortes e o regente, o rumo que os acontecimentos tomaram depois de setembro. Em nenhum momento, os homens que posteriormente assumiriam o controle do poder político regional mostraram apoiar as ideias do padre Marques e do capitão Cardoso, da mesma forma que não procuraram resguardá-los da ação policial. Na verdade, tudo indica que, também para eles, eram duas figuras indesejáveis.

O enfraquecimento das articulações inter-regionais, a alienação provocada pela ruralização e a limitação do número de pessoas em condições de tomar atitudes políticas, não impediram que no momento da independência existissem na capitania, com relação a ela, diversos grupos e atitudes que se superpunham. Um pequeníssimo grupo de letrados, liderados pelo padre Luís Bartolomeu Marques e pelo capitão Felipe Antônio Cardoso, aspiravam à separação total de Portugal. Um grupo menor ainda, cujos mentores eram o Juiz de fora Manoel Antônio Galvão e o secretário do governo Antônio Pedro de Alencastro, procurou disseminar ideias republicanas na capital[21].

DAS INDEPENDÊNCIAS

Acima desses pequenos grupos existia um grupo maior que veio a predominar, formado pelos homens mais influentes da capital e de Meia Ponte – que representavam os grandes proprietários do Sul – e no qual pontificavam o padre Luís Gonzaga de Camargo Fleuri e o capitão José Rodrigues Jardim[22]. Esse grupo, moderado, nunca teve iniciativas próprias relativas à independência, limitando-se a agir conforme a situação evoluía no Rio de Janeiro. Seus objetivos eram ter o mando na província e mantê--la unida, conforme qualquer orientação governamental. Compunham um grupo pragmático, que sabia o que desejava, que utilizou todos os meios para tomar o poder, mas que nunca se mostrou inclinado a levar suas iniciativas além de limites aprováveis pela Corte.

A Sedição do Norte

Desde o século anterior, o norte da capitania nutria um ressentimento contido, mas permanente, contra o governo e os homens de Vila Boa. Oprimido pelo fiscalismo colonial, os benefícios do governo incidiam muito mais sobre o Sul, cujos homens – próximos à administração – iam-se transformando em burocratas.

As primeiras décadas do século XIX acrescentaram mais razões a esse descontentamento. O retrato que Cunha Matos traça dessa região é desolador. Pontes destruídas, edifícios públicos ruídos, arraiais quase desertos pela população que se evadia do abandono e do isolamento. Especialmente a demora – ou omissão total em alguns casos – das autoridades da capital em socorrê-los dos ataques cada vez mais frequentes dos índios às suas fazendas, a forte taxação que incidia sobre o gado exportado e o fato de grande parte dos homens livres da capital serem funcionários sustentados pelos impostos arrecadados sobre seu trabalho, tornava os homens do Norte conscientes da opressão que pesava sobre eles[23].

Além do ressentimento, eram muito pouco ligados ao sul da capitania. A predominância da pecuária – em confronto com o Sul, onde a agricultura ainda era mais intensa – os identificava mais com o norte de Minas Gerais e com o oeste baiano, a comunicação pelos rios os ligava ao Pará. E todo o norte da capitania estivera, por quase um século, vinculado às administrações diocesanas do Pará e Pernambuco.

Nesse clima permanente de irritação, haviam encontrado no ouvidor Joaquim Teotônio Segurado o chefe de que necessitavam para expressar-se. A criação da comarca do norte e a instalação da vila de São João da Palma, com sua câmara, já lhes dera certa impressão de autonomia.

Segurado encontrava-se em Traíras no início de setembro, quando recebeu notícias da crise de agosto na capital. Sua educação jurídica e o conhecimento que tinha da constitucionalização do governo português já o predispunham a agir contra governantes impostos. Participando ainda do mesmo ressentimento que toda a região sentia contra o Sul, a prisão do capitão Cardoso – eleitor do norte –, a mando do governador, foi o fator desencadeante de sua decisão de não se submeter mais ao governo de Goiás.

Conhecendo bem as rivalidades locais que poderiam dificultar a rebelião, seguiu para Cavalcante (e não para Palma, sua residência) e em um dia instalou – exatamente um mês depois do fracassado levante da capital – um governo provisório independente de Goiás, com a aprovação popular. Lançando proclamações que falavam de liberdade, declarou criada a província, abolidos os impostos e pediu que os arraiais elegessem deputados que viessem reunir-se em Cavalcante, onde dariam forma ao governo e escolheriam uma nova capital[24].

No fim de setembro, o capitão-general tomou conhecimento de que um governo separatista havia sido instalado em Cavalcante. No dia 29, convocando ao quartel-general todos os que tivessem qualquer parcela de autoridade, propôs o envio de força militar ao Norte, para sufocar pelas armas a rebelião. A proposta foi aplaudida e aceita francamente. Mas, no momento em que se designou o tenente-coronel Alexandre José Leite Chaves de Melo como subcomandante da coluna, este levantou-se e qualificou a decisão de ilegítima e criminosa. O protesto fez que recuassem e resolvessem consultar o regente antes de qualquer decisão[25].

Pouco depois, em carta, Sampaio justificaria sua proposta, afirmando que, por notícias, sabia que os chefes do movimento teriam sido influenciados pela situação do Nordeste brasileiro. Entretanto, correspondência recebida do Rio – recomendando evitar qualquer forma de violência – fez que repensasse seu comportamento e reconsiderasse sua responsabilidade. Nessa mesma carta, afirmava que incluíra entre seus planos abandonar a província, se não conseguisse contornar as incompatibilidades[26].

230 DAS INDEPENDÊNCIAS

Limitando sua ação, o governador dirigiu uma proclamação aos habitantes do Norte, na qual pedia confiança, pois, embora houvessem sido oprimidos, chegara o momento de obter satisfação desde que se mantivessem fiéis. Nesse documento, recriminava o vigário de Cavalcante, que julgava ser o cabeça da rebelião (quando, pelo contrário, o padre, tímido, procurava fugir de Cavalcante para o Sul a fim de jurar sua fidelidade a ele)[27].

Recebendo em Cavalcante essa proclamação, Segurado impediu que se tornasse pública, por já existir dissidência no governo. Ainda em outubro, procurou contornar os problemas que surgiam, mudando a capital para Arraias, preferida pela maioria dos representantes dos arraiais. Contra sua expectativa, a transferência acelerou a desagregação. O vigário de Cavalcante fugiu para Goiás – onde denunciou nominalmente todos os rebeldes –, enquanto outros se deixaram ficar em Cavalcante, desligando-se do movimento[28].

A Junta Interina

Em Goiás, em outubro, Sampaio soube que d. Pedro autorizara a formação de Juntas Provisórias em Minas e Pernambuco e decidiu não mais se opor à formação de uma semelhante na província. Informou à câmara sua decisão, fixando a data de 3 de novembro para eleições.

Já estando em andamento os preparativos eleitorais, contentados os poucos dissidentes, a situação alterou-se com a chegada de José Rodrigues Jardim. Vindo do Rio, reassumindo sua cadeira de vereador, dirigiu-se à câmara em sessão pública, recriminando a aceitação de uma eleição à qual não estariam presentes eleitores de toda a província. Recebeu o apoio do juiz de fora e presidente, Manoel Antônio Galvão, e foram unanimemente derrotados[29].

Em 3 de novembro, a Junta terminou por não ser eleita. Tumultuou-se a reunião, a tropa permaneceu no recinto e insistia em votar, ocorreram ameaças de agressão física e mais uma vez resolveram consultar o regente[30].

Há indicações de que o governador, embora concordando com a eleição de uma Junta, preferisse adiar o fato, à espera de ordem específica de d. Pedro. De outro lado, Jardim compareceu à reunião, embora discordasse dela, e tomou parte ativa nos tumultos, quase chegando a uma cena de pugilato com o tenente-coronel Costa Freire. Também a ele não convinha que a Junta fosse formada naquele momento.

Já em dezembro, o juiz de fora, abandonando a posição neutra em que se mantinha, passou a pregar a constituição imediata da Junta. Ele e todos os vereadores estavam irritadíssimos com a atitude do ouvidor Paulo Couceiro que, atendendo petição dos conselhos de Santa Luzia e Meia Ponte, os autorizara a despender parte dos recursos que arrecadavam em obras de reconstrução de prédios públicos. A câmara recebia, então, integralmente todos os rendimentos dos arraiais da comarca e os aplicava livremente. A decisão do ouvidor contribuiu para aumentar a resistência contra o capitão-general.

Nos últimos dias do ano, quando tudo indicava que a Junta seria instalada com a anuência de Sampaio ou sem ela, este recebeu ofício de d. Pedro mandando não resistir à vontade popular. Que fosse formada a Junta se as iniciativas locais o exigissem. Na noite de 29 de dezembro, convocou o secretário Antônio Pedro de Alencastro ao palácio e pediu-lhe franqueza. Foi-lhe dito que militares e civis estavam unidos e rebelados, prontos a instalar novo governo, mesmo que fosse em praça pública. Diante disso, na manhã seguinte convocou todas as autoridades à câmara, mandou que escolhessem a Junta e retirou-se.

Reunindo-se em sessão privada, a câmara resolveu que a ausência dos eleitores do interior permitiria apenas a escolha de uma Junta administrativa provisória, que deveria responder pelo governo e preparar a eleição da Junta efetiva.

Convocaram então quase meia centena de cidadãos, os que normalmente eram consultados em ocasiões decisivas, e elegeram uma Junta formada por Sampaio – presidente, Alencastro – secretário, Paulo Couceiro de Almeida Homem, capitão Inácio Soares de Bulhões, vigário da vara Francisco Xavier dos Guimarães Brito e Costa e o coronel Luís da Costa Freire de Freitas. Apenas os dois últimos não obtiveram a unanimidade dos votos[31].

Jardim não compareceu a essa reunião, cedendo lugar ao suplente. Após o revés público de 31 de outubro e os tumultos de 3 de novembro, recolheu-se e passou a agir com maior habilidade. Sabia que o capitão-general ainda impunha respeito e, sendo as eleições convocadas por ele, dificilmente deixaria de receber os votos da maioria, que tinha muito pouca consciência do processo que envolvia o país. De acordo com Bulhões, Alencastro, Galvão e outros, ele deixou de comparecer e foi aceita a eleição de Sampaio e dos que o apoiavam. Instalada a Junta, começaram a usar contra eles de todas as armas de que dispunham. Os muros amanheciam cobertos de pasquins ofensivos, cartas anônimas grosseiras eram enviadas continuamente e circulavam de mão em mão. Mas, se tomar o governo era a meta, a luta aberta pela independência não se tornou clara nessa ação.

A Luta Pelo Poder

O Primeiro Expurgo

Já no primeiro dia do ano, reunindo-se a Junta, Bulhões provocou uma longa discussão. Contestava o direito do ouvidor de acumular funções.

No dia seguinte, Sampaio – informado da verdadeira situação política e tendo lido alguns pasquins e cartas anônimas – reuniu-se com os membros da Junta para prestarem os juramentos de fidelidade. Estando todos presentes, pediu afastamento do cargo, sendo-lhe negado. Concordou em permanecer, mas mandou desmuniciar a tropa para evitar qualquer possibilidade de violência.

Se o presidente perdera o ânimo, a indignidade dos ataques irritara o ouvidor. No dia 7 de janeiro, Paulo Couceiro representou ao regente contra a câmara da capital, acusando os vereadores de apropriação indébita dos recursos dos arraiais e de má administração dos seus próprios recursos.

Nesse mesmo dia, os opositores revidaram, durante a reunião da Junta. O secretário Alencastro leu, na presença do presidente Sampaio, uma escabrosa carta anônima que o insultava fortemente e terminava por prevenir os membros da Junta contra ele, cuja intenção seria envená-los a todos durante um banquete no dia seguinte.

Pedindo a palavra, Sampaio lembrou que já pedira afastamento do cargo anteriormente e declarou-se afastado a partir daquele momento. Aceito o fato consumado, recusaram-se a considerar pedidos semelhantes, encaminhados pelo ouvidor e pelo coronel Costa Freire. E ainda na mesma reunião, sutilmente, elegeram Paulo Couceiro para ocupar a presidência por trinta dias[32].

Jardim e seus companheiros desejavam evitar precipitações. O afastamento simultâneo de três membros da Junta faria que os restantes caíssem em descrédito. Era mais seguro promover a eliminação sucessiva, levando-os a se afastarem um de cada vez. Assim, no dia seguinte, uma sóbria comunicação foi levada a público, informando que Paulo Couceiro assumira a presidência, pois Sampaio renunciara para ajudar a tranquilizar a província.

Dias depois, Sampaio pedia visto em seus passaportes para deixar a província e requeria da Junta uma certidão informando todos os fatos que precederam seu afastamento, inclusive cópia das acusações que lhe haviam sido feitas. Esta foi-lhe negada, apesar do protesto de Couceiro e Costa Freire. Diante disso, o ouvidor-presidente negou-se a comparecer a novas reuniões, exonerou-se dos cargos que ocupava e aprontou-se para abandonar a província.

A atitude incontornável de Couceiro assustou os membros da Junta, que então tomaram uma atitude duplamente falsa: expediram uma proclamação ao povo afirmando que ele resolvera exonerar-se de seus cargos – sem outra explicação – e instauraram inquérito contra ele, remetendo imediatamente os autos para Lisboa[33].

Em ofício posterior às Cortes[34], a Junta justificou o afastamento do ouvidor-presidente com acusações desconcertantes. Considerou inicialmente a sua responsabilidade pela formação de um governo separatista ao Norte; esse governo teria surgido em consequência da prisão do capitão Cardoso e colocara em dificuldade os "filhos-da-folha", impossibilitados de receber seus salários; em seguida, levantou contra Couceiro suspeição de ser instrumento do antigo capitão-general, o qual criticava abertamente as Cortes de Lisboa; geralmente acusou o ouvidor de elogiar "suspeitosamente" o regente, afirmando em público que d. Pedro não deveria retornar a Lisboa, mas permanecer no Brasil[35].

Com o afastamento de Couceiro, a presidência foi entregue ao vigário da vara, Francisco Xavier dos Guimarães Brito e Costa, que alguns dias depois, apoiado pelos demais, nomeou o coronel Álvaro José Xavier para o comando da tropa. Isso feriu o coronel Costa Freire, que renunciou ao seu cargo na Junta, concluindo o expurgo.

Nos primeiros dias de janeiro, a Junta de Goiás enviara um ofício à câmara de São João da Palma, comunicando sua instalação e convidando-a a reunir-se ao Sul.

Já nesse início de ano, a situação política do Norte era crítica. Segurado havia partido para Lisboa, via Belém, e deixado em seu lugar o tenente-coronel Pio Pinto de Cerqueira, que não tinha condições para conduzir a administração.

DAS INDEPENDÊNCIAS

O homem que poderia chefiar o Norte era o capitão Cardoso. Mas ele permanecia em sua fazenda de Arraias, isolado de tudo, pois só aceitaria unir-se a quem estivesse claramente favorável à independência.

Com a viagem de Segurado para Portugal, o Tenente-Coronel Cerqueira transferiu a Capital, de Arraias para Natividade[36]. Isso viria a provocar maior desagregação no grupo governante do Norte.

No Sul, à tranquilidade de fevereiro – mês de intensas chuvas – sucedeu um março agitado. As ideias republicanas de Galvão, agora ouvidor, começavam a encontrar algum eco. Uma amotinação em Jaraguá inquietou a Junta, que evitou agir e limitou-se a expedir ofícios pedindo confiança e subordinação.

A partir daí, o grupo que se mantivera unido para controlar a Junta, começou a cindir-se, com Galvão e Alencastro discordando da limitação de objetivos dos demais, que não chegavam à compreensão do processo político nacional. Essa incompreensão está expressa na proclamação publicada em 10 de abril – pouco depois de saberem que d. Pedro decidira permanecer no Brasil. Comunicava o fato ao povo e informava que iriam agradecer ao regente em nome dos goianos, reconhecendo o sacrifício feito para garantir os direitos dos brasileiros. Viam a permanência do príncipe "como vínculo indissolúvel que prende um a outro hemisfério português" e concluíam protestando lealdade às Cortes e a d. João[37].

Na mesma semana, receberam resposta do ofício enviado à câmara da Palma. Diziam os vereadores do Norte que os meses de isolamento e independência lhes haviam mostrado quão longas eram as 140 léguas que os separavam de Goiás. E em tom levemente sarcástico, respondendo ao convite de reunião, afirmavam que, sendo a província da Palma mais antiga que a província de Goiás, seria mais lógico reunirem-se os do Sul aos do Norte[38].

A Evolução do Quadro Político no Sul

A eleição do governo provisório em 8 de abril marcou o momento da definição política da província. O grupo vitorioso, depois de firmar-se e reunificar comarcas, viria a consolidar-se no poder durante o período regencial e cristalizaria – ao longo do segundo reinado – um estamento político-burocrático concentrado na cidade de Goiás e uma conjuntura política que só começaria a ser transformada mais de um século depois.

Em 1824, Cunha Matos[39] comentaria, em ofício, o decreto de 20 de outubro de 1823. Essa lei extinguia as Juntas de governo, criava as presidenciais de província e os conselhos administrativos. Não se pode saber até que ponto ia a compreensão que o coronel tinha das contradições sociais que afloravam, mas ele viu claramente o conflito de interesses entre um colegiado que deveria representar a sociedade regional e um presidente estranho a esse conjunto, cuja missão era ordenar a vida provincial conforme os interesses do governo imperial[40].

Desde janeiro de 1822, quando deixaram a província Sampaio e Couceiro, algumas mudanças alteraram o panorama político da capital. Restavam na Junta o seu presidente, o vigário Brito e Costa, que se colocava sempre ao lado da situação[41], Alencastro, cujas ideias o afastavam dos demais, juntamente com o ouvidor Galvão, e Bulhões, que permanecia fiel a Jardim. Este assumira a Procuradoria da Fazenda Nacional e Galvão exercia cumulativamente os cargos de juiz de fora, presidente da câmara e ouvidor, por não existir na cidade outro bacharel.

O Governo Provisório

Na semana das eleições, as ações foram planejadas pelo grupo de Jardim, de modo a controlarem o colégio eleitoral. Foram cautelosos porque os republicanos de Galvão e Alencastro estavam excitados pelo "Fico" e também por temerem qualquer iniciativa do coronel Costa Freire, que ainda comandava uma das corporações militares.

No dia 8 de abril, reuniram-se na câmara dezesseis eleitores de toda a comarca, tendo conhecimento das candidaturas à presidência. Eram candidatos o ouvidor Manoel Antônio Galvão pelos radicais, o coronel Álvaro José Xavier pelo grupo de Jardim e Raimundo Nonato Hyacinto, como nome de acomodação que permitiria conciliar divergências. Controlando dez dos dezesseis votantes, uma coalizão Goiás-Meia Ponte elegeu o governo que desejava[42].

O governo provisório ficou constituído por Álvaro José Xavier – presidente (dez votos), José Rodrigues Jardim – secretário (nove votos), Raimundo

Nonato Hyacinto (oito votos), João José do Couto Guimarães (dez votos), Joaquim Alves de Oliveira (nove votos), Luís Gonzaga de Camargo Fleuri (dez votos), Inácio Soares de Bulhões (onze votos). Poucos dias depois, o comandante de Meia Ponte, Joaquim Alves de Oliveira, encaminhava à Junta seu pedido de afastamento desse e de qualquer outro encargo[43].

Assim que os resultados foram anunciados, o ouvidor fez violento protesto público contra eleitores e eleitos, passando a fazer, a partir de então, oposição ao governo[44].

Para os que acabavam de ser eleitos, a ira de Galvão não constituía um perigo imediato. Temia-se mais ao tenente-coronel Costa Freire que, embora discordasse politicamente do ouvidor, era seu compadre e, a partir daquele momento, estariam ambos unidos pela marginalização política.

No mesmo dia, tal era o receio, neutralizaram o tenente-coronel. Na reunião em que todas as autoridades prestariam juramento de fidelidade ao novo governo, apresentando-se Costa Freire para a formalidade, compareceu perante a Junta um grupo de dragões e pedestres que, em presença dele, o denunciou por dupla tentativa de sedição da tropa. No mesmo instante, foi afastado do comando e instaurou-se inquérito contra ele, sendo-lhe dados oito dias para abandonar a província.

Contestação ao Regime

Apesar dessa demonstração de força ou em função dela – pois a violência contra Costa Freire desagradara a muitos –, Galvão e Alencastro passaram a agir ativamente, fazendo comícios e promovendo reuniões. A rebeldia que se havia pressentido em Jaraguá reanimou-se e apareceram outros focos em alguns arraiais. Discursando imprevistamente em reuniões cívicas e religiosas, lançando pasquins e escrevendo cartas, procuravam convencer o povo de que a permanência de uma cabeça coroada no Brasil mantinha a possibilidade de retorno do despotismo colonial.

Suportando os ataques verbais dos opositores, o governo provisório procurava firmar-se no poder e aguardava oportunidade para eliminá-los. Entretanto, consolidar a autoridade não era tarefa simples. Em julho, problemas surgidos em Pilar forçaram o envio do padre Gonzaga ao local, e sua ausência seria sentida nos dias seguintes, quando a crise atingiu a fase aguda.

Precavidos, os membros do governo provisório haviam comunicado à Secretaria da Justiça as perturbações que Galvão e Alencastro provocavam, secundados pelo escrivão de ausentes Gabriel Getúlio Monteiro de Mendonça. Sentindo-se assegurados por esse aviso prévio, agiram prontamente pouco depois, para garantirem-se no poder.

Reunidos novos eleitores em agosto, para a escolha dos deputados à assembleia, foram eleitos: Manoel Antônio Galvão, Antônio de Alencastro e, para a suplência, Gabriel Getúlio Monteiro de Mendonça.

Perante a reação eleitoral, o governo apelou para uma atitude radical. Convocadas a câmara e as corporações militares, diante delas declarou nulas as eleições, fez nova convocação coativa dos eleitores (parte deles deixara de comparecer) e excluiu os eleitos do colégio eleitoral.

Galvão, Alencastro e Gabriel Getúlio, que controlavam a Junta de Fazenda – da qual eram respectivamente presidente, vogal e secretário –, reunidos na sede da mesma com seus partidários, esboçaram uma reação. Declararam ilegítimo o governo provincial e negaram publicamente obediência à regência.

O Segundo Expurgo

A tropa, mobilizada e excitada por membros do governo, preparou-se para expulsá-los pelas armas. A pequena cidade viu-se convulsionada por dois governos que se contestavam e pela mobilização dos contingentes militares, que se mantinham nas ruas, controlando todos os pontos estratégicos.

Nesse momento, Jardim e Gonzaga (que retornara), sentindo haver retomado o controle da situação e a inconveniência e precipitação dessa atitude, forçaram o recolhimento da tropa, preferindo agir politicamente.

Entre os dias 6 e 8 de agosto, fizeram baixar diversas portarias demissórias. Afastaram Alencastro da secretaria do expediente, que passou a ser exercida cumulativamente por Jardim. Como também fosse procurador da Fazenda (Jardim deixara o cargo ao ser eleito secretário de governo), promoveram a reaproximação com o padre Luís Bartolomeu Marques, nomeando-o para esse cargo. Em seguida mandaram que Alencastro abandonasse a província em oito dias conforme exigência que a oficialidade, instruída, fizera.

No dia seguinte, o ouvidor, ainda não demitido, tentou uma última reação, convidando os republicanos a se reunirem. Foi imediatamente afastado do cargo e, por ofício, a Junta mostrou-lhe a inconsequência do gesto. Sentindo-se derrotado, Galvão aceitou um acordo que lhe foi proposto. Recebeu todos os seus vencimentos e uma escolta para acompanhá-lo até os limites da província.

Considerando a menor responsabilidade do escrivão Gabriel Getúlio Monteiro de Mendonça, suspenderam-no de suas funções e ordenaram-lhe que se retirasse para sua fazenda. A mesma ordem foi dada ao escrivão da Fazenda, João José de Azevedo Noronha e Câmara, acusado de conivência.

Em ofício enviado pouco depois à Secretaria da Justiça, a Junta de governo acusou Galvão de insubordinação para com a regência, pretensões de independência do Rio de Janeiro e ligações com grupos radicais da Bahia, à qual Goiás se uniria caso ele fosse eleito presidente[45].

Feitas novas eleições, foram escolhidos o padre Silvestre Alves da Silva (vigário de Traíras, que unira sua freguesia ao Sul) e o sargento-mor Joaquim Alves de Oliveira[46].

A Reunificação da Província
A Desagregação do Governo do Norte

Com a transferência da capital para Natividade, a discórdia ampliou-se ainda mais. O tenente-coronel Pio Pinto de Cerqueira não era homem de contornar problemas ou buscar soluções de conciliação. Pouco depois de transferir-se, com os membros do seu governo, para Natividade em virtude de dissidências na Palma, elevou a nova capital à categoria de vila, transferindo para lá a câmara de Palma e seus arquivos. Como os vereadores, liderados pelo ouvidor Febrônio José Vieira Sodré, se rebelassem, destituiu o ouvidor e assumiu cumulativamente a função. Em seguida expediu uma coluna militar para prender a todos, dando ordens para que sessenta soldados permanecessem guarnecendo Palma.

Os vereadores, conseguindo fugir dos soldados de Cerqueira, refugiaram-se em Arraias. Ali receberam apoio e proteção, mas não do capitão

Felipe Antônio Cardoso. Este, partidário da independência total, apoiava o governo da Natividade, que nessa época já defendia as mesmas ideias. A ausência de Segurado e a presença de Cardoso haviam feito Cerqueira e seus homens evoluírem, chegando a uma posição independencista clara. Além disso, tanto Cardoso como Cerqueira estavam influenciados por vislumbres de ideias republicanas absorvidas através do sertão, vindas de Pernambuco e da Bahia.

Assim, sem qualquer organicidade, existia um governo provincial auto-legitimado, sediado em Natividade, partidário da independência e que contava com o apoio de um dos homens mais influentes da região. Em Arraias estavam os vereadores da Palma, apoiados pela maioria dos homens do arraial, que não obedeciam ao governo da Natividade mas também recusavam subordinação ao governo provisório de Goiás e não manifestavam convicções claras quanto à independência.

A Missão Unificadora de Gonzaga

Em Goiás, ultrapassada a crise de agosto, o governo começou a recompor a administração provincial. Apesar das notícias que tinha do Rio, o separatismo do Norte ocupava mais sua atenção.

Em outubro, depois de ouvirem as pessoas que conheciam melhor o Norte, resolveram enviar para lá o padre Gonzaga, autorizado a agir livremente para promover a reunião das comarcas. Iria acompanhado de escolta militar comandada pelos tenentes-coronéis José Antônio Ramos Jubé e Alexandre José Leite Chaves de Melo.

Enquanto preparavam a expedição, receberam ofício da Secretaria da Justiça, informando que d. Pedro aprovara seu procedimento relativo a Galvão e seus companheiros e mandando que os remetessem presos ao Rio. Como Galvão e Alencastro houvessem deixado a província, remeteram sob escolta a Gabriel Getúlio Monteiro de Mendonça e liberaram João José de Azevedo Noronha e Câmara, autorizando-o a retornar à capital e reassumir seus cargos[47].

Em 15 de novembro, o padre Gonzaga deixou Goiás rumo norte com sua escolta. Dez dias depois soube-se, na capital, da independência e da

240 DAS INDEPENDÊNCIAS

aclamação de d. Pedro em 12 de outubro. Essas notícias chegaram a Gonzaga no final de dezembro, quando estava estacionado em Traíras.

Quase simultaneamente, os tropeiros do capitão Cardoso trouxeram-lhe as mesmas notícias através de jornais e gazetas da Bahia[48]. Deixando sua fazenda, seguiu para Arraias, onde promoveu as solenidades de juramento de fidelidade ao imperador no primeiro dia de 1823. Imediatamente partiu rumo a Cavalcante, onde já estacionara a vanguarda da escolta do padre Gonzaga. Transmitiu ao tenente-coronel Chaves de Melo as notícias e resolveram aguardar a chegada de Gonzaga.

No dia 20 de janeiro, após as solenidades, o capitão Cardoso protestou publicamente, em nome do povo do Norte, contra a reunião das comarcas. Afirmou então que Natividade havia representado ao imperador, a quem competia decidir a respeito. A resposta de Gonzaga foi contundente: mandou prendê-lo e remeteu-o imediatamente para Goiás, de onde seguiu para a Corte.

Em Arraias, a aproximação de Gonzaga – conhecida a notícia da prisão pública de Cardoso – fez com que os vereadores da Palma se acovardassem e procurassem sua simpatia. Utilizando uma portaria de 12 de novembro anterior, assinada por José Bonifácio (que mandava processar todos os que conspirassem contra o regime), oficiaram – em 16 de fevereiro – ao ouvidor Vieira Sodré, ordenando a devassa[49].

Depois de controlar a situação em Cavalcante, Arraias e Palma, Gonzaga seguiu para Natividade, onde chegou em 21 de março. No princípio de abril, estava dissolvido o último núcleo rebelde e presos os seus chefes. Apesar disso, durante longo tempo, continuou a sobreviver uma revolta surda da população do Norte contra o governo e os homens de Goiás.

As Províncias do Norte

A missão do padre-deputado deveria ter-se encerrado a essa altura, mas prolongou-se até o final de 1823, em virtude de notícias que chegaram ao seu conhecimento pouco depois de ter controlado Natividade.

As agitações no Pará, Maranhão e Piauí, penetrando sertão adentro, haviam atingido o extremo norte da província, e Gonzaga sentiu-se forçado a deslocar-se para essa região, pretendendo descer o Tocantins[50].

A resistência portuguesa e a agitação nas províncias do Norte (e também a instabilidade política de Goiás) levaram o governo imperial a apressar a nomeação do coronel Raimundo José da Cunha Matos para o Governo das Armas de Goiás.

Chegando à capital em junho, Cunha Matos verificou a situação das instalações militares da cidade e seguiu para o interior a fim de inspecionar as guarnições dos arraiais do Sul. Tomando conhecimento da situação no extremo norte, iniciou preparativos visando seguir para a região à frente de 450 homens. As notícias enviadas por Gonzaga o alarmaram.

O território goiano estava em calma, mas as regiões limítrofes, convulsionadas. O sargento-mor Paula, partidário de Portugal, havia ocupado Alcântara e forças de Oeiras haviam travado batalha contra as de Caxias, deixando baixas superiores a mil homens. Oeiras pedira reforços ao tenente-coronel Lustosa, comandante de Paranaguá, mas os homens que enviara encontraram-se em caminho com o grupo guerrilheiro chefiado por Germano e, embora não houvessem sido derrotados, haviam sofrido sérias baixas[51].

O que mais preocupava Cunha Matos era a informação de que Gonzaga estava decidido a descer o Tocantins em direção ao Pará, levando consigo o tenente-coronel Jubé – atitude que qualificava de irresponsável e imprudente, pois este era o único oficial em todo o norte goiano capacitado para comando –, podendo ser preso pelas guarnições paraenses.

Suas preocupações o levaram a desejar seguir imediatamente para o Norte, enquanto o governo civil considerava desnecessária a expedição.

Alguns fatores condicionavam a atitude do governador das armas, fazendo-o sentir-se compelido a partir. A inatividade era contrária à sua formação e sua personalidade, sua experiência militar anterior deformava as dimensões dos problemas em uma região que não conhecia e, por ser português, não desejava ser acusado de omissão perante qualquer forma de contestação à independência política do Brasil. Em diversos ofícios enviados ao governo provisório, deixou clara a sua preocupação quanto à possibilidade de ser acusado de traição, caso não empregasse sempre todos os recursos postos à sua disposição, para garantir a tranquilidade e integridade do império.

O governo civil, por seu lado, desaconselhava a expedição por entender que a tranquilidade interna da província era o limite das suas responsabilidades relativas à segurança nacional. E mais, preocupava-se com os consideráveis gastos que deveriam ser feitos e que ultrapassariam em muito

DAS INDEPENDÊNCIAS

as reservas financeiras e a elasticidade – já reduzida – do crédito da administração provincial.

Em pouco tempo, Cunha Matos desfaria tais argumentos. Em ofício ao Ministro da Guerra, mostrou que, caso as forças de resistência paraenses e maranhenses marchassem para o Sul, tomariam com facilidade uma enorme área de Goiás, que se transformaria numa cunha divisora do território nacional. Convencido, o ministro mandou armar e municiar as tropas do coronel. O outro setor, dos empenhos financeiros – sustento e soldo da tropa –, foi provido pelo próprio Cunha Matos. Nas localidades onde se aquartelava, coagia os agentes da Fazenda a cobrarem rigorosamente as dívidas fiscais acumuladas por diversos anos, e com isso conseguiu sustentar a tropa e pagar regularmente soldos e gratificações. Agindo assim para satisfazer interesses militares específicos, contribuiu para dinamizar mecanismos fazendários que – sobretudo ao norte da província – se haviam paralisado com as agitações políticas que já duravam dois anos.

Além das agitações, a resistência passiva do Norte à ação fiscal era fruto de um forte interligamento de interesses e famílias – os agentes da Fazenda não agiam contra parentes, amigos e compadres – e da esperança que mantinham de que a qualquer momento o imperador terminaria por aprovar a separação das comarcas. Assim, ou deixariam de pagar ao governo de Goiás, ou a sonegação temporária beneficiaria seu próprio governo. Mas a essa altura – embora ainda não o soubessem –, d. Pedro já declarara ilegal a iniciativa separatista, ajuntando conciliadoramente à decisão a promessa de que o assunto seria encaminhado à Assembleia Geral para deliberação parlamentar[52].

A Expedição Cunha Matos

Partindo de Goiás em 20 de setembro de 1823, Cunha Matos dividiu suas forças em cinco divisões a serem postadas em Porto Real, Duro, Taguatinga, Salinas e Cavalcante (onde ele próprio ficaria). Depois de estacionar em Pilar, seguiu para Traíras, onde foi informado de que as agitações haviam recomeçado em alguns arraiais.

Gonzaga, que permanecera em Natividade, descera o Tocantins em direção ao Pará. Avisado sobre o reinicio das agitações, retrocedera para contê-las. Recebera também notícias de que em Flores, Arraias e outras localidades se havia festejado uma nova separação, fruto de boatos espalhados por José Bernardino de Sena Ferreira, de regresso do Rio[53].

Atento às agitações internas e aos problemas das províncias do Norte, Cunha Matos preferiu seguir de Traíras marginando o Tocantins, que lhe daria transporte rápido em caso de urgência. No final de outubro, aquartelado à margem direita desse rio, comunicou ao governo que o Norte estava agitado pela notícia de que o imperador não aprovara a separação. E ainda, que a colônia militar de São João das Duas Barras (na confluência do Itacaiunas com o Tocantins), controlada por guarnições paraenses, tivera seus contingentes ampliados e que as margens do rio estavam guarnecidas por peças de artilharia.

O tenente-coronel Jubé descera o rio e fora preso logo após desembarcar, por ter-se recusado a retirar uma braçadeira que usava, com as cores do Brasil. Apenas seus canoeiros índios haviam conseguido retornar, burlando pela madrugada a vigilância das sentinelas de beira-rio.

No Maranhão, forças brasileiras secundadas por um grupo de civis e 250 apinajés, todos da povoação goiana da Carolina, haviam combatido as tropas do sargento-mor Paula, conseguido sua rendição e, posteriormente, executado a ele e a muitos de seus homens[54].

Apesar das notícias, seguiu para Cavalcante, onde permaneceu estacionado até o final do ano. Em novembro, um correio da divisão de Porto Real o informou de que o Pará e Maranhão se haviam submetido há alguns meses e que um eclesiástico, um coronel e um capitão de milícias subiam o Tocantins como enviados dessas províncias, com destino ao Rio de Janeiro, onde se apresentariam ao imperador para jurar-lhe obediência[55].

Em janeiro de 1824, Gonzaga retornou ao Sul e Cunha Matos permaneceu em Cavalcante – sem nunca entrar em ação – sempre sobressaltado por notícias trazidas por mascates e condutores de boiadas e tropas. Ora eram informações sobre convulsões em Pernambuco, ora boatos que percorriam o sertão, sobre a presença de d. Miguel em Recife, à frente de vinte mil homens.

Em maio, iniciou uma ronda de inspeção às guarnições dos registros fronteiriços. De Cavalcante seguiu para Arraias e daí a Taguatinga e São Domingos. Regressando a Arraias, partiu para Conceição e Natividade. Desceu então até Carolina, que fora sitiada pelos apinajés. Mais uma vez colocou as tropas em prontidão por causa do reinicio das agitações no Pará.

244 DAS INDEPENDÊNCIAS

Essas agitações haviam intensificado a migração para o norte da província e ambas – agitação e migração – reativado as aspirações separatistas, já então voltadas para a possibilidade de anexação ao Pará.

Com o declínio da tensão, iniciou viagem de retorno à capital em agosto, e em setembro já se encontrava em Traíras[56].

Conclusões

1.   Durante a fase aguda do processo de independência, Goiás já não detinha importância política, pelo desaparecimento da economia mineradora.

2.   A crise de transição para uma economia agrária alienara a capitania do conjunto da vida nacional. A debilitação dessas articulações e o declínio da vida "urbana" – com a dispersão da população por um vasto território – impediam que a maioria absoluta dos habitantes tivesse acesso, ou pudesse compreender, ao que se passava fora, e mesmo dentro, dos limites físicos da província.

3.   O diminuto estamento senhorial-burocrático do Sul encontrou no processo de independência a oportunidade de expressar seu descontentamento contra uma administração que não satisfazia as solicitações de uma sociedade agropecuária, desde que estruturada para governar e fiscalizar uma sociedade mineradora. Virtualmente, suas aspirações políticas limitaram-se ao desejo de autodirigir-se e esse foi o sentido que deram à sua ação política.

4.   O ainda mais diminuto estamento senhorial-burocrático do Norte utilizou o processo de independência para dar expressão política ao seu descontentamento com a administração, e mais especificamente contra sua sujeição a um governo regional instalado no Sul, do qual estavam desvinculados pelas suas articulações socioeconômicas e pelos condicionamentos ecológicos, que os aproximavam mais do oeste baiano e do Pará.

5.   Tornar o Brasil independente de Portugal foi uma preocupação sensível apenas a pequeno número de homens, os quais em momento algum expressaram o pensamento político dominante.

13.
O Processo de Independência em Minas Gerais

Paulo de Salles Oliveira

Cada um de nós tem seu pedaço no pico do Cauê.
Na cidade toda de ferro as ferraduras batem como sinos.
Os meninos seguem para a escola.
Os homens olham para o chão.
Os ingleses compram a mina.
Só, na porta da venda, Tutu Caramujo cisma na derrota incomparável.

CARLOS DRUMMOND DE ANDRADE

Consideradas as balizas cronológicas dadas pelos anos de 1789 (Inconfidência) e 1842 (a chamada Revolução Liberal), pode-se dizer que as linhas mestras de toda a história mineira esteve inscrita nos parâmetros da colonização europeia. Tentar uma substantivação da situação de Minas Gerais a essa época, como parte integrante de um subsistema periférico, dentro do qual ganharia sentido e se explicitaria concretamente, é tarefa por demais ambiciosa para os limites desta nota. Na melhor das hipóteses, se conseguirá recolocar as questões já formuladas pelos poucos autores que até aqui se inquietaram diante de temas dessa história.

Não são poucos os problemas. Partindo de categorias mais amplas, pode-se notar que o período em foco (fim do século XVIII e início do século XIX) caracterizou-se significativamente como ponto de inflexão dentro do sistema capitalista,

246 DAS INDEPENDÊNCIAS

marcando o longo e complexo processo de "passagem" do capitalismo mercantilista ao capitalismo liberal[1].

No mundo europeu, assistia-se à crescente afirmação econômica da Inglaterra, onde o processo de industrialização acabaria por conduzi-la a uma posição privilegiada – no plano das hegemonias políticas – em relação às demais potências. Efetivamente, as áreas coloniais ou subsistemas periféricos – razão e base de todo o sistema – também passaram por expressivas transformações. No caso do Brasil, a Abertura dos Portos (1808) e a assinatura dos Tratados de Comércio (1810) são marcos expressivos da penetração inglesa. A descolonização portuguesa deu-se, como se percebe, nos quadros do domínio inglês. Em outras palavras, "esse encadeamento entre os dois tipos de colonialismo explica por que a sociedade nacional emergente não era uma Nação independente do ponto de vista econômico"[2].

A exemplo do que já se pode perceber a partir de investigações realizadas, a análise das manifestações concretas do capitalismo em regiões periféricas envolve uma multiplicação de fatores em que as categorias mais abrangentes sofrem um processo de refração, tendo em vista as particularidades das formações sociais específicas[3].

Por outro lado, não é demais lembrar a natureza estamental-escravista da sociedade brasileira no período em destaque. O domínio senhorial, ao marginalizar os setores estamentais inferiorizados, conseguia manter tal esquema de estratificação graças à presença das camadas tornadas servis (os escravos), base de todo o complexo social. O poder político das camadas senhoriais pôde com isso se desdobrar em âmbito local, regional e, posteriormente, nacional, mantendo-se sempre subjacente a todo o processo de emancipação política. "Às formas tradicionais ou legais de dominação patrimonialista", afirma Florestan Fernandes, "acrescentam-se formas especificamente burocráticas e políticas de dominação social."[4]

Essas proposições, a despeito de parecerem abstrações genéricas, talvez pelo caráter sintético com que são aqui apresentadas, podem eventualmente ser eficazes para uma compreensão menos esquemática das questões mineiras.

Impõe-se, de início, a discussão dos marcos cronológicos. A periodização histórica, ao contrário do que geralmente se supõe, está estreitamente vinculada às concepções que informa uma interpretação qualquer. As balizas aqui sugeridas (1789-1842) não pretendem apenas se afastar da cronologia

Caricatura de D. Pedro I, de Daumier. Coleção do Caricaturista Alvarus.

248   DAS INDEPENDÊNCIAS

oficial e do nível jurídico-formal das "grandes decisões". Pretendem, isso sim, apreender os "momentos decisivos" de um processo maior que abrange as etapas de descolonização portuguesa, a afirmação do domínio inglês (no âmbito externo), assim como o processo de afirmação dos segmentos estamentais proprietários no plano das relações de mando (em âmbito interno). Esse balizamento, vale dizer, foi proposto em função das particularidades regionais de Minas[5].

Muito embora as conturbações nas Minas Gerais não se tivessem verificado pela primeira vez em 1789 – lembremo-nos da "inconfidência" de Curvelo (1777)[6] –, é com a "Inconfidência" Mineira que se consegue perceber com maior nitidez a dimensão das tensões que começavam a aflorar nos limites do Antigo Sistema Colonial, tanto em seu segmento luso-brasileiro como, mais particularmente, na própria sociedade mineira.

É largamente sabido que Minas se constituiu, a partir de inícios do século XVIII, no centro dinâmico de todo relacionamento Metrópole-Colônia. A essa época, porém, Portugal era, no dizer de Alan K. Manchester, "vassalo comercial da Inglaterra"[7], o que significa dizer que, além de estar vivendo um período crítico, o influxo de riquezas minerais provenientes das áreas de extração era endereçado não a Portugal, mas sim ao Tesouro britânico (Tratado de Methuen, 1703). Para a Inglaterra, o significado desse "desvio" foi altamente expressivo, trazendo, segundo Celso Furtado, muita flexibilidade à sua capacidade de importar e permitindo a concentração de reservas que tornaram a rede bancária inglesa o principal centro financeiro de toda a Europa[8]. Diante dessa perspectiva, não é de estranhar a impotência de Portugal em introduzir técnicas mais operacionais de extração[9]. "Explorou-se o ouro de superfície", destaca Francisco Iglesias, "que ao fim de pouco tempo já não apresentava resultado compensador. Para exploração mais convincente das jazidas só poucos dispunham de recursos. E no trabalho das minas os embaraços logo impediam avanço mais positivo. O homem que se aventurava na empresa mineira não tinha a indispensável técnica."[10]

Não surpreendia igualmente o recrudescimento cada vez mais intenso do aparato repressivo português. A única alternativa que se configurou para o Estado em sua política econômica colonial foi a de *tributar*. A fiscalização rigorosa se encarregaria, ela própria, de tentar evitar lutas, contrabandos e qualquer tipo de atividade contrária aos seus firmes propósitos de "cobrar sempre e cada vez mais"[11]. É nesse esforço por manter as determinações básicas do sistema que podem ser entendidos os alvarás proibitórios de 1785: um deles combatendo o contrabando (de resto, sem muito sucesso) e outro proibindo as manufaturas[12].

Internamente a atividade mineradora representou alterações expressivas na composição quantitativa e qualitativa da estrutura social da província. Com a grande expansão demográfica, o contingente de escravos aos poucos irá tornar-se a parcela majoritária da população.

Se de um lado a situação colonial começava a gerar junto aos setores estamentais proprietários as primeiras atitudes de oposição ao governo central metropolitano, de outro, as camadas social e economicamente inferiorizadas iam tomando pálida consciência das relações de exploração a que estavam submetidas.

Em meio a essas duas tendências, podem ser entendidas a Inconfidência de 1789 e o levante de escravos de 1820. Em 1789, o movimento esteve liderado por proprietários (como o padre Carlos Corrêa de Toledo) ou por elementos a eles ideologicamente vinculados (como Tiradentes), transparecendo em ambos atitudes comprometidas com o universo ideológico das camadas senhoriais. Não é por acaso que o modelo estadunidense alcançou grandes repercussões entre os inconfidentes. Em sua rejeição pela situação colonial, não desejavam qualquer mudança na estrutura da sociedade[13].

O levante de 1820[14], por sua vez, além de reunir ao todo cerca de 21 mil homens, esteve marcado por um radicalismo até então pouco comum, chegando-se até ao assassinato dos negros que não os seguissem. A própria organização do movimento se fundamentou em termos constitucionais, segundo se depreende da proclamação de seu chefe Argoim: "Em Portugal proclamou a Constituição que nos iguala aos brancos: esta mesma Constituição jurou-se aqui no Brasil. Morte ou Constituição decretemos contra os pretos e brancos: morte aos que nos oprimiram – pretos miseráveis! Vede a vossa escravidão: já sois livres. No campo da honra derramai a última gota de sangue pela Constituição que fizeram nossos irmãos em Portugal!"[15]

Acontece porém que a Constituição liberal jurada em 1820 só era liberal para a Metrópole. A ideia de recolonização do Brasil nela implícita permaneceria como orientação diretriz da política econômica colonial portuguesa até a definição da emancipação política, a essa altura irreversível. E os próprios deputados mineiros que iriam participar das reuniões nas Cortes de Lisboa não foram insensíveis a tal constatação, não participando das sessões (1821)[16].

250   DAS INDEPENDÊNCIAS

O que, aliás, não significa que houvesse em Minas unanimidade de interesses entre os setores estamentais proprietários, sobretudo na questão de oposição às determinações de Lisboa. É o que transparece, ainda em 1821, quando d. Manuel de Portugal e Castro, governador da província, mesmo não aceitando a autoridade do príncipe regente sem a tutela portuguesa[17], procurou se manter em seu cargo através de conciliações, o que contudo se tornou impraticável após setembro de 1822. Antes, porém, o príncipe visitara Minas à procura do apoio, no que fora bem-sucedido.

Seria simplista, todavia, supor que a visita a Minas e a consumação formal da emancipação política eliminassem os descompassos entre as camadas senhoriais e a figura de d. Pedro I.

Os choques de interesses perduraram ao longo de todo o Primeiro Reinado. Os setores estamentais proprietários, entretanto, conseguiram afirmar-se gradativamente. Antes da abdicação, d. Pedro ainda tentou uma reconciliação com os grupos mineiros, não tendo conseguido, porém, resultados concretos.

Enquanto isso acontecia, um decreto governamental (1826) permitia às empresas europeias (inglesas especialmente) a exploração econômica das minas. Daí por diante, a instalação de novos interesses capitalistas não se fez sem que se manifestasse oposição por parte de certos elementos, como Soares Andreia[18].

O período regencial, que se seguiu às pressões que levaram Pedro I à abdicação (1831), caracterizou-se em todo território por uma série de movimentos através dos quais a chamada aristocracia rural se impôs definitivamente no plano político. O levante militar de 1833 e a referida Revolução Liberal de 1842 atestam-no de maneira clara, notadamente se se observarem as comutações das penas (políticas) impostas aos insurgentes. Tratava-se agora – nada mais que isso – de redefinir o poder no interior da camada senhorial.

14.
O Processo de Independência no Rio de Janeiro

Francisco C. Falcón e Ilmar Rohloff de Mattos

Retorno da Corte Portuguesa Para Lisboa: Final de uma Época

O Rei, tomado de terror pânico, esqueceu a felicidade de reinar sossegadamente na América e, dominando a repugnância supersticiosa que o dominava, de uma segunda travessia, consentiu finalmente em embarcar. A nobreza deveria acompanhá-lo e assim o encorajava ainda, fazendo-o crer que sua presença em Lisboa iria trazer a calma e a obediência. Tudo se preparou para a viagem [...] Foi com a mais viva demonstração de alegria que a Rainha, ao subir na galeota, disse adeus a seus partidários que se aglomeravam junto ao parapeito da praça. Quanto ao tímido monarca, embarcou em S. Cristóvão às seis horas da manhã, no próprio dia da partida, acompanhado de D. Miguel e da jovem viúva; seu escaler manteve-se constantemente ao largo de modo a evitar ser visto até chegar ao navio que estava ancorado ao longe. O Príncipe Regente D. Pedro e sua família encontravam-se a bordo para receber o Rei e apresentar suas despedidas. O Príncipe só deixou seu pai quando o navio atingiu a saída da barra. A flotilha compunha-se de cinco

DAS INDEPENDÊNCIAS

embarcações portuguesas. Às oito horas e três quartos do dia 26 de abril de 1821 as salvas de artilharias dos fortes da baía anunciaram aos habitantes do Rio de Janeiro a partida definitiva do soberano fundador do Reino do Brasil.[1]

Assim foi a partida de d. João VI, tal como vista pelo artista francês. Tinha lugar, afinal, após alguns meses carregados de dúvidas e incertezas sobre os destinos do Reino Unido e os da própria monarquia, desencadeadas, na verdade, pelas notícias sobre a Revolução do Porto. Muito embora não representasse a solução de tais problemas, a volta de d. João VI marcava o findar de uma época, pois, com ela, encerrava-se, na realidade, a primeira etapa do processo de independência, iniciando-se agora a segunda, a decisiva, com os acontecimentos se sucedendo em ritmo quase vertiginoso[2]. Essa a razão de havermos escolhido o retorno da Corte portuguesa para ponto de partida deste estudo.

Para o Rio de Janeiro, principalmente, era toda uma fase de sua história que agora terminava. Fase de grandes transformações realizadas sob o impacto das necessidades de toda ordem despertadas pela chegada e instalação da Corte portuguesa. Em pouco mais de uma década, a cidade passara por um processo de modernização material e atualização cultural, perdendo muito de sua aparência colonial para transformar-se numa metrópole. Reeuropeizara-se, em suma.

A importância dos acontecimentos de então não escapou à maioria dos seus contemporâneos, e a muitos dos que neles participaram diretamente não era difícil prever o rumo que tomariam, embora, naquela ocasião, quase ninguém ainda o desejasse. Testemunho do que afirmamos foi a última recomendação de d. João VI ao príncipe d. Pedro: "No dia 24, achando-se o Príncipe no seu quarto, disse-lhe [o pai]: – Pedro, se o Brasil se separar, antes seja para ti, que me hás de respeitar, do que para algum desses aventureiros."[3]

Sentia claramente o rei, naquele momento, a fatalidade da ruptura, ou o que chamaríamos, a sua necessidade histórica. Preocupava-se, então, em preservar para a sua estirpe o trono do Brasil, temeroso – daí sua referência a "algum desses aventureiros", que aqui se reproduzisse o mesmo processo em andamento na Hispano-América. Pensava muito provavelmente em Bolívar e no "perigo republicano" que ele e outros "aventureiros" encarnavam[4].

A própria decisão de retornar para Lisboa não fora algo simples de resolver e de executar, pois, com a publicação do Decreto de 7 de março de 1821, que fixara a partida do rei e a permanência aqui do príncipe d. Pedro na condição de regente, atingiram o clímax nos debates e nas intrigas entre as forças favoráveis e aquelas que eram contrárias à sua execução. Daí toda uma série de atritos entre os defensores do retorno e aqueles que se batiam pela ficada. Estes últimos, mais atuantes e representando interesses bem mais poderosos, expressam-se com desassombro através de memórias e pasquins. Procuram demonstrar não só as vantagens, mas a própria necessidade de se garantir a permanência da Corte no Brasil. Em tal sentido, várias representações foram encaminhadas ao monarca, inclusive uma do Senado da Câmara.

D. João VI soube mostrar-se agradecido a todas essas demonstrações de confiança e apreço oriundas do "partido brasileiro" em vias de formação, mantendo-se, porém, firme quanto à decisão de partir, pois julgavam ele e seus conselheiros ser o mais indicado naquelas circunstâncias. Explicar-se-iam assim, talvez, algumas medidas repressivas então tomadas, tais como prisões e censura à imprensa, destinadas, na verdade, a conter os mais exaltados defensores da ficada. Temia certamente o governo as reações das tropas portuguesas, fiéis a Lisboa, favoráveis portanto à volta do rei. Enquanto isso, os setores mercantis e burocráticos estavam divididos, preferindo alguns a ida do príncipe e outros a do próprio monarca. Os comerciantes, em particular, queriam somar os benefícios da presença da Corte às vantagens de uma recolonização econômica que entreviam na revolução constitucionalista em andamento na antiga metrópole.

O ponto culminante desse conflito de opiniões e interesses antagônicos foram os acontecimentos verificados na noite de 21 para 22 de abril de 1821, na Praça do Comércio. Ao cair da tarde do dia 21, reuniram-se ali os eleitores dos deputados às Cortes de Lisboa, convocados pelo ouvidor da comarca, a fim de tomarem conhecimento: do real decreto relativo à partida da Corte, do projeto de instruções para a regência, e do Aviso de Silvestre Pinheiro Ferreira relativo a tais assuntos. Não foi possível, contudo, ao ouvidor evitar que a assembleia assumisse, rapidamente, um caráter revolucionário. "Ocultamente, presume-se, havia o intuito de obter uma definição contra a partida do Rei; nesse sentido, aliás, circulavam pasquins pela cidade e

254 DAS INDEPENDÊNCIAS

afixavam-se cartazes, contra os quais a tropa lusitana protestava."[5] Multiplicaram-se na assembleia as moções e ultimatos, entremeados de gritos de "aqui governa o povo". A "caixeirada" portuguesa, estranha ao corpo de eleitores, exigia a adoção da Constituição da Espanha. O bacharel padre Macamboa e o jovem Luís Duprat, já famosos pela sua participação no "pronunciamento" de 26 de fevereiro daquele mesmo ano, tentaram, mais uma vez, promover a constituição de uma "Junta", nos moldes daquelas estabelecidas na Bahia e no Grão-Pará, fiéis às Cortes e aos princípios liberais por elas representados. Opunham-se muitos à partida do rei, identificando-se assim, embora as razões fossem bem diversas, àquela grande parte do "partido brasileiro", que se batia nesse mesmo sentido.

Cantava-se na assembleia e nas ruas:

Olho vivo
E pé ligeiro
Vamos a bordo
Buscar dinheiro.

Na assembleia, os mais exaltados, empolgados com sua própria audácia, multiplicavam as exigências. Durante quase toda a noite as deputações iam e vinham de S. Cristóvão, levando novas reivindicações e de lá voltando com a passiva anuência do monarca timorato. De madrugada, para surpresa dos que ainda se encontravam na Praça do Comércio, desencadeou-se a repressão rápida e brutal. Fora ordenada pelo príncipe d. Pedro[6], de acordo, provavelmente, com os conselhos do conde dos Arcos. O recinto da reunião foi invadido pelas tropas portuguesas provocando uma debandada geral, muitos saltando pelas janelas, diante da fuzilaria e das baionetas. Um morto e diversos feridos foi o saldo do evento.

Anuladas as concessões obtidas pelos "revoltosos", abriu-se devassa a fim de apurar as culpas, seguindo-se numerosas prisões. Encerrava-se, assim, esse capítulo cruento da história carioca[7]. A cidade amanheceu desolada. No belo edifício projetado por Grandjean de Montigny afixaram uma placa: "Açougue dos Braganças"[8].

Do episódio ficava a apreensão entre os liberais, sobretudo nas províncias, com relação aos sentimentos liberais do príncipe, até então bastante claros, na aparência[9]. Não é de estranhar, portanto, que "a própria esquadra que conduzia el-rei [fosse] portadora de muitas cartas dos maiores liberais do Rio de Janeiro, despeitados ainda com os acontecimentos da madrugada de 22, pedindo para Portugal a retirada do Príncipe e de seu ministro, o Conde dos Arcos, acusando a um e a outro de tendências absolutistas"[10].

O Rio de Janeiro: Teatro dos Acontecimentos Principais

A Cidade do Rio de Janeiro e a Província Fluminense

Situada em plena Baixada da Guanabara, entre seus morros e planícies ou várzeas, onde eram numerosos os alagadiços e pântanos, a cidade de São Sebastião do Rio de Janeiro expandira-se lentamente, conquistando a pouco novos terrenos às lagoas e mangues[11]. Estabelecendo-se seus povoadores, desde os primeiros tempos, pelas terras vizinhas, foram incluindo na sua esfera de influência a Planície de Santa Cruz, ou Baixada de Sepetiba, onde os jesuítas desenvolveram a criação do gado e os engenhos de açúcar, bem como o Recôncavo, cujos rios de pequeno curso foram intensamente utilizados para transportar a produção de açúcar ali rapidamente expandida, servindo ao mesmo tempo de passagem no caminho das Minas. As demais regiões, tais como a Baixada de Araruama, incluindo Cabo Frio, a Planície Campista ou Baixada dos Goitacazes, bem como os vales e contrafortes centrais que separam esta última da Baixada de Guanabara, só bem mais adiante, no final do século XVIII, foram adquirindo maior importância, especialmente a Planície Campista, onde a cana-de-açúcar teria, no século XIX, o seu grande cenário de expansão no território fluminense.

A presença da barreira montanhosa da serra do Mar ao norte da Guanabara, o relevo vigoroso e compartimentado do planalto neste trecho e sua cobertura

256 DAS INDEPENDÊNCIAS

florestal contínua, aliando-se à inexistência de um curso fluvial navegável e, mais ainda, à ausência de trilhas indígenas que orientassem a penetração dos primeiros exploradores, impediram, por dois séculos, a expansão para o interior a partir do Rio de Janeiro [...] Contudo, mesmo não tendo servido de base para a penetração do planalto, o Rio de Janeiro se tornaria o polo de atração do mesmo, logo que, nos primeiros anos do século XVIII, um áspero caminho foi aberto ligando à baixada da Guanabara a região das Minas Gerais recém-desbravadas. E esta seria a causa primeira da grandeza futura do Rio de Janeiro: sua ligação terrestre com o vale do Paraíba e o planalto mineiro.[12]

Ainda em fins do século XVIII, ao longo do vale do Paraíba, salvo nas regiões de passagem dos caminhos que conduziam às Minas Gerais, o povoamento era escasso, sobrevivendo numerosas nações indígenas a dominar boa parte daquelas terras, onde só muito lentamente a lavoura do café ia fazendo sua aparição, beneficiando-se em fins do século XVIII, com o refluxo demográfico proveniente das minas auríferas, praticamente esgotadas[13].

Resumindo essas rápidas referências, podemos dizer que a ocupação humana da província fluminense foi obrigada a defrontar-se, sucessivamente, com o brejo e a restinga, típicos das baixadas, para depois galgar a serra e, a seguir, lograr a conquista do planalto, às voltas, ainda, num e outro caso, com a floresta tropical[14].

Apesar de sua importância como porto das Minas, reconhecida com a sua transformação, em 1763, em sede do Vice-Reinado, o sítio urbano do Rio de Janeiro, no início do século XIX, era ainda extremamente acanhado, não ultrapassando sua periferia mais de légua e meia[15]. Mesmo assim, seu crescimento fora bastante rápido durante a segunda metade do século XVIII. De acordo com Afonso Arinos de Melo Franco[16], enquanto no início do século XVIII a cidade possuía apenas quatro mil habitantes, dos quais mais de três mil eram índios e pretos, o mapa de 1799 já indicava aproximadamente 43 mil indivíduos, dos quais mais de dezenove mil eram brancos, proporção maior do que a da Bahia na mesma época. O rápido crescimento demográfico é explicado sobretudo pela função comercial da cidade, que era das Minas o verdadeiro porto.

Embora fosse a capital do Vice-Reinado, a cidade era feia, cortada por ruas estreitas, escuras e sujas. Não havia remoção de lixo, sistema de esgotos, qualquer noção de higiene pública, dela incumbindo-se, no dizer de Capistrano de Abreu, "as águas das chuvas, os raios do sol e os diligentes urubus"[17]. As casas eram térreas em sua maioria, ocupadas pelos próprios donos. Somente o Passeio Público e o aqueduto do Carioca existiam como obras públicas. Seus habitantes possuíam costumes inteiramente coloniais, guardando também um certo ar oriental. As mulheres vivem sempre embuçadas, sentadas no chão ou sobre esteiras; os homens do povo com um poncho ou manto, e os nobres com a espada à ilharga. Ainda no dizer de Capistrano de Abreu, às refeições "só os homens serviam-se de faca; mulheres e meninos comiam com a mão"[18].

Foi nesse cenário que desembarcou a Corte portuguesa, promovendo o que poderíamos denominar de reeuropeização[19]. Usos e costumes europeus foram introduzidos. A elite voltou-se para a Europa – não tanto para Portugal, e sim para a Inglaterra e para a França. Através dos ingleses chegaram o gosto pelas residências em casas isoladas, bem divididas e mais higiênicas, distantes do centro da cidade, por produtos superiores em qualidade, cristais e vidros, louças e porcelanas, panelas de ferro. Vieram também o refinamento dos modos de comer, com o uso de garfo e faca, a utilização de novos remédios[20]. Os hábitos, a moda e a alimentação sofreram a influência francesa, que foi muito maior no campo intelectual – afinal, desde o século XVII Santa Rita Durão aconselhava tomar "a França por madrinha". Por assim dizer, importavam-se ideias de independência, democracia, constituição e os modelos artísticos.

A chegada da Corte modificou também o cenário urbano. Relata Eschwege que, quando fez sua primeira viagem a Minas, em 1810, havia entre o Rio e Santa Cruz algumas localidades pequenas, espalhadas à beira da estrada, como Mata Porcos e São Cristóvão. Mas em 1818 observava que a estrada tinha mudado muito, desde o tempo da sua primeira excursão: "Mata Porcos e São Cristóvão cresceram tanto que formam quase um só correr de casas com a cidade e podem ser considerados como subúrbios do Rio."[21]

A transferência da Família Real fortalecera a vocação mercantil e burocrática da cidade e ampliara, ao mesmo tempo, em termos de mercado, as possibilidades produtivas das áreas rurais a ela ligadas.

Nesse quadro urbano assim transformado é que irão ter lugar os principais sucessos do processo de independência no Rio de Janeiro. Incorreríamos em erro, porém, se isolássemos a cidade de todo o seu imenso *hinterland*, da vasta zona rural que a envolvia, fornecendo-lhe uma base econômica, e de onde provinham os elementos da "aristocracia" local, cujos interesses na permanência da Corte no Rio de Janeiro não cessaram de se ampliar. Eram os proprietários rurais, os senhores de engenhos, donos de chácaras que circundavam a cidade e de residências urbanas. Saint-Hilaire assim referia a seu respeito: "A posse de um engenho confere aos lavradores dos arredores do Rio uma espécie de nobreza. Só se fala com consideração de um "senhor de engenho", e vir a sê-lo é a ambição de todos. Um senhor de engenho tem geralmente um aspecto fino que prova que se nutre bem e trabalha pouco"[22].

Nota-se assim que o grande desenvolvimento do Rio de Janeiro em termos mercantis e administrativos não implicou, necessariamente, na eliminação de sua componente agrária, a mais antiga e a mais tipicamente "brasileira". A esse respeito talvez fosse ilustrativo comparar a frase de Saint-Hilaire – "a posse de um engenho confere aos lavradores dos arredores do Rio uma espécie de nobreza" – com a do Antonil, de um século antes – "o ser senhor de engenho é título a que muitos aspiram, porque traz consigo o ser servido, obedecido e respeitado de muitos". À época da chegada da Corte, a atividade agrícola predominante, embora rotineira e em parte decadente, era ainda a do açúcar. Somente nos arredores da cidade, no caminho para o interior, havia quase trinta engenhos. Em 1799 contavam-se 616 engenhos de açúcar e 253 de aguardente, dos quais 228 e 85, respectivamente, situavam-se nos contornos da baía da Guanabara, localizando-se os demais em Angra dos Reis, Ilha Grande, Cabo Frio e Campos dos Goitacazes[23]. "A geografia humana da Guanabara em fins do Setecentos definia-se, pois, como a de uma vasta zona com centenas de núcleos rurais irradiados de um só foco urbano [...] Com a cana-de-açúcar dominara, pois, culturalmente, o carioca os contornos da Guanabara."[24] A conquista das terras incultas do planalto seria feita pelos cafezais, cujo cultivo começava a crescer em importância já nessa época. Em 1779 saíram do Rio para Lisboa 57 arrobas e, em 1797, 8.302 arrobas[25], cifra que contrasta com a relativa à exportação do açúcar no mesmo período: oitocentos mil arrobas.

O número de escravos por engenho deveria ser de mais ou menos oitenta[26], havendo uma quantidade considerável de "fazendas obrigadas" e de lavradores livres, estes, é claro, sem comparação com a quantidade de escravos. Eram cultivados também o algodão[27] e o tabaco[28], ambos acessíveis aos lavradores modestos, pelas características próprias ao seu cultivo. Acrescente-se a aguardente e, finalmente, uma lavoura de subsistência, voltada também para o abastecimento urbano. Luccok observava as grandes áreas dedicadas ao plantio de subsistência, verificando que a capital era, em conjunto, bem abastecida, pois os cultivos ocupavam áreas contíguas à cidade, num raio de mais de uma légua[29]. Somente o Rio de Janeiro, em todo o Brasil, não sofria problemas sérios de abastecimento alimentício[30].

Achava-se assim o território fluminense, no início do século XIX, numa etapa de transição, não apenas pela importância que ia adquirindo o café em face do açúcar, mas também porque, na própria Baixada Fluminense, havia já uma tendência bem acentuada do declínio da velha região produtora de açúcar – a Baixada Campista.

Transformações Econômico-Sociais e Problemas Conjunturais no Primeiro Quartel do Século XIX

A Carta-Régia de 28 de janeiro de 1808, que liberou o comércio brasileiro, "interina e provisoriamente", às trocas internacionais, inaugurou uma série de mudanças na vida econômica da colônia, cujo verdadeiro alcance só poderemos compreender se a relacionarmos ao renascimento agrícola do final do século anterior, à crise do sistema colonial ibérico e às transformações econômicas e políticas que ocorriam na Europa Ocidental nessa mesma época.

Efetuada seis dias após a chegada da família real portuguesa à Bahia, a abertura dos portos era uma medida inevitável e inadiável, se levarmos em consideração a organização do sistema colonial português e a maneira como se processou a mudança da Corte, independendo mesmo de conselhos ou insinuações de elementos mais cultos ou esclarecidos. A medida era inevitável e inadiável pelas próprias circunstâncias históricas.

Do ponto de vista da metrópole lusa, o alcance da medida do príncipe regente pode ser avaliado pelo conhecimento da situação imediatamente anterior à mesma. No dizer de Simonsen,

Veem-se aqui representadas as diversas tendências liberais à época da independência. 1. Antônio Carlos Ribeiro de Andrada. 2. Martim Francisco Ribeiro de Andrada. 3. José Joaquim da Rocha. 4. Diogo Antônio Feijó. 5. Francisco de Paula Sousa e Mello. 6. Cipriano José Barata de Almeida. 7. José Lino Coutinho. 8. Joaquim Gonçalves Ledo. 9. Conego Januário da Cunha Barbosa.

o comércio internacional português era feito, em magna parte, com a produção brasileira. Portugal, além de consumidor, era o entreposto de distribuição de todo o comércio exterior do Brasil. Ganhavam os navios portugueses com os seus fretes marítimos; ganhavam as alfândegas de Lisboa com as importações brasileiras; ganhavam os comissários portugueses com a armazenagem e revenda desses produtos; ganhavam novamente as alfândegas portuguesas com a entrada das manufaturas estrangeiras, para o consumo do Reino e da Colônia, trocadas em elevada proporção por artigos brasileiros[31].

Ora, de um golpe a função principal do reino desaparecia de intermediário ou entreposto do comércio colonial. E se de imediato as consequências não serão sentidas, a razão reside na ocupação do território português pelas tropas napoleônicas. Quando de sua expulsão definitiva, os protestos surgirão, caracterizando a nova situação de inversão total dos termos das relações entre a metrópole e a colônia – afinal, um balanço das importações portuguesas em 1819 demonstrava que Portugal dependia tanto do Brasil quanto da Inglaterra[32].

Do ponto de vista da colônia, e mais especificamente do Rio de Janeiro, a abertura dos portos possibilitou, de imediato, a expansão das trocas, a invasão do mercado colonial por produtos estrangeiros, especialmente ingleses, o estabelecimento de numerosos comerciantes estrangeiros em prejuízo dos até então privilegiados reinóis, e até mesmo situações pitorescas como a do amontoado de mercadorias, trazidas às pressas da Inglaterra que sofria os efeitos do Bloqueio Continental[33]. Em suma, os incidentes da Europa napoleônica acabaram por provocar a medida que legalizou a internacionalização da colônia, que ocorria desde o século anterior. E nesse processo, o papel principal coube aos comerciantes ingleses e à Inglaterra, cujos interesses ficariam bem caracterizados na assinatura dos Tratados de 1810. Concretizava-se a "proeminência inglesa"[34].

Se mais uma vez tivermos em mente a organização de sistema colonial na Idade Moderna, e o caso específico de Portugal onde o rei aparece como o principal dos comerciantes, poderemos não apenas compreender a importância da Carta-Régia de 1808 como também o sentido que tomaram as medidas econômicas posteriores, que oscilaram entre práticas mercantilistas e do liberalismo econômico. Ao ser obrigado a liberar a atividade comercial, o príncipe como que cortava pela base um dos sustentáculos da

262 DAS INDEPENDÊNCIAS

monarquia absoluta portuguesa, o monopólio comercial, atingindo diretamente os seus agentes, os comerciantes reinóis, d'aquém e d'além-mar[35]. E por isso procurou compensá-los tão logo, reduzindo para 16% os impostos pagos pelas mercadorias transportadas pelos comerciantes portugueses, continuando os demais a pagar os 24% previstos pelo ato de 1808. Assim, se por um lado eram tomadas medidas de cunho liberal, que atingiam a organização do sistema colonial, por outro lado, o príncipe regente não se descuidava de medidas que pudessem preservar quanto possível aquele mesmo sistema e seus beneficiários. Ora, a manutenção de tais privilégios não poderia deixar de provocar protestos, como os do representante inglês lorde Strangford ou aqueles que aparecem na Revolução Pernambucana de 1817[36].

Ambiguidades propositais na política econômica da Corte portuguesa no Brasil, mas também ambiguidades ou contradições inevitáveis, porque inerentes à aplicação do liberalismo numa área colonial. A esse respeito são ilustrativos os alvarás relativos às manufaturas: enquanto o de 10 de abril de 1808 suspendia as proibições anteriores, sem maiores consequências[37], o de 28 de abril do ano seguinte adotava medidas nitidamente mercantilistas, outorgando privilégios e distribuindo prêmios com a finalidade de incentivar a atividade manufatureira[38].

É preciso que se destaque ainda que tais ambiguidades ocorriam também ao nível da consciência daqueles que apareciam como os grandes arautos do liberalismo econômico na colônia, como José da Silva Lisboa, o visconde de Cairu. Sendo um dos orientadores da política econômica de dom João no Brasil, o responsável pelas aulas de Ciência Econômica na Bahia e o autor de inúmeros trabalhos onde difundiu as ideias de Adam Smith, o visconde de Cairu defenderia, na Constituição de 1823, a manutenção das corporações de ofícios[39].

Ambíguas ou contraditórias, as medidas econômicas do príncipe regente dom João no Brasil servem para atestar os limites do liberalismo numa área colonial. Por outro lado, o seu conhecimento nos permite concluir que elas foram orientadas para a esfera da circulação, assumindo importância, assim, o estudo das alterações sofridas pelo meio circulante e da política financeira em geral[40]. Medidas nitidamente superestruturais, tornadas necessárias e urgentes pela própria presença da máquina burocrática no Rio de Janeiro, e que embora importantes não devem ser exageradas. Em termos estruturais, a economia colonial não sofreu qualquer alteração, mantendo-se o caráter dependente do mercado internacional montado pelo capital mercantil, embora se iniciasse uma nova fase de adaptação externa, face ao desenvolvimento do capitalismo industrial e liberal. A própria expansão das exportações brasileiras é um fenômeno conjuntural, que se vincula a condições externas favoráveis. Por volta de 1820, porém, voltando o mundo atlântico a uma relativa normalidade, esgotou-se o *boom* exportador, desencadeando-se, com nitidez, a depressão econômica, cujo ponto máximo viria nos anos 1830. O agravamento do *déficit* da balança comercial abriu caminho ao endividamento externo: os empréstimos financeiros contraídos na Inglaterra.

A independência do Brasil ocorreu em plena fase de recessão econômica mundial e de retração econômica no Brasil. As crises políticas do Primeiro Reinado vinculam-se, ao menos indiretamente, à crise econômico-financeira enfrentada pelo país.

Foi justamente a crise financeira a responsável pelas primeiras dificuldades enfrentadas pela Corte no Brasil, nos últimos anos de sua permanência. Não possuindo recursos para saldar suas dívidas, o governo aumentava os impostos existentes, criava outros, atrasava o pagamento dos funcionários. Muitos senhores tiveram suas finanças descontroladas pelos gastos da vida da Corte. A corrupção administrativa aparecia por todos os lados, gerando críticas; Borges Carneiro diria ser a "Corte infame, corrupta, depravada". A população se inquietava, obrigando à ação a Intendência Geral de Polícia, sob a direção de Paulo Fernandes Viana. No Nordeste, a Revolução de 1817 polarizou muitos desses descontentamentos.

O regresso da Corte provocou um agravamento da crise financeira. O Banco do Brasil, obrigado a converter em moeda o papel em circulação, praticamente falira[41]. O príncipe dom Pedro também foi duramente atingido pela crise e, segundo alguns relatos, obrigado a suspender vários gastos pessoais. Todavia, o fato mais importante foi o enfraquecimento de todos aqueles que se ligavam diretamente ao Governo e ao Tesouro – os funcionários e os comerciantes, cuja importância não cessara de crescer desde o estabelecimento da Corte no Rio de Janeiro.

A chegada da numerosa comitiva portuguesa em 1808 e as mudanças econômicas ocorridas desde então contribuíram também para a modificação do quadro da sociedade fluminense. Aos elementos locais – a "aristocracia" pouco numerosa de proprietários de engenho, os comerciantes reinóis,

DAS INDEPENDÊNCIAS

a camada de pequenos arrendatários e a massa de escravos e libertos dedicados à lavoura, aos serviços domésticos e aos ofícios artesanais – veio sobrepor-se a aristocracia lusa e, principalmente, o "estamento burocrático" a ela estreitamente vinculado. Cada um desses elementos sofreria o impacto da presença da Corte no Novo Mundo, ao mesmo tempo que a influenciavam decisivamente.

Vivendo isolados em suas fazendas, tendo interesses locais, os proprietários rurais – a "aristocracia" colonial – não possuíam da Colônia a ideia de uma unidade, inclusive porque a política colonial portuguesa incentivava a descentralização político-administrativa como a melhor maneira de impor a sua autoridade. Em época anterior, as câmaras municipais atestaram o poder dos proprietários rurais, mas em âmbito local. A presença da Corte no Rio de Janeiro arrancou o fazendeiro do seu isolamento, sobretudo aqueles do Rio de Janeiro, de Minas e de São Paulo, favorecidos pela proximidade geográfica. O proprietário rural não foi atraído apenas pelo esplendor da "Versalhes tropical", mas pelas perspectivas de novos ganhos e vantagens: negócios com o Tesouro, empregos públicos, títulos nobiliárquicos. Arrancado do seu *habitat* natural, o proprietário rural modificou-se ao contato com a Corte, perdendo a sua visão "localista" – municipal ou, quando muito, regional – e passando a participar da "ideia de Império" característica da burocracia lusa[42]. Todavia, ao ser modificado pela Corte, o fazendeiro também modificou-a, abrasileirando-a[43].

Desde então, segundo Oliveira Vianna:

> essas três classes se defrontam, inconfundíveis e hostis, nas intimidades da Corte, junto do Rei. Os nobres da terra, opulentados de engenhos e fazendas, com o seu histórico desdém pelos peões e mercadores. Os mercadores, conscientes da sua riqueza e da sua força, suscetibilizados por esse desdém ofensivo. Os lusos transmigrados, com a prosápia das suas linhagens fidalgas e o entono impertinente de civilizados passando em terra de bárbaros[44].

Os acontecimentos que conduziram à emancipação política de 1822 não resultaram, por certo, apenas dos choques dessas "três classes", ainda que eles ocupem um papel fundamental na sua explicação. Certos setores da sociedade fluminense, e colonial como um todo, quase sempre permanecem ignorados, comprometendo a compreensão global do processo, como, por exemplo, aqueles mais diretamente vinculados às atividades portuárias. Importante também será estabelecer as ligações entre o governo do Rio de Janeiro, a partir da regência do príncipe dom Pedro, e os demais governos provinciais, com interesses muitas vezes divergentes tanto do Rio de Janeiro quanto de Lisboa. Por outro lado, a posição dos estrangeiros em face dos acontecimentos, sobretudo ingleses, também merece destaque na compreensão do processo, assim como a de brasileiros que vivendo no estrangeiro influenciaram de uma forma ou de outra no rumo dos acontecimentos, como foi o caso de Hipólito José da Costa, o redator do *Correio Brasiliense*[45].

E, por fim, é importante ressaltar ainda que resultará vã qualquer tentativa de agrupar em dois campos, rigidamente, aqueles interesses pró ou contra a emancipação, sobretudo se tal for feito a partir do critério das nacionalidades. O desenrolar dos acontecimentos, a formação dos novos interesses, a posição social muitas vezes marcada pelo problema racial, a difusão cada vez mais acelerada de novas ideias, em que pese todos os embargos a tal, fizeram com que as posições se modificassem muitas vezes no decorrer do processo, que diferentes interesses acabassem por se aglutinar, num mesmo momento, em torno de um mesmo elemento, como o príncipe dom Pedro, que certas forças fossem ultrapassadas enquanto novas surgiam, imprimindo características diferentes, porque novas, ao movimento de emancipação. E assim como a estrutura colonial impunha limites ao liberalismo econômico, também impunha ao nacionalismo, e só com reservas se poderia falar da independência do Brasil como uma revolução nacional.

"Revolução Burguesa em Contexto Colonial" (?)

A "Revolução" em Portugal: Repercussões no Rio de Janeiro

O ano de 1820 não foi favorável aos responsáveis pela preservação da "ordem" política e social da Europa, pois, às explosões revolucionárias de caráter

DAS INDEPENDÊNCIAS

liberal e nacional que então tiveram lugar, veio somar-se a posição francamente anti-intervencionista assumida pela Grã-Bretanha no Congresso de Troppau, ameaçando assim a sobrevivência da Santa Aliança.

As revoluções liberais e nacionais de 1820-1821 constituem uma das etapas do processo geral da revolução burguesa. Essa revolução, a partir do relativo triunfo da reação de caráter feudal simbolizada pelo Congresso de Viena, assumira, no nível político e ideológico, uma conotação de tipo liberal e nacionalista, acentuadamente antiabsolutista e até mesmo, por vezes, democrática[46]. As condições específicas da formação econômica e social ibérica deram à revolução burguesa e à sua ideologia um caráter algo diferente das suas premissas originais e à luz desse fato é que devemos analisar a exploração revolucionária de 1820 na Espanha e em Portugal.

O objetivo imediato da revolução do Porto era convocar as Cortes Gerais, dando-lhe o caráter de assembleia constituinte. A burguesia mercantil e os intelectuais lideravam o movimento. Tendo absorvido a ideologia liberal e nacional então em voga, adaptaram-na às suas necessidades e ressentimentos. Para isso contribuíram largamente as lojas maçônicas então amplamente difundidas na Europa e na América[47]. Reinterpretando a ideologia liberal e nacional, os revolucionários "vintistas" deram ao "liberalismo" um caráter essencialmente antiabsolutista, e ao "nacionalismo" um sentido nitidamente antibritânico. Para uma parte da nobreza, aparentemente favorável às ideias liberais, tratava-se de defender seus privilégios face à monarquia absoluta[48]. Em conjunto, devendo preservar o sistema colonial em vias de decomposição, a revolução era ainda mais contraditória: liberal e portanto antimercantilista em Portugal; mercantilista e recolonizadora em relação ao Brasil[49].

> A Revolução do Porto aproveitou, de fato, uma larga base de interesses prejudicados e também de amor-próprio ferido. Aproveitou-a para lançar-se e para consolidar-se: os líderes precisavam do apoio da burguesia e nas Cortes precisavam de ser "contra o Brasil", para serem populares – o que não é desculpa mas também não é suficiente para colocar o seu liberalismo entre aspas. Além do ressentimento econômico pela perda do monopólio havia um ciúme nacional, às vezes ingênuo, contra a antiga colônia arvorada em sede da monarquia ou pretendendo, ameaçando roubar o herdeiro da Coroa. O resultado foi uma atmosfera de prepotência e às vezes de comicidade – que não deixaria de ser um dos elementos de desdouro para as famosas Cortes.[50]

As repercussões da revolução do Porto no Rio de Janeiro foram profundas e decisivas para o processo político. Muito embora o Grão-Pará houvesse aderido à revolução desde 10 de janeiro de 1821, a primeira notícia recebida no Rio de Janeiro, em 17 de fevereiro, foi relativa à adesão da tropa sediada em Salvador, onde fora instalada uma Junta de Governo favorável às concepções liberais. Entretanto, já em 17 de outubro do ano anterior tinham chegado ao Rio de Janeiro as primeiras notícias sobre a revolução em Portugal, cindindo os ministros e as camadas sociais em torno de posições conflitantes[51], de modo que, de dezembro a fevereiro, "travou-se, no seio do gabinete, uma luta franca entre Tomás Antônio e Palmela, para cujo lado se inclinava o conde dos Arcos, lutando, porém, às escondidas, aliciando-se o príncipe real, a rainha e alguns chefes portugueses, com os quais também por fim se comunicou Palmela"[52]. As notícias da Bahia precipitaram os acontecimentos, tentando Tomás Antônio a todo custo impedir o pleno reconhecimento das Cortes, inclusive pela convocação de outras Cortes no Rio de Janeiro, enquanto Palmela se batia pelo envio das bases constitucionais por ele elaboradas, logrando inclusive, momentaneamente, embora por razões bem diversas, o apoio dos elementos absolutistas[53].

Enquanto isso, um pequeno conluio de elementos portugueses, agindo junto às tropas, logrou obter, no dia 26 de fevereiro, um "pronunciamento" militar favorável à revolução constitucional. Postando-se no Largo do Rocio, em atitude de rebelião, exigiram as tropas portuguesas a revogação do decreto do dia 23[54] e, pela voz dos mais exaltados[55], impuseram o juramento prévio da Constituição a ser elaborada pelas Cortes, a reorganização do ministério e a formação de uma Junta de Governo com os doze nomes então apresentados[56]. O príncipe d. Pedro, que para ali acorrera logo ao amanhecer, aceitou todas essas exigências em nome de seu pai. Convocou-se então a municipalidade ao edifício do Real Teatro de São João onde d. Pedro, d. Miguel, a oficialidade, os novos ministros e o povo em geral prestaram juramento à futura Constituição. Mais tarde, também o monarca, a quem o príncipe d. Pedro fora buscar em S. Cristóvão, em meio ao entusiasmo popular, prestou juramento[57].

Vitoriosa a revolução constitucional no Rio de Janeiro, ficava evidente que só haveria Cortes Constituintes em Lisboa, não mais se justificando

268 DAS INDEPENDÊNCIAS

a permanência de d. João VI no Brasil. Daí o decreto de 7 de março, decidindo o retorno e a permanência aqui do príncipe d. Pedro, como regente, ao mesmo tempo que se convocava a eleição dos deputados do Brasil às Cortes reunidas em Lisboa.

A revolução de 1820 provocou a explosão, mais ou menos violenta e simultânea, dos antagonismos sociais e raciais da sociedade colonial amortecidos, em parte, com a euforia resultante dos primeiros tempos da permanência da Corte no Rio de Janeiro. A revolução, penetrando no contexto colonial, não apenas mudava de caráter como, também, sendo vista dos ângulos mais diversos pelas camadas sociais em presença, parecia ser portadora de múltiplas e antagônicas mensagens. O processo histórico agora, mais do que nunca, irá caracterizar-se pela luta de certos setores da sociedade colonial contra os demais, tentando fazer prevalecer a sua visão particular da "revolução". Os acontecimentos de 1820-1821 são importantes exatamente porque levam definição de certas posições e correntes políticas e ideológicas básicas, tendo por elemento de referência comum a todos a própria ideia de revolução.

A revolução burguesa ressentiu-se, desde o início, de ambiguidades profundas – em seus dois aspectos componentes: o liberal e o nacionalista –, quando transferida para o contexto colonial[58]. Em se tratando de ambiente colonial é questionável, nessa época, o próprio conceito de "revolução"[59]; muito mais ainda, por conseguinte, as conotações de caráter "liberal" ou "nacional" que lhes são atribuídas por alguns autores. Os conceitos de liberalismo e nacionalismo, oriundos de uma realidade totalmente diversa – a Europa em plena revolução capitalista –, soam falso na sociedade colonial. O resultado disso é que o liberalismo adquiriu várias faces, contraditórias, enquanto o nacionalismo se reduziu a uma espécie de nativismo, quase exclusivamente antiportuguês[60].

Quando se considera a situação colonial, ou seja, o caráter da economia aqui desenvolvida e a respectiva estrutura social[61], verifica-se que sob ideias de "revolução" o que se constituía no problema central era na verdade a política de d. João VI – o que modificara e o que mantivera das antigas relações entre a metrópole e sua colônia.

Uma primeira oposição era aquela entre o "liberalismo" de um e de outro lado do oceano. Para os portugueses da antiga metrópole, os princípios liberais não pareciam, em absoluto, incompatíveis com o restabelecimento do pacto colonial – de inspiração mercantilista. Para os coloniais, por sua vez, liberalismo era sinônimo de "livre-cambismo", cuja completa aplicação convinha reivindicar. Isso, parece claro, não impedia aos metropolitanos pensar e pôr em prática uma política antiabsolutista e autenticamente liberal, enquanto, entre os colonos, muitos ignoravam, quando não hostilizavam claramente, as ideias liberais, dado o temor quanto às possíveis implicações que pudessem ter sobre os interesses dominantes na sociedade colonial. Nem por isso, no entanto, julgavam-se menos liberais os seus líderes.

No âmbito da sociedade colonial, por outro lado, várias são as posições que podemos distinguir a partir dos interesses das suas diferentes camadas e grupos sociais. Os comerciantes portugueses saudaram com entusiasmo a revolução, apoiando as medidas tomadas pelas Cortes, tanto pelo seu cunho antiabsolutista quanto pelo seu claro sentido recolonizador. E esse era o setor "burguês" mais numeroso existente no Brasil.

As tropas portuguesas, mais numerosas após 1817, também eram favoráveis às Cortes, pois todos seus interesses estavam vinculados à metrópole, além de estarem infiltradas pela propaganda liberal levada a cabo sobretudo pelas sociedades secretas.

Não foi portanto mero acaso que levou o Grão-Pará, Bahia e Rio de Janeiro, justamente as regiões onde eram mais numerosos os comerciantes e soldados lusitanos, a se pronunciarem a favor da revolução. A questão de retorno da Corte, porém, já não encontrou a mesma unidade de vistas por parte dos comerciantes e militares portugueses, dividindo-se as opiniões quanto às várias alternativas possíveis. Os comerciantes, principalmente, temerosos, conforme testemunhou Maria Graham[62], pelos seus interesses e até mesmo pela sua segurança após o retorno da Corte, batiam-se pela permanência do rei ou do seu filho e herdeiro, enquanto insuflavam os ânimos contra o absolutismo e contra os "estrangeiros" em geral. Haja vista o ocorrido na Praça do Comércio na madrugada de 22 de abril de 1821.

Os funcionários, tanto os pertencentes à nobreza quanto os plebeus, e que constituem o chamado "estamento burocrático"[63], estavam muito divididos. Alguns defendem os interesses tipicamente portugueses, por ideologia ou por oportunidade, denominando-se de "liberais". Outros, mais presos à Corte, preferem apoiá-la contra as "novas ideias", embora não estejam todos acordes em relação ao problema do retorno para Lisboa. Há nesse grupo elementos absolutistas ao lado de alguns liberais que, por oportunismo ou não, preferiram apoiar o poder real; brasileiros e portugueses aí se misturavam.

270 DAS INDEPENDÊNCIAS

Após a partida de d. João VI, as posições tornaram-se algo mais definidas. Com o monarca voltaram para Portugal muitos dos elementos do "estamento burocrático", tanto liberais quanto absolutistas, portugueses em sua maioria. Os que aqui ficaram foram, aos poucos, ingressando nas fileiras dos dois "partidos" que se constituíram em torno do príncipe d. Pedro: o "partido português", cujo apoio são as tropas e uma parte da burguesia mercantil; e o "partido brasileiro", abrangendo, sem qualquer preocupação da nacionalidade, todos aqueles que se vinculam aos interesses criados com a permanência da Corte no Rio de Janeiro, ou seja, os interesses burocráticos – especialmente os funcionários dos novos órgãos criados no Rio de Janeiro –, os interesses mercantis – todos os beneficiários da abertura dos portos e dos lucros daí resultantes –, os interesses financeiros – fornecedores e credores do governo, tendo negócios com o Real Erário e com o Banco do Brasil –, e os interesses que chamaríamos de puramente cortesãos – aquelas pessoas que não podiam abrir mão da projeção obtida no meio social da época graças ao acesso à Corte, às cerimônias, festas e favores reais[64].

Solidários, de início com o "partido brasileiro", no que toca à luta contra a recolonização e à adesão ao constitucionalismo, encontramos, na área urbana, aqueles elementos que constituem, talvez, o núcleo de uma futura "classe média". São eles os alfaiates, boticários, barbeiros, oficiais daqueles ofícios mecânicos considerados como não indignos, pequenos artesãos e retalhistas, além de alguns poucos profissionais liberais, advogados, solicitadores, cirurgiões. Engrossam esses elementos o chamado "partido democrático", cuja massa de manobra é constituída, em geral, pelos pretos e mulatos forros, por alguns índios civilizados e brancos pobres – a pequena multidão de "desclassificados" e "vadios" que se amontoa nas ruas do Rio de Janeiro dando sérias preocupações à política. Todos eles são facilmente permeáveis a certas palavras de ordem revolucionárias, empolgando-se com ideias como "constituição", "liberdade", e "Independência", embora seja evidente a sua debilidade em termos econômicos e bastante escassos os seus líderes[65].

Para fazer as pressões "democráticas" contava o "partido brasileiro" com o apoio do setor predominante na economia colonial: o rural. Ali imperam, como pequenos déspotas, os grandes proprietários – fazendeiros e senhores de engenho; a eles estão subordinados os feitores e mestres e muitos dos pequenos lavradores. A população do campo, portanto, alheia às teorias e aos movimentos em curso, acompanha passivamente os chefes locais[66].

A grande massa rural, porém, a mão de obra escrava, permanece anônima e muda, em sua imensa maioria. Para os senhores, ainda os mais liberais, a barreira do escravismo quase nunca é transposta. Constituindo o antagonismo principal da sociedade de época[67], superando inclusive a oposição entre colônia e metrópole, ou entre senhores rurais e comerciantes, a relação entre senhores e escravos veio a ser na verdade a pedra de toque das limitações ideológicas da "revolução burguesa em contexto colonial", dela não escapando, inclusive, alguns dos revolucionários mais autênticos, talvez, quem sabe, por ultrapassar em muito a consciência possível naquele momento do processo histórico[68].

Verifica-se assim, em síntese, que as novas ideias trazidas pela revolução, rotuladas por alguns de "liberalismo" e "nacionalismo" só muito vagamente inspiraram os movimentos ocorridos no Rio de Janeiro na década de 1820. O número de pessoas que possuía, de fato, conhecimento daquelas ideias era muito reduzido – profissionais liberais, comerciantes, funcionários, proprietários, em parte e muitos os fatores que criavam dificuldades à sua maior divulgação: analfabetismo, meios de comunicação deficientes, mentalidade ainda fortemente conservadora etc. Além do mais, convém lembrar, eram ideias incompatíveis em si mesmas com as bases da sociedade colonial. Alardeadas pelos elementos mais esclarecidos da chamada "aristocracia rural" e pelos escassos componentes da "burguesia urbana", ainda débil e inexpressiva, dependente do Estado ou dos próprios "aristocratas" rurais, aquelas ideias, repetimos, pouco tinham a ver com a estrutura agrária, de base escravista, dependente do exterior, aqui existente.

A importância maior da "revolução" talvez tenha consistido, precisamente, em acelerar o processo histórico da emancipação, forçando a definição dos grupos sociais em presença diante dos problemas políticos e sociais que ela mesma suscitou.

O Processo Revolucionário Durante a Regência do Príncipe Dom Pedro

A volta de d. João vi para Portugal acelerou o processo de Revolução em ambiente colonial, tanto no nível político como no ideológico, pelo aprofundamento dos antagonismos entre os diversos grupos sociais em presença, fato

272 DAS INDEPENDÊNCIAS

que determinou a rápida sucessão dos acontecimentos. Verifica-se, no entanto, um progressivo esvaziamento ou perda de importância relativa do sentido social da Revolução, característico de alguns dos denominados movimentos precursores, assumindo a mesma uma conotação predominantemente política.

As relações entre o governo do Rio de Janeiro e o de Lisboa agravaram-se celeremente. Tentaram as Cortes estabelecer ligações sólidas e diretas com os governos provinciais, ao que respondeu o governo do Rio de Janeiro pelo estreitamento dos laços com as províncias, especialmente as mais próximas. Enfrentaram-se então as forças centralizadoras e as fragmentadoras da unidade. Vitoriosas estas últimas, sobreviria o desmembramento territorial e a impossível constituição de um Estado nacional unificado. Daí concentrarem-se as forças de integração, cujo polo de irradiação era o Rio de Janeiro, na defesa da unidade política e territorial, indispensáveis esteios de uma unidade nacional ainda por ser edificada. Na medida em que os liberais de Lisboa representavam a tendência desagregadora, não é de admirar que a posição oposta venha a ser encampada, principalmente, pelas forças antiliberais aqui existentes.

No Rio de Janeiro mesmo, porém, o debate político foi mais complexo, pois centralização e descentralização eram itens de ideários mais amplos, peças de um jogo de interesses sociais bem mais profundos, à tona dos quais sobrenadavam as rivalidades, antipatias e divergências entre os indivíduos que nesse momento lideravam ou pareciam liderar as "correntes mais importantes dos pensamentos e interesses em conflito. Este último fato explica talvez a relativa frequência com que os estudos a respeito do assunto se perdem no emaranhado do factual.

Entre o 26 de abril de 1821 e o 7 de setembro de 1822 poderíamos considerar a existência de duas etapas na evolução dos acontecimentos políticos no Rio de Janeiro, balizadas pelo Dia do Fico.

Durante a primeira etapa, o conflito político foi travado em função dos polos representados pelo Rio de Janeiro e Lisboa. Após o Fico, entretanto, a tensão principal passou a residir nas relações entre o Rio de Janeiro e as províncias, onde a presença portuguesa favorável às Cortes ou a sobrevivência de sentimentos autonomistas tradicionais tendiam a contestar a criação do novo Estado.

Nos últimos dias de abril de 1821, dirigiu Dom Pedro a sua primeira proclamação ao povo, intitulada "Habitantes do Brasil", na qual dizia: "Todas estas intenções serão baldadas, se uns poucos mal intencionados conseguirem sua funesta vitória, persuadindo-vos de princípios antissociais, destrutivos de toda ordem e diametralmente contrários ao sistema de franqueza, que desde já principio a seguir."[69] Essa proclamação desagradou ao "partido português", que nela via a influência absolutista do conde dos Arcos, tanto mais que nas semanas seguintes foram decretadas várias medidas administrativas, bem como oficiou-se às províncias no sentido de prestarem obediência ao príncipe regente, fatos que configuravam, para os liberais, uma política em conflito com a de Lisboa. Importa não esquecer que a situação financeira, tornada crítica com o esvaziamento do Banco do Brasil, agravava-se com a cessação quase completa do envio de recursos das demais províncias para o Rio de Janeiro.

A notícia da promulgação das bases da futura Constituição em Lisboa animou os componentes do "partido português", e, sob o pretexto de protelações que seriam devidas à ação do conde dos Arcos, revoltaram-se as tropas sob o comando do tenente-general Jorge Avilez, exigindo o imediato juramento daquelas bases e a demissão do conde. Acedeu d. Pedro, não sem exigir que fossem ouvidos os eleitores dos deputados e o Senado da Câmara, bem como a oficialidade brasileira, de tal modo que foi possível neutralizar, com o auxílio de José Clemente Pereira, a criação de uma Junta Provisória, afinal lograda pelos exaltados, graças à hábil redação que foi dada ao decreto respectivo. Perante ela ficariam responsáveis os ministros, porém, face à indefinição de seus poderes, acabou por anular-se.

Quando tudo terminou, o príncipe teria exclamado: "Arranjem-se desta vez, como bem lhes parecer, porque eu terceira vez não venho cá, e Deus sabe para onde irei."[70] Sua popularidade parecera aumentar após esses acontecimentos, muito embora pudesse ser observado o fato de que "nos primeiros dias que se seguiram depois do 5 de julho, estiveram cheios de susto os habitantes da cidade. As lojas permaneciam fechadas, e os comerciantes, especialmente os brasileiros, temiam que, por um simples capricho das novas guardas pretorianas, pudesse a capital ver-se exposta a um saqueio geral, repetindo-se, em ponto grande, uma lamentável cena que, justamente por esse tempo, se passava em Santos"[71].

O governo permaneceu, desde então até o final do ano, numa espécie de marasmo político, mal se podendo saber verdadeiramente onde repousava a autoridade suprema. Dom Pedro, cansado, desejando voltar logo para

274 DAS INDEPENDÊNCIAS

Portugal, procurava ganhar tempo, aproximando-se da oficialidade portuguesa, a fim de evitar novos "pronunciamentos". As notícias vindas de Lisboa, em dezembro, interromperam esse compasso de espera.

Reunidas em 21 de janeiro de 1821, as Cortes Gerais e Constituintes da Nação Portuguesa aprovaram logo de início as bases da futura Constituição, eminentemente liberais, as quais foram convertidas em decreto em 9 de março. Ficava decidido que suas resoluções só seriam válidas para o Brasil quando seus legítimos representantes houvessem declarado ser esta a sua vontade.

Recebidas com júbilo as notícias do movimento constitucionalista no Pará, Bahia e Rio de Janeiro, aguardaram-se os resultados das eleições no Brasil para tomar as primeiras decisões relativas ao Reino Unido.

Logo após a chegada de dom João VI, em 3 de julho, procuraram as Cortes estreitar os laços com os liberais do Brasil, acenando-lhes com objetivos comuns, especialmente a luta antiabsolutista. Não tardaram, porém, a legislar para o Brasil, sob a pressão dos interesses mercantis de Lisboa e do Porto, bem como daqueles fixados no Brasil, aos quais se somavam os incentivos dos elementos liberais do "partido português", temerosos de d. Pedro, os quais pediram inclusive novos reforços de tropas para o Brasil.

Em fins de agosto chegaram a Lisboa os primeiros deputados brasileiros, e os do Rio de Janeiro em setembro, sendo logo a seguir decidida a criação de governos provinciais independentes do Rio de Janeiro e subordinados diretamente a Lisboa, por meio de Juntas Provisionais de Governo, bem como um governador de armas também subordinado às Cortes.

Pela Carta de lei de 10 de outubro foi ordenado o pronto regresso do príncipe a Portugal, de onde passaria a viajar incógnito pelas cortes europeias ali designadas. Discutiu-se também o projeto para a extinção dos tribunais e outros órgãos criados no Brasil desde 1808, do que resultaria o desemprego de quase dois mil funcionários no Rio de Janeiro[72].

Quando em 11 de dezembro foram conhecidas no Rio de Janeiro as decisões tomadas pelas Cortes, desencadeou-se uma reação que iria culminar no Fico. Muitas das tendências de pensadores brasileiros se modificaram bruscamente. Ouviram-se muitos "mandar para o diabo a tal de Constituição". Sucederam-se as manifestações contrárias à partida do príncipe. Numerosas publicações começaram a criticar as decisões das Cortes, como o *Revérbero Constitucional Fluminense*, o *Despertador Brasiliense*, *A Malagueta*, além de outros folhetos anônimos. Convergiram então os esforços da maçonaria, da imprensa e do Clube da Resistência, recém-criado pelo capitão-mor José Joaquim da Rocha. O perigo externo da recolonização unia as forças divergentes internamente. Do Clube da Resistência partiram emissários para as províncias da Minas Gerais e São Paulo a fim de obter as representações a serem levadas ao príncipe, pois este, apesar de propenso inicialmente a cumprir as ordens recebidas[73], respondera favoravelmente à pergunta de Gordilho de Barbuda sobre se anuiria "à vontade unânime dos povos do Rio de Janeiro, Minas e São Paulo"[74]. Não faltavam, inclusive, rumores de que, se d. Pedro não permanecesse no Brasil, a independência seria feita com o auxílio dos "ingleses europeus" e "americanos ingleses"[75].

Apesar de suas hesitações, d. Pedro acabou por aceitar a ideia de desobedecer às Cortes, ficando no Brasil. Em 10 de janeiro, ao receber a Representação da Junta Governativa de São Paulo, redigida por José Bonifácio[76], o príncipe já acertara com a "resistência" o recebimento da representação fluminense no dia 9 de janeiro, a qual seria acompanhada por um gigantesco abaixo-assinado, com data de 29 de dezembro, que chegou a angariar mais de oito mil assinaturas. Publicada a representação paulista na *Gazeta Extraordinária*, na noite do dia 8 de janeiro, realizou-se no dia seguinte o recebimento oficial dos documentos, numa cerimônia ao mesmo tempo solene e festiva. Muito embora a resposta de d. Pedro tenha sido cautelosa, acabaria por prevalecer para a História a sua segunda versão, bastante conhecida: "Como é para o bem de todos e felicidade geral da Nação, estou pronto; diga ao povo que fico."[77]

O Fico constituiu o resultado imediato da pressão vitoriosa das forças interessadas em impedir a recolonização do Brasil e daquelas que, além disso, desejavam dar continuidade à Revolução "liberal". Faz-se necessário, portanto, recapitularmos a atuação dessas forças, nos meses que antecederam o Fico, utilizando como referência os seus dois instrumentos principais: as sociedades secretas e a imprensa. Só após, então, iremos abordar a cisão daquelas forças, entre o Fico e o Sete de Setembro e, acima de tudo, após essa última data.

276 DAS INDEPENDÊNCIAS

Desde o dia 2 de junho de 1821 reabrira-se no Rio de Janeiro a maçonaria, fechada pelo alvará de 1818, resultado direto da Revolução Pernambucana do ano anterior. Na loja "Comércio e Artes" ganhavam dimensão os nomes de José Clemente Pereira, Joaquim Gonçalves Ledo, Cônego Januário da Cunha Barbosa e Domingos Alves Branco Muniz Barreto. Ao lado dos sermões constitucionais até então em moda, começava-se a cogitar os meios e modos de organizar no Brasil um governo "perpetuamente livre". A pregação da soberania popular, inspirada nas Cortes, não tardaria a ser utilizada pelos brasileiros, contra elas.

Com a liberdade de imprensa, concedida em agosto de 1821, puderam ser veiculadas livremente muitas das ideias que até então haviam ficado restritas às reuniões secretas. Era preciso mobilizar a opinião da população do Rio de Janeiro contra as Cortes, unir todas as forças para a fase final da luta. Redigido por "dois brasileiros amigos da nação e da pátria" – Januário da Cunha Barbosa e Joaquim Gonçalves Ledo –, apareceu, em 15 de setembro de 1821, o jornal que mais se distinguiria na luta pela independência, pois a aliava à ideia de liberdade: o *Revérbero Constitucional Fluminense*. Ao seu lado deve ser colocado o *Correio do Rio de Janeiro*, do português João Soares Lisboa. Defendendo opiniões por vezes semelhantes, aparecia também *A Malagueta*, de Luís Augusto May. Enquanto isso, os setores mais moderados ou "aristocráticos" do "partido brasileiro" expressavam-se por intermédio de *O Espelho*, de Manuel Ferreira de Araújo, e de *O Despertador Brasiliense*, de Francisco de França Miranda[78].

Surgiam rumores insistentes de que d. Pedro seria proclamado imperador do Brasil no dia 12 de outubro, dia de seu natalício, havendo mesmo uma conspiração maçônica com esse objetivo. Dizia-se então:

Inda que não fosse herdeiro,
Seja já Pedro Primeiro.

Mesmo os liberais da terra não hesitavam em propor:

Seja nosso Imperador
Com Governo liberal,
De Cortes, franco e legal,
Mas nunca nosso Senhor.

Tais manifestações inquietavam os componentes do "partido português" que, apegando-se ao suposto lusitanismo do príncipe, exigiram deste severas providências. Tranquilizou-os d. Pedro com uma "Proclamação aos Fluminenses", em 4 de outubro, assegurando-lhes que jamais seria perjuro e jurando "morrer por três divinas coisas: a religião, o rei e a Constituição". Não ordenou, porém, a prisão dos chefes da conspiração, limitando-se a alguns agentes subalternos.

Observe-se, no entanto, que até quase o final de 1821 – o ano do constitucionalismo português, no dizer de Oliveira Lima – a ideia que predominava em ambos os setores do "partido brasileiro" era a de autonomia, mantendo-se a união com Portugal. Nesse sentido pronunciava-se o *Revérbero* em 10 de dezembro, o mesmo José Bonifácio nas Instruções dadas pela Junta da Província de São Paulo aos deputados eleitos às Cortes, ainda que retomasse ali a ideia de um congresso especial para o Brasil[79].

O Fico assinala o rompimento do príncipe regente com as Cortes, e não com dom João VI. No "partido português", inclusive, havia muitos que ainda se conservavam fiéis à instituição monárquica, hostis, por isso mesmo, à agitação liberal. Completou-se a cisão do "partido português" quando d. Pedro, reagindo à rebelião da Divisão Auxiliadora, de Avilez, na noite de 11 para 12 de janeiro, forçou-a a transferir-se para a Praia Grande e dali embarcar para Portugal, no mês seguinte, e impedindo logo depois que as tropas chegadas em 9 de março desembarcassem, exceto aqueles que quisessem alistar-se nos corpos de tropa do Rio de Janeiro[80].

Processava-se assim uma aproximação entre o "partido brasileiro" e os remanescentes do "partido português", todos em oposição às Cortes, por razões diversas, não raro, e aceitando a independência como última solução, sem propriamente desejá-la. A luta contra o perigo externo fez esquecer, temporariamente, as desconfianças e temores mútuos, principalmente dos liberais em relação aos absolutistas do "partido português" e também a respeito dos pronunciamentos "antidemocráticos" dos porta-vozes dos senhores de terras. A maioria tendia a fazer a ideia de independência superar – e mais tarde sufocar – a ideia de liberdade, a fim de constituir um poderoso bloco político-militar capaz de esmagar as veleidades autonomistas de certas províncias, bem como o secessionismo sustentado pelas tropas lusas presentes em algumas outras.

Muito embora dirigisse no dia 18 de janeiro um manifesto ao povo, recomendando união e tranquilidade, e onde acrescentava – "não penseis em separação, nem levemente; se isso fizerdes, não conteis com a minha pessoa"[81] –, d. Pedro completou o Fico com uma outra providência fundamental – a reorganização do ministério, no dia 16, com a entrada de José Bonifácio para a pasta do Reino e Estrangeiros. Apesar de certas ideias socialmente avançadas, as concepções político-institucionais e os preconceitos ideológicos do Andrada colocavam-no em oposição à facção democrática da revolução em curso, que considerava demagógica; daí sua tendência a superá-la em nome dos ideais unitários e patrióticos, essencialmente conservadores, dos setores rurais que tão bem representava.

Simultaneamente tendia a intensificar-se o debate ideológico em torno da necessidade ou não de se reunirem também, no Brasil, os representantes de suas províncias, numa espécie de assembleia constituinte, destacando-se as contribuições de João Soares Lisboa e Gonçalves Ledo através do *Correio do Rio de Janeiro* e do *Revérbero Constitucional Fluminense*, respectivamente. Com facilidade, tal debate colocava de imediato o problema da própria união com Portugal, daí sucedendo os escritos de um e outro lado do oceano, com os mais diversos argumentos, embora tentando sempre mostrar a necessidade daquela união e desmascarar os seus adversários.

Em 16 de fevereiro, um decreto convocava um Conselho de Procuradores das Províncias, atendendo à solicitação do Senado da Câmara do Rio de Janeiro e do deputado da Junta de Minas Gerais. A ideia partira de Ledo, Clemente Pereira, Cunha Barbosa e do coronel Luís Pereira da Nóbrega, e contrariava tanto os elementos mais radicais, como Luís Augusto May e João Soares Lisboa, quanto os mais conservadores, especialmente das províncias.

Previstas para 18 de abril, as eleições no Rio de Janeiro foram sendo adiadas, face à agitação criada em torno do assunto, sendo afinal realizadas às pressas em 10 de junho. Entrementes, ante a pressão crescente dos liberais em prol de uma constituinte, o ministério tergiversara o mais possível. Sem embargo, enquanto Ledo e seu grupo procuravam imprimir um ritmo acelerado ao processo, tentando fazer com que a independência não fosse apenas um movimento antiportuguês ou contra as Cortes, José Bonifácio buscava, em nome de seu grupo, adiar as decisões, conduzir o processo de maneira quase vagarosa, mas à sua feição[82].

Todavia, em 10 de junho a convocação do conselho de procuradores já não era o elemento fundamental para a facção democrata. Ganhara força, progressivamente, durante a viagem do príncipe a Minas Gerais, a ideia da convocação de uma constituinte.

À sua chegada àquela província, onde fora restabelecer a ordem e a obediência ameaçadas pelos atos arbitrários e de cunho separatista da Junta Governativa, escrevia o *Revérbero*:

> Príncipe! Rasguemos o véu dos mistérios; rompa-se a nuvem que encobre o sol, que deve raiar na esfera brasileira; forme-se o livro que nos deve reger e, sobre as bases já por nós juradas, em grande pompa seja conduzido e depositado sobre as aras do Deus de nossos pais [...] jura identificar-te com ela; o Deus dos cristãos, a Constituição brasílica e Pedro, eis os votos de todos os brasileiros [...] Não desprezes a glória de ser o fundador de um novo Império [...] Príncipe, as nações todas têm um momento único, que não torna quando escapa, para estabelecerem os seus governos.[83]

E d. Pedro parecia cada vez mais ligar-se à fórmula constitucional, conforme depreende-se de sua correspondência com o pai ("Sem Cortes o Brasil não pode ser feliz"), com José Bonifácio (de São João del-Rei escrevia dizendo ser um legislativo brasileiro "o único açude que possa conter uma torrente tão forte") e na proclamação dirigida aos mineiros ("Sois constitucionais. Uni-vos comigo e marchareis constitucionalmente")[84].

Ao mesmo tempo que o príncipe determinava, por decreto de 4 de maio, que não se desse cumprimento no Brasil aos decretos das Cortes sem o "cumpra-se", os "democratas" se movimentavam, resolvendo conceder a d. Pedro, por proposta aprovada na maçonaria, o título de Protetor e Defensor Perpétuo do Brasil, em nome do povo. Em 13 de maio, José Clemente Pereira, em nome do Senado da Câmara, ofereceu o título a d. Pedro, que só aceitou a segunda parte alegando que o Brasil a si próprio se protegia. O passo seguinte foi dado no dia 23 de maio, quando foi levada ao regente a Representação do Povo do Rio de Janeiro, redigida por Ledo e Barbosa, criticando a política das Cortes e solicitando a convocação de uma assembleia constituinte, afinal conseguida por decreto de 3 de junho.

Mais uma vez, os elementos "democratas" da província Fluminense empurravam para diante o carro da revolução liberal, contrariando os receios e interesses dos moderados ou "aristocratas". A convocação da Assembleia Constituinte foi talvez a grande vitória dos "democratas" no processo de

280 DAS INDEPENDÊNCIAS

independência. "Conformou-se o ministério com o que era proposto"[85], embora conseguisse limitar aos efeitos da medida através do processo eleitoral indireto[86].

Aprofundava-se o antagonismo entre os setores "democrata" e "aristocrata". José Bonifácio, porta-voz deste último, não hesitou em acoimar de "carbonários" e "chumbos" a tudo e a todos que se opunham a si, à sua família, ao seu grupo e aos seus interesses políticos. Procurou compensar a Martim Francisco, promovendo-o a Ministro da Fazenda, pois fora obrigado a abandonar a Junta paulista após o motim de 23 de junho e a enérgica representação dos principais moradores de São Paulo. Criou para Caetano Pinto de Miranda Montenegro uma nova Secretaria de Estado, a dos Negócios da Justiça. Apesar de feito grão-mestre do Grande Oriente Maçônico, em 28 de maio, o velho Andrada decidiu criar uma outra sociedade secreta, o Apostolado da Nobre Ordem dos Cavaleiros da Santa Cruz, da qual d. Pedro foi feito arconte-rei, em 2 de junho[87].

Internamente divididas, as forças do "partido brasileiro" tendiam a unir-se diante do perigo externo – a ameaça recolonizadora, sobretudo porque o conflito armado já irrompera na Bahia. Os manifestos de agosto – o de Gonçalves Ledo "aos brasileiros" e o de José Bonifácio "às nações amigas" – espelham essa contradição, embora desde 5 de junho o redator do *Correio do Rio de Janeiro* estivesse preso por excessivas críticas ao ministério e o decreto de 18 de junho limitasse a liberdade de imprensa.

O manifesto de 10 de agosto, de Ledo, ainda mantém o respeito ao rei constitucional, dom João VI, embora a ideia de união, já totalmente vazia, pareça algo esdrúxulo. Nele se afirma a unidade do Amazonas ao Prata e, por um decreto anexo, são declaradas "inimigas" quaisquer forças armadas que viessem de Portugal e não quisessem submeter-se à intimação de regressar.

No manifesto de 6 de agosto, José Bonifácio convidava "as nações amigas" a entrar em relações com o Brasil, proclamando, "à face do universo", a "independência política do Brasil", como reino irmão do português. Rompia-se com o governo dominante em Portugal, porém, não com a nação ou com o seu rei[88].

Aparentemente, a "Revolução brasileira" rompia com sua congênere portuguesa, o que não é de espantar, dada a já conhecida ambivalência desta última, restando saber até que ponto o ideal "nacional" prevaleceria sobre o "liberal".

Recebido na maçonaria em 5 de agosto, na loja "Comércio e Artes", d. Pedro continuava a ser o centro principal das disputas dos dois grupos em pugna. Reacendendo-se as disputas em São Paulo entre os grupos andradista e antiandradista pelo controle da Junta provincial, resolveu o príncipe Regente visitar aquela província. Partiu em 14 de agosto para São Paulo, tendo confiado a regência a d. Leopoldina e feito publicar uma circular, redigida por José Bonifácio, onde se lia que "tendo o Brasil, que se considera tão livre como o Reino de Portugal, sacudido o jugo da sujeição e inferioridade com que o reino irmão o pretendia escravizar, e passando a proclamar solenemente a sua Independência, e a exigir uma assembleia legislativa dentro do seu território, com as mesmas atribuições que a de Lisboa [...]"[89] Já estava praticamente configurada a independência.

No Rio, os "democratas" preparam a aclamação do príncipe, decidindo-se o Grande Oriente pelo envio de emissários às províncias, preparando a cerimônia que deveria ser realizada em 14 de setembro.

Ao retornar de Santos, no dia 7 de setembro, às margens do riacho Ipiranga, d. Pedro recebeu as notícias vindas do Rio de Janeiro, enviadas por d. Leopoldina e pelo ministério, proclamando a independência do Brasil. Rompia-se com as Cortes portuguesas, ao mesmo tempo que José Bonifácio conseguia retirar das mãos de seus adversários políticos o ato final do processo.

A Independência:
Vitória e Derrota da Revolução

Proclamada a Independência da colônia, o pensamento dos homens, a que ia caber a formidável incumbência de organizar o governo nacional, já não podia ser o mesmo: a necessidade de manter a unidade política do país toma o primeiro lugar no plano das suas cogitações construtoras. Eles não têm diante de si uma vasta colônia a explorar, segundo os preceitos do fiscalismo; mas uma pátria a organizar, uma nação a construir, um povo a governar e dirigir.[90]

Essa afirmativa, muito embora pareça totalmente correta na sua formulação, pode ser encarada mais exatamente como a expressão de um desejo do autor quanto ao como as coisas deveriam ter sido, muito diferente do

282 DAS INDEPENDÊNCIAS

que elas foram na realidade, pois expressam uma unidade de vistas que de modo algum existia ao longo do processo de independência.

Em primeiro lugar, convém não esquecer, a proclamação do 7 de setembro deveria ainda ser levada à prática em várias províncias onde o "partido português" conservava forças consideráveis. É a "face cruenta" da independência[91], a guerra para libertar a Bahia, o Piauí, o Maranhão, o Grão-Pará e a Cisplatina do jugo metropolitano, mantido em nome da obediência às Cortes e, por conseguinte, da face portuguesa da revolução liberal.

Enquanto isso, no Rio de Janeiro e naquelas províncias a ele mais diretamente ligadas, o ato do Ipiranga é ao mesmo tempo um fim e um início. De fato, até ali, os diversos grupos em presença, embora mantendo divergências, haviam concentrado seus esforços em torno do príncipe regente, impulsionando-o ao rompimento definitivo com as Cortes. Tratava-se, agora, não só de defender essa conquista, mas de construir as bases do novo Estado. A divergência em torno desse objetivo fez recrudescer o conflito entre as posições ideológicas que havia muito se combatiam. Os "aristocráticos" objetivavam apenas garantir as posições conquistadas durante a permanência da Corte no Rio de Janeiro; para eles, o ato do Ipiranga encerrava a luta revolucionária contra as Cortes. Para os "democráticos", todavia, aquele ato era apenas o início de mudanças mais amplas e profundas.

A maçonaria, através do Grande Oriente, refletia a tendência mais radical, sendo seus porta-vozes Gonçalves Ledo, Januário da Cunha Barbosa, José Clemente Pereira. Fazia-lhe frente o apostolado, que, congregando os elementos mais moderados, defensores da ordem, tinha como compromisso fundamental "procurar defender a integridade e independência e felicidade do Brasil como Império constitucional, opondo-se tanto ao despotismo que o altera quanto à anarquia que o dissolve".

Um dado de complexidade suplementar, no entanto, ao binômio de forças antes referido, é constituído pela própria maneira como se processou a ruptura com Portugal. É o herdeiro do trono português quem comanda a separação, ao menos quanto às aparências políticas; devido a isso, os elementos do "partido português", adeptos ou não das Cortes, viram-se levados a aderir ao príncipe e às tendências monárquicas que ele personificava. Constituído sobretudo de comerciantes, militares, funcionários, o "partido português", receoso a princípio da exaltação nativista, fortemente antilusitana, tende a aproximar-se daquela fração mais moderada do "partido brasileiro", já que ambos se mostravam temerosos das veleidades revolucionárias dos "democráticos".

Os interesses do setor moderado do "partido brasileiro", porta-voz sobretudo de uma elite de senhores rurais que viam a situação como algo definitivo a ser institucionalizado, levaram-no, graças também à política personalista de José Bonifácio, a unir-se ao "partido português" para eliminar rapidamente a ameaça potencial, se é que existia de fato, considerando-se a pequena penetração popular do grupo "democrata". Rompendo a seguir com d. Pedro, e, portanto, com os "portugueses", os setores moderados do "partido brasileiro" acabaram por ser alijados do poder, sendo obrigados a iniciar uma nova luta contra os excessivos poderes do imperador e as ameaças de recolonização, ou ao menos de retorno à união com a antiga metrópole, que pairavam no ar. Somente o denominado "renascer democrata" do final da década, incentivado pelos próprios "aristocráticos", permitiu a vitória final sobre o "partido português". Como em 1822, a união contra o perigo comum levou de vencida os adversários – o 7 de abril aparece, assim, como o complemento necessário do 7 de setembro.

Concretizado o rompimento com as Cortes, os membros do grupo "democrata" concentraram seus esforços na defesa da Constituinte. Desde cedo, surgiram proclamações anônimas, atribuídas a Ledo, exaltando d. Pedro como Imperador Constitucional do Brasil. Realizada pela maçonaria, tal campanha tinha como objetivo ligar a aclamação de d. Pedro, prevista para 12 de outubro, ao seu juramento de obediência à Constituição que seria elaborada.

Para os defensores da ordem vigente era inaceitável a ideia de submissão do imperador à assembleia. Ambos os poderes eram oriundos da vontade popular, logo, iguais, mas talvez o do imperador fosse superior, como era do interesse de José Bonifácio. Preocupava-o a formação de um "poderoso e independente executivo", única maneira de obter também a unidade e a integridade territoriais.

Os primeiros momentos pareceram favoráveis aos do grupo de Ledo, pois obteve-se anistia para os "dissidentes da grande causa da Independência do Brasil", foram apurados os votos do Rio de Janeiro para a constituinte, d. Pedro ordenou que fosse suspensa a devassa aberta em São Paulo relativa aos

284 DAS INDEPENDÊNCIAS

sucessos de maio anterior, enquanto José Clemente Pereira enviava circulares às outras Câmaras provinciais para prepararem para o dia 12 de outubro a aclamação de d. Pedro como imperador constitucional. Percebendo a hostilidade dos Andradas, os maçons fizeram d. Pedro seu grão-mestre no dia 7 de outubro, cargo até então exercido por José Bonifácio.

Desde então, os conflitos entre os dois grupos se agravaram. Maçons que se dirigiam ao Senado da Câmara do Rio de Janeiro, em cuja sessão ia ser discutida a questão do juramento prévio da Constituição pelo imperador, foram dispersados violentamente pelas forças dos "moderados", sendo o próprio José Clemente Pereira agredido. Ao mesmo tempo, o velho Andrada procurava atrair para o apostolado quantos membros pôde do Grande Oriente.

Em 12 de outubro, d. Pedro foi aclamado "Imperador Constitucional e Defensor Perpétuo do Brasil", mas não foi feito o juramento da futura Constituição. Quase ao mesmo tempo, sob a direção dos Andradas, iniciou-se uma violenta perseguição aos elementos considerados radicais. O *Correio do Rio de Janeiro* foi proibido de circular, os trabalhos das lojas maçônicas foram suspensos e nova devassa foi aberta em São Paulo. Como o Imperador não concordasse integralmente com essas medidas, os Andradas demitiram-se do ministério. Os membros do apostolado promoveram, então, manifestações de apoio aos ministros demissionários, procurando dar às mesmas um cunho popular, o que acabou provocando a volta dos Andradas ao governo[92]. Era o início de uma nova fase de perseguição aos elementos do grupo "democrata", que provocaria o refúgio de Ledo em Buenos Aires e a deportação de muitos outros no Rio de Janeiro, São Paulo e Pernambuco, como José Clemente Pereira e Januário da Cunha Barbosa, além de inúmeras prisões[93].

Afastados os elementos "republicanos" e "facciosos", pôde realizar-se com pompa absolutista a cerimônia de coroação de d. Pedro I, no dia 10 de dezembro.

A eliminação do grupo "democrata" não assegurou tranquilidade para os "aristocratas", pois o "partido português" reorganizava-se, pouco a pouco, aglutinando-se em torno do imperador. Tendo realizado, no dizer de Euclides da Cunha, "uma política de Saturno", pois para salvar a revolução precisou esmagar os revolucionários, José Bonifácio não conseguiu, muito por causa de sua política personalista, afastar o imperador do "partido português", que defenderia a reaproximação com Portugal. A queda do ministério dos

Andradas em 16 de julho de 1823, no momento em que d. João VI restabelecia o absolutismo em Portugal, assinala a ligação íntima do imperador com o "partido português", ao mesmo tempo que intensificará a luta na assembleia e na imprensa, onde aparecem *O Tamoio* e *A Sentinela da Liberdade* à beira-mar da Praia Grande, sob a inspiração andradina. O fechamento da Assembleia Constituinte em novembro de 1823 e a outorga da Constituição pelo imperador em março do ano seguinte aparecem, então, como os desdobramentos lógicos do que acima se referiu, mas cujos limites estruturais eram dados pelo predomínio da grande propriedade territorial, conforme ficaria demonstrado na sequência dos acontecimentos que, a partir sobretudo de 1827, conduziriam à abdicação[94].

Conclusões

É preciso, antes de mais nada, esclarecer o leitor sobre quais foram os nossos objetivos. Tentamos, na realidade, apresentar uma espécie de "estado atual", um tanto resumido, é bom frisar, dos conhecimentos históricos relativos ao processo de independência limitado a uma região do país. Não pretendemos apresentar uma versão "nova", baseada em documentação inédita, ou, simplesmente, em fontes de primeira mão. Queríamos, sim, que este trabalho se constituísse numa espécie de síntese, ainda que imperfeita, da historiografia existente, com suas qualidades e deficiências, suas lacunas e tendências mais características. Um balanço, na verdade, muito mais do que uma outra versão a ser acrescentada às anteriores. Um balanço que fosse também um ponto de partida.

Assim sendo, esperamos que da leitura das páginas anteriores e da reflexão que elas possam suscitar, tanto por aquilo que elas contêm como pelo que não contêm, surjam estímulos bastante fortes voltados para os trabalhos de pesquisa e para as reflexões metodológicas que se fazem urgentes.

É fácil perceber no trabalho duas características marcantes: a ênfase dada ao político e abordagem factual do processo histórico. Isso é História, segundo uns, ou é crônica, segundo outros, talvez pejorativamente. Mais importante,

286 DAS INDEPENDÊNCIAS

porém, parece-nos, é indagar o porquê daquelas características. A resposta não é difícil. A maioria dos autores que estudaram o assunto vê dessa maneira o processo histórico e, consequentemente, a obra histórica. Trata-se de uma concepção, bastante antiga e enraizada por sinal, segundo a qual a História é constituída de "acontecimentos"; cada acontecimento insere-se numa sucessão quase infinita de outros acontecimentos, dotada de uma lógica própria, ou de uma total falta de lógica; pressupõe-se com frequência, então, que a simples sucessão cronológica já reflete uma espécie de necessidade histórica, contendo em si a sua própria explicação. Compete ao historiador, arbitrariamente, destacar um ou vários acontecimentos, para sua pesquisa e estudo e, a seguir, tentar reconstituir, como num imenso quebra-cabeças, os seus antecedentes ou "causas" e os acontecimentos subsequentes ou as "consequências". Feito isso, a óptica narrativo-descritiva incumbe-se da "obra histórica", e o resultado dependerá apenas dos dons literários do historiador, de sua paciência em averiguar todos os pormenores, e de uma certa "visão" geral que ele possua, conscientemente ou não, sobre a própria História.

Procuramos, portanto, mostrar, em síntese, como a história do historiador que descobre e arruma os fatos predomina, amplamente, na historiografia do nosso tema. Daí resulta, também, a conotação "política", no sentido tradicional, voltada para os indivíduos, os grandes homens – afinal, não são eles que fazem a História?

Utilizando o problema do processo de Independência no Rio de Janeiro, mostramos – ou tentamos fazê-lo –, simultaneamente, o que existe e o que se poderia fazer daqui para frente. Aqui e ali inserimos alguns elementos de uma outra visão do mesmo problema. Contrastamos, sempre que foi possível, a visão factual-acontecimental à visão mais profunda, de tendências estruturais. Reconhecemos, porém, que o material é escasso, ainda, para esta última, e copioso para a primeira.

Vejamos, agora, por partes o que foi acima enunciado em termos gerais. O retorno da Corte portuguesa para Lisboa, logo de início, constituindo uma espécie de prólogo, permitiu um primeiro paralelo, apenas esboçado, é verdade, entre a abordagem factual, dramática por excelência, e a análise das forças em presença, forma de abordagem que está a exigir uma investigação sistemática, em padrões modernos. Sua falta levou-nos a uma visível limitação, em termos de fontes, quanto ao seu número e à sua representatividade social.

Na breve síntese do Rio de Janeiro nas duas primeiras décadas do século XIX, chamamos a atenção para o que é possível tentar, ainda, em matéria de relacionamento entre a História e a Geografia, o meio físico e o humano, a paisagem cultural resultante dessa interação. Logo depois, já agora em termos de história econômica, quisemos chamar a atenção, indiretamente, para o pouco que se conhece a respeito da evolução econômica propriamente dita, quase sempre confundida, na verdade, com a evolução da política econômica. A economia mesma, porém, em termos de atividades produtivas, de circulação e consumo de mercadorias, permanece ainda como um autêntico desafio, sobretudo para os entusiastas da história quantitativa e seus vários tipos de problemas: demografia histórica, flutuações monetárias e movimentos de preços, fluxo e refluxo comercial etc.

Na terceira parte, a mais importante, sem dúvida, tentamos colocar em suas linhas gerais o problema da ideologia transplantada da Europa burguesa para o ambiente colonial. Entretanto, também aqui, quantas interrogações sem resposta à vista. É preciso analisar, com base em dados precisos, a estrutura social do Rio de Janeiro – onde, no entanto, por exemplo, a codificação sócio-profissional respectiva? Que dizer, por outro lado, dos mecanismos do poder que de maneira mais ou menos impressionista atribuímos a este ou àquele grupo – onde o estudo científico da burocracia, do sistema eleitoral, seus membros, seus meios de ação e os limites respectivos? Como estabelecer então, com precisão científica, os pressupostos sobre as relações entre o poder econômico e a influência política de pessoas ou grupos? Que dizer, ainda, dos "partidos" aos quais nos referimos com frequência – qual a sua constituição precisa, inclusive quantitativa? Que significam social e geograficamente as denominações adotadas? Qual o conteúdo exato de suas manifestações ideológicas? É como se tudo, afinal de contas, estivesse por ser estudado ou pesquisado. Mas como assim, há de se perguntar, não se trata de fatos já bastante estudados e conhecidos? Sim e não. Conhecidos como "fatos"? Provavelmente sim. Certos fatos? Certas pessoas? Sim, é claro. Mas não é disso que, evidentemente, estamos tratando.

Por fim, gostaríamos de chamar a atenção para dois pontos cuja elucidação ou melhor compreensão, cremos, possibilitaria não apenas o melhor entendimento do processo de independência como também da própria organização

288 DAS INDEPENDÊNCIAS

futura do Estado imperial. São eles aqueles que se referem, de um lado, ao sentido político da independência, consubstanciado na forma de organização política a ser dada ao novo Império, polarizando-se as discussões em torno dos esquemas de centralização e de descentralização; e, por outro lado, ao sentido social e ideológico do processo, que oscila, por assim dizer, durante muito tempo entre a simples emancipação e a revolução, se é que a emancipação colonial não constitui por si só uma verdadeira revolução.

Embora constituísse uma ideia estranha à América, e talvez devido à forma peculiar assumida pelo processo de emancipação da colônia portuguesa desde a transferência da Corte, a solução monárquica acabou por se impor às forças políticas em luta no Rio de Janeiro, embora as mesmas divergissem a respeito de outros pontos fundamentais, conforme já foi salientado. A solução monárquica acabou por impor a forma centralizadora, e as tropas imperiais que derrotaram nas províncias as forças militares portuguesas fiéis às Cortes acabavam por realizar, ao mesmo tempo, a tarefa da centralização imposta pelo Rio de Janeiro. Ora, se é relativamente fácil constatar (e não explicar) que a emancipação beneficiou diretamente, ainda que talvez a longo prazo, os senhores de terras e de escravos, e que o Estado que se constitui representará, direta ou indiretamente, em maior ou menor escala, os seus interesses, não nos parece fácil entender por que os mesmos senhores de terra, que durante todo o período colonial pugnaram pela autonomia local, aceitarão a centralização, ou ao menos a ela não poderão opor-se, embora constituíssem a classe dominante da colônia, do ponto de vista econômico. Tratar-se-ia, então, da vitória dos interesses de uma fração dos proprietários rurais – os do Sudeste, em termos geográficos – sobre os demais, como parecem explicar alguns? Qual, todavia, no momento o setor mais importante da economia agrário-exportadora, ao menos em termos de riqueza acumulada? Outros ainda preferem explicar a vitória da fórmula centralizadora como sendo a vitória do estamento burocrático, gerado em Portugal e que aqui se transferira, e que teria em José Bonifácio o seu mais característico e lúcido representante. O velho Andrada deixaria, desse modo, de ser o porta-voz dos setores rurais, ou então acumularia as duas funções. Mas, já perguntamos acima, qual o verdadeiro papel dessa burocracia e quais os limites de sua ação? Indo um pouco adiante, se a forma centralizada representa de fato a vitória dos interesses do estamento burocrático, ter-se-ia constituído então no Brasil um tipo de Estado que, paradoxalmente, reproduziria o Estado português contra o qual se lutara, ou ainda, o Estado absolutista dos Braganças lá e cá? As respostas parecem-nos não residir justamente aí. Poder-se-ia também aventar a hipótese de que os diferentes resultados dos ideais integracionistas de Bolívar e José Bonifácio seriam o resultado de injunções externas, sobretudo inglesas e estadunidenses. Um estudo mais rigoroso do Congresso do Panamá talvez lançasse alguma luz sobre a questão, mas estamos certos de que não a solucionaria. A centralização pode estar referida também à existência de um mercado nacional de escravos, como ainda desejam outros autores.

De qualquer forma, a resolução da questão parece-nos fundamental se quisermos avançar na compreensão do sentido político assumido pela independência e pelo próprio império.

Por outro lado, já salientamos anteriormente que o sentido social, que por vezes caracterizou os denominados movimentos precursores, foi sendo pouco a pouco suplantado por um sentido meramente político, inclusive para aqueles elementos "democratas" considerados radicais. Acreditamos ser extremamente importante a compreensão do porquê dessa evolução, sobretudo se nos lembrarmos que José Bonifácio foi o único que concretamente preocupou-se com o problema, apesar de suas reconhecidas posições conservadoras em outros aspectos. A elucidação dessa questão talvez nos permita compreender o limite real da ideologia liberal em ambiente colonial, abrindo novos horizontes à discussão dos conceitos de emancipação e revolução colonial. Neste momento, então, talvez seja importante a reflexão sobre as palavras de Vasconcelos Drumond de que "a Independência do Brasil respeitou todos os direitos, mal ou bem adquiridos. Não há exemplo que em nenhum outro país acontecesse outro tanto no meio de uma revolução".

15.
O Processo de Independência em São Paulo

Augustin Wernet

I

Entendamos a Independência do Brasil não como um evento isolado, mas como o resultado de um *processo* histórico--político. Os fatores mais importantes que favoreceram o desenvolvimento da ideia da Independência foram: a expansão comercial inglesa, a subordinação portuguesa à política inglesa e a Revolução Industrial. O Brasil inseria-se nesse sistema, em condição de colônia, numa espécie de subordinação em dobro, isto é, à metrópole portuguesa e, por intermédio desta, à metrópole inglesa. Com a transferência da Corte de Lisboa para o Rio de Janeiro, em 1808, com a abertura dos portos e os tratados de 1810, a metrópole portuguesa ficou praticamente anulada, passando o Brasil a gravitar, diretamente, na órbita do nascente imperialismo inglês.

Essas transformações repercutiram fortemente nas estruturas sócio-políticas do Brasil e não deixavam de influir também nas do planalto paulista. A província de São Paulo deixara de ser predominantemente caracterizada por uma economia de subsistência com policultura, pequena propriedade, pouco poder aquisitivo e região autárquica e isolada, para adquirir outros traços: os de uma lavoura de cunho comercial sustentada no trabalho escravo. Por intermédio do desenvolvimento da lavoura da cana-de-açúcar, São Paulo começara, assim, a participar no comércio mundial.

No início do século XIX, ao lado da cana-de-açúcar, constituem produtos básicos da economia paulista o algodão, os cereais, o feijão, a mandioca e a criação de porcos. Outra atividade lucrativa, da qual alguns paulistas conseguiram fortunas de algum vulto, foi a criação e o comércio de gado. "São Paulo é uma espécie de zona intermediária, onde se esbatem os aspectos mais característicos da economia brasileira, largamente dominada pelo latifúndio agrário e onde se esboça já o tipo de atividade pastoril, próprio dos campos sulinos."[1] Mas a grande lavoura começa a ocupar espaço sempre crescente na vida econômica dessa região. "A lavoura de cana foi responsável pela modificação completa do panorama econômico e social, criando uma infraestrutura necessária ao desenvolvimento do comércio exterior e tornando possível, mais tarde, o rápido crescimento dos cafezais."[2] As estradas, o porto de Santos, o comércio, tudo se desenvolveu em consequência da nova atividade dos paulistas. A evolução do sistema viário paulista ficava intimamente ligado à comercialização do açúcar. A calçada de Lorena, o aterrado de Cubatão e outros melhoramentos foram feitos para se facilitar a exportação. "A política de exportação antes de 1808 variou bastante, nem todos os governadores tiveram as mesmas ideias sobre como tornar o comércio exterior mais próspero. Todos, entretanto, visavam aumentar o número de navios que procurassem os portos paulistas para carregar açúcar."[3] A lavoura canavieira de "serra acima" deve seu impulso, em grande parte, às medidas tomadas pelos governadores, no sentido de se aumentar o movimento de Santos. Depois da abertura dos portos por d. João VI, cessaram as intervenções dos governadores. "A lavoura canavieira de 'serra acima' progrediu de tal maneira, que garantia o sucesso de Santos, seu único escoadouro possível para o seu açúcar."[4] Por volta de 1822, a grande lavoura já se desenvolvera bastante, mas andava ainda no começo, de sorte que os grupos dirigentes recrutavam-se entre as profissões liberais. Só no interior da província – em Itu, Porto-Feliz e São Carlos – já surgiram novos homens, com novas mentalidades: proprietários de grandes canaviais e senhores de numerosa escravaria.

Com a modificação nas estruturas econômicas, deixando de ser uma região autárquica e isolada para adquirir as características de uma lavoura comercial sustentada no trabalho escravo, a província de São Paulo entrou sempre mais em contato com o resto do Brasil e com a Europa, deixando--se contagiar pelas novas ideias da época, com traços ainda do pensamento ilustrado, que iam ao encontro de seus interesses.

Apesar de não ser lisonjeiro o estado da província de São Paulo, nessa época, em relação à instrução e cultura, as camadas superiores da sociedade não se achavam na mesma condição e gozavam já dos benefícios de uma formação mais ou menos adiantada. Muitos pais, que eram proprietários abastados ou comerciantes enriquecidos, procuravam dar a seus filhos uma educação mais apurada. "Desde o início do século XIX aumentara-se consideravelmente o número dos paulistas que foram receber instrução na metrópole."[5] Encontravam-se em muitas cidades, mesmo no interior, graduados em estudos universitários. Encontramos homens que nunca haviam saído do país ou da província, e alguns que nem tinham cursado estudos superiores, aparecer subitamente, por efeito da revolução, nas Cortes de Lisboa, tomando parte nos debates e mostrando-se conhecedores dos princípios básicos do pensamento liberal. Exemplos mais conhecidos são os de Diogo Antônio Feijó, Antônio Mariano da Silva Bueno, Antônio Paes de Barros e Francisco de Paula Souza e Mello (este nunca havia antes saído de Itu).

Kant e Rousseau eram divulgados no meio ambiente paulista. "Vivendo em Itu, o Pe. Diogo Antônio Feijó alimentava o seu espírito com a ideologia revolucionária e escrevia um Compêndio de Lógica, Metafísica e Filosofia Moral, inspirando-se na doutrina de Kant."[6] É problema de difícil explicação saber quais os meios e processos da real assimilação de ideias filosóficas e políticas europeias na sociedade de São Paulo e Itu.

Esses homens representavam apenas um pequeno grupo de letrados pertencentes às categorias mais representativas da sociedade: funcionários, fazendeiros, comerciantes, médicos e advogados. Eles liam os autores estrangeiros mais com entusiasmo do que com espírito crítico. A maioria da população inculta e atrasada não chegava a tomar conhecimento das novas doutrinas. A província de São Paulo não tinha grandes cidades com população composta de muitos boticários, alfaiates, barbeiros, pequenos artesãos e retalhistas que eram facilmente contaminados pelos ideais revolucionários, como foram os casos do Rio de Janeiro e Salvador. A população rural mostrava-se, em sua maioria, alheia às teorias e aos movimentos, acompanhando passivamente os chefes locais. Saint-Hilaire escrevia – comentando

294 DAS INDEPENDÊNCIAS

a atitude política da maioria da população da província de São Paulo nas vésperas da independência – que os habitantes não tinham opinião política formada, que eles divergiam não por motivos ideológicos, mas pelas rivalidades entre as cidades, ódios de família e preferências individuais. Na realidade, o que parecia valer no interior da Província era a atitude do chefe local e não as ideias políticas, em geral desconhecidas ou mal-assimiladas. Apesar da presença do pensamento "maçonizante", faltavam, na província de São Paulo, as lojas maçônicas que eram focos de divulgação, no Rio de Janeiro e em Pernambuco, do pensamento liberal e do movimento revolucionário.

As ideias liberais e nacionalistas só tinham significado para uma minoria ilustrada. A massa popular a tudo ficava indiferente e o temor dessa "elite" culta e ilustrada diante da perspectiva de agitação das massas pode explicar por que a ideia de se realizar a independência com o apoio do príncipe era, em São Paulo, quase sem contestação. Permitia emancipar a Nação do jugo metropolitano, da tutela da administração portuguesa e do fisco, sem precisar renunciar à propriedade escrava e sem precisar recorrer à rebelião popular.

São Paulo não acompanhava o movimento revolucionário liberal dominante nas províncias do Rio de Janeiro, Bahia e Pernambuco. A passagem da antiga ordem das coisas fez-se menos bruscamente em São Paulo do que em qualquer outras das províncias brasileiras, não causando nenhum abalo. Nem por isso a contribuição de São Paulo para a independência foi menos importante. Pelo contrário. Sem uma maçonaria ativa e movimentos revolucionários de grande vulto, sem "grandes cidades" com populações mais facilmente contamináveis pelos ideais revolucionários, sem elementos "marginalizados", uma vez que a população excedente foi parcialmente absorvida pelas guerras do sul do império, com um maior "equilíbrio interno", a província de São Paulo guardou, durante a independência e Primeiro Reinado, uma fisionomia política apreciavelmente unitária. "Podiam sobreviver as diferenças pessoais, que mal perturbariam a coerência fundamental do pensamento político. Politicamente a maré liberal conhecia poucos cambiantes"[7]. É isso, talvez, que explica, acima de tudo, o papel importante ocupado por São Paulo na vida nacional no tempo da independência e do Primeiro Reinado que, apesar do *desenvolvimento* econômico e populacional, ainda não se apoiava no *poder* econômico nem no *número* da população.

Como se apresentava essa minoria ilustrada que tinha na vida da província e da nação um papel tão importante? São vários os tipos de pessoas atuantes na província de São Paulo. Simplificando, podemos distinguir os seguintes três grupos.

Em primeiro lugar, havia homens de horizontes muito amplos e de interesses cosmopolitas. Tais eram, por exemplo: os irmãos José Bonifácio e Martim Francisco de Andrada, que estudaram ciências naturais em Coimbra e viveram na Europa durante e após a Revolução Francesa; padre Francisco de Paula Oliveira, professor público de Filosofia Racional e Moral; coronel Pedro Daniel Müller, descendente de alemães e educado em Portugal, o qual realizava importantes projetos de estatística e de engenharia em São Paulo; e Nicolau Pereira de Campos Vergueiro, advogado e fazendeiro, nascido em Portugal, formado em Coimbra, e mais tarde ministro e senador do império[8].

Um segundo grupo se formara no interior da província: gente de Itu, Porto-Feliz e São Carlos, proprietários de grandes canaviais e senhores de numerosa escravaria. "Não é talvez, por acaso", escreve Sérgio Buarque de Holanda, "que Itu, pioneira da lavoura comercial, também desde cedo se apresenta como pioneira do liberalismo e da emancipação nacional. Ultrajados pelos rigores do velho regime, que ali se exerce por meio de opressões fiscais e recrutamentos incompatíveis com a índole de uma lavoura expansiva, não lhes custava, aos de Itu, identificar as exigências dessa economia com as reivindicações do liberalismo."[9] Desse ambiente vieram pessoas como Francisco de Paula Souza e Mello, Antônio Paes de Barros, Manoel Rodrigues Jordão, Rafael Tobias de Aguiar e o padre Diogo Antônio Feijó.

O terceiro grupo era composto de pessoas da antiga administração que defendiam as ideias da época ou continuavam no cenário político por motivos de prudência dos líderes liberais, sendo eles representantes de certos grupos políticos e militares, "necessário para a manutenção da ordem e da tranquilidade pública". No Governo Provisório, em especial, esse grupo se apresentava bem forte: João Carlos Augusto Oyenhausen, presidente do Governo Provisório; Miguel José de Oliveira Pinto, secretário da Marinha; coronel Francisco Inácio de Souza Queiroz, secretário pelo Comércio; Antônio Maria Quartim; e doutor José da Costa Carvalho.

É necessário, porém, notar que esses grupos não se apresentavam tão nitidamente e não se distinguiam nem pelo liberalismo dos dois primeiros grupos e muito menos pelo "corcundismo" do último grupo. Em todos

DAS INDEPENDÊNCIAS

havia mescla de princípios e também continuavam a preponderar motivos e controvérsias pessoais.

Antes de descrever o desenvolvimento do movimento da independência da província de São Paulo, é necessário ressaltar que nos documentos de 1821 e 1822 se percebe claramente que a palavra "independência" nem sempre esteve associada à ideia de separação completa da metrópole. Refere-se frequentemente apenas à independência administrativa. Com exceção de uma minoria radical, os elementos mais chegados a dom Pedro pareciam desejar, até o último momento, a monarquia dual. A ideia de independência completa e definitiva só se apresentou no último momento, imposta pelos atos recolonizadores das Cortes portuguesas.

II

Em 24 de agosto de 1820, irrompe a revolta de Porto, elegendo-se uma Junta Provisória para governar em nome do monarca ausente e convocando as Cortes com a finalidade expressa de votar e promulgar a nova Constituição. Imediatos foram os reflexos no Brasil. A princípio no Pará, depois na Bahia e finalmente, em 26 de janeiro de 1821, explode o motim no Rio de Janeiro. Dom João VI vê-se forçado a jurar a futura Constituição e, mais ainda, a ordenar a convocação de eleições em todas as províncias para a escolha dos deputados constituintes, que deveriam representar o Brasil nas Cortes portuguesas.

No dia 13 de março de 1821, publicava-se, na capital de São Paulo, e logo depois nas vilas da província, o Ofício de dom João VI, declarando a adoção do sistema constitucional representativo no Brasil e, no dia 16 de abril de 1821, as instruções para o juramento prévio da Constituição e eleição dos deputados às Cortes de Lisboa. Os eleitores paroquiais de São Paulo reuniram-se, em 17 de maio, a fim de escolher os que deveriam, com os demais eleitos das outras comarcas, formar a Junta da Província, que, pelo sistema eleitoral vigente, elegeria, então, os deputados provinciais para as Cortes de Lisboa.

No dia 3 de junho levantava-se o batalhão de Caçadores de São Paulo, por motivos de atraso no pagamento do soldo e de desvantagem em relação aos militares portugueses. Nesse ambiente de perigo de desordem e agitação, prepararam os "líderes liberais" o movimento na praça de São

Gonçalo, com a instalação do Governo Provisório. José Bonifácio reunia para esse governo pessoas do governo anterior, introduzindo elementos progressistas (liberais).

No dia 29 de junho, deu-se sublevação da tropa de linha na vila de Santos. Foi sufocada pela marcha da tropa da capital. A revolta teve por motivo não só o atraso do pagamento de soldo à tropa, como a desigualdade entre o soldo da tropa portuguesa e o da tropa brasileira. O soldo da tropa portuguesa era maior e pago em dia.

Em 6 de agosto, na Casa do Conselho, localizada no largo de São Gonçalo, reunia-se a Junta eleitoral da província para eleger os deputados para as Cortes de Lisboa. Saíram vitoriosos os seguintes cidadãos: desembargador Antônio Carlos Ribeiro de Andrada Machado, doutor Nicolau Pereira de Campos Vergueiro, desembargador José Ricardo da Costa e Aguiar de Andrada, Francisco de Paula Souza e Mello, doutor José Feliciano Fernandes Pinheiro e padre Diogo Antônio Feijó. Como suplentes: Antônio Manoel da Silva Bueno e Antônio Paes de Barros.

Eleitos os deputados que deveriam representar a província de São Paulo nas Cortes Constituintes de Lisboa, estes se dirigiram aos membros do Governo Provisório pedindo-lhes sugestões. O Governo Provisório dirigiu, por sua vez, às Câmaras Municipais uma Circular, pedindo que lhe mandassem memórias e apontamentos que interessassem ao bem geral da província, a fim de serem comunicados aos representantes da província. Recebidas as sugestões, foi organizada uma comissão composta por Oyenhausen, José Bonifácio e Rodrigues Jordão, que redigiu as "Instruções do Governo Provisório", destinadas aos deputados paulistas. Delas foi enviada uma cópia ao príncipe dom Pedro, pedindo-lhe que as tornasse públicas às outras províncias, por interessarem ao Brasil inteiro. A deputação de São Paulo foi a única que se apresentou nas Cortes com um vasto programa nitidamente elaborado e formulado.

Desse preparo prévio é difícil dissociar a vigorosa atuação dos deputados paulistas no congresso de Lisboa. "Mas na própria Província, o amadurecimento paulatino da opinião geral processa-se em consonância com essa atuação dos seus representantes e entre os caminhos possíveis e vários que são alvitrados para se resguardarem os direitos brasileiros, o que ao cabo prevalecerá é a solução paulista – andradina – favorável à união das diferentes Províncias em volta do Príncipe Regente."[10]

Abertura da Casa do Senado. Em 1823. Gravura de N. Whillock.

Antes da chegada dos deputados brasileiros, as Cortes de Lisboa já tratavam, em 29 de setembro de 1821, de assuntos de máximo interesse para o Brasil, decidindo transferir para Lisboa o Desembargador do Paço, a Mesa da Consciência e Ordens, o Conselho da Fazenda, a Junta do Comércio, a Casa de Suplicação e várias outras repartições instaladas no país por d. João VI. Decretava-se a seguir, em 29 de setembro, 10 e 18 de outubro, a volta do príncipe regente, nomeando-se para cada província, na qualidade de delegado do poder executivo, um governador de armas, independente das Juntas e destacando novos contingentes de tropas para o Rio de Janeiro e Pernambuco. Ficava claro que as Cortes intentavam reduzir o país à situação colonial e era evidente que os deputados brasileiros, constituindo minoria, pouco ou nada podiam fazer. À medida que as decisões das Cortes portuguesas relativas ao Brasil já não deixavam lugar para dúvidas sobre as suas intenções, crescia o partido da independência[11].

No dia 19 de dezembro, em sessão da Câmara Municipal, e no dia 21 de dezembro, em reunião do Governo Provisório, os paulistas endereçavam ao príncipe regente uma representação, tecendo críticas às decisões das Cortes e pedindo a suspensão da sua retirada para Portugal.

Em 9 de janeiro, aceitando as solicitações de São Paulo – e do Rio de Janeiro –, o príncipe regente decidia-se a desobedecer às ordens de Lisboa e a permanecer no país. Em 11 de janeiro, em seguida ao "Fico", o general ultramarino Jorge de Avilez insuflava a revolta no exército lusitano. D. Pedro apela aos paulistas, pedindo auxílio de tropa por motivo dessa sublevação. Os paulistas acorrem prontamente a fim de marchar para o Rio de Janeiro e reerguer o prestígio da autoridade do príncipe regente. Em 24 de janeiro de 1822, empreende a coluna, composta de 1.100 homens, sua marcha com destino ao Rio de Janeiro, sob o comando do coronel Lázaro José Gonçalves. Ao chegar, incorporou-se à tropa brasileira que lá se achava. A divisão lusitana embarcou para a metrópole e os "Leais Paulistanos" aquartelaram-se, durante seis meses, no Rio de Janeiro.

Já antes da partida dessa expedição, no dia 16 de janeiro de 1822, José Bonifácio foi nomeado Ministro de Estado dos Negócios Estrangeiros. Ficou sabendo dessa nomeação no caminho para o Rio de Janeiro, querendo pessoalmente entregar ao príncipe regente uma segunda representação de São Paulo.

Ficava sempre mais claro que a pretensão de manter unidos o reino do Brasil e de Portugal, respeitada a autonomia administrativa, não encontraria possibilidades de concretizar-se. Para as Cortes, reconhecer a autonomia administrativa do Brasil seria aceitar a sua independência econômica, a perpetuação do regime de livre comércio, isto é, exatamente o oposto do que pretendia a maioria dos deputados portugueses.

Os deputados paulistas chegavam a Lisboa no dia 5 de fevereiro de 1822, tomando posse de suas respectivas cadeiras no dia 11 do mesmo mês. Os trabalhos parlamentares iam já adiantados, estando os demais representantes das outras províncias brasileiras devidamente empossados. Até a chegada dos deputados de São Paulo "havia falta de unidade, de preparação e de um plano nas Bancas brasileiras"[12]. Com a entrada desses representantes vai modificar-se radicalmente

a atitude hesitante, a dubiedade e a desorientação mantidas pela maioria dos deputados brasileiros, em face de projetos que destruíam completamente as relativas liberdades que custosamente os brasileiros gozavam desde a chegada de Dom João VI. Além do caráter combativista, denodado e resoluto dos

DAS INDEPENDÊNCIAS

três primeiros paulistas – Antônio Carlos, Diogo Antônio Feijó e Vergueiro – contribuía, para realçar-lhes o mérito e o prestígio, perante os seus colegas de aquém e de além-mar, o fato de serem portadores de instruções escritas do Governo da sua Província[13].

Em 1822, depois da saída de José Bonifácio de São Paulo para o Rio de Janeiro, os membros do governo provisório de São Paulo estavam divididos em duas facções: uma fiel aos irmãos Andrada – Martim Francisco Ribeiro de Andrada, pe. Felisberto Gomes Jardim, pe. João Ferreira de Oliveira Bueno e o brigadeiro Manuel Rodrigues Jordão – e a outra – João Carlos Augusto Oyenhausen, Miguel José de Oliveira Pinto, Antônio Maria Quartim e doutor José da Costa Carvalho –, fiel ao coronel Francisco Inácio de Souza Queiroz, educado em Portugal, comandante da milícia local e negociante de posses. A divisão era em grande parte ideológica, representando os adeptos dos Andrada a ala liberal. Mas a luta teve origem por motivos pessoais, pela preponderância que os irmãos Andrada logo souberam adquirir nas decisões do governo provisório.

Quando o novo ministério de d. Pedro teve notícias da desunião em São Paulo e de estar Oyenhausen, chefe do governo da província, vacilante na sua lealdade, ordenou a este que se dirigisse imediatamente ao Rio de Janeiro. Para assumir a presidência, foi designado Martim Francisco, cujo liberalismo e lealdade ao príncipe regente eram indiscutíveis.

Essa portaria pôs em movimento a facção de Souza Queiroz. "Na tarde de 23 de maio ecoavam os tambores pelas estreitas ruas da cidade. A milícia marchava para a Câmara no Largo de São Gonçalo, seguida por cidadãos instigados pelos insurretos e que clamavam pela deposição de Martim Francisco. Este, diante da ameaça de violência pública, renunciou. Oyenhausen ficou em São Paulo e continuou no cargo."[14] O governo não conseguiu restabelecer a ordem na cidade e declarou, no dia 29 de maio, "que não pode restabelecer a ordem enquanto estiverem na Província Martim Francisco e o Brigadeiro Rodrigues Jordão"[15]. Os dois acabam por sair da província de São Paulo. Os oponentes liberais à *Bernarda*, foram então forçados a um recuo para o interior da província, onde grande número de cidades se congregou na Confederação de Itu. Opõem-se ao "Novo Governo de São Paulo" as vilas de Santos, Itu, Porto-Feliz, Sorocaba, Campinas, Itapetininga e Mogi-Mirim. As vilas do Vale do Paraíba aderiram também a essa confederação, sendo a primeira Guaratinguetá. Em 25 de junho, Dom Pedro, "em virtude do modo ilegal e faccioso com que os chamados povo e tropa da cidade de São Paulo, instigados por alguns desordeiros e rebeldes, que, por desgraça da Província de São Paulo, se achavam entre os membros do seu atual Governo, houve por bem cassar o presente governo"[16].

No dia 16 de julho, entrava em São Paulo o marechal José Arouche de Toledo Rendon, nomeado novo comandante militar pelo príncipe regente. Tão ameaçadora foi porém a situação, que ele não insistiu em impor sua autoridade. Dois dias depois, 18 de julho, chegava às imediações da capital uma força militar vinda de Santos, ao mando do marechal Cândido Xavier de Almeida e Souza, para apoiar a posse do comandante das armas Arouche de Toledo Rendon. O marechal Cândido Xavier, deixando a força no Ponto Alto, entra na capital, a convite do governo provisório. O marechal Arouche desiste de tomar posse para evitar desordens. Ouvindo todas essas notícias, "José Bonifácio ordena ao Corpo de Milicianos 'Leais Paulistanos' que se achava no Rio, para onde seguira meses antes a sufocar a revolta das tropas portuguesas, que tornasse a São Paulo, porque assim o exigia o Bem Comum."[17] No fim de julho, Oyenhausen, Francisco Inácio e José da Costa Carvalho partem para o Rio de Janeiro.

A essa altura, as principais personalidades da cidade estavam impacientes para que os conflitos de poder chegassem a um fim rápido e definitivo e, para isso, requeriam a presença do príncipe regente em São Paulo, no dia 5 de agosto. Dom Pedro atendeu. Em 14 de agosto saiu do Rio de Janeiro. Em 24 advertia, da Penha, os paulistanos de que desejava ser saudado ao meio-dia, no dia seguinte, por "aqueles vereadores, que legalmente serviam antes da desordem do dia 23 de maio"[18]. A chegada do príncipe bastou para dissipar as rivalidades locais entre pessoas e famílias. Deixando São Paulo plenamente obediente à autoridade real, d. Pedro parte para Santos, no dia 5 de setembro. Voltou dois dias depois, e às 4 horas da tarde chegava ao rio Ipiranga, onde encontrou um emissário mandado a toda pressa do Rio, com novas exigências, ainda menos liberais, das Cortes. Depois de lê-las, o príncipe dramaticamente bradou: "É tempo! *Independência ou Morte!* Estamos separados de Portugal!" Tomando da espada, fez sua comitiva jurar fidelidade a um Brasil soberano. No dia 10 de setembro, partia dom Pedro para o Rio de Janeiro, e nesse dia, tomava posse o novo governo, nomeado por dom

302 DAS INDEPENDÊNCIAS

Pedro, e composto por dom Mateus de Abreu Pereira, bispo de São Paulo, doutor José Corrêa Pacheco e marechal Cândido Xavier de Almeida e Souza.

Uma contenda em torno de personalidades locais trouxera o príncipe a São Paulo. O povo da cidade aclamou-o rei. Foi esse mesmo povo, atuando através da Câmara, que reafirmou a própria soberania por um documento (em 12 de outubro de 1822) em que se dispunha a prestar obediência "debaixo da condição de que o mesmo Senhor prestará previamente o solemne juramento de jurar, guardar, manter e defender a Constituição Política"[19].

Com isso, não terminam as controvérsias e diferenças pessoais, mas, apesar delas, a província de São Paulo guardará, durante o Primeiro Reinado, uma fisionomia política relativamente uniforme. As ideias liberais ganhavam terreno. A tentativa de proclamação do regime absolutista ocorrida no ano 1825 em Taubaté foi logo afogada, enquanto o assassínio do liberal italiano Libero Badaró (1830) provocou comoção intensa, que iria repercutir no país todo e precipitar de algum modo a queda d. Pedro I.

A Independência realizou-se na província de São Paulo com um mínimo de alterações na economia e na sociedade. Esse era aliás o desejo da "elite de letrados", porta-voz das categorias socialmente dominantes.

A ausência de uma classe revolucionária, as distâncias e antagonismos que separavam a massa dos chefes revolucionários, a liderança pelas categorias dominantes ligadas à terra, aos negócios e altos cargos, garantiram a sobrevivência da estrutura colonial de produção. A ordem econômica seria conservada, a escravidão mantida. A província de São Paulo, deixando de lado a economia de subsistência, ia adquirindo as características de uma grande lavoura comercial: inseria-se perfeitamente nesse sistema, conquistando dentro da nação uma posição mais forte.

A propriedade territorial não formou espontaneamente o ideal de uma pátria americana, una e grande. Ainda no tempo das Cortes de Lisboa, disse Feijó: "Não há aqui mandatários do Brasil; os americanos neste recinto representam exclusivamente as províncias que os elegeram."

A ideologia das camadas dominantes era mais autonomista e separatista. Muitos de seus representantes estavam convictos de que o movimento da independência fora embaraçado, desvirtuado e deturpado, durante o Primeiro Reinado, pelo imperador e seus quadros portugueses e absolutistas. Afastaram tal obstáculo ao provocar a Abdicação (1831): receberam mais autonomia, mas colocava ela em perigo a unidade nacional[20].

16.
O Processo de Independência no Rio Grande do Sul

Helga Piccolo

O Rio Grande do Sul, cujo território foi tardiamente ocupado, tem sua história vinculada ao balizamento e à consolidação das fronteiras meridionais. Sua estruturação política, econômica e social se processa ao mesmo tempo que, na luta pela fixação das linhas fronteiriças, se procura incluir na área de dominação portuguesa a margem esquerda do rio da Prata.

Quando d. João estabelece a sede da monarquia portuguesa no Brasil, oficialmente o reino lusitano já abrira mão da colônia de Sacramento. Mas os limites traçados pelo Tratado de Santo Ildefonso (1777) – que consumara a entrega da colônia aos espanhóis – não eram mais respeitados, porque se fizera, em 1801, a incorporação das Missões Orientais ao território brasileiro, em resposta à aliança franco-espanhola responsável pela conquista de Olivença.

Mas o Prata continuava a interessar a Portugal. E quando d. João dispôs-se a intervir na região, aproveitando a situação conturbada resultante da luta entre as facções políticas platinas, o Rio Grande do Sul foi a base para as operações militares. Coube a d. Diogo de Souza, 1o governador e capitão-general da recém-criada capitania geral de São Pedro, o comando do chamado Exército Pacificador que interveio na Banda Oriental de 1811 a 1812.

304 DAS INDEPENDÊNCIAS

A esse Exército Pacificador coube a tarefa – aparente, é verdade – de evitar que as lutas do Prata atingissem nosso território e de conter o movimento emancipacionista dentro do vice-reinado do Prata.

A paz, concertada em 1812 por interferência da Inglaterra, retirou as forças luso-brasileiras do Uruguai, mas não devolveu tranquilidade à região.

A Argentina, em processo de consolidação de sua independência, querendo manter ligada a si a Banda Oriental, viu essa pretensão esbarrar na firmeza de José Artigas, disposto a lutar pela autonomia do Uruguai.

Assim como a Argentina tentava submeter a Banda Oriental, Artigas tentava submeter as populações fronteiriças, hostilizando as fronteiras meridionais do Brasil, o que, segundo o governo do Rio de Janeiro, lesava os interesses da capitania do Rio Grande do Sul.

Surgia o pretexto para nova intervenção. E da campanha de 1816 a 1821 resultou a incorporação da Banda Oriental ao Brasil.

Vê-se pois que, desde a criação da capitania até as vésperas da independência política do Brasil, o Rio Grande do Sul viveu em guerra ou à espera dela, sendo a preocupação dos nossos administradores a ação militar, o que transparece de sua correspondência com o governo central. Não seria muito diferente a situação vivida após o 7 de Setembro, quando o Rio Grande do Sul seria envolvido nas campanhas de 1825 a 1828 de que resultou o reconhecimento da independência do Uruguai.

Sendo a História do Rio Grande do Sul no período de 1808 a 1831 – período em que se concretiza a emancipação política brasileira – profundamente marcada pelos interesses bragantinos no Prata, explica-se por que a historiografia rio-grandense a respeito dessa fase é fundamentalmente sobre as campanhas militares em que a participação dos gaúchos foi marcante. E essa participação e esse envolvimento, não devidamente reconhecidos pelo governo imperial, contribuem para a solidificação do sentimento liberal e para a formação do ambiente revolucionário que, em 1835, se traduziu na eclosão da Guerra dos Farrapos; sem dúvida alguma, o assunto mais explorado na historiografia rio-grandense.

José Feliciano Fernandes Pinheiro – a quem cabe, segundo Aurélio Porto, "o lugar de primeiro historiador do Rio Grande do Sul, pois, antes dele, ninguém se aventurou a fazer obra de conjunto" –, depois de destacar as campanhas de 1811 e 1812, que "foram um movimento de transição", e a de 1816, que "progressivamente efetuou uma Revolução, que principiou logo

Abdicação de D. Pedro I. Óleo de Aurélio de Figueiredo. Palácio Guanabara, GB.

Morte d. Pedro I. Óleo de Anônimo. Palácio Grão-Pará, Petrópolis, RJ.

pela ocupação do país e acabou por incorporá-lo ao Brasil"[1], passa diretamente a fazer uma candente crítica do ambiente da província do Rio Grande do Sul nos últimos anos do reinado de d. Pedro, condenando os farrapos.

Os *Anais*, de certo modo, podem ser considerados como exemplo de abordagem do período que é objeto do nosso estudo. Via de regra, vemos na historiografia passar-se das lutas platinas, que culminaram com a anexação da Banda Oriental imediatamente ao governo do visconde de São Leopoldo, primeiro presidente da província nomeado pelo Imperador, conforme artigo 165 da Carta de 1824 – quando se destaca o início da imigração alemã –, para enfatizar novamente a Campanha da Cisplatina. E paralelamente à preocupação com a Campanha da Cisplatina existe a preocupação de mostrar como a política do governo central, não atendendo às reivindicações rio-grandenses, condicionou a província a um movimento de rebeldia que já está definitivamente caracterizado como um movimento que se insere nas revoluções de caráter federalista do período regencial, não tendo nada de antibrasileiro.

A historiografia é bastante exígua no que tange ao movimento emancipacionista no Rio Grande do Sul. Poucos se detêm com profundidade no assunto. Dos estudos existentes, destacamos as obras de Alfredo Varela[2], João Maia[3], Alcides Lima[4], a coletânea de artigos publicados na imprensa rio-grandense em 1922 e editados com o título de "Comemoração em Honra do Centenário da Independência do Brasil", em que desponta o editorial de *A Federação* intitulado "Um Século de Evolução Política", a recente obra de Guilhermino César, *História do Rio Grande do Sul: Período Colonial*[5]. E há na *Revista do Arquivo Público do Rio Grande do Sul*, n. 7, de setembro de 1922, uma seleção notável, de indispensável consulta, de documentos referentes ao "advento de nossa emancipação política" feita por Eduardo Duarte, então chefe do Arquivo Histórico e Geográfico.

Mais significativo ainda é a pouca atenção que os historiadores que se detêm no estudo da fase de 1808 a 1822 dão ao possível "perigo de contaminação" das ideias liberais, uma vez que elas, no Prata – com o qual os rio-grandenses, devido às campanhas militares, estavam em constante contato –, punham em xeque a supremacia política espanhola. Entre as exceções cabe destacar, mais uma vez, as obras dos já citados Alfredo Varela e Guilhermino César.

Daquilo que os viajantes estrangeiros colheram ao percorrer a província não pode ser desprezado o que registra Auguste de Saint-Hilaire[6]. Nicolau

Dreys[7] não traz contribuição apreciável para o conhecimento e compreensão da época que nos prende a atenção.

Como a imprensa surge no Rio Grande do Sul apenas no final do Primeiro Império, pouco pode ser usada como fonte histórica. O destaque é para o *Constitucional Rio-Grandense* que, surgido em 1828 e como transparece do título, era um jornal de cor política definida.

Não deixava de ter razão o autor da "Memória Sobre a Influência da Conquista de Buenos Aires Pelos Ingleses, em Toda a América, e Meios de Preservar Seus Efeitos", publicada no *Correio Brasiliense*:

> O desgraçado sucesso de 26 e 27 de junho, acontecido na Capital das colônias espanholas no Rio da Prata, não pode ser indiferente a Portugal. Pode ele influir na massa geral das colônias do Novo Mundo, e ser fatal a todo ele. Merece por isto um sério e circunspecto exame, ou seja para acautelar seus perniciosos efeitos, ou para demorá-los quanto for possível e quanto cabe nas forças humanas. Como a Capitania do Rio Grande de São Pedro do Sul é limítrofe da colônia atacada pela Inglaterra, falarei mais da sobredita capitania pelo risco a que fica exposta [...] As novas doutrinas pregadas no manifesto ou proclamação do general inglês, a 20 de junho, ficam impressas na memória dos habitantes de todas as colônias. Acautelar os efeitos destas doutrinas, e da vizinhança dos ingleses, no caso de conservarem sua conquista, antes e depois da paz, deve ser o cuidado do ministério português e dos funcionários públicos que servirem nas colônias.[8]

Foi a tentativa de ocupação de Buenos Aires, por parte dos ingleses, o catalisador dos esforços dos argentinos em prol de sua independência que deveria manter íntegro o vice-reinado do Prata do qual a Banda Oriental fazia parte.

E não tardaram os platinos na tentativa de conscientizar os brasileiros[9].

> As campanhas que tiveram de sustentar com os povos do Rio da Prata, notadamente a última (1816 a 1821), de que voltaram cobertos dos louros do triunfo, certificaram aos nossos aguerridos patrícios a medida exata do seu valor.
>
> A classe militar firmou uma preponderância decisiva na sociedade riograndense e o mais acentuado prestígio distinguia os seus valorosos chefes principais que eram Manoel Marques de Souza, Bento Gonçalves e José de Abreu.

308 DAS INDEPENDÊNCIAS

Foi no seio dessa conceituada corporação que a ideia de um novo regime político, consentâneo com as necessidades e os brios do povo do Rio Grande, germinou, tomou vulto e dentro em pouco se generalizou por todas as camadas da sociedade.[10]

Orgulhavam-se os rio-grandenses dos feitos de que haviam participado:

Considere V.A.R. attentamente os successos guerreiros desta Província desde 1777 athé 1820 e veja se as suas gloriozas acçoens são inferiores as que praticarão na índia os Pachecos, os Gamas e os Albuquerques, e no Brazil os Vieiras, Camaroens, e Henriques Dias. Os bravos Provincianos do Rio Grande de São Pedro do Sul não só reganharão os lugares, que criticas circunstancias tinhão feito abandonar, como dilatarão em diversas occazioens, e com felizes resultados para as suas armas, as férteis Campinas, de que hoje se compõem sua Província. Sem mais armas, que seus nervozos braços, sem mais baluartes que seus diamantinos peitos, tem praticado acçoens inacreditáveis, que algum dia aparecerão a luz na recta balança da imparcial posteridade.[11]

Consolidadas as fronteiras em 1821, refletir-se-iam no continente de São Pedro os sucessos portugueses do ano anterior. Enquanto as lutas quase que constantes haviam prendido a atenção dos rio-grandenses, o sentimento liberal esperava pela ocasião propícia para manifestar-se. Aos militares coube a propagação, pela capitania, das ideias liberais e na defesa de elas manifestaram-se a partir do momento em que se tornou conhecida a Revolução Constitucional de 1820.

Ao passado pertenciam as palavras de Domingos José Marques Fernandes, quando na apresentação ao príncipe regente, em Lisboa, em 10 de setembro de 1804, de sua *Descrição Corográfica, Política, Civil e Militar da Capitania do Rio Grande de São Pedro do Sul* – considerada a primeira História do Rio Grande do Sul. Ele escrevia a respeito dos rio-grandenses: "que generosos espíritos, e que fiéis vassalos alenta e vivifica aquele feliz clima, e Deus N. Senhor sujeitou ao domínio de V. Alteza Real; vassalos verdadeiramente portugueses, amantes do seu Príncipe com preferência a todo o respeito humano, experimentados e provados em despesas, em resolução e em ações memoráveis"[12].

Assim como a Revolução do Porto, repercutiria no Rio Grande do Sul o decreto de 26 de fevereiro de 1821, assinado por d. João VI – devido ao pronunciamento da guarnição do Rio de Janeiro – e pelo qual jurava a Constituição a ser promulgada pelas Cortes de Lisboa, bem como mandava prestar-lhe juramento em todo o país.

Desde 22 de setembro de 1820, governava o Rio Grande do Sul uma Junta constituída pelo tenente-general Manoel Marques de Souza, ouvidor Joaquim Bernardino de Senna Ribeiro da Costa e vereador Antônio José Rodrigues Ferreira. Não dando cumprimento imediato ao citado decreto – que era reputado como urgente –, o governo viu-se às voltas com uma manifestação assim descrita por Alcides Lima:

> A tropa e povo amotinam-se e exigem em altos brados o juramento imediato da Constituição no memorável dia 26 de abril de 1821. Pelas duas horas da madrugada estavam na praça, em frente à residência do governo, o batalhão de infantaria e artilharia armado e municiado de pólvora e balas, conduzindo 2 bocas de fogo. Ao som do rebate reuniram-se-lhe imediatamente todos os corpos existentes em Porto Alegre e fizeram comparecer à sua presença o ouvidor da comarca, o juiz de fora, o cônego vigário-geral e o desembargador Luiz Correia Teixeira de Bragança. E depois obrigando-os a irem trazer o governo interino, a câmara e o clero, fizeram jurar a Constituição no meio da praça, ao raiar da aurora, que foi salvada com 21 tiros. Inaugurava-se assim, por um ato de energia popular, o desmoronamento do antigo regime.[13]

Mas segundo Saint-Hilaire, que então se encontrava na província, o pronunciamento "não foi obra do povo e sim das tropas estimuladas pelos comerciantes". Pondera ainda o cientista francês: "Não me canso de admirar a calma com que esta gente realiza suas revoluções". Se bem que tenha anotado – referindo-se aos oficiais portugueses aquartelados no Rio Grande do Sul: "Parece, desgraçadamente, que as ideias ultraliberais têm assaz penetrado entre eles."[14]

Da leitura de *Viagem ao Rio Grande do Sul* conclui-se que os civis se conservaram alheios ao movimento.

Ainda a respeito do acontecido, afirma Homem de Mello[15] que "o principal motor do tumulto de 26 de abril" foi o padre José Rodrigues Malheiros

310 DAS INDEPENDÊNCIAS

Trancoso Soutomaior, que por isso foi preso e remetido para o Rio de Janeiro em 21 de maio.

O certo é que, fossem quais fossem os responsáveis pelos acontecimentos, o triunvirato cedera e o juramento solene da Constituição fora efetuado.

Para evitar novas manifestações, também foram afastados de Porto Alegre os militares influentes e distribuída, pela fronteira, parte das tropas. Tendo sido recebidas, em agosto, as bases da Constituição, novo juramento ocorreu em 18 desse mês.

> A 16 de outubro, pela manhã, o Coronel Antero José Ferreira de Brito, de acordo com outro oficial, Antônio Manuel Correia da Câmara, dirigiu-se aos notáveis de Porto Alegre, e aos comandantes da tropa, com o anúncio de que o Senado da Câmara, autoridade eclesiástica, todos os corpos de linha e milicianos, e uns 300 homens do povo, armados, estavam prontos para na madrugada seguinte proclamarem um novo governo, na praça pública.[16]

Exercia, então, João Carlos de Saldanha Oliveira e Daun, neto de Pombal, o cargo de governador e capitão-general da capitania, para o qual fora nomeado por d. João VI em 13 de abril de 1821, tendo tomado posse em 20 de agosto. Tomando conhecimento de que aqueles militares

> eram partidários francos dos que pregavam a independência do Brasil, sem mais detença mandou prendê-los, transferindo-os para o Rio de Janeiro. Em dezembro de 1821 embarcaram esses militares, que eram custodiados pelo Coronel Manoel Carneiro da Fontoura, homem de confiança de Saldanha. No dia 9 de janeiro de 1822 desembarcou a comitiva no Rio de Janeiro, que se agitava desde há muitos dias, esperando, a cada momento, a declaração do Imperador D. Pedro I, de assumir a direção do país, independente da tutela de Portugal. Esses oficiais acompanharam a massa popular que se dirigia ao Paço, e, momentos depois, ouviram D. Pedro pronunciar o célebre Fico. Nesse mesmo dia, foram eles postos em liberdade[17].

Em vista do que havia sido aprovado pelas Cortes Portuguesas em 29 de setembro de 1821 e sancionado pelo rei em 10 de outubro, foi escolhido o governo provisório da província. Em 6 de março de 1822, foi participado a José Bonifácio como se processara a escolha[18].

Da correspondência, fica bem claro o não cumprimento integral do citado decreto, a não conformidade com o seu teor no que diz respeito às Juntas Governativas que deviam entender-se diretamente com Lisboa:

> Com tudo, ser-nos-hia por extremo deffeituozo se occultasse-mos a nobre e grata commoção, que a V. Exa. tem excitado em nossos peitos quando, Órgão de seus briosos Patrícios (e hoje de todos os Brazileiros) faz reassumir com sublime eloquência, na Deputação levada ao nosso Patriotismo, e a norma da mais sabia e forte conexão com que todo o Império do Brasil se deve identificar para repelir os laços cavilozos do Congresso Nacional.[19]

> quando S.A.R. adorado do Povo do Brazil, regia mais como Pay, que como Príncipe, mostrando a maior adhezão ao Sistema Constitucional, hé então (oh dor!) que o querem arrancar do centro do Brazil, hé então que o Soberano Congresso com hum golpe de penna decreta; no seu regresso para Portugal, a desgraça dos Brazileiros, e sua duplicada Orfandade. Quem tal diria lendo a Proclamação Meiga d'aquelle Soberano Congresso de 13 de julho de 1821!! O fatal Decreto das Cortes de 29 de Setembro do anno p.p., que mandava criar Governos Provizorios pela forma nelle estabelecida para substituírem a Regência de Sua A.R., desgostou quazi todas as Províncias do Brazil, e particularmente a esta, que limítrofe com os nossos vizinhos, ficava por isto mesmo mais sugeita a dizençoens, e caballas que a levarião a sua total desgraça; e por esa razão precizava de hum Governo Reprezentativo que reunisse em si todos os poderes para obrar com energia quando fosse acomettida dos inimigos, (cujo despeitozo ciúme poderia aproveitar-se para vingar os seus passados recentimentos) e não o que Decretava o Soberano Congresso, que só tendia a desunir-nos, e enfraquecer-nos [...][20]

> Esta Província do Rio Grande de São Pedro do Sul, jamais vacilou sobre a sua adherencia ao bem publico da Nação, e a sua união ao centro do Brazil; e na firmeza dos seus princípios, ella tem poupado o sangue dos seus habitantes, e relevado com moderação os delírios d'alguns inimigos da união, e tranquilidade publica, que ás escondidas tem pretendido, e ainda intentão semear nella a discórdia que havendo-a, este Governo saberá suffocar, escudado pelo espirito publico, que mais altamente se declarou no dia 22, do precedente Fevereiro, e se tem ratificado pelos parabéns, e felicitações que este Governo tem recebido dos Commandantes de Fronteiras, dos Chefes dos Corpos de Tropas,

312 DAS INDEPENDÊNCIAS

e das Câmaras, que já antes havião proclamado a permanência da sua união ao centro do Brazil, e reclamado a conservação de S.A.R. no mesmo Reino.[21]

Ainda se acreditava ser possível a união com Portugal desde que respeitado o *status* político do Brasil. Como no resto do Brasil, essa possibilidade acabou cedendo diante da convicção de que só havia um caminho a seguir: o rompimento com Portugal.

Também na província, no decorrer do ano de 1822, são visíveis dois grupos políticos: um apoiando d. Pedro na sua política de contrariar as decisões antibrasileiras das Cortes e que se torna favorável à independência em face da impossibilidade de conciliar os interesses do Brasil com os objetivos do Congresso; outro, defendendo a política portuguesa.

À medida que d. Pedro se identifica com os anseios brasileiros, radicalizando-se as posições diante da política recolonizadora das Cortes, no Rio Grande do Sul o sentimento a favor da independência cresce.

O Rio Grande do Sul, em 10 de junho de 1822, elege o seu procurador. Diga-se de passagem que a província acatou logo o decreto de 16 de fevereiro, relativo à Convocação do Conselho de Procuradores Provinciais.

> Quando a Lei política, que tem estabelecido No Estado huma certa ordem de sujeição, vem a ser distructora do Corpo político, a cujo favor foi estabelecida, não se pode duvidar, que outra Ley política possa alterar esta ordem. E seria o maior dos absurdos considerar o Brazil irrevocavelmente sujeito aquella primeira Ley, huma vez que, ou por defeitos de princípios, ou por inadvertencia se enganarão os Legisladores na sua formação. A razão, pois, de que forão dotados os habitantes do Brazil, a liberdade com que nascerão, e o desejo inestinguivel de serem felices, que ella gravou nas suas almas, são três títulos que se authorizam para formar hum Congresso, e nelle serem estabelecidas Leis adequadas á America Portugueza. Taes herão já os puros sentimentos deste Governo, quando recebo o exemplar do Decreto de 16 de Fevereiro deste anno, que S.A.R. o Príncipe Regente do Brazil foi servido mandar dirigir-lhe, e que veio acompanhado da Portaria de V. Exa., em data de 20 daquelle mez. Em consequência do que, este Governo immediatamente fez expedir as necessárias Ordens ás Câmaras desta Província, determinando que fossem consideradas Cabeças de Commarcas, em attenção ás grandes distancias, e á commodidade dos Eleitores Parochianos, então ha pouco regressados desta Capital, a onde se havião reunidos para a instalação do Governo. Pela mesma razão

de longitude tardou a reunião das elleiçoens das Câmaras. Mas sendo realizada, procedida no dia 19 do Corrente a Câmara desta Capital na apuração dos votos, e ficou eleito Procurador Geral desta Província o Illmo. e Rmo. Conego Provizor, Vigário Geral della, e Parocho da Igreja Matriz da mesma capital, Antônio Vieira da Soledade [...][22]

Também imediata foi a adesão à convocação da Assembleia Constituinte:

Se a salvação da Pátria urgiu a effectividade do Conselho de Estado, ainda antes da reunião dos Procuradores Geraes de todas as Províncias, colligadas do Brasil: se este Conselho reconheceu a urgência, e a necessidade de huma Assembleia Geral Constituinte e Legislativa no Brazil, como ancora poderoza e única que pode salvar do naufrágio a nossa Pátria; se finalmente S.A.R. o Príncipe Regente, e Defensor Perpetuo do Brazil, convencendo-se de huma tal urgência e necessidade, houve por bem, e com o parecer daquelle Seu Conselho de Estado, decretar a convocação da mencionada Assembléa, como constou a este Governo pela reprezentação, e Decretos insertos no supplemento numero 68 da Gazeta do Rio, de 6 de junho deste anno: neste estado de couzas, nada hé hoje mais necessário do que caminhar-mos todos á Salvação da Pátria: huma só vontade nos deve unir, por que a divergência mais pequena de qualquer Província, pode produzir grandes calamidades. Este Governo, pois, intimamente penetrado destes sentimentos, e na exultação do seu puro regozijo, se apressa a participar a V. exa. para que assim o faça chegar ao conhecimento Augusto de S.A.R. que em testemunho da firmeza dos seus sentimentos, e do seu contentamento hoje fez annunciar tão fausta noticia aos habitantes desta Província [...][23]

Mas à medida que crescia o movimento em prol da ruptura com Portugal, surgiam e cresciam as divergências dentro da Junta Governativa, porque Saldanha, percebendo o rumo que os acontecimentos tomavam, manifestou a sua fidelidade a d. João VI e, não aceitando as decisões de d. Pedro, renuncia ao cargo:

As noticias porem que á poucos dias chegarão do Rio de Janeiro, e o Decreto de S.A.R. de 3 de junho passado, pelo qual manda sem se ter consultado a vontade geral dos Povos, e a das Cortes Geraes onde quasi todas as províncias deste Reino estão legalmente representadas; e somente com Audiência de dois

314 DAS INDEPENDÊNCIAS

> Procuradores do Rio de Janeiro, convocar naquella Cidade huma Assemblea Constituinte e Legislativa a qual desde logo deverá estabelecer as Bases em que se hade firmar a independência do Brasil, publicado por Bando de hoje nesta Capital, me tem persuadido que os passos Políticos que acabão de dar--se naquella Corte se encaminham a desligar da Monarchia Portugueza, pelo menos a parte Meridional do Brazil, e que offendem directamente a Soberania Nacional; opinião esta minha que tanto não he singular, que he a mesma de hum filho do Brazil, homem de luzes, amante de seu Paiz, e que faz honra á Bahia sua Pátria. Como prestei Juramento de fidelidade ao Senhor D. João 6º Rei dos Portuguezes, ás Cortes Geraes e Constituintes da Nação, á Constituição que as mesmas Cortes fizeram, tendo igualmente jurado ás suas Bases: não posso, nem devo como Portuguez adherir a hum systema que se oppoem inteiramente aos Sagrados principios adoptados pela Nação, por El Rei, e por todos jurado: por cujos motivos me aproveito da liberal Faculdade que S.A.R. concede no seu Proclama publicado na Gazeta do Rio de Janeiro no qual concede se retirem todos os que forem de opinião contraria, considerando-me authorizado a renunciar os Empregos que exercito nesta Província, a regressar a minha Pátria. Avista pois das ponderadas razoens que acabo de referir: espero que vv.Exas. tomando-as naquella devida consideração que merecem, se sirvão acceitar a renuncia que faço de todos os meus Empregos, concedendo-me Passaporte, e ás pessoas constantes da relação incluza, para Lisboa hindo por Monte Video a onde deve embarcar (no caso de o não ter já verificado) a Divizão Militar a que pertenço, afim de regressar a Portugal [...][24]

Esse pedido não só não foi aceito – porque o governo não achou peso nas razões apresentadas – mas Saldanha ainda foi feito "responsável perante D. Pedro e D. João VI pelas calamidades ou comoções populares que resultassem da sua insistência em retirar-se desta província, nas atuais circunstâncias"[25].

A renúncia, depois de reiterados pedidos de Saldanha, foi finalmente aceita em 27 de agosto, assumindo todos os cargos até essa data por ele exercidos, o vice-presidente João de Deus Mena Barreto.

Pode parecer uma incoerência a relutância do governo provincial em aceitar a demissão. Mas é o próprio governo que assim se expressa em outro ofício datado de 29 de agosto e dirigido a d. Pedro: "Em circunstâncias menos arriscadas o Governo até seria criminozo se não aceitasse immediatamente a renuncia dos Cargos a hum General, que, declarando não adheri á Cauza do Brasil, e fazendo huma tal declaração em termos pouco commedidos, já não podia merecer a confiança do Governo, e dos Povos, e que por isto mesmo devia ser retirado instantaneamente da Província."

Então por que essa relutância? O mesmo ofício dá a resposta:

> Mas o Governo considerou, que ainda não havião decorrido cinco mezes, que o General Saldanha occupava aquelles cargos pelo voto unanime dos Representantes dos povos e da Tropa, e que elle, com as suas maneiras, ainda conservava em seu favor a opinião publica que se havia grangeado. E huma prova desta verdade tem V.A.R. nas Reprezentaçoens que as Câmaras desta Capital, e da Villa do Rio Grande por aquelle mez de julho fizerão subir á sua Augusta Prezença. Além disto, receou o Governo que existindo de facto uma grande intriga entre o General Saldanha e hum temível partido, que apenas nos tem sido possível conter á custa do nosso amargurado soffrimento, a renuncia daquelle General fosse algum ardil para mais se firmar no Governo das Armas, esperançado em que os Povos e a Tropa, ignorando a verdadeira razão por que se retirava da Província, huns attribuirião este acontecimento á grande intriga, e outros na mesma ignorância do motivo, todos elles suppondo fazer um grande Serviço a Província e hum acto de justiça ao General, se tumultuassem para o reconduzirem na occupação dos Cargos. Como quer que seja: o certo hé que o Governo não podia fazer com que os Povos e a Tropa ao mesmo tempo tivesse noticia da retirada daquelle General, e do motivo por que se retirava, por quanto, o mesmo General, quando fez aquella sua declaração estava já prompto para marchar. Em força de todas estas consideraçoens, votamos que o General Saldanha devia ser considerado no exercício dos seus Empregos, até V.A.R. determinar que elle se retirasse, por ser este o meio mais Seguro em taes circumstancias, de evitar tumultos populares, de conservar a ordem publica, e dar tempo a que os Povos e a Tropa fossem mudando de opinião a respeito daquelle General, ao passo que fossem tendo noticia de que elle não adheria á Cauza do Brazil.

Se em 13 de julho de 1822, numa Representação à Câmara, cidadãos de Porto Alegre, tendo conhecimento de "que os perturbadores do socego publico desta Provincia, premeditão por meio da mais escandaloza intriga, aballar o bem merecido Credito do nosso Governo, procurando sobretudo a remossão do Excellentissimo General das Armas, Prezidente do mesmo, [...] como porque a actividade, e conhecimentos Militares do Excellentissimo General, sua prudência, e madureza em negócios Politicos, e sobre tudo a

316 DAS INDEPENDÊNCIAS

sua adhesão e amor á cauza publica, o tornão indispensável, e necessário ás criticas circunstancias da Provincia [...]", pouco mais tarde, no mês de setembro, a Junta Governativa oficiava a d. Pedro comunicando a indignação que causara a muita gente a posição assumida por Saldanha contrária à causa do Brasil[26]. E tendo o governo provincial interceptado uma correspondência considerada "perigosa á segurança e tranquilidade pública", sustava a saída do ex-governador, até que fossem procedidas averiguações.

A saída para o Rio de Janeiro acaba por ser-lhe concedida mas não via Montevidéu, como ele pretendia. Receava-se que ele se juntasse aos militares que na província Cisplatina eram contrários à causa nacional e com eles tomasse atitudes de reação contra os rumos que a política brasileira seguia.

D. Pedro louvaria o acerto das medidas tomadas pelo governo provincial, no caso Saldanha, em 2 de outubro.

Saldanha seguiu via terrestre para o Rio de Janeiro, em 29 de setembro, quando já havia sido proclamada a independência. De como se festejou largamente na província, tanto a independência como a aclamação de d. Pedro I Imperador Constitucional do Brasil, são provas as inúmeras representações enviadas da parte de militares e de civis ao governo provincial.

No mês de outubro, dia 16, foram eleitos os deputados rio-grandenses à Assembleia Geral Constituinte e Legislativa do Brasil: José Feliciano Fernandes Pinheiro – então em Lisboa e "enquanto não tomar assento na Assembleia exercerá as funções o deputado suplente Mal. de Campo Francisco das Chagas Santos" –, o dr. Joaquim Bernardino de Senna Ribeiro da Costa e o cidadão Antônio Martins Bastos que, durante os trabalhos da Constituinte, apresentaria uma proposta de anistia geral, no sentido de desarmamento dos espíritos. Esse espírito de conciliação deve ser olhado como sendo mais uma opinião pessoal do que generalizada. No Rio Grande do Sul, continuariam a agir grupos contrários à independência, o que tornava difícil a conciliação. Além do que a reação contra a política de d. Pedro I, que desembocaria na Revolução Farroupilha, parece indicar a intransigência dos elementos liberais rio-grandenses.

A propaganda antibrasileira se fez sentir.

Exegindo a tranquilidade publica, e a inviolabilidade da Sagrada Cauza do Brazil toda a vigilância e actividade deste Governo sobre os dissidentes da mesma

> Cauza, os quaes pelo seu desprezo às Autoridades Constituídas, ou pelas suas falças noticias, e perniciozos discursos verbaes, ou escriptos se constituem exacrando invazores do Sistema Constitucional Brazileiro; e sendo certo que muito mais conveniente hé evitar o progresso do mal; do que castigalo depois delle ter tomado vigor para produzir os seus effeitos; assim como he evidente que de nada servem remédios suaves naquelas doenças políticas que pela sua contagioza natureza exigem imperiozamente a separação daqueles membros da sociedade civil que a infectão com o seu contacto e fazer pesquizar quaes sejão os indivíduos que se empregarem na propagação de noticias falças, e de discursos verbaes ou escriptos contrários ao Systema Constitucional Brazileiro [...][27]

E como comunica ao imperador em 2 de dezembro de 1822, o governo "proibia rigorosamente a leitura de dois libelos famosos que heram espalhados por esta Provincia debaixo de titulos de Periódicos denominados Idade d'Ouro do Brasil e Semanário Civico da Bahia" por "contrariarem a justa causa da Independência do Império do Brasil".

Também no Rio Grande do Sul, d. Pedro I perderia a popularidade – inconteste em 1822 – no decorrer do seu reinado, em consequência de uma série de erros políticos,

> Os riograndenses adquiriam a consciência do seu próprio dever e do que deviam merecer da pátria; sentiam-se dignos de aspirar tratamento igual ao que recebiam as demais províncias.
>
> Não se alterara, com a mudança da instituição colonial, o sistema tradicional de governo. Sempre o absolutismo, a injustiça, a violência como normas invariáveis de administração.
>
> Sustentávamos a guerra e suas consequências: déramos sangue, bens, deixáramos o conforto do lar para apoiar os desígnios imperialistas do jovem Imperador.
>
> Sem reciprocidade, os riograndenses eram esquecidos, afastados, preteridos pelos remanescentes do aulicismo e do regime colonial que se buscava prolongar indefinidamente.
>
> Era uma humilhação àquela terra e àquela gente que se educara na escola do devotamento incondicional ao serviço da nacionalidade, porém que timbrava em resguardar a altivez de povo digno e destemeroso, através de todas as vicissitudes.
>
> A renúncia de D. Pedro I comoveu profundamente a vida do Rio Grande do Sul. Formam-se duas distintas correntes de opiniões, a dos adeptos do

318 DAS INDEPENDÊNCIAS

absolutismo monárquico e do predomínio dos filhos de Portugal nos negócios do Brasil, sonhando talvez com a retrogradação ao colonialismo, e a dos brasileiros que queriam instituições livres e progressistas para seu país com a colaboração dos mais dignos filhos das províncias em seus negócios peculiares.[28]

Se o presidente da província, Caetano Maria Lopes Gama, no seu Relatório ao Conselho Geral em 10 de dezembro de 1830 fala "que a Provincia de São Pedro do Sul está actualmente tranquilla"[29], essa tranquilidade é apenas aparente. O governo da regência, de quem tanto se esperava, não correspondeu aos anseios do Rio Grande do Sul e a Grande Revolução foi a resposta.

É evidente que o Rio Grande do Sul desde cedo interessou-se, como participou ativamente do movimento em prol da independência do Brasil; sua dedicação nas lutas platinas, defendendo os interesses lusos na região, não significou submissão à, nem identificação com a política portuguesa.

Mas impõem-se maiores pesquisas sobre a influência dos movimentos emancipacionistas do Prata, no Rio Grande do Sul, não apenas pela proximidade geográfica mas pelo contato direto nas campanhas militares.

Se não resta dúvida que o período de 1808 a 1821 é marcado pelas intervenções brasileiras na Banda Oriental, faz-se, no entanto, necessário estudar o período joanino, no que tange ao Rio Grande do Sul, sob outros ângulos. Economicamente falando, não haveria razões – e quais seriam – para o Rio Grande do Sul desejar a separação de Portugal? E os diferentes segmentos da sociedade, como se comportaram naquele momento histórico?

É bem verdade que a falta e a precariedade das estatísticas são um entrave. Contudo a correspondência entre os governadores da capitania, bem como a dos presidentes da província, com o governo central, incluindo o Ministério da Justiça, pode conter dados elucidativos. Da mesma maneira, a correspondência entre os chefes militares e deles para com o governo – que em parte foi organizada por Eduardo Duarte para fins de publicação na *Revista do Arquivo Público do Rio Grande do Sul* –, assim como toda a documentação do chamado "Caso Saldanha", precisa ser mais pormenorizadamente analisada e interpretada.

Enfim, a História do Rio Grande do Sul do período de 1808 a 1831 ainda desafia os pesquisadores.

Anexo

Ilmo. e Exmo. Snr.

Apressamo-nos em participar attentamente a V.Ex. que a 22 do mez ultimo foi instalado nesta Província hum Governo Reprezentativo, composto de 9 membros, a saber um Prezidente, um Vice-Prezidente, dous Secretários das repartições de Guerra, e Civil, e mais cinco Membros, ficando ao Prezidente as atribuiçoens de General das Armas, e a Prezidencia da Junta da Fazenda publica, e da Junta de Justiça, por assim se manifestar nos dezejos da Tropa e povo. Os eleitores de Parochia, reunidos nesta Capital para nos sob-meter áquelle desmantelado Governo fabricado no Soberano Congresso a 29 de Setembro do anno pretérito, forão objectados desta tarefa ante política ao mesmo tempo que a Soberana Vontade destes habitantes lhes outorgou amplos poderes para elegerem hum Governo compatível e análogo ao Brazil, que tem jurado não voltar atraz da Cathagoria do Reino, nem da Alta Empreza da sua Regeneração. Todos os sucessos conducentes à eleição deste Governo tem sido acompanhados da milhor ordem, e o Membro Francisco Xaver Ferreira, próximo a sahir com huma Deputação a S.A.R. levará mais miúda Relação de todos os Factos. Aproveitamos esta decoróza occazião para assegurar-mos a V.Ex. a nossa admiração e respeito. – Deus Guarde a V. Ex. Porto Alegre, 6 de Março de 1822. Illmo. e Exmo. Snr. José Bonifácio de Andrada – João Carlos de Saldanha – Prezidente – Manoel Maria Ricalde Marques – Secretario – Jozé Ignacio da Silva – Secretario. Felis Jozé de Mattos Pereira de Castro – Jozé Teixeira da Matta Bacellar – Francisco Xavier Ferreira – Pelos Negócios do Reino.

Relação nominal das pessoas de que se compõem
o governo provizorio do Rio Grande de São Pedro

Prezidente
O Brigadeiro João Carlos de Saldanha
Vice-Prezidente
O Marechal de Campo João de Deos Menna Barreto

320 DAS INDEPENDÊNCIAS

Secretario dos Negocios Politicos
O Cidadão Manoel Maria Ricalde Marques
Secretario dos Negocios da Guerra
O Brigadeiro Jozé Ignacio da Silva
Membros
O Brigadeiro Felis Jozé de Mattos
O Cidadão Manoel Alves dos Reis Louzada
O Vigário da Villa de Rio Pardo Fernando
Jozé de Mascarenhas Castello Branco
O cidadão Francisco Xavier Ferreira
O Desembargador Jozé Teixeira da Matta Bacellar
Secretaria dos Negocios Politicos em 6 de Março de 1822

FALLA AOS AMERICANOS BRAZILIANOS EM NOME D'AMERICA, POR SUS
JRMAOS OS HABITANTES DAS VASTAS PROVÍNCIAS DÓ RIO DÁ PRATA.

Americanos dó Brazil: nossos caros Irmaos. Ja chegou ó feliz, edezejado tempo de que á America, ista afligida May exija de todos seus filhos aquella uniaó de sentimentos que constitue aforza iresistivel das grandes Nazoens, como anossa, para ser salva das garras, dos Tiranos que á oprimen. Ella vos convida que participeis das glorias dos vossos generosos, evalentes Jrmaos que abitao as vastas Provincias dó Rio dá Prata, os quaes generosamente combaten os últimos esforzos dos ferozes satellites dó despotismo.

Ja suas cabezas se ornao de coroas de louros, ganhadas no campo dá honra, é da immortalidade á sim como os nossos Jrmaos de México, Caracas, Santa Fé, Quito, é Peru. Todos ja gozao das vantagens da libertade civil inherente á todo homen.

Nos vos pedimos que vos unais intimamente á os nossos sentimentos que, naó saó outros que, de quebrar as pesadas cadeias que nos tem afligido pello discurso de três séculos, ó que vos igualmente hábeis participado. Ponde os olhos por un momento sobre avossa situazó, é á de vossos oppresores, os europeos, é vereis que nelles se achaó refundidas as nossas riquezas, as comodidades, ó orgulho altanero, eo desprezo com que olhaó para todo americano: em nós só sé diviza, apobreza, ó abatimento, é á degradazaó ¡Vêde que differenza!

¿Qual hé ó adientamento que experimentais desde ó arrivo dó Príncipe ao vosso pais? ¿Hábeis visto algum americano occupar algum dos primeiros empregos? ¿Sabeis que se tenha premiado algum dos talentos de que abunda vossa pátria? Nao somente tendes sentido maior opressão, á tirania mais refinada, eo desprezo athé da caterva de cobardes, que por naó defender á Pátria fugirão buscando um azilo em vossa caza: imenzos sacrifícios, é imposizoens escandalosas comqué sois sacrificados; ¿é para que? Para sustentar amais de 10 D vadíos que naó fazem outra coiza qué adular aos déspotas que tao cruelmente vos tiranizaó; athé chegar ao ponto de vos fazerem extrangeiros em vossa mesma pátria; porque só ó despotismo mais cruel, e a arbitrariedade mais escandalosa vos podia despojar das vosas abitazoens, para as ocupar os comerciantes extrangeiros, por influxo de qualquer vil criado dos que se chamaó grandes, asim como de que hum extrangeiro tenha mais previlegios é prerrogativas que qualquer de vosoutros em vossa mesma caza.

¿Donde está o sistema Metropolitano pello qual de Justiza deveis sêr gobernados, por existir entre vosoutros ó trono? ¿Donde á reprezentazaó nacional, para deste modo sucumbir ó governo militar que taó despoticamente vos tem gobernado, é governa? ¿Donde os estabelecimentos de universidades, colégios, seminários, canáes, estradas publicas? ¡Ah! nada disto existe, nem já mais existirá para vos se naó vos lembrais que ô mais ínfimo americano hé igual ao mais elevado europeo, é com os brios que vos hé característico sacudires esse ignominioso jugo que degenera em escravidão. = Rompei para sempre os grilhaos em que jazeis; libertai com heroico esforzo á que vos hé mais caro; as vossas espozas, filhos, é tudo ó que hé mais sagrado para ô homem. = Naó temais, que três milhaós de habitantes dependentes desta grande capital, estão dispostos a defender á sua liberdade, é á de seus Jrmaos dó Brazil, com os seus brazos, é imensos recursos. Elles vos comvidaó á que vos constituais em huma província livre independente; para que deste modo vos unais tanto á nosoutros que os dois povos sejao hum, em interesses, é sentimentos.

Naó perdáis hum só momento em pôr em execuzaó ó que, á humanidade, á justiza; é á razaó vos clama. = É vos esforzados militares que, pella forza defendeis á tirania, vinde á nossos brazos, que nelles vos receberemos com aquella fraternidade que estamos obrigados, é noshé característica.

Naó tenhais ó mas minimo temor de emprender esta heróica aczaó; é crêde que será hum dia de gloria, é de alegria, aqueile em que abrazemos em nossos brazos os nossos jrmaos do Brazil.

Todo aqueile soldado qué se passe com armas as bandeiras dó exercito da pátria, seraó pagas pello valor de 8 D reis é élle terá huma recompenza de igual quantia, incorporado á os nossos exércitos, querendo gozará dó soldo de 10 D 500 réis menzual, como goza todo soldado dos nossos exércitos: é ademais os agradecimentos de nossa may pátria.

Toda á America tem fita á vista ná vossa conducta. Naó desmintaes de ser seus dignos filhos; pois senaó quereis sellar para sempre á vossa escravidão, é de toda á vossa posteridade, a qual com razaó, sempre amaldizoará os causadores dá sua desgraza, aterrai aos tiranos, é fazei ver aomundo inteiro que conheceis as prerogativas que disfrutaó os homens libres.

BIBLIOGRAFIA COMENTADA[1]

Giselda Mota

17.
Para a Historiografia da Independência:

Principais Tendências

Dentre a meia centena de autores que mereceram comentário crítico nesta Bibliografia, selecionamos cerca de quinze que, por se inscreverem dentro de tendências mais nítidas e por trazerem contribuição inovadora, fornecem elementos para um debate. Ao procurar indicar suas características, tentamos apenas trazer à luz alguns pontos que permitissem, frequentemente através de suas próprias palavras, definir maneiras – ideológica, "literária", pseudocientífica – de captar o processo em estudo: o da emancipação política do Brasil.

Comecemos por Francisco Adolfo de Varnhagen, *História da Independência do Brasil Até o Reconhecimento Pela Antiga Metrópole, Compreendendo Separadamente a dos Sucessos Ocorridos em Algumas Províncias Até Esta Data*. Rio de Janeiro: Imprensa Nacional, 1917.

O ponto de partida do discutido autor resume-se na coleta de novos documentos e no seu "escrupuloso" exame: "[redigimos aqui] fatos novos e novas apreciações que se apresentaram em vista dos novos documentos e informações fidedignas por nós recolhidas e apontadas [...]" (p. 25).

Os "métodos" e as "técnicas", assim como a "função" do historiador são definidas em termos de "boa-fé" e "imparcialidade", de onde se infere que o historiador é um ente supremo capaz de analisar "de fora" o seu objeto e de estipular uma sentença última e verdadeira para os relatos que examinou. Segundo Varnhagen, "o historiographo [...] cumpre com o dever quando com critério e boa-fé e imparcialidade, dá, como em um jurado mui conscienciosamente o seu veredictum, cotejando os documentos e as informações oraes apuradas com o maior escrúpulo que, à custa do seu ardor em investigar, a verdade conseguiu ajuntar" (p. 25-26).

"Imparcial", Varnhagen proscreve o culto laudatório num estudo de história, ao mesmo tempo que – contrariando a "boa-fé" – se reserva o direito de omitir passagens "menos decorosas": "O auctor, porem, [referindo-se a ele próprio] propoz-se a escrever uma história e não a adular ou lisongear os sentimentos ou prevenções de uns, nem de outros, nem por considerações com os descendentes vivos, embora poderosos; de uma e de outra parte, tratou de calar censuras, quando as julgou cabidas e justas [...]" (p. 26).

A narrativa é conduzida estreita e excessivamente vinculada aos eventos oficiais. As datas, juridicamente institucionalizadas, parecem indicar os suportes nos quais se apoiam os "veredictos". Além de encarados "pelo alto", desvinculados de sua dimensão econômica e social, os acontecimentos são apresentados de maneira personalizada, através da ação dos grandes líderes. Procura-se recriar o impasse dos momentos vividos pelas "grandes personagens", mostrando as estreitas alternativas que elas teriam para tomar decisões. A montagem da situação tende a enfatizar que só havia um caminho a seguir, uma decisão a ser tomada. Via de regra, a solução não difere daquela que de fato ocorreu, pelo menos no caso de d. Pedro I:

Não lhe restava [referindo-se ao príncipe Pedro], pois, mais que uma de duas resoluções a tomar: ou proclamar de todo a independência, para ser heróe, ou submetter-se a cumprir e fazer cumprir os novos decretos das Cortes, não já para ir como fora ordenado no anno anterior, viajar com mentores, mas sim, mui provavelmente, para, finda a Constituição, ser chamado à barra pelas Cortes afim de se justificar pelos seus actos, e dobrar os joelhos em presença dos seus imprudentes affrontadores, Fernando Thomaz, Pessanha e Xavier Monteiro, ou para ser insultado nas ruas pela mesma plebe que, das galerias das Cortes, apupára pouco antes, com gritos de "mona!" e "patife!", os zelosos deputados defensores dos direitos do Brasil. (p. 186)

Observem-se ainda, nesse trecho, os preconceitos para com a participação e seu julgamento das camadas populares em relação à vida política. Só aos "grandes" cabia julgar e conduzir. O pronunciamento da "plebe" era grande "insulto".

Efetivamente, uma concepção da história vista "do alto" comporta noções totalmente desvinculadas das especificidades do processo. Os acontecimentos parecem possuir uma ordem linear e "natural": "Recapitulando, cumpre-nos concluir que, si bem que segundo a ordem natural dos acontecimentos, ao Brasil devia, como a quasi todas as colônias, chegar o dia da sua emancipação da metrópole, a apressaram muito a vinda da família real [...]" (p. 349).

Mesmo negado pelo autor, os preconceitos, as suposições especulativas, a concepção da história através dos heróis e mesmo o tom laudatório (proscrito pelo autor na introdução) acabam por aflorar na narrativa, a exemplo do que se pode constatar ao final do volume: "E, meditando bem sobre os factos relatados, não podemos deixar de acreditar que, sem a presença do herdeiro da Coroa, a independência não houvera ainda talvez nesta ephoca triunphado em todas as províncias [...] Terminamos, pois, saudando, com veneração e reverencia, a memória do príncipe fundador do Império." (p. 349-350).

Em suma: a coleta de novos documentos é o ponto de partida do autor, que procura narrar e julgar os fatos que precederam a "Independência" do Brasil, "com critério, boa-fé e imparcialidade". Excessivamente presa aos eventos, institucional e juridicamente oficializados, a narrativa tenta recriar os momentos vividos, personalizando-os às ações dos "grandes" líderes políticos, de maneira a enfatizar os atributos morais de cada qual, num ajuntamento linear de acontecimentos que tem por fim enaltecer a figura de d. Pedro I.

A segunda década do século XX assiste ao surgimento de duas obras de importância para o estudo da independência: as de Oliveira Lima (1922) e Tobias Monteiro (1927).

Vejamos, inicialmente, a de Oliveira Lima, *O Movimento da Independência (1821-1822)*, São Paulo: Melhoramentos, 1922.

A cronologia do título sugere, de início, uma concepção factual de história. Tal constatação evidencia-se no primeiro capítulo, "O Regresso de D. João VI Para Lisboa: Causas e Efeitos da Revolução Portuguesa de 1820". O esquema é simples: 1. o fato; 2. suas causas; 3. suas consequências.

328 BIBLIOGRAFIA COMENTADA

No nível da interpretação, compreende a vinda da família real como tentativa da metrópole em preservar a colônia. Para o autor, a vinda da comitiva real foi um "prelúdio" da "independência" do Brasil. "A posse do Brazil era a garantia d'esse império e penhor do seu soberano." "Os brasileiros, "segundo Oliveira Lima, "estavam pois *inconscientemente* mais *preparados* para uma monarquia constitucional, ao passo que não faltavam entre os portugueses os que por seus *sentimentos* e *interesses* tinham que se manter *instinctivamente* aferrados à monarchia absoluta." (p. 16, grifos nossos)

Procura-se, pelo que se vê, penetrar no "espírito", no "âmago", no "caráter" de um "povo" – encarado aprioristicamente numa visão unidimensionada. Os sentimentos prevalecem sobre a história. A partir de percepção simplista, o autor propõe juízos que, invariavelmente, projetam sua dimensão ideológica. É o que se pode observar, por exemplo, numa passagem referente à "Revolução" do Porto:

> Fácil é ver que não só o povo soffria de tal situação: d'ella soffria não menos, pela mesma natureza dos factos, a burguesia de negociantes e lavradores que foi quem fez a revolução de mãos dadas com o exercito enciumado. O povo por si, desacompanhado de outros elementos, jamais conseguia levar por deante um emprehendimento d'esse gênero, não só destruidor como constructor. O desespero produz *jacqueries* [grifo do autor], mas não organiza regimens. (p. 18)

A noção de "povo", além de inconsistente, encontra-se no texto empregada com sentido dúbio. Os lavradores não são "povo"? E o exército? A própria "burguesia"?

De qualquer forma, o pensamento liberal parece bem nítido ao reconhecer *o mesmo sofrimento* do "povo" na "burguesia". Igualmente ao indicar a *incapacidade* do "povo" em conduzir "Um empreendimento desse gênero", isto é, um empreendimento que só podia ser viável – que só estava à altura – das "elites". A grande diferença estava no fato de que o "povo" servia para *destruir* e a "elite" para *construir*. De um lado, o "desespero"; de outro, "o bom senso".

Inovação na historiografia: ao estudar a *sociedade brasileira*, entretanto, destacou uma "classe dirigente", da qual faziam parte os "regimentos militares, os ocupantes dos senados das câmaras municipais e dos cargos de magistratura, além da aristocracia colonial". Ao destacá-la, procurou esclarecer dizendo que: "Não era uma aristocracia política ou mesmo uma oligarchia de governo, uma vez que este se constituiu autônomo e responsável." (p. 28)

Diversamente de Varnhagen ou Tobias Monteiro, que só visualizavam a esfera política, utilizou o *conceito de classe*, tendo como referência a constituição étnica:

> As barreiras entre as classes foram-se gradualmente abaixando e seu desapparecimento constituía o termo de um processo evolutivo, regular e próprio. A igualdade foi-se tornando legal, de facto como de direito, entre os nobres e os brancos "del estado llano", e as fronteiras entre estes brancos e os pardos livres, abastados ou remediados, por sua vez se fizeram imprecisas e fáceis de confundir ou de ultrapassar. Esse movimento geral de democratização social foi espontâneo: não obedeceu a suggestões de fora. (p. 31)

Ao final do volume, encontramos novo sentido para o termo classe (agora como camada social):

> Sobre que fundamentos havia de descançar um regime de essência monarchia posto que constitucional, onde não existiam uma nobreza privilegiada, um exercito disciplinado e um clero sectário do direito divino dos reis? O clero brazileiro era das classes nacionaes a mais liberal; o exercito só se conseguia reforçar com mercenários; a nobreza não se trazia do berço, antes se conquistava no decorrer da existência deixando de formar uma casta para significar uma distinção individual. O império foi pois de facto desde o seu inicio uma democracia coroada em que o executivo começou por prevalecer e o legislativo acabou por predominar. (p. 367)

Em suma: a cronologia do título já está a indicar a concepção factual da "Independência", vista apenas como separação de Estado para Estado. Privilegia-se em demasia o nível dos eventos políticos, muito embora Oliveira Lima tenha reservado um capítulo para estudar a sociedade brasileira, interesse incomum na historiografia de até então. Não conseguiu, porém, superar o relato dos acontecimentos políticos e diplomáticos, em função dos quais propõe alguns juízos críticos.

A segunda obra de importância (isto é, muito citada ainda nos estudos sobre a independência), surgida na década de 1920, é a de Tobias Monteiro,

BIBLIOGRAFIA COMENTADA

História do Império: A Elaboração da Independência, Rio de Janeiro: Briguiet, 1927. Trata-se de trabalho secundário, em que se força a nota no tocante à descrição de episódios pessoais – e às vezes pessoalíssimos – das personagens.

Quanto à cronologia, abandona os marcos tradicionais de balizamento: enquanto Varnhagen utiliza, como marcos, os anos de 1820/1821/1822, Oliveira Lima os anos de 1821/1822, Tobias Monteiro marca como importantes 1807 ("A Evasão da Corte") e 1822 ("A Independência"). Tal procedimento, todavia, longe de conferir maior inteligibilidade ao processo que se pretende explicar, não passa de uma *soma* "evolutiva" de eventos.

Quanto aos julgamentos, e o nível de uma história episódica (ou mesmo anedótica), o autor despe-se de qualquer preocupação com a "objetividade" – por exemplo: com relação à família real, detém-se em pormenores absolutamente secundários, na medida em que ligados à vida pessoal e íntima dos "julgados".

No início dos anos 1940, surgirá o conjunto de obras daquele que iria representar um divisor de águas na historiografia brasileira: Caio Prado Júnior. Seus três livros, *História Econômica do Brasil*, 12. ed., São Paulo: Brasiliense, 1970, *Formação do Brasil Contemporâneo*, 9. ed., São Paulo: Brasilense, 1969 e *Evolução Política do Brasil e Outros Estudos*, 7. ed., São Paulo: Brasiliense, 1970, dos quais o mais importante é sem dúvida *Formação do Brasil Contemporâneo*, tiveram e continuam tendo grande repercussão nos estudos históricos no Brasil. A grande inovação reside na aplicação de uma certa compreensão do marxismo na análise historiográfica.

Fugiu-se, dessa forma, aos limites estreitos dos eventos, para repensá-los dentro de estruturas maiores. Evidentemente, não se conseguiu eliminar todos os procedimentos preconceituosos e acientíficos. Alguns deles, por mais contraditório que possa parecer, subsistiram e afloram visivelmente nos textos. A principal crítica que se poderia fazer reside na simplificação da realidade para melhor integrá-la aos esquemas de explicação adotados.

Caio Prado considera o Brasil "independente" a partir de 1808, quando deixou de haver uma administração colonial (*Evolução Política...*). Nessa medida, vê como "recolonizadoras" as medidas das Cortes. Da contradição maior entre "Independência" e "recolonização" surgem contradições locais, que levariam as "classes superiores" a promover a separação (*Evolução Política...*).

Na *História Econômica do Brasil*, parte do surgimento do Capitalismo Industrial. A persistência do capitalismo comercial representava uma contradição flagrante em relação a ele. Tal contradição se estabelece também nas colônias que principiavam a se opor decididamente à dominação metropolitana. As "Independências" marcariam, nessa orientação, a "libertação econômica".

É importante notar que não se fez outra coisa senão mediatizar um modelo analítico-formal. A aplicação de suas premissas, situando-as num determinado momento histórico, não vão além de uma simplificação esquematizada da realidade. Postula-se um padrão de racionalidade futura, estabelecidas que estão as etapas do *progresso histórico*, ou do *desenvolvimento histórico*, ou, mais ainda, da *evolução histórica*. Tais ideias não são "privilégios" apenas de uma visão liberal da história, mas também de um certo marxismo. O procedimento de se tomar como padrão um modelo de desenvolvimento e a partir daí se referir a situações desenvolvimentistas ou subdesenvolvidas é o mesmo de ter como referencial um capitalismo industrial e se referir a um capitalismo comercial como *momento anterior* do primeiro. Esse capitalismo comercial irreversivelmente passaria a um capitalismo industrial, em nome de um PROGRESSO LINEAR que se supõe *inevitável* e até mesmo *fatal*.

Segundo o autor em foco, é importante destacar ainda que, não obstante sua contribuição altamente expressiva dentro da historiografia, permaneceram em sua obra certos procedimentos criticados pelo próprio autor na introdução da *Evolução Política*. Afirmou que: "os heróis e os grandes feitos não são heróis e grandes senão na medida em que acordam com os interesses das classes dominantes [...]"

Na *História Econômica do Brasil*, entretanto, confere proporções heroicas ao príncipe regente João. Afirma que: "Até 1815, o estado de guerra na Europa atemorizará o tímido Regente que não ousa por isso retornar à pátria abandonada, embora ela estivesse livre de inimigos havia seis anos." Pouco abaixo acrescenta que: "O próprio Regente, logo depois Rei D. João VI com a morte da Rainha sua mãe, ocorrida em 1816, não escondia preferências pela nova pátria."

As duas citações conferem a d. João (ou ao príncipe regente) um poder de decisão autônomo, tal qual a historiografia tradicional confere aos heróis.

Em suma: no trabalho *Evolução Política do Brasil e Outros Estudos*, considera-se a "Independência" a partir de 1808, quando deixou de haver uma administração colonial. Coerente com essa posição, Caio Prado ressaltou

332 BIBLIOGRAFIA COMENTADA

que as Cortes portuguesas, ao instituírem medidas "recolonizadoras", desencadearam uma série de contradições latentes de ordem social e econômica. O chamado "partido brasileiro", composto pelas "classes superiores" (proprietários rurais e aliados), utilizando-se de d. Pedro, soube conduzir a "revolução" no sentido da libertação do "jugo" colonial e da emancipação política. O vocabulário empregado, não raro, apresenta várias imprecisões.

No livro *História Econômica do Brasil*, é de capital importância ressaltar os capítulos 13 e 14, na medida em que tratam da "libertação" econômica do Brasil e seus efeitos. A análise se inicia com a observação dos traços gerais da economia europeia, onde começava a emergir (no século XVIII) um capitalismo industrial, muito embora persistissem ainda economias com base no capital comercial, como Portugal e Espanha. Gradativamente, as potências em processo de industrialização procuram expandir seus mercados. A ocupação de Portugal é um episódio dessa luta. À Inglaterra, "aliada" aos portugueses, tais acontecimentos eram de grande interesse, pois a vinda do governo português e de sua comitiva para o Brasil, abria-lhe novos mercados, assegurados mais tarde de forma definitiva com a assinatura dos tratados de 1810. A partir de então, os próprios portugueses que para aqui vieram como funcionários da Casa Real, inclusive o príncipe regente, "não escondiam", segundo o autor, "sua preferência pela nova pátria". Os esquemas explicativos não fogem às colocações tradicionais ao postular uma racionalidade futura! As ideias de "desenvolvimento" e "progresso" (empregadas com o sentido de "crescimento"), tendo por referencial as estruturas econômicas mais avançadas, serve para atestá-lo. Amplamente discutíveis são também as passagens onde se afirma que cabia unicamente ao príncipe regente a decisão de retornar a Portugal e que "o tímido regente" não ousava retornar pelo estado de guerra na "pátria abandonada, embora ela estivesse livre de inimigos, havia seis anos [...]" Outra passagem pouco sustentável é a que se refere à "atenção" com que os portugueses passaram a tratar os brasileiros. A menos que se considerem por "atenções" as tentativas de recolonização, a partir do movimento de 1820 na metrópole, e o fiscalismo que persistia.

Com relação à *Formação do Brasil Contemporâneo*, apesar de não estar rigorosamente enquadrada na cronologia proposta, é obra bastante significativa para montar toda a sistemática das relações que caracterizaram historicamente os quadros do Brasil colonial. São dignos de especial atenção os capítulos "Administração", "Grande Lavoura", "Organização Social" e "Vida Social".

A década de 1950 assistirá à floração expressiva em várias frentes de trabalho: no campo da biografia, as obras de Octavio Tarquínio de Souza marcarão a posição; na história econômica, Celso Furtado produzirá obra de grande impacto, comparável à de Caio Prado Júnior; e Raymundo Faoro dará contribuição de pequena repercussão, mas de grande importância para a história social, contrapondo sua linha weberiana de análise à do marxismo ortodoxo, característica de Nelson Werneck Sodré.

Vejamos, inicialmente, a obra de Octávio Tarquínio de Souza, *História dos Fundadores do Império no Brasil*, Rio de Janeiro: José Olympio, 1957, 10 v. Entre os volumes de maior importância, destacamos: *José Bonifácio; D. Pedro I* (3 v.); *Três Golpes de Estado* (apenas o 1º capítulo); *Fatos e Personagens em Torno de um Regime*.

Retomaremos aqui algumas ideias de Emília Viotti da Costa (em seu estudo sobre José Bonifácio), onde comenta a concepção de história de Octávio Tarquínio de Souza. Para Tarquínio, a história é uma ciência e uma arte. Como ciência, tem necessidade de provas em que se apoie a certeza do conhecimento histórico (tais como fontes, pesquisas, documentos etc.). Como arte, coloca-se a elaboração, a organização dos dados. Tal montagem se faz como organização subjetiva de fatores pictóricos.

A história é a história do homem e os fatos históricos caracterizam-se por serem individuais, únicos, não se subordinando aos conceitos, às leis. "Em nenhuma tarefa a história se aproxima mais da obra, do artista, do que na biografia." (O.T. Souza, citado por Emília V. da Costa).

Todo homem tem uma dimensão pessoal e uma dimensão histórica; as duas se justapõem, confundem-se nos seus limites. Embora como homem, como ser social, seja necessariamente representante da sociedade em que vive, à qual está vinculado, existe sempre no seu âmago uma "zona de maior hermetismo". Essa intimidade, essa peculiaridade que faz de cada indivíduo um ser único é, na opinião de Tarquínio, fundamental para o biógrafo. Tão fundamental quanto visualizar a personagem no que tem de comum com sua época e seu meio.

Em suma: Octávio Tarquínio de Souza não ultrapassa o nível de *biografias personalizadas* (uma biografia personalizada tenta ver a história através da personagem. Esse procedimento é questionável, pois o nível de

BIBLIOGRAFIA COMENTADA

consciência é restrito), ou de discussões oficiais e diplomáticas. A partir disso, procura entender o processo histórico. O processo inverso seria mais eficaz por partir de categorias mais inclusivas, o que sem dúvida alargaria os horizontes, dimensionando e precisando historicamente a biografia. Um estudo biográfico assim conduzido não se esgotaria nos limites da própria personagem. Permitiria observar como se orientou a ação dessa personagem em função de variáveis que uma certa dinâmica lhe abria, como possibilidade de objetivação. Segundo Jean-Paul Sartre, "É superando o dado em direção ao campo dos possíveis e realizando uma possibilidade entre todas que o indivíduo se objetiva e contribui para fazer a História: seu projeto toma então uma realidade que o agente talvez ignore e que, pelos conflitos que ela manifesta e que engendra, influencia o curso dos acontecimentos."[1]

Quanto ao weberiano Raymundo Faoro, autor de *Os Donos do Poder: Formação do Patronato Político Brasileiro* (Porto Alegre: Globo, 1958), sua principal contribuição está em propor uma análise nos marcos de uma tipologia patrimonialista do sistema político, conforme estipulou Weber, e em caracterizar a sociedade em estamentos. Mostra como os estamentos burocráticos se articularam com vistas a uma participação no poder político e como o Estado – representado pelo soberano – orientou e controlou essa participação.

Uma formulação nesses níveis possui alcance limitado aos parâmetros internos. Nesse sentido, há uma coerência quando se fala em "Independência". Entretanto, as suas variáveis não são suficientes para divisar uma problemática de âmbito externo, que foi bastante significativa no processo de emancipação política.

Nos limites da análise, registre-se a caracterização estamental da sociedade como a expressiva contribuição de Faoro.

Em suma: a interpretação parte da mudança da Corte e de seu corpo burocrático para o Brasil. A fim de oferecer uma atividade a esses funcionários, d. João VI estabeleceu a criação de uma série de órgãos administrativos, intensificando, simultaneamente, a cobrança de tributos. Essa nova taxação, que incidia sobre os senhores de terras, vinha alinhar-se ao já combatido fiscalismo colonial. A "classe proprietária", segundo Faoro, começou a reivindicar – nas cidades – sua participação em cargos administrativos, preferencialmente os postos militares. Efetivou-se aí o que o autor denominou "conversão da classe proprietária em estamento burocrático". Nessa procura por ocupações administrativas (com pretensões de participação no poder), estava também empenhada a "classe da burguesia comercial", composta majoritariamente por portugueses aspirantes a cargos civis. A nobreza administrativa, que veio ao Brasil junto com a família real, aliou-se aos comerciantes na tentativa de obter benefícios do Estado e de compartilhar do poder. O aparato do corpo administrativo exigia cada vez mais recursos, obrigando o Estado a tomar medidas liberais, como a extinção das proibições às indústrias e manufaturas e a abertura dos portos, tentando com isso obter maior receita. A situação se agravou quando do retorno de d. João para Portugal – os cofres estavam vazios. Logo a seguir, as Cortes subtraíram ao Brasil o título de "Reino Unido" e estabeleceram os governos provinciais sob sua autoridade direta. A reação no Brasil, liderada pelos senhores territoriais, obteve o apoio da nobreza burocrática, temerosa de perder seus empregos– notadamente numa situação onde as Cortes estavam a extinguir os órgãos criados por d. João. A "Independência", segundo o autor, foi, a partir de então, "obra de persuadir D. Pedro". Depois de 1822, cuidou-se de reorganizar as bases do Estado, havendo constantes conflitos entre "democratas" e "monarquistas". A dissolução da Constituição de 1824 e a Confederação do Equador não foram mais que capítulos desses conflitos. A análise, orientada por uma tipologia patrimonialista do sistema político, procura distinguir como os estamentos burocráticos se articularam com vistas a uma participação no poder político e como o Estado, representado pelo soberano, orientou e controlou essa participação. As variáveis esclarecem parcialmente o quadro, atendo-se às suas dimensões locais. Suposições especulativas acompanham a análise de Faoro.

Foi em 1959 que surgiu a obra mais importante de Celso Furtado, *Formação Econômica do Brasil* (11. ed., São Paulo: Ed. Nacional, 1971). Apesar de privilegiar o nível econômico, procura não se distanciar das especificidades históricas que, invariavelmente, permitem dimensionar com maior rigor e eficácia os quadros informados por uma determinada organização econômica. Essa parece a *sua principal contribuição*.

Após realizar um balanço da economia brasileira – nos fins do século XVIII – períodos de estagnação relativa (exceto para o núcleo maranhense) –, mostra como essa situação se modificou em função da transferência para

BIBLIOGRAFIA COMENTADA

o Brasil do governo metropolitano, da abertura dos portos e, principalmente, com os acontecimentos de 1789 no Haiti (movimentos de escravos desorganizando a cultura canavieira), favorecendo a economia brasileira.

Muito embora possa haver concordância com a análise quanto às duas primeiras razões apontadas, é bastante discutível destacar que a desarticulação de uma organização econômica qualquer seja um fator favorável preponderante a uma outra organização econômica.

Uma formulação nesse nível oculta uma *"história do se"*, ou, mais precisamente, representa uma simples suposição especulativa. Assim, "caso não se tivesse desarticulado a economia haitiana, o Brasil não seria favorecido" etc.

O autor se utiliza de certos conceitos de forma imprecisa, como no caso de "classe social", empregado para designar uma camada social qualquer. Ademais, ao negar a participação inglesa na Abertura dos Portos e ao afirmar que os conflitos entre os ingleses e a "classe" dos senhores se deram em função da aplicação unilateral do liberalismo pelos primeiros, Celso Furtado demonstrou estar ainda excessivamente vinculado em suas análises às relações de um Estado a outro. Ambas as constatações rebatem nas novas formas de dominação que se configuravam numa redefinição nas relações coloniais.

Em suma: os quatro primeiros capítulos da quarta parte interessam neste levantamento. O autor faz um estudo global da economia brasileira nos fins do século XVIII mostrando que, afora o núcleo maranhense, atravessava-se em geral um período de relativa estagnação. Tal situação foi, contudo, modificada com a transferência do governo metropolitano e com a abertura dos portos. Os acontecimentos em 1789 no Haiti também favoreceram a economia brasileira, abrindo nova etapa de prosperidade do açúcar.

O autor, apesar de negar a participação inglesa na Abertura dos Portos, destacou a sua atuação na "Independência" e os seus constantes conflitos com a "classe" dos grandes senhores. Celso Furtado não os via, entretanto, como discrepantes da ordem econômica, mas sim como fruto de uma aplicação unilateral do liberalismo pelos ingleses. Há que discutir certas afirmações. A justificativa de que os ingleses não teriam participado na abertura dos portos porque Strangford, representante inglês, não estivera presente, parece bastante precária. Da mesma forma, a mencionada aplicação unilateral da noção de liberalismo. O "liberalismo" nada mais significava senão uma nova maneira de domínio, ajustada ao capitalismo industrial emergente. O vocabulário apresentou imprecisões e não se evitou especulações imaginárias.

Paralelamente às obras de Faoro e Furtado, surgiu a de Nelson Werneck Sodré: *O Que Se Deve Ler Para Conhecer o Brasil*, 3. ed., Rio de Janeiro: Civilização Brasileira, 1967; *As Razões da Independência*, Rio de Janeiro: Civilização Brasileira, 1965; *Formação Histórica do Brasil*, 4. ed., São Paulo: Brasiliense, 1967.

Algumas das referências feitas a Caio Prado cabem, em maior grau, à obra de Nelson Werneck. Nesse último, o mecanicismo e a simplificação esquemática estão muito mais visíveis.

Chega a afirmar que a "Independência" se deu em função da contradição entre a "classe dominante" do Brasil e a "classe dominante" da metrópole. Formou-se uma "direita" e uma "esquerda", que – apoiada por outras "classes sociais" – acabou por conduzir à separação da metrópole (*Formação Histórica do Brasil*).

Longe do propósito de pretender "igualar" a obra de Caio Prado à de Nelson Werneck, é possível fazer um balanço conjunto dos dois autores, já que ambos se utilizam de um esquema explicativo semelhante. É óbvio que Nelson Werneck leva longe demais a ortodoxia e, por isso mesmo, sua obra tem muito menos consistência histórica. Porém, em linhas gerais, as críticas são comuns às duas interpretações.

Em suma: o autor toma um modelo analítico-formal (isto é, um modelo que não se refere a um momento histórico determinado) e tenta aplicá-lo historicamente. Postula – em função disso – um padrão de racionalidade futura, "ajustando" as dimensões do real às variáveis do modelo utilizado, caracterizando a chamada manipulação mecanicista do mesmo. Os conceitos utilizados também sofrem esse tipo de ajustamento: o exemplo mais comum é o do conceito de "classe social", utilizado indiscriminadamente para indicar qualquer camada social e para qualquer época.

No início da década de 1960, surgiu a análise de Sérgio Buarque de Holanda, "A Herança Colonial: Sua Desagregação", em *História Geral da Civilização Brasileira*, 3. ed., São Paulo: Difel, 1970, t. 2. Pouca contribuição apresentou à questão. Os pontos principais levantados já haviam sido discutidos na historiografia.

Seria importante, todavia, apontar sua pouca preocupação com a linguagem científica. Referindo-se ao Brasil no início do século XIX: "Nesses

338 BIBLIOGRAFIA COMENTADA

poucos anos foi como se o Brasil tivesse amanhecido de novo aos olhos dos forasteiros, cheio da graça milagrosa e das soberbas promessas com que se exibira aos seus mais antigos visitantes. Num intervalo de cerca de dois séculos, a terra parecera ter perdido, para portugueses e luso-brasileiros, muito de sua primeira graça e, gentileza, que agora lhe vinha restituída." (p. 12-13)

Em suma: além da "fatalidade" na história, o autor faz especulações imaginárias procurando penetrar no "espírito" dos protagonistas. Emprega, não raro, linguagem rebuscada com imagens literárias e de precisão bastante relativa para que possa ser considerada científica. As imprecisões podem ser exemplificadas em noções como "classes ínfimas", "classe média" e até mesmo "pecado de incoerência". Apesar de não trazer maior contribuição, o ensaio estimula o levantamento de problemas para ulterior investigação.

Em 1966, Emília Viotti da Costa, em conferência posteriormente publicada em *Brasil em Perspectiva* (São Paulo: Difel, 1968), apresenta uma nova proposta para o estudo da Independência.

Apesar de conservar um vocabulário semelhante ao de Caio Prado Júnior e Nelson Werneck Sodré, a autora não se deteve exclusivamente nas determinações de uma interpretação mecanicista. Não conseguiu, porém, superá-la em definitivo. É o que se pode constatar na afirmação de que a "ausência de uma classe revolucionária" teria contribuído para a persistência de uma estrutura colonial de produção.

De qualquer forma, sua contribuição não foi pequena. Tanto a "Introdução ao Estudo da Emancipação Política" (em Carlos Guilherme Mota [org.], *Brasil em Perspectiva*, São Paulo: Difel, 1969), como "José Bonifácio: Mito e História" (em *Anais do Museu Paulista*, São Paulo, XXI, 1967), especificaram com maior nitidez as dimensões do processo histórico, partindo desde as categorias mais inclusivas até as mais específicas. A "abertura" no quadro de referências pode se realizar, portanto, de forma explícita e eficaz. A "Independência", a contrastar com a *emancipação política*, não se deu apenas no nível das relações de Estado a Estado, mas inclusive nas tensões sociais.

Em 1968 aparece, finalmente, o trabalho *Sociedade de Classes e Subdesenvolvimento* (Rio de Janeiro: Zahar), de Florestan Fernandes, com proposta mais abrangente. Sua interpretação, conduzida com bastante rigor metodológico e orientada por uma concepção que rompe com a tradição mecanicista, expressa de modo concreto as implicações *econômicas e socioculturais* do capitalismo, dimensionando-o ao Brasil do século XIX, segundo as determinações de uma sociedade estamental-escravocrata que acabou por imprimir marcas específicas ao "liberalismo". No Brasil, o liberalismo mascarava as relações de dependência externa, e minimizava internamente situações concretas de opressão social.

Fora do Brasil, duas análises merecem referência especial: a de Alan K. Manchester e a de Stanley e Barbara Stein.

Alan Manchester procura caracterizar historicamente, em seu trabalho *British Preeminence in Brazil, Its Rise and Decline: A Study in European Expansion* (2. ed., New York: Octagon, 1964), as relações de dominação da Inglaterra sobre o Brasil.

Inicia seu estudo pela maneira através da qual se articularam, desde as origens, as relações anglo-portuguesas e como elas se foram redefinindo até que o domínio britânico se estendesse inclusive ao Brasil, em princípios do século XIX. A partir de questões que procuram indicar a natureza das relações entre Brasil e Inglaterra, procurou montar os mecanismos de dominação – expressos notadamente nos tratados de comércio e na questão do tráfico de escravos. Esta última, segundo o autor, seria o "preço" da Inglaterra por sua "ajuda" no reconhecimento da "Independência" brasileira. Evidentemente, como destacou Manchester, as medidas opressoras desse tipo de comércio mereceram protestos por parte do "povo". O estudo se prolonga até inícios do século XX, quando a preponderância inglesa atravessou fase de amplo declínio, tendo sido superada em importações e exportações no mercado brasileiro pelos Estados Unidos. O autor tratou das relações de domínio em termos externos, isto é, de Estado para Estado. Caberia discutir igualmente como essa dominação se manifestou e se vinculou dentro da sociedade brasileira, observar que setores do "povo" protestaram contra a intervenção inglesa na supressão do tráfico de escravos, ou ainda, inversamente, ver quais setores se manifestaram favoráveis ao "livre" comércio. Além disso, se houve um "preço" na "ajuda" inglesa, como mostrou Manchester, seria ingênuo supor que um outro preço (para retomar a linguagem empregada) não tivesse existido para a destacada "presença" estadunidense.

340 BIBLIOGRAFIA COMENTADA

Num parêntese: além de ampla bibliografia, a presente edição traz um resumo e um duplo índice (onomástico e por assuntos), cuja imensa utilidade não foi ainda reconhecida em nossas publicações.

A crítica que se deve fazer à análise de Manchester prende-se ao fato de ver as relações de dominação apenas no nível de Estado a Estado. Como tal, a caracterização dessa dominação dá-se apenas em função das "relações diplomáticas" (tratados, questão do comércio de escravos etc.).

Além disso, as afirmações categóricas relativas ao "Domínio Inglês" são suavizadas ao tratar da decadência desse domínio e da supremacia estadunidense no volume de exportações e importações no mercado brasileiro.

Quanto a Stanley e Barbara Stein – *La Herencia Colonial de América Latina*, (trad. de Alejandro Licona, México: Siglo Veinteuno, 1970) –, sua obra procura fazer uma síntese capaz de expressar as linhas fortes do *processo de modernização* da América Latina, enfatizando sempre as *persistências*. Como trabalho de síntese (sobre um conjunto complexo como a América Latina), não há que exigir muita precisão para as especificidades do processo. Os autores, conscientes disso, ressaltaram que "Será difícil hacer generalizaciones tan fáciles para el período poscolonial del siglo xix como lo hemos hecho para el período colonial." (p. 122) Não obstante, isso não exime a obra de certas imprecisões e – inclusive – não significa que uma obra sintética, tratando de uma realidade complexa, seja necessariamente imprecisa e, como tal, de interesse relativamente secundário.

Para o Brasil, os autores mostram que a vinda da família real e sua comitiva, imposta pela invasão napoleônica, acabou por favorecer a solução monárquica para o caso da "Independência". Observam, a esse respeito, que:

> Sin embargo, la stabilidad política cualquiera que sea la forma que tome – república o monarquia – puede ser una base necesaria aunque no suficiente para la soberania económica. La ausência de una economia autônoma autosustentadora fortaleció la herancia o herencias del colonialismo en América Latina después de 1824. Este es el razonamiento lógico que tanto los latinoamericanos como otros autores han evocado al llamar neocolonial a la economia y sociedad latinoamericana poscolonial.

Além de colocar o problema da "Independência", relativizando-a pela persistência (ou pela *herança*) de uma economia dependente (considerando-a, portanto, apenas na dimensão de um Estado a outro), o trecho é bastante expressivo já que parece explicitar o porquê do procedimento metodológico dos autores, ao focalizar primeiramente a *economia* (colonial e depois neocolonial), tratando a seguir da *sociedade* e das *formas de governo.*

É, segundo os autores, na economia que as heranças coloniais são mais nítidas e penetrantes no "período pós-colonial". É o trinômio *terra-capital-trabalho* que permanece por trás das determinações sociais e políticas.

Se, como pretende indicar no estudo, não deve haver separação rígida entre os *níveis de uma mesma realidade,* o simples fato de se destacar o *econômico* (num capítulo ou numa parte especial da obra) já mostra uma preeminência – em última instância – desse nível em relação aos demais. Em outros termos: postula-se apriorística ou ideologicamente uma supervalorização indeterminada historicamente. E, além disso, como separar, por exemplo, o "Econômico" do "Social"?

Apesar de perceberem que "*as economias*" latino-americanas permaneceram dependentes, empregaram livremente o termo "monarquia independente" para se referirem à situação política brasileira. Mesmo que os autores quisessem expressar a independência em relação à monarquia portuguesa, estariam apenas considerando a questão da dependência em termos de um Estado a outro. Mais ainda: seria a monarquia brasileira independente se os próprios Stein concordaram em que as "Independências" nada mais foram que um tipo de neocolonialismo? De qualquer modo, continuam a considerar a "Independência" em termos puramente interestatais.

Que não dizer também das noções de "oligarquia", "elite", "burguesia", "influência", "evolução" etc. ou da caracterização ciclicamente concebida da economia brasileira, à página 145?

18.
Bibliografia Para a História da Independência

Nesta Bibliografia, foram escolhidos autores que, pela importância de suas análises, mereceram notas críticas. Embora nem sempre se concorde com os resultados obtidos, tais autores deixaram resultados que não podem passar despercebidos do estudioso do processo de emancipação política do Brasil.

Acompanha a Bibliografia um apêndice em que ficam registrados alguns documentos básicos para a História da Independência (impressos). Subdividiu-se o apêndice em duas partes: 1. Viajantes; 2. Alvarás, atas, cartas, decretos, elegias, falas, memórias, ofícios, tratados etc. Poderão servir de ponto de referência ao estudioso da descolonização portuguesa no Brasil, embora sejam tão-somente o resultado de uma pesquisa exaustiva nas bibliotecas e arquivos de São Paulo.

– A –

ACCIOLY, Hildebrando. *O Reconhecimento do Brasil Pelos Estados Unidos da América*. 2. ed. São Paulo: Ed. Nacional, 1945.

AGUIAR, Antônio Augusto da Costa. *Apontamentos Históricos a Respeito do Grande Ministro da Independência José Bonifácio de Andrada e Silva*. Rio de Janeiro: Typ. do Apóstolo, 1872.

_____. *Vida do Marquez de Barbacena*. Rio de Janeiro: Imp. Nacional, 1896.

AGUIAR, Manuel Pinto de. *A Economia Brasileira no Alvorecer do Século XIX*. Salvador: Progresso, [s.d.].

_____. *A Abertura dos Portos: Cairu e os Ingleses*. Salvador: Progresso, 1960.

BIBLIOGRAFIA COMENTADA

ALBUQUERQUE, Francisco de Paula Almeida e. *Breves Reflexões Retrospectivas, Políticas, Moraes e Sociaes Sobre o Império do Brasil.* Paris: Remquet, 1854.

ALDEN, Dauril. The Population of Brazil in the Late EighTeenth Century: A Preliminary Survey. *The Hispanic American Historical Review*, v. 43, n. 2, May, 1963.

ALMEIDA, Antônio José Pedroso. *Discurso Breve Sobre o Estado da Administração da Fazenda Pública e Meios de Se Conseguir Sua Reforma.* Lisboa: Rollandiana, 1822.

ALMEIDA, Fortunato de. *Portugal e as Colônias Portuguesas.* Coimbra: F. de Almeida, 1918.

ALTAVILA, Jayme de. *Portugal e o Brasil de D. João VI.* Maceió: Casa Ramalho, 1940.

AMARAL, Braz Hermenegildo do. *Acção da Bahia na Obra da Independência Nacional.* Bahia: Imprensa Official do Estado, 1923.

O autor mostra a violência que presidiu à época da consolidação da "Independência" na Bahia, ao mesmo tempo que critica a parcialidade com que se tratou do assunto até então, limitando-o ao Rio de Janeiro e a São Paulo, onde o processo se conduziu passivamente. A análise, apesar de trazer uma contribuição inovadora e expressiva, foi conduzida em termos bairristas – o que, aliás, ainda hoje é comum em se tratando de história. Tentou-se provar que os acontecimentos desencadeados na Bahia teriam sido mais importantes que a "Inconfidência" de Minas Gerais. Destacou-se também o fato de que na Câmara da Bahia já se havia organizado uma oposição às determinações portuguesas, tendo-se chegado inclusive a constituir um governo provisório em Cachoeira, desde 25 de junho de 1822. Com o 7 de Setembro, a situação persistiu inalterada na Bahia, sendo para lá enviados exércitos "pacificadores". O volume traz uma série de documentos sobre a participação da Bahia no processo da "Independência".

____. *História da Bahia: do Império à República.* Bahia: Imprensa Official do Estado, 1923.

____. *Alguns Esclarecimentos Sobre o Modo Pelo Qual Se Preparou a Independência.* Rio de Janeiro: Imprensa Nacional, 1927.

____. *Fatos da Vida do Brasil.* Bahia: Tipografia Nacional, 1941.

____. *História da Independência na Bahia.* 2. ed. Salvador: Progresso, 1957.

AMARAL, Breno Ferraz do. *A Guerra da Independência na Bahia: 1823-2 de Julho de 1923.* São Paulo: Monteiro Lobato, 1923.

____. *José Bonifácio.* São Paulo, Martins, 1968.

AMARAL, Luís. *História Geral da Agricultura Brasileira no Tríplice Aspecto Político-Social-Econômico.* 2. ed. São Paulo: Ed. Nacional, 1959.

AMZALAK, Moses Bensabat. *José Bonifácio de Andrada e Silva, Economista.* Lisboa: Ottosgráfica, 1941.

ANDRADA, Antônio Carlos Ribeiro de. O Ministro da Fazenda da Independência. *Revista do Instituto Histórico e Geográfico Brasileiro*, Rio de Janeiro, n. 76, 1ª parte, 1915.

ANDRADA NETO, Martim Francisco Ribeiro de. *Os Precursores da Independência.* São Paulo: Tip. Alemã, 1874.

____. *São Paulo Independente; Propaganda Separatista.* São Paulo: Piratininga, 1922.

ANTONIONI, Emidio. *Relatórios Sobre o Brasil: 1828-1931.* São Paulo: Instituto Cultural Ítalo-Brasileiro, 1962, cad. n. 2.

ARARIPE, Tristão de Alencar. *História da Província do Ceará, Desde os Tempos Primitivos Até 1850.* Recife: Jornal do Recife, 1867.

345

_____. Expedição do Ceará em Auxílio do Piauhi e Maranhão. *Revista do Instituto Histórico e Geográfico Brasileiro*, Rio de Janeiro, n. 68, 1ª parte, 1885.

_____. Patriarchas da Independência Nacional. *Revista do Instituto Histórico e Geográfico Brasileiro*, Rio de Janeiro, n. 62, 1ª parte, 1894.

ARARIPE, Tristão de Alencar (org.). Ideias de José Bonifácio Sobre a Organização Política do Brazil. *Revista do Instituto Histórico e Geográfico Brasileiro*, Rio de Janeiro, n. 51, 2ª parte, 1888.

ARAUJO, Elysio de. *Estudo Histórico Sobre a Polícia da Capital Federal de 1808 a 1831.* Primeira parte. Rio de Janeiro: Imprensa Nacional, 1898.

ARMITAGE, John. *História do Brasil, Desde o Período de Chegada da Família Real de Bragança em 1808 Até a Abdicação de D. Pedro I em 1831.* Compilada à vista dos documentos públicos e outras fontes originais formando uma continuação da História do Brasil de Southey. 3. ed. bras. com anotações de Eugênio Egas e Garcia Jr. Rio de Janeiro: Zélio Valverde, 1943.

AZEREDO, Carlos Magalhães de. *O Reconhecimento da Independência e do Império do Brasil Pela Santa Sé.* Roma: L'industria tip. romana, 1932.

AZEVEDO, Aroldo de. Lord Cochrane: Primeiro Almirante Brasileiro. *Revista de História*, São Paulo, v. 9, n. 19, jul.-set. 1954.

_____. *Cochranes do Brasil: A Vida e a Obra de Thomas Cochrane e Ignacio Cochrane.* São Paulo: Ed. Nacional, 1965.

AZEVEDO, Manuel Duarte Moreira de. *Homens do Passado: Chronicas dos Séculos XVIII e XIX.* Rio de Janeiro: Garnier, 1875.

_____. *Apontamentos Históricos.* Rio de Janeiro: Garnier, 1881.

– B –

BAENA, Antônio Ladislau Monteiro. *Compêndio das Eras da Província do Pará.* Pará: Typ. Santos e Santos, 1838.

BALBI, Adrian. *Essai statistique sur le royaume de Portugal et d'Algarve, compare aux autres états de L'Europe, et suivi d'un coup d'oeil sur Y état actuel des sciences, des lettres et des beaux--arts parmi les portugais des hémisphères.* Paris: Rey et Gravier, 1822, 2 v.

BANDEIRA, Alipio Abdolino Pinto. *O Brazil Heroico em 1817.* Rio de Janeiro: Imprensa Nacional, 1918.

BARATA, Mário. Manuscrito Inédito de Lebreton: Sobre o Estabelecimento de Dupla Escola de Artes no Rio de Janeiro em 1816. *Revista do Serviço do Patrimônio Histórico e Artístico Nacional.* Rio de Janeiro, n. 14, 1959.

_____. Viagens e Estudos Científicos de José e Atividades na Intendência das Minas de Portugal. *Revista do Instituto Histórico e Geográfico Brasileiro*, Rio de Janeiro, n. 260, jul.-set. 1963.

_____. No Bicentenário de José Bonifácio. *Revista do Instituto Histórico e Geográfico Brasileiro.* Rio de Janeiro, n. 260, jul.-set. 1963.

BARBOSA, Francisco de Assis. José Bonifácio e a Política Internacional. *Revista do Instituto Histórico e Geográfico Brasileiro.* Rio de Janeiro, n. 260, jul.-set. 1963.

BARRETO, Célia de Barros. Ação das Sociedades Secretas. In: HOLANDA, Sérgio Buarque de (dir.). *História Geral da Civilização Brasileira.* 3. ed., São Paulo: Difel, 1970. T. II, v. 1.

346 BIBLIOGRAFIA COMENTADA

BARRETO, Joaquim Francisco Alves Branco Moniz. *História da Revolução do Brasil, Com Peças Officiaes e Fac-Similes da Própria Mão de Dom Pedro.* Rio de Janeiro: Seignot Plancher, 1831.

BARRETO FILHO, João Paulo de Mello. *História da Polícia do Rio de Janeiro.* Rio de Janeiro: A Noite, 1939, 1942, 1944. 3 v.

BARROS, Francisco Borges de. *Novos Documentos Para a História Colonial.* Salvador: Imprensa Official do Estado, 1931.

BARROS, Luiz Teixeira de. *A Revolução de 1817 no Ceará.* Recife: Tradição, 1944.

BARROSO, Gustavo Dodt. *A Guerra do Vidéo: Contos Episódios da Campanha da Cisplatina, 1825 a 1828.* Rio de Janeiro: ABC, 1939.

_____. *D. Pedro I.* Peça histórica em 3 atos e 4 quadros. [S.l.]: Gráf. da Prefeitura, 1951.

BEAUCHAMP, Alphonse de. *L'independence du Brésil preseitée aux monarques européens.* Paris: Delaunay, 1824.

_____. *L'independence de l'Empire du Brésil.* Paris: Boucher, 1824.

BELIDO, Remigio de. *Catalogo dos jornaes paraenses, 1822-1908.* Pará: Imp. Official, 1908.

BEIGUELMAN, Paula. *Formação Política do Brasil.* São Paulo: Pioneira, 1967. 2 v.

O segundo capítulo do primeiro volume mostra a política econômica colonial implantada por Portugal e pela Espanha em suas colônias latino-americanas, ao final do século XVIII, e sua redefinição, no início do século XIX, a partir da guerra franco-inglesa. O domínio inglês sobre Portugal se estende igualmente ao Brasil, consubstanciado juridicamente nos tratados de 1810. Desde então, a interferência inglesa tornou-se cada vez mais intensa, sustentada por prerrogativas antiescravistas, fazendo com que Portugal tentasse, notadamente depois de 1820, restaurar os antigos privilégios monopolistas. Com a "Independência" do Brasil, em 1822, procurou-se realizar a reorganização política, não sem encontrar divergências. O projeto constitucional de 1823 é estudado comparativamente à Constituição de 1824, quando se introduziu o Poder Moderador. No mesmo ano, iniciou-se em Pernambuco um movimento separatista, contrário à ampliação do poder monárquico. Embora teoricamente fundamentado, o estudo apresenta certas imprecisões no vocabulário.

_____. *Pequenos Estudos de Ciência Política.* São Paulo: Centro Universitário, 1967.

Destaca-se, dentro da cronologia proposta, o estudo sobre José Bonifácio. Líder de uma das principais forças políticas organizadas no Brasil depois de 1820, procura defender uma unidade monárquica luso-brasileira, de igual representatividade, com um Executivo autônomo e poderoso. Formalmente contrários a essa amplidão de poder do Executivo, estava o grupo maçônico, partidário de uma monarquia "democrática" constitucional. Os aparentes antagonismos do jogo político encobriam as tentativas dos setores social e economicamente preponderantes em defender a sociedade agrária e fornecer maior expressividade política aos seus representantes. Além de alguma imprecisão no vocabulário, como no caso da ala "democrática", pode-se questionar historicamente as afirmações da autora sobre o apoio de certas províncias, como a de Pernambuco, à política das Cortes em restringir a autoridade do governo do Rio de Janeiro, subordinando as Juntas locais diretamente a Lisboa. Se certos setores ligados ao comércio monopolista (compostos por portugueses em sua maioria) apoiavam as medidas recolonizadoras das Cortes, tal não implica em que "a província" – aí incluída a aristocracia rural – endossasse o apoio. Até pelo contrário, no caso de Pernambuco – para se ficar no exemplo citado – os movimentos de 1801, 1817 e 1824 estão claramente a indicar os interesses conflitantes entre a aristocracia rural e os setores ligados ao comércio.

BERNSTEIN, Harry. O Juiz do Povo de Lisboa e a Independência do Brasil: Ensaio Sobre o Populismo Luso-Brasileiro. Com comentário de George E. Carl. In: KEITH, Henry H.; EDWARDS, S.F. (orgs.). *Conflito e Continuidade na Sociedade Brasileira*. Trad. de José L. de Melo. Rio de Janeiro: Civilização Brasileira, 1970.

Abrangendo mais especificamente o período compreendido entre a transferência do corpo administrativo real português para o Brasil e o movimento liberal de 1820, o artigo procura narrar a maneira pela qual Portugal se organizou politicamente àquela época, destacando-se a figura do Juiz do Povo de Lisboa, representante junto à monarquia de setores ligados às antigas manufaturas artesanais e corporativas. O emprego descuidado do vocabulário conduz, não raro, a imprecisões de ordem conceitual, a exemplo da noção de populismo. Além de Octavio Ianni, Francisco Corrêa Weffort mostrou como é possível elaborar uma conceituação historicamente formulada do populismo, muito embora o faça para um momento histórico diverso e, portanto, para um outro populismo. Veja-se "Raízes Sociais do Populismo em São Paulo", *Revista Civilização Brasileira*, Rio de Janeiro, n. 2, maio 1965.

BEVILACQUA, Clóvis. O Reconhecimento da Independência Pelos Estados Platinos. *Revista do Instituto Histórico e Geográfico Brasileiro*, Rio de Janeiro, tomo especial, II Congresso de História Nacional, 3ª parte, 1942.

BEZERRA, Alcides. A Vida Doméstica da Imperatriz Leopoldina. *Revista do Instituto Histórico e Geográfico Brasileiro*, Rio de Janeiro, n. 175, 1940.

BITTENCOURT, Feijó. O Grande Nome da Independência 1ª Parte. *Revista do Instituto Histórico e Geográfico Brasileiro*, Rio de Janeiro, n. 198, jan.-mar. 1948.

_____. O Grande Nome da Independência 2ª parte. *Revista do Instituto Histórico e Geográfico Brasileiro*, Rio de Janeiro, n. 198, abr.-jun. 1948.

BITTENCOURT, Pedro Calmon Moniz de. O Papel de José Bonifácio em Nossa Independência. *Revista do Instituto Histórico e Geográfico Brasileiro*, Rio de Janeiro, tomo especial para a publicação no Congresso Internacional de História da América, v. 3, 1927.

_____. Manifestação do Sentimento Constitucional do Brasil. *Revista do Instituto Histórico e Geográfico Brasileiro*, Rio de Janeiro, tomo especial para a publicação no Congresso Internacional de História da América, v. 6, 1928.

_____. *O Rei Cavalleiro: A Vida de D. Pedro I*. São Paulo: Ed. Nacional, 1933.

_____. *História Social do Brasil*. 3. ed. São Paulo: Ed. Nacional, 1937.

_____. *O Rei do Brasil, Vida de D. João VI*. 2. ed. São Paulo: Ed. Nacional, 1943.

_____. *História da Bahia: Resumo Didactico*. 2. ed. São Paulo: Melhoramentos, [s.d.].

BOEHRER, George C.A. The Flight of the Brazilian Deputies from the Cortes Gerais of Lisbon. *The Hispanic American Historical Review*, v. 40, n. 4, nov. 1960.

BOESCHE, Eduard Theodor. *Quadros Alternados: Impressões do Brasil de D. Pedro I*. Trad. de Vicente de S. Queirós. São Paulo, Casa Garraux, 1929.

BOITEUX, Lucas Alexandre. *A Marinha de Guerra Brasileira nos Reinados de D. João VI e D. Pedro I: 1807-1831*. Rio de Janeiro: Imp. Naval, 1913.

_____. A Esquadra nas Lutas da Independência. *Revista do Instituto Histórico e Geográfico Brasileiro*. Rio de Janeiro, tomo especial, I Congresso de História Nacional, 5ª parte, 1917.

348 BIBLIOGRAFIA COMENTADA

BOMFIM, Manuel José. *O Brasil Nação: Realidade da Soberania Brasileira.* São Paulo: Francisco Alves, 1931. 2 v.

BORDALO, José Joaquim. *Elegia: Suspiros da Lusitania na Sensibilissima Perda do Seu Augusto Monarcha o Senhor D. João VI Tributados à Dor Geral dos Portugueses.* Lisboa: Imp. Fanqueiros, 1826.

BOTAFOGO, Antônio Joaquim de Sousa. *O Balanço da Dynastia.* Rio de Janeiro: Imp. Nacional, 1890.

BOURDON, Léon. Lettres familières et fragment du Journal intime de Ferdinand Denis à Bahia (1816-1819), *Brasília*, Coimbra, v. 10, 1958.

____. Un Français au Brésil à la veille de l'Indépendence: Louis François de Tollenare. *Caravelle: Cahiers du Monde Hispanique et Luso-Brésilien,* n. 1, 1963.

BOXER, Charles Ralph. *Relações Raciais no Império Colonial português (1814-1825).* Rio de Janeiro: Tempo Brasileiro, 1967.

BRAGANÇA, Carlos Tasso de Saxe-Coburgo e. *Vultos do Brasil Imperial na Ordem Ernestina da Saxônia.* Rio de Janeiro: Museu Histórico Nacional, 1961.

____. A Formação Artística da Imperatriz Dona Leopoldina. *Revista do Serviço do Patrimônio Histórico e Artístico Nacional.* Rio de Janeiro, n. 15, 1961.

BRANDÃO, Ulisses de Carvalho Soares. *A Confederação do Equador.* Pernambuco: Publicações Oficiaes, 1924.

BRITO, João Rodrigues de. *Cartas Econômico-Políticas Sobre a Agricultura e o Comércio da Bahia.* Bahia: Gov. do Estado, 1924.

BRITO, João Rodrigues de et al. *A Economia Brasileira no Alvorecer do Século XIX.* Salvador: Progresso, 1946.

BRITO, José Gabriel de Lemos. *A Gloriosa Sotaina do Primeiro Império: Frei Caneca.* São Paulo: Ed. Nacional, 1937.

BUESCU, Mircea; TAPAJÓS, Vicente. *História do Desenvolvimento Econômico do Brasil.* 2. ed. Rio de Janeiro: A Casa do Livro, 1969.

BURNS, Bradford. *A Documentary History of Brazil.* New York: Alfred Knopf, 1968.

Trata-se de uma seleção de textos e documentos sobre a história do Brasil, acompanhada de uma bibliografia sumária e uma cronologia dos principais eventos. Mesmo considerando a amplidão do tema e a limitação de espaço, a escolha dos textos ficou muito restrita ao nível dos eventos oficiais. Nesse sentido, a justificativa da seleção só poderia encontrar apoio em posições tradicionais, corporificadas numa cronologia concebida dentro das dimensões limitadas dos próprios fatos e em autores cuja obra se rastreia por demais aos acontecimentos, como é o caso de Octavio Tarquínio de Souza. A própria técnica de citação é imprecisa, a exemplo dos trabalhos em periódicos, onde a paginação está omissa. Veja-se, a respeito, a citação de um artigo de Stanley Stein, à página 393.

____. The Enlightenment in Two Colonial Brazilian Librairies. *Journal of the History of Ideas,* v. XXV, n. 3, jul.-sept. 1964.

– C –

CABRAL, Alfredo do Vale. *Annaes da Imprensa Nacional do Rio de Janeiro de 1808 a 1822.* Rio de Janeiro: Tip. Nacional, 1831.

CAHÚ, Silvio de Melo. *A Revolução Nativista Pernambucana de 1817.* Rio de Janeiro: Laemmert, 1951.

CAIUBI, Armando Franco Soares. *O Patriarca: Gênio da América.* São Paulo: Ed. Nacional, 1949.

CALMON, Francisco Marques de Gois. *Vida Economico-Financeira da Bahia: Elementos Para a História de 1808 a 1889.* Bahia: Imp. Official do Estado, 1925.

CALÓGERAS, João Pandiá. *A Política Exterior do Império: I, As Origens.* Rio de Janeiro: Imp. Nacional, 1927.

_____. *O Marquez de Barbacena.* São Paulo: Ed. Nacional, 1932.

_____. *Formação Histórica do Brasil.* 6. ed. São Paulo: Ed. Nacional, 1966.

CAMARGO, Cristóvão de. *Meu Perfil de D. Pedro I, o "Príncipe Galante".* [S.l.]: EME, 1962.

CAMPOS, Pedro Moacyr. Imagens do Brasil no Velho Mundo. In: HOLANDA, Sérgio Buarque de (dir.). *História Geral da Civilização Brasileira.* 3. ed. São Paulo: Difel, 1970, t. II, v. 1.

CAMPOS, Raul Adalberto de. *Relações Diplomáticas do Brasil Contendo os Nomes dos Representantes Diplomáticos do Brasil no Estrangeiro e o dos Representantes Diplomáticos dos Diversos Países no Rio de Janeiro, 1808 a 1912.* Rio de Janeiro: Jornal do Comércio, 1913.

CAMPOS, Raul Adalberto de (org.). *Legislação Internacional do Brasil: Collectanea Resumida de Todas as Leis e Decretos dos Ministros dos Negócios Estrangeiros e das Relações Exteriores, de 1808 a 1929 e de Alguns dos de Outros, Interessando as Relações Internacionais.* Rio de Janeiro: Imp. Nacional, 1929, 2 v.

CANCIO, Henrique. *D. João VI.* Bahia: Officinas do "Diário da Bahia", 1909.

CARDOSO, Fernando Henrique. Rio Grande do Sul e Santa Catarina. In: HOLANDA, Sérgio Buarque de (dir.). *História Geral da Civilização Brasileira.* 2. ed. São Paulo: Difel, 1967, t. II, v. 2.

CARDOZO, Manoel. "Azeredo Coutinho e o Fermento Intelectual de Sua Época". Comentário de Bradford Burns. In: KEITH, Henry H.; EDWARDS, S.F. (orgs.). *Conflito e Continuidade na Sociedade Brasileira.* Trad. de José L. de Melo. Rio de Janeiro: Civilização Brasileira, 1970.

Partindo do estudo das características específicas que conformaram o "liberalismo" português, onde coexistia, ao lado da monarquia absolutista, a autoridade de uma igreja barroca, justificada por proposições escolásticas, o autor analisa a figura de Azeredo Coutinho, bispo de Pernambuco, situando-o como reformista, "modernizador" do Antigo Regime. Existem certas contradições na linha explicativa, prejudicada por uma terminologia inconsistente. As figuras dos dirigentes políticos (Pombal e, depois, o príncipe regente João) ganharam ênfase excessiva, como se o processo histórico fosse por eles dirigido quase que exclusivamente.

CARNEIRO, Davi Antônio da Silva. *História da Guerra Cisplatina.* São Paulo: Ed. Nacional, 1946.

CARNEIRO, Levi. José Bonifácio e a Independência Nacional. *Revista do Instituto Histórico e Geográfico Brasileiro,* Rio de Janeiro, n. 26, out.-dez. 1963.

CARREIRA, Antônio. *As Companhias Pombalinas de Navegação Comércio e Tráfico de Escravos Entre a Costa Africana e o Nordeste do Brasil.* Porto: Imp. Portuguesa, 1969.

CARREIRA, Liberato de Castro. *História Financeira e Orçamentária do Império do Brasil, Precedida de Alguns Apontamentos Acerca de Sua Independência.* Rio de Janeiro: Imp. Nacional, 1889.

CARVALHO, Alfredo Ferreira de. *Estudos Pernambucanos.* Recife: Industrial, 1907.

_____. *Annaes da Imprensa Periódica Pernambucana de 1821-1908.* Recife: Typ. do "Jornal do Recife", 1908.

CARVALHO, Antônio Viana da Silva. *A Emancipação do Brasil: 1808-1825.* Lisboa: Anuário Comercial, 1922.

BIBLIOGRAFIA COMENTADA

CARVALHO, Austricliano de. *Brasil Colônia e Brasil Império*. Rio de Janeiro: Jornal do Comércio, 1927. 2 v.

CARVALHO, Joaquim Barradas de. *As Ideias Políticas e Sociais de Alexandre Herculano*. Lisboa: [s.n.], 1949.

Ao estudar Alexandre Herculano dentro dos quadros do pensamento político europeu, o autor procura conceituar democracia e liberalismo, estabelecendo inclusive as diferenças que os conceitos comportam entre si. Constatou o autor que "a confiança ou falta de confiança nas massas" é o ponto essencial da divergência entre tais tendências. A soberania popular é, para o democrata, a garantia da liberdade que todos têm de participar na vida política de uma comunidade. "*Todos* alienam *todos* os seus direitos a toda a comunidade." A lei se configura, dessa forma, para o democrata, na expressão da *vontade* geral. No liberalismo, a soberania popular é considerada despotismo, pois que a qualidade é menosprezada pela quantidade, isto é, a maioria da população – sendo constituída por camadas ditas inferiores – certamente, ao exprimir a vontade geral, iriam expressar suas concepções, absorvendo numericamente a participação da elite. É impossível, para o pensamento liberal que se exteriorize, uma autêntica vontade geral. O sufrágio universal é, portanto, inconcebível dentro dos marcos do liberalismo, pois nem todos reuniriam condições para exercê-lo com independência.

CARVALHO, José Lopes Pereira de. D. Pedro I e a Constituição do Império. *Revista do Instituto Histórico e Geográfico Brasileiro*, Rio de Janeiro, tomo esp., I Congresso de História Nacional, 3ª parte, 1916.

CARVALHO, Manuel Emílio Gomes de. *Os Deputados Brasileiros nas Cortes Geraes de 1821*. Porto: Chardron, 1912.

CASTILHO, Antônio Feliciano de. *Tributo Portuguez à Memória do Libertador*. Lisboa: Galhardo, 1836.

CASTRO, Armando de. Comércio Externo: Época Contemporânea. In: SERRÃO, Joel (dir.). *Dicionário de História de Portugal*. V. 1, A-D. Lisboa: Iniciativas Editoriais, 1963.

CASTRO, Augusto Olympio Viveiros de. Manifestação de Sentimento Constitucional no Brasil-Reino. *Revista do Instituto Histórico e Geográfico Brasileiro*, Rio de Janeiro, tomo esp., I Congresso de História Nacional, 3ª parte, 1916.

CASTRO, Olegário Herculano de Aquino e. *O Conselheiro Manoel Joaquim do Amaral Gurgel: Elogio Histórico e Noticia dos Sucessos Políticos Que Precederão e Seguirão-se à Proclamação da Independência na Província de S. Paulo*. Rio de Janeiro: Laemmert, 1871.

CASTRO, Therezinha de. *História Documental do Brasil*. Rio de Janeiro: Record, [S.d.].

Coletânea de documentos e textos sobre a história do Brasil. O volume objetiva motivar os estudantes secundaristas ao estudo da história. A técnica de motivação consiste na apresentação de documentos, cujo conteúdo, "de *interesse humano*", possa "*apelar para os sentimentos dos educandos*", "documentos autênticos que caracterizem os *episódios* importantes da História e que *se prestem a desenvolvimentos que a habilidade do mestre não deixará de encontrar nos elementos ou matérias-primas* da *superestrutura*, já tão estudada pelos historiadores brasileiros". Dessa forma, "*os fatos, os nomes e as datas*, porventura *memorizados* nos *compêndios*, precisam adquirir um sentido histórico num *sentimento de patriotismo esclarecido e eficiente, à altura das circunstâncias. É esta a melhor preparação para o cidadão brasileiro do futuro*". Os grifos são nossos e representam, por si só, um comentário.

CESARINO JÚNIOR, Antônio Ferreira. A Intervenção da Inglaterra na Supressão do Tráfico de Escravos Africanos Para o Brasil. *Revista do Instituto Histórico e Geográfico de São Paulo*, v. 34, 1938.

CHAUNU, Pierre. *L'Amérique et les Ameriques*. Paris: A. Colin, 1964.

CINTRA, Francisco de Assis. *D. Pedro I e o Grito da Independência*. São Paulo: Melhoramentos, 1921.

_____. *O Homem da Independência: História Documentada de José Bonifácio, do Seu Pseudo-Patriarcado e da Política do Brasil em 1822*. São Paulo: Melhoramentos, 1921.

_____. *Revelações Históricas Para o Centenário*. Rio de Janeiro: Leite Ribeiro, 1923.

_____. *As Amantes do Imperador: Chronicas Históricas*. Rio de Janeiro: Civilização Brasileira, 1933.

_____. *A Vida Íntima do Imperador e da Imperatriz*. São Paulo: Unitas, 1934.

_____. *A Revolução Que Fêz o Império*. 4. ed. São Paulo: Imp. Comercial, 1943.

_____. *Brasil Reino e Brasil Império*. São Paulo: Renascença, [s.d.].

CODECEIRA, José Domingues. *Exposição de Factos Históricos Que Comprovam a Prioridade de Pernambuco na Independência Nacional*. Recife: Bouliteau, 1890.

COELHO, José Maria Latino. *História Militar e Política de Portugal Desde os Fins do Século XVIII Até 1814*. Lisboa: Imprensa Nacional, 1891-1916. 3 v.

_____. *Elogio Histórico de José Bonifácio de Andrada e Silva e Carta Autobiográfica de Latino Coelho*. Rio de Janeiro: Livros de Portugal, 1942.

CONDE, Herminio. *Cochrane, Falso Libertador do Norte: Cinco Ensaios Históricos Sobre a Independência no Piauhy e Maranhão*. São Luiz: Typ. Teixeira, 1929.

_____. A Questão Cochrane: A Independência no Piauí e no Maranhão. *Revista do Instituto Histórico e Geográfico Brasileiro*, Rio de Janeiro, n. 4, 1942.

_____. *Independência do Nordeste*. Crato, Cariri, 1961.

Sanitarista e escritor, autor de trabalhos como "Plano Gradativo de Profilaxia do Tracoma no Cariri", "A Tragédia Ocular de Machado de Assis" e "Ocular Deseases in Northeast of Brazil", tese defendida no Irã, Herminio Conde propõe no presente trabalho, também de saneamento, um combate às "injustiças históricas" no Nordeste, isto é, "o furto das credenciais de heroísmo" às populações nordestinas e seus chefes, preteridos nos livros de história em benefício do Almirante Cochrane.

CORRÊA FILHO. Os Feitos de D. Pedro I. Mensário do *Jornal do Commércio*. Rio de Janeiro, t. XVII, 1, jan. 1942.

CORRÊA FILHO, Virgílio. A Presença de José Bonifácio. *Revista do Instituto Histórico e Geográfico Brasileiro*, Rio de Janeiro, n. 268, jul.-set. 1965.

COSTA, Emília Viotti da. Introdução ao Estudo da Emancipação Política. In: MOTA, Carlos Guilherme (org.). *Brasil em Perspectiva*. São Paulo: Difel, 1969.

O estudo se inicia por um ligeiro balanço historiográfico sobre a questão da "Independência" e propõe uma discussão a partir de questões como a crise do sistema colonial tradicional e a posição de Portugal nesse quadro. A maneira como a política portuguesa se ajustou às novas dimensões de uma dinâmica liberal tornou-se significativa para se perceber por que certas "classes" senhoriais no Brasil optaram pela "Independência", muito embora se mantivessem contrárias a qualquer mudança social e propusessem, por isso mesmo, uma monarquia dual com Executivos autônomos como a solução mais adequada.

_____. José Bonifácio: Mito e História. *Anais do Museu Paulista*, São Paulo, v. 21, 1967.

352 BIBLIOGRAFIA COMENTADA

O objetivo do artigo está em fazer a história da história de José Bonifácio. Após estudá-lo em meio à problemática de sua época, a autora procura especificar as diferentes visões que se tem dele formulado, não só pela historiografia como pelo próprio José Bonifácio. Na caracterização da participação de José Bonifácio nos quadros políticos da época, ficou evidenciado seu repúdio à democracia e às formas absolutistas de governo. Partidário de mudanças gradativamente executadas, situava-se na posição conservadora de manutenção da monarquia, com a autonomia de um Executivo poderoso. A "liberdade" que propunha para a participação política limitava-se à parcela "esclarecida" da sociedade. Se essas ideias o incompatibilizaram com os "radicais" (antagonismo que não deve ser superestimado), não havia igualmente perfeito ajustamento entre suas concepções e as dos conservadores. O desprezo que José Bonifácio atribuía aos títulos de nobreza, o seu anticlericalismo e suas ideias a respeito da emancipação dos escravos e da participação política da mulher estavam em ampla contradição com uma sociedade patriarcal e escravocrata. Restam algumas restrições ao vocabulário em noções como "povo", "classe", "revolução" etc.

COSTA, Francisco Augusto Pereira da. *Pernambuco nas Luctas Emancipacionistas da Bahia em 1822-1823*. Pernambuco: Typ. do "Jornal do Recife", 1900.

COSTA, João Cruz. As Novas Ideias. In: HOLANDA, Sérgio Buarque de (dir.). *História Geral da Civilização Brasileira*. 3. ed. São Paulo: Difel, 1970. T. II, v. 1.

COSTA, Luis Edmundo da. *Recordações do Rio Antigo: Rio Janeiro 1808-1821*. Rio de Janeiro: Imp. Nacional, 1940. 3 v.

_____. *Recordações do Rio Antigo*. Rio de Janeiro: Biblioteca do Exército, 1949.

COSTA, Nelson. Bicentenário do Patriarca. *Revista do Instituto Histórico e Geográfico Brasileiro*, Rio de Janeiro, n. 260, jul.-set. 1963.

COSTA, Rosa do Espirito Santo. *História do Amazonas*. Introdução Arthur C.F. Reis. Manaus: Gov. do Estado do Amazonas, 1965.

COSTA, Sérgio Corrêa da. *Every Inch a King: A Biography of Dom Pedro I, First Emperor of Brazil*. Translated by Samuel Putnan. New York: McMillan, 1953.

_____. *As Quatro Coroas de D. Pedro I*. 3. ed. Rio de Janeiro: Record, 1968.

COTRIM, Álvaro. *Daumier e D. Pedro I*. Rio de Janeiro: Serviço de Documentação, 1961.

COUTINHO, Agostinho de Sousa. *O Conde de Linhares D. Rodrigo Antônio de Sousa Coutinho*. Lisboa: Typ. Bayard, 1908.

CRUZ, Alcides de Freitas. *Epitome da Guerra Entre o Brasil e as Províncias Unidas do Rio da Prata*. Porto Alegre: Livraria do Comercio, 1907. V. 1.

CUNHA, Ascendio Carneiro da. *A Revolução de 1817 na Parayba do Norte: Memória*. Paraíba: Imp. Oficial, 1914.

CUNHA, Pedro Octavio Carneiro da. A Fundação de um Império Liberal. In: HOLANDA, Sérgio Buarque de (dir.). *História Geral da Civilização Brasileira*. 3. ed. São Paulo: Difel, 1970. T. II, v. 1.

_____. A Fundação de um Império Liberal: Discussão de Princípios. In: HOLANDA, Sérgio Buarque de (dir.). *História Geral da Civilização Brasileira*. 3. ed. São Paulo: Difel, 1970. T. II, v. 1.

_____. A Fundação de um Império Liberal: Primeiro Reinado, Reação e Revolução. In: HOLANDA, Sérgio Buarque de (dir.). *História Geral da Civilização Brasileira*. 3. ed. São Paulo: Difel, 1970. T. II, v. 1.

CUNHA, Rui Vieira da. A Vida do Rio de Janeiro Através dos Testamentos: 1815-1822. *Revista do Instituto Histórico e Geográfico Brasileiro*. Rio de Janeiro, n. 282, jan.-mar. 1969.

CURTI, Nely Pinto. A Realidade Sócio-Política nas Minas em Fins do Século XVIII. *Revista de História*, São Paulo, v. 33, n. 67, jul.-set. 1966.

– D –

DELAUNES, Philippe. *Les Libérations de l'Amérique Latine.* Lausanne: Rencontre, 1969.

DIAS, Carlos Malheiro. *História da Colonização Portuguesa no Brasil.* Porto: Lit. Nacional, 1921-1924. 3 v.

DIAS, Eduardo. *Memórias de Forasteiros, Aquém e Além Mar: Brasil, do Descobrimento à Independência.* Lisboa: Clássico, 1946. 2 v.

DIAS, Ivone. A Santa Aliança e a Posição Internacional do Brasil. *Anais do Museu Paulista*, São Paulo, v. 19, 1965.

DIAS, Maria Odila da Silva. Aspectos da Ilustração no Brasil. *Revista do Instituto Histórico e Geográfico Brasileiro*, Rio de Janeiro, n. 278, jan.-mar. 1968.

O estudo procura mostrar a participação de uma geração de brasileiros (ligada por laços de parentesco à aristocracia rural) nos problemas brasileiros no primeiro quartel do século XIX. Focaliza-se a maneira como a orientação da política portuguesa foi reajustada em função das repercussões do Iluminismo, indo atingir inclusive as diretrizes de ensino. Os brasileiros que lá estudavam foram envolvidos pela "reforma" e acabaram por se inteirar do pragmatismo próprio das "luzes". Ao retornar, empenharam-se em aplicar, na prática, as inovações europeias, notadamente aquelas referentes à agricultura, esforçando-se por reajustá-las às condições locais. Fundamental.

DICCIONARIO *Histórico, Geographico e Etno-Graphico do Brasil: Commemorativo do Primeiro Centenário da Independência.* Rio de Janeiro: Imp. Nacional, 1922. 2 v.

DOCCA, Emilio Fernandes de Souza. *O Brazil no Prata, 1815-1828. Primeira Parte: Ocupação da Banda Oriental.* Porto Alegre: Centro, 1931.

– E –

EÇA, Vicente Maria de Moura Coutinho de Almeida D'. *A Abertura dos Portos do Brazil: Ensaio Histórico.* Lisboa: Soc. de Geografia, 1908.

EGAS, Eugênio. *Brasil Histórico: Estudos, Documentos, Reimpressões.* São Paulo: Tip. Brasil, 1916.

EGAS, Eugênio. *Independência ou Morte.* [S.l.]: [S.n.], [S.d.].

EL BRASIL Antiguo: *Crônica Ilustrada Desde 1500 a 1827 de Augusto Saint-Hilaire, Spix y Martius, Walsh. Raigecourt, Koster y Aldices d'Orbigny.* Grabados de los Disbujos de M.M. de Sainson y de Jules Boilly. Buenos Aires: La Elzeviriana, 1900.

ERA *Nova: 1822-1922.* Edição do centenário da Independência do Brasil. Paraíba: [S.n.], 1922.

ESQUIRON DE SAINT-AGNAN, Antoine-Toussaint D'. *Epitre à Jean VI, roi de Portugal.* Trad. port. de B.L. Vianna. Paris: Ladvocat, 1821.

ESTUDOS *Sobre José Bonifácio de Andrada e Silva.* Santos: [S.n.], 1963.

BIBLIOGRAFIA COMENTADA

– F –

FAORO, Raymundo. *Os Donos do Poder: Formação do Patronato Político Brasileiro*. Porto Alegre: Globo, 1958.

A interpretação parte da mudança da Corte e de seu corpo burocrático para o Brasil. Com a finalidade de oferecer uma atividade a esses funcionários, d. João VI estabeleceu a criação de uma série de órgãos administrativos, intensificando, simultaneamente, a cobrança de tributos. Essa nova taxação, que incidia sobre os senhores de terras, vinha alinhar-se ao já combatido fiscalismo colonial. A "classe proprietária", segundo Faoro, começou a reivindicar – nas cidades – sua participação em cargos administrativos, preferencialmente os postos militares. Efetivou-se aí o que o autor denominou "conversão da classe proprietária em estamento burocrático". Nessa procura por ocupações administrativas (com pretensões óbvias de participação no poder) estava também empenhada a "classe da burguesia comercial", composta majoritariamente por portugueses aspirantes a cargos civis. A nobreza administrativa, que veio ao Brasil juntamente com a Família Real, aliou-se aos comerciantes na tentativa de obter benefícios do Estado e de compartilhar do poder. O aparato do corpo administrativo exigia cada vez mais recursos, obrigando o Estado a tomar medidas liberais como a extinção das proibições às indústrias e manufaturas e a abertura dos portos, tentando com isso obter maior receita. A situação se agravou quando do retorno de d. João para Portugal – os cofres estavam vazios. Logo a seguir, as Cortes subtraíram ao Brasil o título de "Reino Unido" e estabeleceram os governos provinciais sob sua autoridade direta. A reação no Brasil, liderada pelos senhores territoriais, obteve o apoio da nobreza burocrática, temerosa de perder seus empregos – notadamente numa situação onde as Cortes estavam a extinguir os órgãos criados por d. João. A "Independência", segundo o autor, foi, a partir de então, "obra de persuadir D. Pedro". Depois de 1822 cuidou-se de reorganizar as bases do Estado, havendo constantes conflitos entre "democratas" e "monarquistas". A dissolução da Constituição de 1824 e a Confederação do Equador não foram mais que capítulos desses conflitos. A análise, orientada por uma tipologia patrimonialista do sistema político, procura distinguir como os estamentos burocráticos se articularam com vistas a uma participação no poder político e como o Estado, representado pelo soberano, orientou e controlou essa participação. As variáveis esclarecem parcialmente o quadro, atendo-se às suas dimensões locais. Suposições especulativas acompanham a análise de Faoro.

FERNANDES, Florestan. *Sociedade de Classes e Subdesenvolvimento*. Rio de Janeiro: Zahar, 1968.

Interessa a parte introdutória do primeiro capítulo, onde o autor mostra as implicações econômicas e *socioculturais* do capitalismo, dimensionando sua análise aos quadros em que se processou a emancipação política do Brasil. A organização econômica, de base agrária, e a estrutura social, estamental-escravocrata, tendo permanecido inalteradas, acabaram por condicionar o "liberalismo", imprimindo-lhe suas determinantes de modo concreto. A "liberalização" não só mascarava as novas relações de dependência, como atendia aos interesses das camadas dominantes, seja minimizando situações concretas de opressão social (exteriorizadas historicamente nas formas de dominação escravocrata e patrimonialista), seja assegurando à aristocracia rural o privilégio das funções de mando.

FERREIRA, Emília Cordeiro. Bloqueio Continental. In: SERRÃO, Joel (dir.). *Dicionário de História de Portugal.* Lisboa: Iniciativas Editoriais, 1963. V. 1, A-D.

FERREIRA, Manuel Rodrigues; FERREIRA, Tito Livio. *A Maçonaria na Independência Brasileira.* São Paulo: Biblos, 1962.

FIGUEIREDO, J. Sandoval de. *São Paulo e a Independência Brasileira.* São Paulo: A. Alves, 1921.

FLEIUSS, Max. *História Administrativa do Brasil.* Rio de Janeiro: Imp. Nacional, 1923.

____. *O Tratado de 29 de Agosto de 1825.* Rio de Janeiro: Imp. Nacional, 1926.

____. Dom Pedro I. *Revista do Instituto Histórico e Geográfico Brasileiro*, Rio de Janeiro, tomo esp., II Congresso de História Nacional, 2ª parte, 1942.

FONSECA, Manuel Gondin da. *A Vida de José Bonifácio, Nacionalista, Republicano, Homem de Esquerda.* São Paulo: Fulgor, 1963.

FRANCO SOBRINHO, Afonso Arinos de Melo. *História do Banco do Brasil: Primeira Fase – 1808-1835.* São Paulo: Associação Comercial, 1947.

FREITAS, Afonso Antônio de. *A Imprensa Periódica de São Paulo Desde Seus Primórdios em 1823 Até 1914.* São Paulo: Typ. do Diário Official, 1915.

____. *São Paulo no Dia 7 de Setembro de 1822.* São Paulo: [S.n.], 1924.

FREITAS, Caio de. *George Canning e o Brasil: Influência da Diplomacia Inglesa na Formação Brasileira.* São Paulo: Ed. Nacional, 1958.

FURTADO, Celso. *A Economia Brasileira: Contribuição à Análise do Seu Desenvolvimento.* Rio de Janeiro: A Noite, 1954.

FURTADO, Celso. *Formação Econômica do Brasil.* 11. ed. São Paulo: Ed. Nacional, 1971.

O Autor faz um estudo global da economia brasileira nos fins do século XVIII mostrando que, afora o núcleo maranhense, atravessava-se em geral um período de relativa estagnação. Tal situação foi, contudo, modificada com a transferência do governo metropolitano e com a abertura dos portos. Os acontecimentos em 1789 no Haiti também favoreceram a economia brasileira, abrindo nova etapa de prosperidade do açúcar. O autor, apesar de negar a participação inglesa na abertura dos portos, destacou a sua atuação na "Independência" e os seus constantes conflitos com a "classe" dos grandes senhores. Celso Furtado não os via, entretanto, como discrepâncias de ordem econômica, mas como fruto de uma aplicação unilateral do liberalismo pelos ingleses. Há que discutir certas afirmações. A justificativa de que os ingleses não teriam participado na abertura dos portos porque Strangford, representante inglês, não estivera presente, parece bastante precária. Da mesma forma, a mencionada aplicação unilateral do liberalismo. O "liberalismo" nada mais significava senão uma nova maneira de domínio, ajustada ao capitalismo industrial emergente. O vocabulário apresenta imprecisões e as especulações imaginárias não foram evitadas.

– G –

GALVÃO, Sebastião de Vasconcelos. *Diccionario Chorographico, Histórico e Estatístico de Pernambuco.* Rio de Janeiro: Imp. Nacional, 1908-1927. 4 v.

GARCIA, Manuel Correia. *História da Independência da Bahia.* Bahia: Empresa Ed., 1900.

356 BIBLIOGRAFIA COMENTADA

GARCIA, Rodolpho. "Catalogo dos livros, folhetos, documentos, retratos, bustos, mascaras, etc. pertencentes à Biblioteca, Archivo e Museu do Instituto Histórico e Geographico Brasileiro, que figuraram na exposição promovida pelo mesmo Instituto em 7 de setembro de 1922, para commemorar o 1º centenário da Independência do Brasil". *Revista do Instituto Histórico e Geográfico Brasileiro*, Rio de Janeiro, tomo especial – O Anno da Independência.

GARCIA, Rodolfo Augusto de Amorim. *Ensaio Sobre a História Política e Administrativa do Brasil: 1500-1810*. Rio de Janeiro: J. Olympio, 1956.

GARRAUX, A.L. *Bibliographie brésilienne*. Rio de Janeiro: J. Olympio, 1962.

GENOVESE, Eugene D. *The World the Slaveholders Made*. New York: Pantheon, 1969.

O volume contém dois ensaios, criticamente conduzidos, sobre o problema da sociedade escravista americana e a mentalidade dos grupos senhoriais, proprietários de escravos. Objetiva-se fazer uma montagem das formas de pensamento típicas a tais setores, desvendando suas articulações.

GERSON, Brasil. *O Sistema Político no Império*. Salvador: Progresso, 1970.

GODINHO, Vitorino Magalhães. *Prix et monhaies au Portugal, 1750-1850*. Paris: Centre de Recherches Historiques, 1955.

Fundamental para a elaboração do contexto econômico em que se processou a emancipação política do Brasil.

GONDIM, Isabel. *Sedição de 1817 na Capitania Ora Estado do Rio Grande do Norte*. Natal: Gazeta do Comercio, 1908.

GRAHAM, Gerald S.; HUMPHREYS, R.A. (eds.). *The Navy and South America (1807-1823): Correspondence of the Commanders in Chief of the South America Station*. London: Navy Records Society, 1962.

GRAHAM, Richard. Brazil: The National Period. In: ESQUENAZI-MAYO, Roberto; MEYER, M.C. (eds.). *Latin America Scholarship Since World War II*. Lincoln: University of Nebraska, 1971.

O artigo traz uma contribuição muito restrita para os limites deste levantamento. O autor procura traçar um quadro panorâmico da historiografia brasileira para o "período nacional" com citações e comentários sobre o tipo de enfoque utilizado nas obras em destaque. Alguns deles, contudo, não passam de especulações bastante simplistas, como o que se refere a um certo modelo teórico historicamente formulado que, segundo Graham, teria sido largamente empregado nos estudos históricos porque "se aplicaria mais facilmente à recente industrialização da sociedade brasileira".

GRAVIÈRE, Juvien de La. *Souvenirs d'un amiral*. Paris: Hachette, 1860. 2 v.

GREENHALGH, Juvenal. José Bonifácio e a Marinha Nacional. *Revista do Instituto Histórico e Geográfico Brasileiro*, Rio de Janeiro, n. 260, jul.-set. 1963.

GRIECO, Donatello. *Napoleão e o Brasil*. Rio de Janeiro: Civilização Brasileira, 1939.

GUEDES, João Alfredo Libânio. *História Administrativa do Brasil*. Rio de Janeiro: Dasp, 1962. 2 v.

GUIMARÃES, Alberto Carlos D'Araujo. *A Corte no Brasil, Figuras e Aspectos*. Porto Alegre: Globo, 1936.

____. Silva Lisboa (Visconde de Cayru). *Revista do Instituto Histórico e Geográfico Brasileiro*, Rio de Janeiro, tomo esp., II Congresso de História Nacional, 3ª parte, 1942.

GUIMARÃES, José Maria Moreira. O Espírito Nacional Sobre a Guerra da Cisplatina. *Revista do Instituto Histórico e Geográfico Brasileiro*. Rio de Janeiro, tomo esp., II Congresso de História Nacional, 1ª parte, 1934.

G., A.P.D. *Sketches of Portuguese Life, Manners, Costume and Character*. London: G.B. Whittaker, 1826.

– H –

HARDING, Bertita. *Amazon Throne*. Indianapolis: Bobbs-Merrill, 1941.

_____. *Southern Empire, Brazil*. New York: Coward-McCann, 1948.

HARING, Clarence H. *Empire in Brazil: A New World Experiment With Monarchy*. Cambridge: Harvard Univ. Press, 1958.

_____. The Uniqueness of Brazil. In: HANKE, Lewis (ed.). *History of Latin America Civilization*. Irvine: Little Brown, 1967. V. 2: The Modern Age.

Procurou mostrar a "Independência" como produto de um "sentimento nacionalista" que teria raízes na época das invasões holandesas. Com o crescimento dos antagonismos entre "brasileiros" e "portugueses", a "classe dominante", "influenciada" pelos "exemplos" estadunidense e francês, teria julgado que "chegara o momento" da separação da "Mãe-Pátria". Além do simplismo com que foi conduzida, a análise não ultrapassa o nível factual.

HEATON, Herbert. A Merchant Adventurer in Brasil 1808-1818. *Journal of Economic History*, v. VI, n. 1, may 1946.

HENDERSON, James. *A History of Brazil*. London: Rees, Orne and Brown, 1821.

HOLANDA, Sérgio Buarque de. A Herança Colonial: Sua Desagregação. In: HOLANDA, Sérgio Buarque de (dir.). *História Geral da Civilização Brasileira*. 3. ed. São Paulo: Difel, 1970. T. II: O Brasil Monárquico; v. 1.

O estudo focaliza a "Independência" a partir das manifestações de infidelidade à Casa Real Portuguesa, que depois veio se instalar no Brasil, acelerando a sua liberalização ao mesmo tempo que acentuando as tensões internas. O movimento português de 1820 intensificou-as ainda mais, tornando, segundo o autor, "fatal" a separação. Além da "fatalidade" na história, o autor faz especulações imaginárias, procurando penetrar no "espírito" dos protagonistas. Imprecisões podem ser exemplificadas em noções como "classes ínfimas", "classe média", "pecado de incoerência" etc. Trata-se, não obstante, de texto fundamental.

_____. São Paulo. In: HOLANDA, Sérgio Buarque de (dir.). *História Geral da Civilização Brasileira*. 2. ed. São Paulo, Difel, 1967. T. II, v. 2.

HOLANDA, Sérgio Buarque de. *Monções*. Rio de Janeiro: C.E.B., 1945.

HOLUB, Norman, D. Pedro I – Imperador do Brasil – Uma Nova Interpretação. *Revista do Instituto Histórico e Geográfico Brasileiro*, Rio de Janeiro, n. 285, out.-dez. 1969.

HONORATO, Manuel da Costa. *Diccionario Topographico, Estatístico e Histórico da Província de Pernambuco*. Recife: Typ. Universal, 1863.

HUMPHREYS, Robert Arthur. British Merchants and South America Independence. *Tradition and Revolt in Latin America*. London: Weidenfeld and Nicolson, 1969.

358 BIBLIOGRAFIA COMENTADA

HUMPHREYS, Robert Arthur; LYNCH, John. *The Origins of the Latin American Revolutions (1808-1826)*. 4. ed. New York: Alfred Knopf, 1968.

Além de uma introdução histórica no prefácio, interessa o sexto capítulo que comporta quatro textos sobre o período de transição entre a colônia e o império no Brasil, de autoria de John Armitage, Alan K. Manchester, Clarence C. Haring e Caio Prado Júnior, respectivamente. O esboço histórico, ao se referir ao Brasil, sugere suposições especulativas mecanicistas e simplistas. Na questão das balizas cronológicas, cabe acrescentar que muito embora se tenha escolhido 1808 (como data inicial) em função das repercussões da invasão napoleônica, o que seria largamente discutível historicamente, não é demais reconhecer que ela encontra fundamentação histórica no caso do Brasil, pois coincide com as primeiras medidas liberalizantes, expressas na "Abertura" dos Portos. Quanto à baliza final, 1826, as divergências se acentuam na medida em que, no Brasil, ela nem sequer representou um marco oficial [...] A escolha dos textos e dos autores parece ter sido feita apenas para mostrar diferentes enfoques sobre um mesmo tema.

– I –

IGLÉSIAS, Francisco. Minas Gerais. In: HOLANDA, Sérgio B. de (dir.). *História Geral da Civilização Brasileira*. 2. ed. São Paulo: Difel, 1967. T. 2: O Brasil Monárquico; v. 2.

O trabalho procura mostrar as dimensões específicas dos quadros da organização econômica e social de Minas Gerais. Interessa a parte relativa à época da emancipação política, onde se destacou a menor rigidez na organização da sociedade (comparada às províncias preponderantemente agrícolas), permitindo maior diversificação social. Economicamente, a pecuária era a atividade dominante. A inexistência de um predomínio agrícola foi decisiva para a maior concentração da população em centros urbanos. O trabalho, apesar de fornecer dados significativos, limitou-se a apontar as diferenciações mais nitidamente perceptíveis entre Minas Gerais – onde anteriormente era maior a atividade extrativa – e as províncias que sempre mostraram até então um predomínio agrícola (como Pernambuco).

____. Natureza e Ideologia do Colonialismo no Século XIX. *História e Ideologia*. São Paulo: Perspectiva, 1971.

IPANEMA, Marcelo de. *O Decreto de 22 de Novembro de 1823*. Rio de Janeiro: Aurora, 1949.

____. *Da Aplicação da lei Portuguesa de Imprensa de 12 de Julho de 1821 no Brasil*. Rio de Janeiro: Aurora, 1949.

____. *A Censura no Rio de Janeiro (1808-1821)*. Rio de Janeiro: Aurora, 1949.

____. O Rio de Janeiro do Primeiro Reinado. *Revista do Instituto Histórico e Geográfico Brasileiro, Rio de Janeiro*, n. 276, jul.-set. 1967.

– J –

JAMES, David. Um Pintor Inglês no Brasil no Primeiro Reinado. *Revista do Serviço do Patrimônio Histórico e Artístico Nacional*, Rio de Janeiro, n. 12, 1955.

– K –

KAUFMANN, Willian W. *British Policy and the Independence of Latin America, 1804-1828*. New Haven: Yale Historical Publications Miscellany–52, 1951.

KOSSOK, Manfred. *Historia de la Santa Alianza y la Emancipación de América Latina*. Buenos Aires: Sílaba, 1968.

– L –

LABROUSSE, Ernest. Éléments d'un bilan économique: la croissance dans la guerre. (Communication présentée dans le XIIe Congrès International des Sciences Historiques), Vienne, 29 aoüt-5 sept, 1965, Verlag Ferdinand Berger et Sohne.

LACOMBE, Américo Jacobina. *Brasil: Período Nacional*. México: Cultura, 1956.

_____. Os Cronistas da Época de D. João VI. *Revista do Instituto Histórico e Geográfico Brasileiro*, Rio de Janeiro, n. 279, abr.-jun. 1968.

LAGO, Laurêncio. *Brigadeiros e Generais de D. João VI e D. Pedro I no Brasil: Dados Biográficos 1808-1831*. Rio de Janeiro: Imp. Militar, 1938.

LAMEGO, Luis. *D. Pedro I, Herói e Enfermo*. Rio de Janeiro: Valverde, 1939.

LEITÃO, Cândido de Melo. *Visitantes do Primeiro Império*. São Paulo: Ed. Nacional, 1934.

LEITE, Bertha. José Bonifácio de Andrada e Silva. *Revista do Instituto Histórico e Geográfico Brasileiro*, IV Congresso de História Nacional, n. 10, 1951.

LESSA, Vicente do Rego Themudo. *A Epopeia Republicana de 1817*. São Paulo: Ferraz, 1825.

LEWIN, Boleslao. *Rousseau y la Independência Argentina y Americana*. Buenos Aires: Eudeba, 1967.

LIMA, Augusto Tavares de. *Organização Política e Administrativa do Brasil*. São Paulo: Ed. Nacional, 1941.

LIMA, José Dias da Cruz. *Refutação do Livro "O Primeiro Reinado"*. Rio de Janeiro: Laemmert, 1877.

LIMA, Manuel Affonso da Silva. *A Independência do Brasil: Drama em Quatro Actos*. Rio de Janeiro: Laemmert, 1962.

LIMA, Manuel de Oliveira. *Pernambuco: Seu Desenvolvimento Histórico*. Leipzig: F.A. Brockhauss, 1895.

_____. *O Reconhecimento do Império*. Rio de Janeiro: Garnier, 1901.

_____. *Relação dos Manuscritos Portuguezes e Estrangeiros, de Interesse Para o Brasil, Existentes no Museu Britannico de Londres*. Rio de Janeiro: Typ. Brasil, 1903.

_____. *Secretário d'el-Rey: Peça Histórica Nacional em 3 Actos*. Rio de Janeiro: Garnier, 1904.

_____. *O Movimento da Independência (1821-1822)*. São Paulo: Melhoramentos, 1922.

A cronologia do título já está a indicar a concepção factual da "Independência", vista apenas como separação de Estado para Estado. Privilegia-se em demasia o nível dos eventos políticos, muito embora Oliveira Lima tenha reservado um capítulo para estudar a sociedade brasileira, interesse incomum na historiografia de até então. Não conseguiu, porém, superar o relato dos acontecimentos políticos e diplomáticos, em função dos quais propõe alguns juízos críticos.

_____. *Aspectos da História e da Cultura no Brasil*. Lisboa: Teixeira, 1923.

360 BIBLIOGRAFIA COMENTADA

____. *Um Século nas Relações Internacionaes do Brasil*. São Paulo: Secção de Obras de "O Estado de S. Paulo", 1924.

____. *Dom Pedro e Dom Miguel: A Querela da Sucessão, 1826-1828*. São Paulo: Melhoramentos, 1925.

____. *O Império Brasileiro: 1822-1889*. São Paulo: Melhoramentos, 1927.

____. *Formação Histórica da Nacionalidade Brasileira*. Rio de Janeiro: Leitura, 1944.

____. *D. João VI no Brasil: 1808-1821*. 2. ed. Rio de Janeiro: José Olympio, 1945. 3 v.

____. *América Latina e América Inglesa: A Evolução Brasileira Comparada Com a Hispano-Americana e Com a Anglo-Americana*. Rio de Janeiro: Garnier, [s. d.].

LIMA SOBRINHO, Alexandre José Barbosa. A Ação da Imprensa em Torno da Constituinte: "O Tamoio e A Sentinela". *Revista do Instituto Histórico e Geográfico Brasileiro*, tomo esp., II Congresso de História Nacional, 1ª parte, 1934.

LLOYD, Charles Christopher. *Lord Cochrane: Seaman, Radical, Liberator: A Life of Thomas Lord Cochrane, Loth Earl of Dundonal*. London: Longmans, Green, 1947.

LIRA, Augusto Tavares de. *Organização Política e Administrativa do Brasil: Colônia, Império e República*. São Paulo: Ed. Nacional, 1941.

____. Os Ministros de Estado da Independência à República. *Revista do Instituto Histórico, e Geográfico Brasileiro*, Rio de Janeiro, n. 193, out.-dez. 1946.

LISANTI FILHO, Luis. *Comércio e Capitalismo: O Brasil e a Europa Entre o Fim do Século XVIII e o Início do Século XIX* (*o Exemplo de Três Vilas Paulistas Campinas, Itu e Porto Feliz, 1798-1828/1829*). Tese (Doutorado Faculdade de Filosofia, Ciências e Letras), USP, São Paulo, 1962.

LIVERMORE, H. (ed.). *Portugal and Brazil*. Oxford: Clarendon, 1953.

LOBO, Hélio. George Canning e a America Latina. *Revista do Instituto Histórico e Geográfico Brasileiro*, Rio de Janeiro, tomo esp., II Congresso de História Nacional, 2ª parte, 1942.

LOBO, Roberto Jorge Haddock. *O "Fico"*. São Paulo: Piratininga, 1922.

LUNA, Lino do Monte Carmello. *Memória Histórica e Biográfica do Clero Pernambucano*. Pernambuco: Typ. F.C. Lemos e Silva, 1857.

LUZ, Nícia Vilela. *A Luta Pela Industrialização no Brasil* (*1808-1930*). São Paulo: Difel, 1961.

____. A Monarquia Brasileira em Face das Repúblicas Americanas. *Anais do Museu Paulista*, São Paulo, v. XIX, 1965.

____. A Política de D. João VI e a Primeira Tentativa de Industrialização no Brasil. In: PAULA, Eurípides S. de (org.). *Anais do III Simpósio Nacional de Professores Universitários de História*. São Paulo: FFCL da USP, 1967.

– M –

MACEDO, Joaquim Manuel de. *Anno Biographico Brasileiro*. Rio de Janeiro: Imperial Inst. Artístico, 1876. 4 v.

MACEDO, Jorge Borges de. *O Bloqueio Continental*. Lisboa: Delfos, 1962.

MACEDO, Jorge Borges de. Companhias comerciais. In: SERRÃO, Joel (dir.). *Dicionário de História de Portugal*. Lisboa: Iniciativas Editoriais, 1963. V. 1, A-D.

MAGALHÃES, Basilio de. *Os Jornalistas da Independência: Hyppolyto José da Costa Pereira, Furtado de Mendonça, Cônego Januário da Cunha Barbosa, Joaquim Gonçalves Ledo e Frei Francisco de Santa-Teresa de Jesus Sampaio*. Rio de Janeiro: Imp. Nacional, 1917.

MAGALHÃES JÚNIOR, Raymundo. José Bonifácio e a Marinha Nacional. *Revista do Instituto Histórico e Geográfico Brasileiro*. Rio de Janeiro, n. 260, jul.-set. 1963.

MANCHESTER, Alan K. *British Preeminence in Brazil, Its Rise and Decline: A Study in European Expansion*. 2. ed. New York: Octagon, 1964.

O estudo é iniciado observando a maneira através da qual se articularam, desde as origens, as relações anglo-portuguesas e como elas se foram redefinindo até que o domínio britânico se estendesse inclusive ao Brasil, em princípios do século XIX. A partir de questões que procuram indagar a natureza das relações entre Brasil e Inglaterra, o autor procurou montar os mecanismos de dominação – expressos notadamente nos tratados de comércio e na questão do tráfico de escravos. Esta última corresponderia ao "preço" cobrado pela Inglaterra pela "ajuda" no reconhecimento da "Independência" brasileia. Evidentemente, como destacou Manchester, as medidas que visavam suprimir esse tipo de comércio mereceram protestos por parte do "povo". O estudo se prolonga até inícios do século XX, quando a preponderância inglesa atravessou fase de amplo declínio, tendo sido superada em importações e exportações no mercado brasileiro pelos Estados Unidos. O autor tratou das relações de domínio em termos externos, isto é, de Estado para Estado. Caberia discutir igualmente como esse domínio se manifestou e se vinculou dentro da sociedade brasileira; observar que setores do "povo" protestaram contra a intervenção inglesa – na supressão do tráfico de escravos; ou ainda, inversamente, ver quais setores se manifestaram favoráveis ao "livre" comércio. Além disso, se houve um "preço" na "ajuda" inglesa, como mostrou Manchester, seria ingênuo supor que um outro preço (para retomar a linguagem utilizada) não tivesse existido para a destacada "presença" estadunidense.

Num parêntese: além de ampla bibliografia, essa edição traz um resumo e duplo índice (onomástico e por assuntos) cuja grande utilidade não foi ainda reconhecida em nossas publicações.

_____. A Transferência da Corte Portuguesa Para o Rio de Janeiro Com Comentário de Richard Graham. In: KEITH, Henry e EDWARDS, S.F. (orgs.). *Conflito e Continuidade na Sociedade Brasileira*. Trad. de José L. de Mello. Rio de Janeiro: Civilização Brasileira, 1970.

O artigo trata da transferência (planejada com antecedência) dos componentes da Casa Real portuguesa para o Brasil e das alterações no relacionamento entre metrópole e colônia, estabelecendo um marco decisivo para a "independência" brasileira. Não se perdem de vista os interesses ingleses que presidiram ao jogo dos eventos, na luta por novos mercados para seus artigos manufaturados, marcando uma nova dimensão nas relações de dependência.

_____. The Rise of the Brazilian Aristocracy. *The Hispanic American Historical Review*, v. 11, reprint in 1965.

_____. The Recognition of Brazilian Independence. *The Hispanic American Historical Review*, v. 31, n. 1, feb. 1951.

_____. The Paradoxical Pedro, First Emperor of Brazil. *The Hispanic American Historical Review*, v. 12, 1932.

MANIZER, Guenrikh Guenrikhovitch. *A Expedição do Acadêmico G.I. Langsdorff ao Brasil (1821-1828)*. Trad. de Oswaldo Peralva. São Paulo: Ed. Nacional, 1967.

MANNING, W.R. An Early Diplomatic Controversy Between the United States and Brazil. *The Hispanic American Historical Review*, v. 1, n. 2, may 1918.

362 BIBLIOGRAFIA COMENTADA

MANUEL, João. *Reminiscência Sobre Vultos e Factos do Império e da República*. Amparo: Correio Amparense, 1894.

MANUEL, Moreira da Paixão e Dores, frei. *Diário da Armada da Independência*. Salvador: Progresso, 1957.

MARCHANT, Anyda. D. João's Botanical Garden. *The Hispanic American Historical Review*, v. 41, n. 2, may, 1961.

MARINHO, Joaquim Saldanha. *A Monarchia, ou, A Política do Rei*. Rio de Janeiro: Leusinger, 1885.

MARQUES, Francisco Xavier Ferreira. *Ensaio Histórico Sobre a Independência*. Rio de Janeiro: Alves, 1924.

MARQUES, Maria Adelaide S. *A Real Mesa Censória e a Cultura Nacional: Aspectos da Geografia Cultural Portuguesa no Século XVIII*. Coimbra: Imp. Coimbra, 1963. (Anexo: "Catálogo dos Livros Defesos no Reino, de 1768-1814".)

MARTINS, Antônio Egidio. *São Paulo Antigo: 1554-1910*. São Paulo: Alves, 1911-1912. 2 v.

MARTINS, Francisco José da Rocha. *A Independência do Brasil*. Coimbra: Lumen, 1922.

_____. *O Último Vice-Rei do Brazil*. Lisboa: O Autor, 1922.

MARTINS, Joaquim Dias. *Os Mártires Pernambucanos Victimas da Liberdade nas Duas Revoluções Ensaiadas em 1710 e 1817*. Pernambuco: Typ. Lemos e Silva, 1853.

MARTINS, Joaquim Pedro de Oliveira. *O Brazil e as Colônias Portuguesas*. Lisboa: Bertrand, 1880.

_____. *O Brasil e as Colônias Portuguesas*. 5. ed. Lisboa: Antônio Maria Pereira, 1920.

MATOS, Luiz de Castro: ALMEIDA MENDES, Norton de. *A Corte no Brasil: Notas, Alguns Documentos Diplomáticos e Cartas da Imperatriz Leopoldina*. São Paulo: Ed. Nacional, 1938.

MATOS, Waldemar. *Panorama Econômico da Bahia (1808-1960)*. Salvador: Associação Comercial da Bahia, 1961.

MAUL, Carlos Alberto. *História da Independência do Brasil*. 3. ed. Rio de Janeiro: Lux, 1925.

_____. *A Marquesa de Santos: Seu Drama, Sua Época*. Rio de Janeiro: Coelho Branco, 1938.

MAXWELL, Kenneth R. *The Generation of 1790's and the Idea of Luso-Brazilian Empire*. (Trabalho apresentado no Seminário da Newberry Library em novembro de 1969 – exemplar mimeografado.)

Estuda a mentalidade do grupo de Vila Rica, dimensionando-o em relação à sua condição de proprietários (ou de elementos a eles ligados ideologicamente). Através da comparação com a aristocracia rural baiana, observa as diferenças nas manifestações "revolucionárias" em ambas as regiões, no final do século XVIII.

MEIRELES, Mario Martins. *História do Maranhão*. Rio de Janeiro: Dasp, 1960.

MELO, Alfredo Pinto Vieira de. O Poder Judiciário do Brasil (1532-1871). *Revista do Instituto Histórico e Geográfico Brasileiro*, Rio de Janeiro, tomo especial, I Congresso de História Nacional, 4ª parte, 1916.

MELO, Antônio Joaquim de. *Biografias de Alguns Poetas e Homens Ilustres, da Província de Pernambuco*. Recife: Typ. Universal, 1856-1859. 3 v.

MELO, Antônio Joaquim de (org.). *Obras Políticas e Litterararias de Frei Joaquim do Amor Divino Caneca*. Recife: Tip. Mercantil, 1875. 2 v.

MELO, Francisco Inácio Marcondes Homem de. *Discursos Pronunciados Pelo Barão Homem de Melo, um na Sessão Cívica em Homenagem a José Bonifácio em 8 de Dezembro de 1886, e Outro, Por Occasião da Inauguração da Estátua de José Bonifácio de Andrada e Silva no Dia 7 de Setembro de 1872*. São Paulo: Typ. King, 1887.

MELO, Mario. Frei Caneca. *Revista do Instituto Histórico e Geográfico Brasileiro*, Rio de Janeiro, tomo especial, II Congresso de História Nacional, 3ª parte, 1942.

MELO, Mario Carneiro do Rego. *A Maçonaria e a Revolução Republicana de 1817.* Recife: Imp. Nacional, 1912.

MELO, Pedro Américo de Figueiredo. *O Brado do Ypiranga ou a Proclamação da Independência do Brasil.* Florença: Stampa, 1888.

MELLO, Arnaldo Vieira de. *Bolívar, o Brasil e os Nossos vizinhos do Prata: Da Questão de Chiquitos à Guerra da Cisplatina.* Rio de Janeiro: Gráf. Olímpica, 1963.

MELLO, Antônio Gonçalves de. Brasil. In: SERRÃO, Joel (dir.). *Dicionário de História de Portugal.* Lisboa: Iniciativas Editoriais, 1963. V. 1, A-D.

MELLO, Jeronymo de Avellar Figueira. Alguns Documentos Relativos ao Período da Independência. *Revista do Instituto Histórico e Geográfico de São Paulo*, São Paulo, v. 15, 1910.

MENDONÇA, Carneiro de. D. João VI e o Tratado de Viena de 1815. *Revista do Instituto Histórico e Geográfico Brasileiro*, Rio de Janeiro, n. 279, abr.-jun. 1968.

MENDONÇA, Renato. *Um Diplomata na Corte de Inglaterra: O Barão de Penedo e Sua Época.* São Paulo: Ed. Nacional, 1942.

_____. *História da Política Exterior do Brasil (1500-1825): Do Período Colonial ao Reconhecimento do Império.* México: Cultura, 1945.

MENEZES, Rodrigo Octavio de Langgard. A Constituinte de 1823. *Revista do Instituto Histórico e Geográfico Brasileiro*, tomo especial, I Congresso de História Nacional, 3ª parte, 1916.

_____. *O Reconhecimento da Independência do Brasil Pelos Estados Unidos.* Rio de Janeiro: Imp. Nacional, 1924.

MONTEIRO, César do Rego. A Carta Constitucional do Brasil. *Revista do Instituto Histórico e Geográfico Brasileiro*, Rio de Janeiro, Congresso Internacional de História da América, n. 6, 1928.

MONTEIRO, Tobias. *História do Império: A Elaboração da Independência.* Rio de Janeiro: Briguiet, 1927.

Descrição dos eventos que precederam à "Independência". Apesar de discuti-las a partir das questões europeias que levaram à "evasão" da Corte portuguesa, tal abertura cronológica, longe de desvendar categorias inclusivas, limita-se a ampliar uma suposta sequência de acontecimentos, observados somente no nível das decisões políticas. A uma tal somatória de fatos, junta-se dimensão meramente episódica.

_____. *História do Império: 1º Reinado.* Rio de Janeiro: Briguiet, 1939-1946. 2 v.

MONTELLO, Josué. O Poeta José Bonifácio. *Revista do Instituto Histórico e Geográfico Brasileiro*, Rio de Janeiro, n. 260, jul.-set. 1963.

MORAES, Rubens Borba de. *Manual Bibliográfico de Estudos Brasileiros.* Rio de Janeiro: Souza, 1949.

A parte referente à "Independência" traz um comentário de Octavio Tarquínio de Souza sobre algumas obras mais expressivas. Acompanha-o uma bibliografia (com notas a respeito das publicações em destaque) organizada por Alice P. Canabrava e Rubens B. de Moraes. As observações de Octávio Tarquínio são feitas pelo "alto", suavizando as críticas e procurando encontrar motivos enaltecedores – nem sempre justificáveis. Vejam-se, por exemplo, as referências a Varnhagen, onde se diz que ele foi o "renovador senão o criador da historiografia brasileira". Antes dele, segundo Tarquínio, não se passou de crônicas laudatórias. Basta uma consulta ao final da *História da Independência...* de Varnhagen, para se constatar que ele apenas trocou de personagem na sua laudação, preferindo a figura de d. Pedro I em detrimento à de d. João VI, exaltado em outras obras. As notas bibliográficas, curtas em demasia e meramente descritivas, não escondem, às vezes, um certo truísmo. É o caso da notícia sobre *O Reconhecimento do Império: História Diplomática do Brasil*, de Oliveira Lima, onde se afirma: 'Trabalho fundamental sobre o reconhecimento da independência brasileira".

MORAIS, Alexandre José de Melo. *A Inglaterra e Seos Tractados: Memória, na Qual Previamente se Demonstra Que a Inglaterra Não Tem Sido Leal Até o Presente no Cumprimento de Seos Tractados*. Bahia: Typ. do Correio Mercantil, 1844.

____. *Chorographia Histórica, Chronographica, Genealogica, Nobiliaria e Política do Império do Brazil*. Rio de Janeiro: Pinheiro, 1859-1866. 5 v.

____. *À Posteridade: Brazil Histórico e a Chorographia Histórica do Império do Brazil*. 2. ed. Rio de Janeiro: Pinheiro, 1867.

____. *História do Brazil-Reino e Brazil-Imperio, Compreehendendo: A Historia Circunstanciada dos Ministérios, Pela Ordem Chronologica dos Gabinetes Ministeriaes, Seus Programmas, Resoluções Políticas Que se Derão e Cores Com Que Apparecerão Desde o Dia 10 de Março de 1808 Até 1871; a da Conquista de Cayenna, da Independência do Brazil e das Constituições Políticas, Desde 1789 Até 1834; e Acompanhada: da Lista Nominal, Por Sucessão, Dos Senadores, Desde a Creação do Senado, em Janeiro de 1826, Até o Presente; da dos Deputados, Desde 1823 Até a Última Legislatura de 1869; e do Conselho de Estado, Creado Por Decreto de 22 de Abril de 1821, Para a Regência do Brazil, Até 1871*. Rio de Janeiro: Pinheiro e Cia., 1871 e 1873. 2 v.

____. *O Brasil Social e Político: Ou O Que Fomos e o Que Somos*. Rio de Janeiro: Pinheiro, 1872.

____. *A Independência e o Império do Brazil: ou A Independência Comprada Por Dous Milhões de Libras Esterlinas e o Império do Brazil Com Dous Imperadores no Seu Reconhecimento, e Coesão: Patriarchado, e da Corrupção Governamental; Provado Com Documentos Authenticos*. Rio de Janeiro: Globo, 1877.

____. *Chronica Geral e Minuciosa do Império do Brazil*. Rio de Janeiro: Dias S. Júnior, 1879.

____. *Chronica Geral do Brazil*. Rio de Janeiro: Garnier, 1886. 2 v.

MORAIS FILHO, Mello. *Historia e Costumes*. Rio de Janeiro, Garnier, [s.d.].

MORALES DE LOS RIOS (filho), Adolfo. *O Rio de Janeiro Imperial*. Rio de Janeiro: A Noite, 1946.

MOREIRA, João Batista. *Apologia Perante o Governo de Sua Magestade Fidelíssima*. Rio de Janeiro: Laemmert, 1862.

MORSE, Richard. São Paulo Since Independence: A Cultural Interpretation. *The Hispanic American Historical Review*, v. 34, n. 4, nov. 1954.

O trabalho, escrito no ano do IV Centenário da cidade de São Paulo, procura mostrar como a cidade veio a se constituir numa metrópole cosmopolita e industrial. Para nossa cronologia, interessa apenas o ponto de partida do autor: a comunidade desde 1822 a 1827. A essa época, a província estava socialmente estruturada em moldes patriarcalistas, com certo tipo de comportamento e participação que se define, segundo Morse, nos marcos de um paroquialismo. A expressão desse "provincialismo" não se limita aos costumes rígidos. É possível percebê-lo também nas manifestações culturais. Morse destaca, a esse respeito, a arquitetura dos sobrados e das chácaras com suas características próprias, tais como a rótula e o alpendre. A construção em taipa era outro fator diferencial em relação aos centros urbanos situados à orla marítima (Rio de Janeiro, Salvador, Recife e Santos), onde se usava o granito, a exemplo do que se fazia na Europa.

MOTA, Carlos Guilherme. Europeus no Brasil na Época da Independência. *Anais do Museu Paulista*, São Paulo, v. XIX, 1965.

Num momento de crise no sistema colonial, que encontra raízes na própria mudança da dinâmica europeia, o autor procura indicar qual a efetiva participação dos grupos estrangeiros no processo de emancipação política do Brasil. A origem diversa desses grupos orienta a análise para a apreensão das dimensões e vínculos que caracterizaram a participação de cada grupo. Dentre estes, mereceram destaque especial, por serem mais representativos, a "classe" dos mercadores portugueses (ligados à velha dinâmica) e os ingleses (cujos interesses se prendiam ao processo de industrialização e à comercialização dos artigos manufaturados). Há algumas imprecisões no vocabulário, como, por exemplo, no caso do conceito de classe.

_____. *Atitudes de Inovação no Brasil (1789-1801)*. Lisboa: Livros Horizonte, 1970.

Primeira etapa de um trabalho que propõe o estudo das manifestações que caracterizaram o longo e complexo processo de descolonização portuguesa no Brasil, esse volume trata das chamadas "inconfidências", dimensionando-as em meio aos parâmetros de um momento crítico que se define, externamente, pela passagem de um capitalismo comercial (expresso de modo concreto nas articulações do antigo sistema colonial) para um capitalismo industrial (explicitado historicamente nas novas formas de dominação, postuladas nos marcos do "liberalismo"). Internamente, as conjurações (1789 – Minas Gerais; 1794 – Rio de Janeiro; 1798 – Bahia; 1801 – Pernambuco) representam as primeiras manifestações das aristocracias rurais em estender sua posição dominante, econômica e socialmente, ao nível das decisões políticas. Nessa medida, surgem as primeiras tentativas de rejeição às determinações metropolitanas. Situando-se numa história das mentalidades, a obra procura destacar a maneira pela qual as estruturas econômicas e sociais permeavam as imagens construídas no universo mental de então, utilizando-se de conceitos-chave estratégicos, como, no caso, o conceito de propriedade.

_____. Presença Francesa em Recife em 1817. *Caravelle: Cahiers du Monde Hispanique et Luso Brésilien*, n. 15, 1970.

_____. *Nordeste, 1817: Estruturas e Argumentos*. São Paulo: Perspectiva, 1972.

O trabalho em apreço representa uma segunda etapa no estudo da descolonização portuguesa no Brasil. O movimento insurrecional de 1817, em Pernambuco, destacou-se das conjurações por um violento comportamento anticolonialista e por antagonismos sociais de dupla natureza. As tensões sociais não se esgotavam na oposição dos estamentos senhoriais à camada dos comerciantes portugueses (caracterizando a lusofobia), abrangendo também o antagonismo entre os estamentos senhoriais e os escravos. Tratando-se de uma sociedade estamental-escravocrata, é a partir de suas determinações essenciais que um estudo das mentalidades adquire concreção histórica. A seleção de expressões significativas contém certamente concepções que se formularam no âmbito das relações sociais e que invariavelmente são projetadas no nível mental. Um estudo do vocabulário permitiu perceber a frequência do termo "classe", usado não exclusivamente na sua conotação quantitativa, indicando uma classificação. A palavra

366 BIBLIOGRAFIA COMENTADA

foi também empregada no sentido qualitativo com o propósito de designar uma camada social, o que significativamente vinha comprovar a viragem mental que então se esboçava.

MOTTA FILHO, Cândido. *José Bonifácio e a Organização Social. Revista do Instituto Histórico e Geográfico Brasileiro*, Rio de Janeiro, n. 260, jul.-set. 1963.

MOURA, Clovis. *Rebeliões da Senzala*. São Paulo: Zumbi, 1959.

– N –

NEIVA, Venâncio de Figueiredo. *Rezumo Biográfico de José Bonifácio de Andrada e Silva, o Patriarca da Independência do Brazil*. Rio de Janeiro: Pongetti, 1938.

NEVES, Abdias da Costa. *A Guerra do Fidié*. Piauí: [S.n.], 1907.

NEVES, Abdias da Costa. *O Piauhy na Confederação do Equador*. Rio de Janeiro: Imp. Nacional, 1921.

NIETO DEL RIO, Felix. *La Independência del Brasil y el Ideal Republicano*. Santiago: Instituto Chileno-Brasileno de Cultura, 1941.

NOBREGA, Bernardino Ferreira. *"Fac-simile" da Primeira e Única Edição da Memória Histórica Sobre as Vitorias Alcançadas Pelos Itaparicanos no Decurso da Campanha da Bahia, Quando o Brasil Proclamou a Sua Independência*. Reed. prep. por Pirajá da Silva. Bahia: Typ. Social, 1923.

NOVAIS, Fernando Antônio. A Proibição das Manufaturas no Brasil e a Política Econômica Portuguesa do Fim do Século XVIII. *Revista de História*, São Paulo, v. 33, n. 67, jul.-set. 1966.

Retomando as explicações tradicionais, formuladas exclusivamente no âmbito da realidade econômica brasileira, o autor procura rever os quadros de referência de modo a criticar a maneira unilateral com que a historiografia vinha tratando do tema. Os alvarás proibitivos (referentes às manufaturas e ao contrabando) são rediscutidos como parte integrante da política econômica colonial portuguesa, que por sua vez se inscrevia nos marcos da política econômica portuguesa. O trabalho se desenvolveu em três dimensões: parte-se da análise, explicação e comentário do texto documental para a discussão de sua aplicabilidade, tendo em vista os matizes históricos específicos que caracterizavam as relações metrópole-colônia, num período crítico às determinações do Antigo Sistema Colonial. Nessa medida, adquire expressividade o estudo de como se definia a política econômica portuguesa face aos novos quadros circunscritos em perspectivas liberais. O vocabulário empregado guarda certas imprecisões como no caso da noção de "influência" e na rígida separação entre teoria e prática, conforme se estabeleceu na crítica feita à atribuição do sentido exclusivo à doutrina fisiocrática.

____. O Brasil nos Quadros do Antigo Sistema Colonial. In: MOTA, Carlos Guilherme (org). *Brasil em Perspectiva*. São Paulo: Difel, 1968.

O autor procura explicitar historicamente a posição do Brasil dentro da época mercantilista, a partir das relações expressas no antigo sistema colonial em seu segmento luso-brasileiro. Ao mesmo tempo que se atende à vinculação desse segmento particular às determinações globais do sistema colonial (encarado como entidade abrangente), não se perdem de vista as suas diferenciações entre os segmentos da mesma espécie, mas com tessitura interna diversa, como o caso ibero-americano. Muito menos se deixam de lado as sucessivas redefinições por que passaram esses segmentos de sistema colonial, conformando-se às especificidades e relativizações que o processo histórico lhes impunha. Leitura obrigatória, a despeito de não se situar nos marcos deste levantamento.

_____. Colonização e Sistema Colonial: Discussão de Conceitos e Perspectiva Histórica. *Colonização e Migração*; trabalho apresentado ao IV Simpósio dos Professores Universitários de História, Porto Alegre, 3-8 set. 1968. São Paulo, Coleção da Revista de História, 1969.

Parte-se do pressuposto que uma discussão dos referidos conceitos é uma exigência a qualquer estudo que se pretenda explicar historicamente a posição do Brasil dentro da colonização europeia, à época mercantilista.

A preocupação básica está em avaliar os vários sentidos que a historiografia tem atribuído a tais conceitos e propor um encaminhamento dos mesmos numa perspectiva historicamente formulada. Ao criticar as diferentes concepções, o autor procurou destacar os elementos mais expressivos de cada um, para depois recompô-los e situá-los dentro de um quadro que abrange desde as categorias mais inclusivas, expressas na passagem do feudalismo ao capitalismo, até o dimensionamento dos matizes específicos que assumiu esse longo e complexo processo, configurando a montagem do Antigo Sistema Colonial e de seus segmentos. Leitura fundamental, apesar de não se enquadrar rigidamente nas balizas propostas neste levantamento.

NUNES, Odilon. *Súmula Histórica do Piauí*. São Paulo: Cultura, 1963.

– O –

OAKENFULL, J.C. *Brazil: A Centenary of Independence*. Freiburg: C.A. Wagner, 1922.

OBERACKER, Carlos. Viajantes, Naturalistas e Artistas Estrangeiros. In: HOLANDA, Sérgio Buarque de (dir.). *História Geral da Civilização Brasileira*. 3. ed. São Paulo: Difel, 1970. T. II, v. 1.

OLIVEIRA, Albino José Barbosa de. *Memórias de um Magistrado do Império*. Ed. revista e anotada por Américo Jacona Lacombe. São Paulo: Ed. Nacional, 1943.

OLIVEIRA, João Antônio de Carvalho e. *A Defesa dos Portugueses Feita na Província do Maranhão Dedicada aos Seus Compatriotas Residentes no Brazil*. Rio Grande: Typ. Cândido A. de Melo, 1857.

OLIVEIRA, José Feliciano. *José Bonifácio e a Independência: O Homem do Fico e o Verdadeiro Patriarca*. São Paulo: Martins, 1955.

OLIVEIRA, José Joaquim Machado de. *Quadro Histórico da Província de São Paulo Até o Ano de 1822*. 2. ed. São Paulo: C. Gerke, 1897.

ORICO, Oswaldo. *O Condestável do Império*. Porto Alegre: Globo, 1933.

– P –

PAGANO, Sebastião. *O Conde dos Arcos e a Revolução de 1817*. São Paulo: Ed. Nacional, 1938.

PALHA, Américo. *Grandes Vultos do Brasil Independente*. Rio de Janeiro: Tip. Guanabara, [s.d.].

368 BIBLIOGRAFIA COMENTADA

PALHA, José Egidio Garcez. *A Marinha de Guerra do Brazil na Lucta de Independência: Apontamentos Para a Historia*. Rio de Janeiro: Tip. Oliveira, 1880.

_____. *Ephemerides Navaes: Ou Resumo dos Factos Mais Importantes da Historia Naval Brasileira Desde 1º de Janeiro de 1822 a 31 de Dezembro de 1890*. Rio de Janeiro: Gazeta de Notícias, 1891.

PANTALEÃO, Olga. A Presença Inglesa. In: HOLANDA, Sérgio Buarque de (dir.). *História Geral da Civilização Brasileira*. 3. ed. São Paulo: Difel, 1970. T. II, v. 1.

PANTALEÃO, Olga; CAMPOS, Pedro M. O Reconhecimento do Império. In: HOLANDA, Sérgio Buarque de (dir.). *História Geral da Civilização Brasileira*. 3. ed. São Paulo: Difel, 1970. T. II, v. 1.

PARANHOS, Jr., José Maria da Silva. Esboço Biographico do General José de Abreu, Barão do Serro Largo. *Revista do Instituto Histórico e Geográfico Brasileiro*, Rio de Janeiro, n. 31, 2ª parte, 1868.

PASCUAL, Antônio Deodoro de. *Rasgos Memoráveis do Senhor Dom Pedro I, Imperador do Brazil, Excelso Duque de Bragança*. Rio de Janeiro: Laemmert, 1862.

PAULA, Euripides Simões de. A Organização do Exército Brasileiro. In: HOLANDA, Sérgio Buarque de (dir.). *História Geral da Civilização Brasileira*. 3. ed. São Paulo: Difel, 1970. T. II, v. 1.

PAULA, Francisco; PONDE, Azevedo. Os Cronistas da Época de D. João VI. *Revista do Instituto Histórico e Geográfico Brasileiro*. Rio de Janeiro, n. 279, abr.-jun. 1968.

PEIXOTO, Júlio Afranio de. *O Patriarca da Independência: Resumo Biográfico Para a Mocidade Brasileira*. São Paulo: Saraiva, 1963.

PEIXOTO, Júlio Afranio de; ALVES, Constancio. *José Bonifácio, o Velho e o Moço: Antologia Brasileira*. Lisboa: Bertrand, 1920.

PEREIRA, Ângelo. *Os Filhos de El-Rei D. João VI: Reconstituição Histórica Com Documentos Inéditos Que, na Sua Maioria Pertenceram ao Real Gabinete*. Lisboa: Emp. Nacional de Publicidade, 1946.

_____. *D. João VI, Príncipe e Rei*. Lisboa: Emp. Nacional de Publicidade, 1953, 1955-1956. 3 v.

PEREIRA, Antônio Batista. *Figuras do Império e Outros Ensaios*. São Paulo: Ed. Nacional, 1931.

PEREIRA, José Saturnino da Costa. *Diccionario Topographico do Império do Brazil*. Rio de Janeiro: Gueffer, 1834.

PIMENTEL, Alberto A. de Almeida. *A Última Corte do Absolutismo em Portugal*. Lisboa: Ferin, 1893.

PINHEIRO, Artidoro Augusto Xavier. *Organização das Ordens Honoríficas do Império do Brazil*. São Paulo: Seckler, 1884.

PINHO, José Wanderley de Araújo. A Guerra da Independência" (Crônica de Toda a Campanha). *Revista do Instituto Histórico e Geográfico Brasileiro*, Rio de Janeiro, n. 278, jan.-mar. 1968.

PINHO, Wanderley. A Bahia: 1808-1856. In: HOLANDA, Sérgio Buarque de. *História Geral da Civilização Brasileira*. 2. ed. São Paulo: Difel, 1967. T. II: O Brasil Monárquico, v. 2.

Interessa a explicação da participação baiana, analisada desde a vinda da Família Real. O artigo procura fazer a "evolução" histórica da Bahia, não se esquecendo das concessões da parte de d. João VI às "classes" da sociedade local, atribuindo "ao brasileiro" condições favoráveis para uma "eclosão" de sua consciência política. Mostra por outro lado a "desilusão" dos baianos com a "revolução" de 1821 e a sua reação com manifestações antilusitanas. Detém-se pormenorizadamente nesse particular, privilegiando o nível episódico, usando um vocabulário pouco preciso.

PINTO, Antônio Pereira. A Confederação do Equador, Notícia Histórica Sobre a Revolução Pernambucana de 1824. *Revista do Instituto Histórico e Geográfico Brasileiro*, Rio de Janeiro, n. 29, 2ª parte, 1866.

____. *Estudo Sobre Algumas Questões Internacionaes*. São Paulo: J.R. de Azevedo Marques, 1867.

____. *Política Tradicional: Intervenções do Brazil no Rio da Prata*. Rio de Janeiro: Typ. Nacional, 1871.

PINTO, Estevão. *Pernambuco no Século XIX*. Recife: Industrial, 1922.

PINTO, Francisco das Chagas de Sousa. *Frei Miguelinho: Uma Página da Revolução de 1817*. 5. ed. Rio de Janeiro: Briguiet, 1928.

PINTO, Luis. *Síntese Histórica da Paraíba*. Rio de Janeiro: Gráf. Ouvidor, 1960.

PINTO, Oscar Bastian. José Bonifácio Propugnador da União das Nações Americanas. *Revista do Instituto Histórico e Geográfico Brasileiro*. Rio de Janeiro, n. 13, 1952.

PINTO, Virgílio Noya. Balanço das Transformações Econômicas no Século XIX. In: MOTA, Carlos Guilherme (org.). *Brasil em Perspectiva*. São Paulo: Difel, 1968.

PIRES, Heliodoro. *Padre Mestre Ignacio Rolim*. Fortaleza: Gadelha, 1916.

POLIANO, Luis Marques. *Ordens Honoríficas do Brasil: História, Organização, Padrões, Legislação*. Rio de Janeiro: Imp. Nacional, 1943.

POMBO, José Francisco da Rocha. *História do Rio Grande do Norte*. Ed. commemorativa do centenário da independência do Brasil (1822-1922). Rio de Janeiro: Anuário do Brasil, 1921.

____. *História de São Paulo: Resumo Didactico*. 4. ed. São Paulo, Melhoramentos, [s. d.].

POMBO, Manuel Ruela. *A Aclamação de D. João VI na Vila de Viana do Minho*. Lisboa: Imp. Lucas, 1940.

PORTELA, Joaquim Pires Machado. *Constituição Política do Império do Brazil Confrontada Com Outras Constituições*. Rio de Janeiro: Typ. Nacional, 1876.

PRADO JÚNIOR, Caio. *Formação do Brasil Contemporâneo*. 9. ed. São Paulo: Brasiliense, 1969.

A obra é bastante significativa para montar toda sistemática das relações que caracterizaram historicamente os quadros do Brasil colonial. Recomendam-se em especial os capítulos "Administração", "Grande Lavoura", "Organização Social" e "Vida Social".

____. *Evolução Política do Brasil e Outros Estudos*. 7. ed. São Paulo: Brasiliense, 1970.

Considera-se a "independência" a partir de 1808, quando, segundo o autor, deixou de haver uma administração colonial. Coerente com essa posição, Caio Prado ressaltou que as Cortes portuguesas, ao instituírem medidas "recolonizadoras", desencadearam uma série de contradições latentes de ordem social e econômica. O chamado "partido brasileiro", composto pelas "classes superiores" (proprietários rurais e aliados), utilizando-se de d. Pedro, soube conduzir a "revolução" no sentido da libertação do "jugo" colonial e da emancipação política. O vocabulário empregado, não raro, apresentou várias imprecisões.

____. *História Econômica do Brasil*. 12. ed. São Paulo: Brasiliense, 1970.

Os capítulos 1 e 14 tratam da "libertação" econômica no Brasil e seus efeitos. A análise se inicia com a observação dos traços gerais da economia europeia, onde começava emergir (no século XVIII) um capitalismo industrial, muito embora persistissem ainda economias com base exclusivamente no capital comercial, como Portugal e Espanha. Gradativamente as potências em processo de industrialização procuram expandir seus mercados. A ocupação de Portugal é um episódio desta luta. À Inglaterra, "aliada" aos portugueses, tais acontecimentos eram de grande interesse, pois a vinda do governo português e sua comitiva para o Brasil abria-lhe novos mercados, assegurados mais tarde, de forma definitiva, com a assinatura dos tratados de 1810. A partir de então, os próprios portugueses que para aqui vieram

BIBLIOGRAFIA COMENTADA

como funcionários da Casa Real e inclusive o próprio príncipe regente "não escondiam", segundo o autor, "sua preferência pela nova pátria". Os esquemas explicativos não fogem às colocações tradicionais ao postular um padrão de racionalidade futura. As ideias de "desenvolvimento" e "progresso" (empregadas aqui com o sentido de "crescimento"), tendo por referencial as estruturas econômicas mais avançadas, servem para atestá-lo. Amplamente discutíveis são também as passagens onde se afirma que cabia unicamente ao príncipe regente a decisão de retornar a Portugal e que "o tímido regente" não ousava retornar pelo estado de guerra na "pátria abandonada, embora ela estivesse livre de inimigos, havia seis anos". Outra passagem pouco sustentável é a que se refere à "atenção" com que os portugueses passaram a tratar os brasileiros. A menos que se considerem por "atenções" as tentativas de recolonização, a partir do movimento de 1820 na metrópole, e o fiscalismo que persistia.

PRADO, João Fernando de Almeida. *D. João VI e o Início da Classe Dirigente no Brasil, Depoimento de um Pintor Austríaco no Rio de Janeiro*. São Paulo: Ed. Nacional, 1968.

_____. *Tomas Ender: Pintor Austríaco na Corte de D. João VI no Rio de Janeiro. Um Episódio da Formação da Classe Dirigente Brasileira 1817-1818*. São Paulo: Ed. Nacional, 1955.

PRADO, Paulo da Silva. *Paulística: História de São Paulo*. 2. ed. Rio de Janeiro: Ariel, 1934.

PRESAS, José. *Memórias Secretas de D. Carlota Joaquina*. Trad. de R. Magalhães Jr. Rio de Janeiro: Valverde, 1940.

– Q –

QUEIROZ, Maria Isaura Pereira de. *O Mandonismo Local na Vida Política Brasileira*. São Paulo: IEB, 1969.

Pretende-se mostrar o significado de certas formas de prestígio e autoridade em termos de poder de decisão, na vida política brasileira. Estudando a "Independência", destaca-se a preponderância dos interesses dos senhores rurais, quase sempre circunscritos a horizontes locais. Nesse sentido, as tentativas de centralização do poder não fizeram mais que intensificar a lusofobia e favorecer a introdução de medidas "liberais". A autora, tendo-se utilizado de uma tipologia weberiana dos sistemas políticos, analisa a vida política em termos de um sistema patriarcal de autoridade, destacando que a adesão ao ideário liberal se fez, entre os senhores rurais, muito mais por força de um relacionamento afetivo-sentimental com a "elite intelectual" que por sua real convicção. A interpretação, unidimensionalmente concebida, reduz o objeto de enfoque aos seus parâmetros internos. As variáveis empregadas parecem não dar conta de certos níveis de realidade, a exemplo do que ocorre na explicação da adesão dos senhores rurais às proposições liberais. Fundada, segundo a autora, nas relações de parentesco, a explicação acabou por elidir o nível ideológico.

QUINTAS, Amaro. A Agitação Republicana no Nordeste. In: HOLANDA, Sérgio Buarque de (dir.). *História Geral da Civilização Brasileira*. 3. ed. São Paulo: Difel. 1970. T. II, v. 1.

O artigo procura mostrar a importância dos movimentos pernambucanos no período que antecedeu a "independência", detendo-se em cada um deles rápida e superficialmente. A Conspiração dos Suassuna (1801), a "Revolução" de 1817 e a Confederação do Equador

(1824) são vistas muito mais sob o prisma "heroico" dos seus participantes, numa preocupação bairrista de situar Pernambuco como "centro de gravitação" na "evolução histórica" do Nordeste. A imprecisão no vocabulário é uma constante, como se pode perceber no uso de expressões como "classe", "raças", "sadio pan-americanismo", "pessoas de categoria", "classe militar", "massa", "elite", "povo", "espírito", "expansão das ideias bebidas nos princípios".

– R –

RAIOL, Domingos Antônio. *Motins Políticos: Ou, Historia dos Principaes Acontecimentos Políticos da Província do Pará, Desde o Anno de 1821 Até 1835.* Rio de Janeiro: Typ. Imperial, 1865, 1868, 1883-1884, 1890. 5 v.

RANGEL, Alberto. *Texto e Pretexto: Incidente da Chronica Brasileira à Luz de Documentos Conservados na Europa.* Tours: Arrault, 1926.

____. *D. Pedro I e a Marquesa de Santos à Vista das Cartas Íntimas e de Outros Documentos Públicos e Particulares.* São Paulo: Braziliense, 1969.

REBELO, Anibal Veloso. *Tentativas de Independência: Memória.* Lisboa: Ed. Limitada, 1915.

REBOUÇAS, Antônio Pereira. *Recordações da Vida Patriótica do Advogado Rebouças, Comprehendida nos Acontecimentos Políticos de Fevereiro de 1821 a Setembro de 1822.* Rio de Janeiro: Leuzinger, 1879.

REIS, Arthur Cezar Ferreira. O Espírito Santo. In: HOLANDA, Sérgio Buarque de (dir.). *História Geral da Civilização Brasileira.* 2. ed. São Paulo: Difel, 1967. T. II, v. 2.

Caracterização bastante rápida da situação do Espírito Santo na época imediatamente anterior à "independência", que, embora tivesse, como afirma o autor, "uma vida quieta", não deixou de manifestar sua "consciência cívica, exemplificada – na análise – pela participação de capixabas em movimentos anticoloniais".

____. A Província do Rio de Janeiro e o Município Neutro. In: HOLANDA, Sérgio Buarque de (dir.). *História Geral da Civilização Brasileira.* 2. ed. São Paulo: Difel, 1967. T. II, v. 2.

O artigo traça um esboço das alterações por que passou a cidade do Rio de Janeiro com a chegada da comitiva componente da Casa Real portuguesa, chegando a tratar inclusive do "caráter legal" da criação do município neutro, desmembrando a cidade do Rio de Janeiro da província fluminense.

____. Mato Grosso e Goiás. In: HOLANDA, Sérgio Buarque de (dir.). *História Geral da Civilização Brasileira.* 2. ed. São Paulo: Difel, 1967. T. II, v. 2.

Procura-se mostrar, na mesma linha dos trabalhos deste volume, como as duas capitanias se situaram no processo de "independência". Persiste a dimensão factual dos eventos, destacando-se os períodos de "ordem" e de "rusga" assim como a participação dos líderes políticos.

____. O Grão-Pará e o Maranhão. In: HOLANDA, Sérgio Buarque de (dir.). *História Geral da Civilização Brasileira,* 2. ed. São Paulo: Difel, 1967. T. II, v. 2.

O artigo pretende ressaltar como se mostrava a região Norte na época da "Independência". O trabalho destaca o Grão-Pará, Piauí, Maranhão e Rio Negro, analisando-os de maneira

372 BIBLIOGRAFIA COMENTADA

episódica e factual, atendo-se à descrição das decisões dos líderes políticos, como se eles realmente conduzissem a história. Há limitações no vocabulário, ao usar expressões como "exercício manso da soberania", "governo democrático", "progresso".

_____. O Comércio Colonial e as Companhias Privilegiadas. In: HOLANDA, Sérgio Buarque de (dir.). *História Geral da Civilização Brasileira*. 2. ed. São Paulo: Difel, 1968. T. I, v. 2.

_____. A Ocupação de Caiena. In: HOLANDA, Sérgio Buarque de (dir.). *História Geral da Civilização Brasileira*. 3. ed. São Paulo: Difel, 1970. T. II, v. 1.

REIS FILHO, Nestor Goulart. *A Evolução Urbana do Brasil*. São Paulo: Pioneira, 1968.

REVISTA *de História*, São Paulo, v. 27, n. 55, jul.-set. 1963. (Volume especialmente reservado a José Bonifácio de Andrada e Silva em homenagem ao bicentenário do seu nascimento.)

REVISTA *do Instituto Histórico e Geográfico Brasileiro*. O anno da Independência, tomo esp. Rio de Janeiro: Imp. Nacional, 1923.

RIBEIRO JÚNIOR, José. O Brasil Monárquico em Face das Repúblicas Americanas. In: MOTA, Carlos Guilherme (org.). *Brasil em Perspectiva*. São Paulo: Difel, 1968.

RIPPY, J.F. A Century and a Quarter of British Investiment in Brazil. *Inter American Economic Affairs*, v. 6, n. 2, 1952.

RIZZINI, Carlos. *O Livro, o Jornal e a Tipografia no Brasil*. Rio de Janeiro: Kosmos, 1946.

ROBERTSON, William Spence. Metternich/s Attitudes Toward Revolutions in Latin America, *The Hispanic American Historical Review*, v. 21, n. 4, nov. 1941.

RODRIGUES, José Carlos. *Constituição Política do Império do Brasil, Seguida do Ato Adicional, da Lei da Sua Interpretação e de Outras, Analysada Por um Jurisconsulto e Novamente Annotada Com as Leis Regulamentares, Decretos, Avisos, Ordens e Portarias Que Lhe São Relativas*. Rio de Janeiro: Laemmert, 1863.

RODRIGUES, José Honório. *Conciliação e Reforma no Brasil*. Rio de Janeiro: Civilização Brasileira, 1965.

A obra indica a violência que marcou a época da "independência", desmistificando velhas teses até hoje lembradas, sobre a "índole" e "vocação" política pacífica do "povo brasileiro". Ao lado de imprecisões no uso do vocabulário, há uma valorização desmedida de certas personagens, transparecendo como se fossem "heróis", "condutores do processo histórico", chegando inclusive a merecer suposições especulativas por parte do autor. É o caso de José Bonifácio. Fundamental para a revisão de certas teses consagradas.

_____. A Rebeldia Negra e a Abolição. *História e Historiografia*. Petrópolis: Vozes, 1970.

Estudo fundamental para a compreensão do sentido das manifestações de "rebeldia" geradas no mundo do trabalho, desde o período colonial.

RODRIGUES, José Wasth. *Fardas do Reino Unido e do Império*. Petrópolis: Museu Imperial, 1953.

ROMEIRO, João Marcondes de Moura. *De D. João VI à Independência: Estudo Sobre os Fatos Que Mais Contribuíram Para Ser Proclamada em São Paulo, no Dia 7 de Setembro de 1822, nas Margens do Ipiranga, a Emancipação Política da Pátria*. São Paulo: Edaglit, 1962.

ROURE, Agenor de. *Formação Constitucional do Brasil*. Rio de Janeiro: Typ. do Jornal do Comércio, 1914.

RUBIM, Braz da Costa. Memória Sobre a Revolução do Ceará em 1821. *Revista do Instituto Histórico e Geográfico Brasileiro*, Rio de Janeiro, n. 29, 2ª parte, 1866.

– S –

SÁ, José D'Almeida Corrêa de. *D. João VI e a Independência do Brasil, Últimos Anos de Seu Reinado.* Lisboa: Sociedade Nacional de Tipos, 1937.

SAINT-ADOLPHE, J.C.R. Milliet de. *Dicionário Geográfico, Histórico e Descritivo do Brasil.* Trad. de Caetano L. de Moura. Paris: Allaud, Guillard, 1863. 2 v.

SAMPAIO, Felix M.P.D. *João VI e o Correio, em Portugal e no Brasil.* Rio de Janeiro: Of. dos Correios e Telegraphos, 1932.

SANTANA, Benevenuto Silverio Arruda. *Documentário Histórico.* São Paulo: Depto. de Cultura, 1950-1951. 3 v.

SANTOS, Amilcar Salgado dos. *A Batalha de Ituzaingó.* Rio de Janeiro: A Noite, 1921.

_____. *A Guerra da Independência: As Operações Militares.* São Paulo: [S.n.], 1922.

SANTOS, Célia Galvão Quirino dos. As Sociedades Secretas e a Formação do Pensamento Liberal. *Anais do Museu Paulista*, São Paulo, v. XIX, 1965.

A autora mostra como o pensamento liberal se inscreveu enquanto resposta política da "burguesia" europeia, no momento em que consegue estender a hegemonia já adquirida no nível das relações econômicas ao plano das relações políticas. Efetivamente, tal mediação comporta matizes específicos, como no caso do Brasil, onde as variáveis se articularam em conformidade com duas determinantes: a situação colonial e a existência de "uma única classe de expressão – a dos senhores agrícolas". No Brasil, era essa "classe" que propagava o ideário liberal e não uma suposta burguesia. O uso dos conceitos pode ser historicamente contestável na caracterização unívoca da "burguesia" europeia e na caracterização enquanto classe dos senhores agrícolas.

_____. A Inconfidência Mineira. *Anais do Museu Paulista*, São Paulo, v. XX, 1966.

SANTOS, Fernando Piteira. *Geografia e Economia da Revolução de 1820.* Lisboa: Europa-América, 1961.

SANTOS, Francisco Marques dos. O Ambiente Artístico Fluminense à Chegada da Missão Francesa em 1816. *Revista do Serviço do Patrimônio Histórico e Artístico Nacional*, Rio de Janeiro, n. 5, 1941.

SANTOS, João Brigido dos. *Os Precursores da Independência, Homens e Factos do Ceará, Diversos Jornaes de Fortaleza.* Fortaleza: Typographia Universal, 1899.

SANTOS, Luiz Gonçalves dos. *Memórias Para Servir à História do Reino no Brasil.* Rio de Janeiro: Zélio Valverde, 1943. 2 v.

SARMENTO, José Estevão de Moraes. *D. Pedro I e Sua Época.* Porto: Imp. Portuguesa, 1924.

SAW, Paul V. José Bonifácio and Brazilian History. *The Hispanic American Historical Review,* v. 8, n. 4, nov. 1928.

SCHWARTZ, Stuart B. Brazil: The Colonial Period. In: ESQUENAZI-MAYO, Roberto; MEYER, Michael C. (eds.). *Latin America Scholarship Since World War II.* Lincoln: University of Nebraska Press, 1971.

Procura-se fazer um balanço da historiografia brasileira para o período colonial. O índice de profissionalização entre os estudos históricos realizados no Brasil alcançou, segundo o autor, sensível "progresso", notadamente após 1945. A partir de então, a história do Brasil deixou de ser feita apenas pelos "bacharéis" relatores de uma "história" legal. Evidentemente, um trabalho desse tipo não poderia ser completo. Há, porém, graves omissões que não deixam de surpreender.

SEIDLER, Karl. *História das Guerras e Revoluções do Brasil de 1825 a 1835.* Trad. de Alfredo de Carvalho. São Paulo: Ed. Nacional, 1939.

SERRA SOBRINHO, Joaquim Maria. *Sessenta Anos de Jornalismo: A Imprensa no Maranhão, 1820 a 1880.* Rio de Janeiro: Faro e Lino, 1882.

SERRANO, Jonathas. Um Vulto de 1817. *Revista do Instituto Histórico e Geográfico Brasileiro,* Rio de Janeiro, tomo esp., I Congresso de História Nacional, 1ª parte, 1915.

SERRÃO, Joel. Emigração. In: SERRÃO, Joel (dir.). *Dicionário de História de Portugal.* Lisboa: Inic. Editoriais, 1965. V. 2.

Fundamental

_____. Liberalismo. In: SERRÃO, Joel (dir.). *Dicionário de História de Portugal.* Lisboa: Inic. Editoriais, 1965. V. 2.

Fundamental

_____. Maçonaria. In: SERRÃO, Joel (dir.). *Dicionário de História de Portugal.* Lisboa: Inic. Editoriais, 1965. V. 2.

_____. Os Remoinhos da Independência. *Diário de Lisboa,* Lisboa, 7 de maio de 1968.

SETUBAL, Paulo de Oliveira. *As Maluquices do Imperador: Romance Histórico.* 10. ed. São Paulo: Saraiva, 1965.

SIERRA Y MARISCAL, Francisco. *Idéas Geraes Sobre a Revolução do Brasil e Suas Consequências.* Rio de Janeiro: Biblioteca Nacional, 1926.

SILBERT, Albert. *Le Problème agraire portugais au lemps des premières Cortes Libérales (1821-1823).* Paris: PUF, 1968.

SILVA, Alfredo Pretextato Maciel da. *Os Generais do Exército Brasileiro de 1822 a 1889.* 2. ed. Rio de Janeiro: Americana, 1940.

SILVA, Domingos Leopoldo da Fonseca. *Suplício do Caneca ou a Revolução de Pernambuco de 1824.* São Paulo: [S.n.], 1896.

SILVA, Duarte Leopoldo E. *O Clero e a Independência, Conferências Patrióticas.* Rio de Janeiro: Álvaro Pinto, 1923.

SILVA, Ignacio Accioli de Cerqueira E. *Memórias Históricas e Políticas da Bahia.* Salvador: Imp. Oficial, 1919-1940. 6 v.

SILVA, João Manuel da. Defesa Militar do Rio de Janeiro em 1822. *Revista do Instituto Histórico e Geográfico Brasileiro,* Rio de Janeiro, n. 77, 2ª parte, 1916.

SILVA, João Manuel Pereira da. *Situation sociale, politique et économique de l'empire du Brésil.* Rio de Janeiro: Garnier, 1865.

_____. *História dos Fundadores do Império no Brasil.* Rio de Janeiro: Garnier, 1864-1868. 7 v.

SILVA, Luciano Pereira da. Primeiros Lineamentos da Organização Política do Império. *Revista do Instituto Histórico e Geográfico Brasileiro,* Rio de Janeiro, tomo esp., I Congresso de História Nacional, 4ª parte, 1916.

SILVA, Luís Antônio Vieira da. *História da Independência da Província do Maranhão (1822-1828).* Maranhão: Progresso, 1862.

_____. Organização Administrativa do Império. *Revista do Instituto Histórico e Geográfico Brasileiro,* Rio de Janeiro, II Congresso de História Nacional, 2ª parte, 1942.

SILVA, Manuel Cícero Peregrino da. *Pernambuco e a Confederação do Equador.* Rio de Janeiro: Imp. Nacional, 1924.

SILVA, Viriato. *Estudos Históricos, Memória Histórica Sobre a Villa de Mangaratiba: Catálogo dos Capitães-Mores, Governadores Gerais e Vice-Reis Que Governaram o Rio de Janeiro Desde a sua Fundação em 1565; Catálogo dos Ministros e Secretários d'Estado de 1822 a 1879.* Viana: Typ. André J. Pereira & Fº, 1879.

SILVEIRA, Alfredo Balthazar da. *A Esquadra nas Lutas da Independência.* Rio de Janeiro: Imp. Nacional, 1917.

_____. A Atitude de Franca Hostilidade Que as Cortes Vieram Assumir Contra o Brasil. *Revista do Instituto Histórico e Geográfico Brasileiro.* Rio de Janeiro: Congresso Internacional de História da América, n. 6, 1928.

SIQUEIRA, Sônia Aparecida. *A Escravidão Negra no Pensamento do Bispo Azeredo Coutinho: Contribuição ao Estudo da Mentalidade do Último Inquisidor.* (Trabalho apresentado ao V Colóquio Internacional de Estudos Luso-Brasileiros, Coimbra, 1965.)

Procurou-se mostrar como se situou Azeredo Coutinho face às redefinições nas estruturas mentais no final do século XVIII. O trabalho propõe a montagem dos quadros que marcaram o período em destaque, tentando dimensionar as perspectivas que se abriam para uma tomada de posição de uma figura como a de Azeredo Coutinho face a um período crítico de viragem mental. Representante de uma instituição como o Santo Ofício, não ficou insensível ao ideário iluminista. Seu pensamento ganhou, por isso mesmo, uma expressividade singular, permitindo que se explicitassem no nível mental as persistências e inovações de um momento histórico. Acompanham o trabalho alguns interrogatórios estratégicos aos objetivos propostos. Há porém certa restrição ao vocabulário e aos conceitos empregados, a exemplo da caracterização enquanto classe dos senhores de terras.

SOARES, José Carlos de Macedo. *Os Falsos Trophéos de Ituzaingó.* São Paulo: O Livro, 1920.

_____. *Fronteiras do Brasil no Regime Colonial.* Rio de Janeiro: J. Olympio, 1939.

SODRÉ, Hélio. Principais Estadistas do 1º Império. *Revista do Instituto Histórico e Geográfico Brasileiro,* Rio de Janeiro, tomo esp., III Congresso de História Nacional, 4ª parte, 1941.

SODRÉ, Nelson Werneck. *Formação da Sociedade Brasileira.* São Paulo: J. Olympio, 1944.

_____. *Raízes Históricas do Nacionalismo, Brasileiro.* Rio de Janeiro: Iseb, 1958.

_____. *As Razões da Independência.* Rio de Janeiro: Civilização Brasileira, 1965.

Para o caso do Brasil interessa o terceiro capítulo, que procura analisar, no nível diplomático, a instauração do domínio inglês. A dominação é caracterizada a partir dos eventos e dos textos dos tratados, sempre numa relação de Estado para Estado. O tom episódico da análise é acompanhado por uma terminologia inconsistente, indo desde expressões como "sentimento patriótico" até a precária caracterização de uma "classe feudal". Por trás de todo esse vocabulário e deste encaminhamento da análise encontramos esquemas explicativos tradicionais, rigidamente manipulados, que chegam a apontar inclusive soluções moralistas de saneamento à corrupção.

_____. *Formação Histórica do Brasil.* 4. ed. São Paulo: Brasiliense, 1967.

Explicação mecanicista e extremamente simplista da "Independência", segundo a qual num dado momento a "classe dominante" no Brasil *sentiu* que a "contradição" com a "classe dominante" na metrópole atingia um ponto crítico. Surgem, segundo o autor, uma "direita"

376 BIBLIOGRAFIA COMENTADA

e uma "esquerda". Esta última acabou por se impor, concentrando o apoio de "outras classes sociais" e realizando a separação da metrópole.

_____. *O Que Se Deve Ler Para Conhecer o Brasil*. 3. ed. Rio de Janeiro: Civilização Brasileira, 1967.

Os capítulos 19 e 20 tratam da "Independência". Em cada um deles, há uma tríplice subdivisão: a. introdução histórica; b. fontes principais, e c. fontes subsidiárias. A introdução propõe uma explicação mecanicista do processo histórico, utilizando-se de esquemas explicativos tradicionais. Os comentários bibliográficos situam-se num plano quase que exclusivamente descritivo. Alguns juízos críticos são bastante discutíveis, a exemplo daquele que nega qualquer inovação à obra de Oliveira Lima, quando a partir dele se nota o interesse por uma história social e econômica, conforme mostrou Octavio T. de Souza, em Rubens Barbosa de Moraes e William Berrien (dir.), *Manual Bibliográfico de Estudos Brasileiros*, Rio de Janeiro: Souza, 1949, p. 414. Há também certos juízos de valor, completamente estranhos a um trabalho que se supõe científico, como na nota sobre *José Bonifácio*, de Octavio T. de Souza, que o autor classifica de "o melhor retrato de José Bonifácio". Além de acientíficos, tais juízos – mesmo que viáveis – arriscam-se a perder em pouco tempo seu estatuto privilegiado. Sem o propósito de alimentar uma discussão estéril, lembramos que, em 1967 (ano da publicação dessa 3ª edição), foi publicado nos *Anais do Museu Paulista* um artigo sobre José Bonifácio, de autoria de Emília Viotti da Costa.

SORIANO, Simão José da Luz. *Historia de El-Rei D. João VI Primeiro Rei Constitucional de Portugal e do Brazil em Que Se Referem os Principaes Actos e Ocorrências do Seu Governo Bem Como Algumas Particularidades da Sua Vida Privada*. Lisboa: Typ. Universal, 1866.

SOUSA, Afonso Rui de. *Dossier do Marechal Pedro Labatut*. Rio de Janeiro: Bibl. do Exército, 1960.

SOUSA, Antônio Gonçalves Teixeira e. *A Independência do Brasil: Poema Épico em XII Cantos*. Rio de Janeiro: Paula Brito, 1847-1855. 2 v.

SOUZA, Antônio Cândido de Mello e. *Literatura e Sociedade*. 2. ed. São Paulo: Ed. Nacional, 1967.

De especial interesse o capítulo V, sobre o panorama literário da época colonial portuguesa, elaborado numa dimensão crítica estranha aos manuais comuns, a despeito de haver o autor classificado como uma simples "exposição didática".

_____. *Formação da Literatura Brasileira*. 3. ed. São Paulo: Martins, 1969. 2 v.

Interessa o primeiro volume, capítulos II, III, IV, V, VI, e VII, onde se trata da produção literária e de suas vinculações com as especificidades locais. Leitura obrigatória, notadamente para compreensão de uma história social e das mentalidades.

_____. Literatura e Consciência Nacional. *Suplemento Literário do "Minas Gerais"*, Belo Horizonte, n. 155, 16 ago. 1969.

Fundamental.

SOUZA, Octávio Tarquínio de. *História dos Fundadores do Império no Brasil*. Rio de Janeiro: J. Olympio, 1957. 10 v.

Interessam os volumes sobre José Bonifácio, d. Pedro I e ainda os que se intitulam "Três Golpes de Estado" e "Fatos e Personagens em Torno de um Regime". Em todos eles não se ultrapassa o nível de biografias personalizadas ou de discussões oficiais e diplomáticas, através das quais se procura entender o processo histórico, quando um procedimento inverso certamente seria mais eficaz.

_____. *A Mentalidade da Constituinte, 3 de Maio a 12 de Novembro de 1823*. Rio de Janeiro: A.P. Barthel, 1931.

SOUZA, João Alberto. *Os Andradas: Obra Commemorativa do 1º Centenário da Independência do Brasil, Mandada Executar Pela Câmara Municipal da Cidade de Santos*. São Paulo: Piratininga, 1922. 3 v.

SOUZA, J.A. Soares de. O Brasil e o Prata Até 1828. In: HOLANDA, Sérgio Buarque de (dir.). *História Geral da Civilização Brasileira*. 3. ed. São Paulo: Difel, 1970. T. II, v. 1.

STEIN, Stanley J.; STEIN, Barbara H. *La Herencia Colonial de América Latina*. Trad. Alejandro Licona. México: Siglo Veinteuno, 1970.

As relações metrópole-colônia na América Latina são aqui estudadas a partir da montagem dos antigos sistemas coloniais. Seus mecanismos são desvendados integradamente em cada nível (social, político e econômico), de modo a destacar as estruturas de dependência e a maneira como elas se redefiniram com a desintegração dos antigos estilos de colonização, com a subsequente passagem a uma nova dinâmica, conformada aos moldes neocolonialistas.

STEIN, Stanley J. The Historiography of Brazil, 1808-1889. *The Hispanic American Historical Review*, v. 40, n. 2, may, 1960.

STUDART, Guilherme. *Datas e Factos Para a Historia do Ceará*. Fortaleza: Typ. Studart, 1896.

_____. *3 de Maio de 1817: O Movimento de 17 no Ceará*. Fortaleza: Minerva, 1917.

STUDART, Carlos. *A Revolução de 1817 no Ceará e Outros Estudos*. Fortaleza: Minerva, 1916.

STURZENECKER, Gastão Mathias Ruch. Simples Reflexões Sobre a Personalidade de D. Pedro I. *Revista do Instituto Histórico e Geográfico Brasileiro*. Rio de Janeiro, tomo esp., II Congresso de História Nacional, 3ª parte, 1942.

– T –

TAVARES, Francisco Moniz. *História da Revolução de Pernambuco em 1817*. Edição comemorativa do centenário, com revisão e anotações de Oliveira Lima. Recife: Imp. Industrial, 1917.

Participante do movimento e companheiro de figuras como frei Caneca e o padre João Ribeiro, Moniz Tavares descreve a curva do processo que caracterizou a insurreição de 1817. Numa visão liberal dos acontecimentos, observou o autor que não foi apenas a divergência entre as demais províncias a única razão do fracasso da "revolução", mas, igualmente, os erros dos seus líderes. Sendo a história, segundo sua concepção, a "experiência das nações", torna-se imprescindível apontar tais falhas para "lição da posteridade". Apesar da repressão aos participantes do movimento, é significativo lembrar que, anos após, Moniz Tavares foi candidato a deputado junto às Cortes em Lisboa. A edição em pauta é acompanhada de apêndice documental.

TAVARES, João da Silva. *Vida Amorosa de D. Pedro IV: Inês de Castro e a Marquesa de Santos*. Lisboa: Ed. Clássica, 1934.

378 BIBLIOGRAFIA COMENTADA

TAUNAY, Afonso de Escragnolle. A Missão Artística de 1816. *Revista do Instituto Histórico e Geográfico Brasileiro*, Rio de Janeiro, n. 74, 1ª parte, 1911.

____. *Grandes Vultos da Independência Brasileira: Edição Comemorativa do Primeiro Centenário da Independência Nacional.* São Paulo: Melhoramentos, 1922.

____. *Na Bahia de D. João VI.* Bahia: Imp. Oficial, 1925.

____. Cartas Inedictas da Imperatriz D. Leopoldina. *Revista do Instituto Histórico e Geográfico Brasileiro*, Rio de Janeiro, n. 145, 1926.

____. *Do Reino ao Império.* São Paulo: Diário Oficial, 1927.

____. *Visitantes do Brasil Colonial.* São Paulo: Ed. Nacional, 1933.

____. *O Senado no Império.* São Paulo: Martins, 1941.

____. *Rio de Janeiro de Antanho: Impressões de Viajantes Estrangeiros.* São Paulo: Ed. Nacional, 1942.

____. *Viagens na Capitania das Minas Gerais (1811-1821).* São Paulo: Imp. Of. do Estado, 1945.

____. *História da Cidade de São Paulo.* São Paulo: Div. do Arquivo Histórico, 1949. 5 v.

____. *Homens e Causas do Império.* São Paulo: Melhoramentos, [s.d.].

TORRES, João Camilo de Oliveira. *A História Imperial do Brasil e Seus Problemas.* Rio de Janeiro: Bibl. Nacional, 1959.

____. *A Democracia Coroada: Teoria Política do Império do Brasil.* 2. ed. Petrópolis: Vozes, 1964.

TSCHUDI, Johann Jakob Von. *Viagem às Províncias do Rio de Janeiro e São Paulo.* São Paulo: Martins, 1953.

– V –

VAL, Nilo. *Campanhas Brasil-Rio da Prata.* Rio de Janeiro: [S.n.], 1917.

VALLADÃO, Alfredo de Vilhena. *Da Aclamação à Maioridade (1822-1840).* 2. ed. São Paulo: Ed. Nacional, 1939.

____. *O Padre José Custódio: Arauto do Liberalismo no Primeiro Reinado e na Regência.* Rio de Janeiro: Jornal do Comércio, 1952.

VARNHAGEN, Francisco Adolfo de. *Historia Geral do Brazil, Isto É, do Descobrimento, Colonisação, Legislação e Desenvolvimento Deste Estado, Hoje Império Independente, Escripta em Presença de Muitos Documentos Autênticos Recolhidos nos Archivos do Brazil, de Portugal, de Espanha e da Hollanda.* Rio de Janeiro: Laemmert, 1854-1857. 2 v.

____. *Suscinta Indicação de Alguns Manuscriptos Importantes, Respectivos ao Brasil e a Portugal, Existentes no Museo Britannico em Londres e Não Comprehendedores no Catalogo Figanière, Publicado em Lisboa em 1853: Ou Simples Additamento ao Dito Catalogo.* Habana: Imp. La Antilha, 1863.

____. *Historia da Independência do Brazil Até ao Reconhecimento Pela Antiga Metrópole Comprehendendo Separadamente a dos Sucessos Ocorridos em Algumas Províncias Até Esta Data.* Rio de Janeiro: Imp. Nacional, 1917.

A coleta de novos documentos é o ponto de partida do autor, que procura narrar e julgar os fatos que precederam a "Independência" do Brasil, "com critério, boa-fé e imparcialidade". Excessivamente presa aos eventos, institucional e juridicamente oficializados, a narrativa tenta recriar os momentos vividos, personalizando-os às ações dos "grandes" líderes políticos, de maneira a enfatizar os atributos morais de cada qual, num ajuntamento linear de acontecimentos que tem por fim enaltecer a figura de d. Pedro I.

_____. *História Geral do Brasil, Antes de Sua Separação e Independência de Portugal*. 5. ed. São Paulo: Melhoramentos, 1956. 5 v.

VASCONCELOS, Arnaldo de. "Cochrane". *Revista do Instituto Histórico e Geográfico Brasileiro*, Rio de Janeiro, tomo esp., III Congresso de História Nacional, 3ª parte, 1941.

VASCONCELOS, Salomão de. *O Fico: Minas e os Mineiros da Independência*. São Paulo: Ed. Nacional, 1937.

VEIGA, José Pedro Xavier da. *A Imprensa em Minas Geraes, 1807-1894*. Ouro Preto: Impr. Off. de Minas Geraes, 1894.

VEIGA, Luiz Francisco da. *O Primeiro Reinado Estudado à Luz da Sciencia, ou, a Revolução de 7 de Abril de 1831*. Rio de Janeiro: Leuzinger, 1877.

VIANA, Hélio. José Bonifácio, Jornalista. *Revista do Instituto Histórico e Geográfico Brasileiro*, Rio de Janeiro, n. 261, out.-dez. 1963.

_____. José Bonifácio no Arquivo do Instituto Histórico. *Revista do Instituto Histórico e Geográfico Brasileiro*, Rio de Janeiro, n. 260, jul.-set. 1963.

_____. José Bonifácio e os Imperadores D. Pedro I e D. Pedro II. *Revista do Instituto Histórico e Geográfico Brasileiro*, Rio de Janeiro, n. 260, jul.-set. 1963.

_____. D. Pedro I, Panfletário e Jornalista. *Revista do Instituto Histórico e Geográfico Brasileiro*, n. 262, jan.-mar. 1964.

_____. A Independência e o Império. *Revista do Instituto Histórico e Geográfico Brasileiro*. Rio de Janeiro, n. 263, abr.-jun. 1964.

O relato que o autor elaborou gira em torno de datas, declarações, cartas que o príncipe teria recebido, cores nacionais etc. As informações, quando não são oficiais e ridiculamente óbvias (como as que asseguram que a "independência" se deu em 7 de setembro, tendo o príncipe regente proferido as palavras: "Independência ou morte!"), atribuem exclusivamente às personagens de destaque na vida política a razão das decisões. Basta mencionar que o "Fico" foi visto como um "ato pessoal de rebeldia".

_____. *D. Pedro I e D. Pedro II: Acréscimos às Suas Biografias*. São Paulo: Ed. Nacional, 1966.

_____. *Dom Pedro I, o Jornalista*. São Paulo: Melhoramentos, 1967.

VIANNA, Antônio. *A Emancipação do Brasil, 1808-1825*. Lisboa: Annuario Commercial, 1922.

VIANNA, Francisco José de Oliveira. *O Idealismo na Evolução Política do Império e da República*. São Paulo: "O Estado de S. Paulo", 1922.

_____. *Evolução do Povo Brasileiro*. 2. ed. São Paulo: Ed. Nacional, 1933.

VIEIRA, Dorival Teixeira. Política Financeira: O Primeiro Banco do Brasil. In: HOLANDA, Sérgio Buarque de (dir.). *História Geral da Civilização Brasileira*. 3. ed. São Paulo: Difel, 1970. T. II, v. 1.

VIEIRA, João Lellis. *José Bonifácio É o Patriarca da Independência do Brazil: Refutação ao Sr. Prof. Francisco de Assis Cintra*. São Paulo, "O Estado de S. Paulo", 1920.

VIVEIROS, Jeronimo de. *História do Comércio do Maranhão, 1612-1895*. São Paulo: Associação Comercial do Maranhão, 1954. 2 v.

380 BIBLIOGRAFIA COMENTADA

– W –

WANDERLEY, José de Barros. A Carta Constitucional de 1824. *Revista do Instituto Histórico e Geográfico Brasileiro.* Rio de Janeiro, n. 6, 1928.

WARDEN, David B. *Histoire de l'Empire du Brésil.* Paris: Moureau, 1832-1833. 2 v.

WERNECK, André P.L.D. *Pedro e a Independência: A Propósito da Demolição da Estátua da Praça Tiradentes.* Rio de Janeiro: Empresa Democrática, 1895.

WERNECK, Luiz Peixoto de Lacerda. *Idéas Sobre Colonisação, Precedidas de uma Suscinta Exposição dos Princípios Geraes Que Regem a População.* Rio de Janeiro: Laemmert, 1855.

WHITACKER, Arthur P. *Os Estados Unidos e a Independência da América Latina: 1800-1830.* Trad. Delamo Baumgratz. Belo Horizonte: Itatiaia, 1966.

O trabalho trata das relações entre os Estados Unidos e a América Latina, a partir da descolonização ibero-americana. O Brasil, por ocupar uma "posição estratégica" e por caminhar, desde 1808, para uma "liberdade" econômica, servia aos interesses estadunidenses, embora não direta e exclusivamente, àquela época. O autor procura identificar as pretensões latino-americanas de emancipação às metrópoles europeias, às aspirações dos Estados Unidos que, segundo sua expressão, seriam "os expoentes máximos da liberdade". Como tal, teriam tomado para si a responsabilidade de "defender a América Latina da agressão europeia", movidos por uma "solidariedade interamericana". O estudo se desenvolve, já se percebe, num nível bastante simplista, com largas restrições ao vocabulário e ao encaminhamento das questões. As contradições se estabelecem nos limites do próprio texto, a exemplo da passagem onde se pretende explicar que, se as medidas de Jefferson, no sentido de eliminar a "influência" dos Estados Ibéricos na América Latina acabaram por transferi-la à Inglaterra, tal não se deu, "é desnecessário dizer, por amor aos ingleses". Seria, então, absurdo e ridículo supor que o "expoente máximo da liberdade" se interessasse na "defesa" da América Latina, seja por "amor à democracia" ou mesmo por "solidariedade continental".

WIED-NEUWIED, Maximilian Alexander Philipp, prins von. *Viagem ao Brasil.* 2. ed. refund. e anot. por Olivério Pinto, trad. de Edgar S. Mendonça e Flávio P. Figueiredo. São Paulo: Ed. Nacional, 1958.

WEIDERSPAHN, Henrique Oscar. *Campanha de Ituzaingó: Ensaio de História Militar Sul-Americana em Torno da Batalha de Ituzaingó ou de Passo do Rosário, na Guerra de 1825 a 1828 Entre o Império do Brasil e as Províncias Unidas do Rio da Prata.* Rio de Janeiro, Bibliot. do Exército: 1961.

WILDBERGER, Arnold. *Os Presidentes da Província da Bahia Efetivos, Interinos, 1824-1889.* Salvador: Tip. Beneditina, 1949.

19.
Alguns Documentos Básicos Para a História da Independência
(Impressos)

Viajantes

BEYER, G. *Strodda Anteckningar ofwer en Resa fran Rio de Janeiro till Capitania s:t Paulo in Brasilien on sommaren 1813, Silika med nagra underratelzer om Staden Bahia och den nyligen imellan Cap och Brasilien occuperade on Tristan da Cunha*. Stockholm, Granbergs Tryckeri, 1814.

BRACKENRIDGE, H.M. *Voyage to South America: Performed by Order of the American Government in the Years 1817 and 1818, in the Fregate Congress*. Baltimore: Toy, 1819. 2 v.

CALDCLEUCH, A. *Travels in South America, During the Years 1819-20-21: Containing an Account of the Present State of Brazil, Buenos Ayres, and Chile*. London: John Murray, 1825. 2 v.

CALLCOT, Maria (Dundas) Graham. *Diário de uma Viagem ao Brasil e de uma Estada Nesse País Durante Parte dos Anos de 1821, 1822 e 1823*. Trad. e notas de Américo Jacobina Lacombe. São Paulo: Ed. Nacional, 1956.

CHAMBERLAIN, Henri. *Views and Costumes of the City and Neighbourhood of Rio de Janeiro, Brazil, from Drawings Taken by During the Year 1819 and 1820, With Descriptive Explanations*. London: Howlett and Brimmer, 1822.

DEBRET, Jean Baptiste. *Voyage pittoresque et historique au Brésil, depuis 1816 jusqu'en 1831, inclusivement*. Paris: Firmin Didot, 1834.

DUPERREY, Louis Isidore. *Voyage autour du monde sur la corvette de sa magesté La Coquille, pendant les années 1822, 1823, 1824 et 1825*. Paris: Arthur Bertrand, 1825-1829. 6 v.

FREYREISS, Georg W. *Beitrage sur naheren Kenntnisz des Raiserthums Brasilien, nebst einer Schilderung der neuen Colonie Leopoldina und der wichtigsten Erwerbzweige fur europaishe Ansiedler so wie auch einer Darstellung*

BIBLIOGRAFIA COMENTADA

der Ursachen, wodurch meherere Ansiedelungen miszgluckten. Frankfurt: Gedruckt und Ver-legt bei Johann David Lauerlander, 1824.

FRÜHBECK, F.J. *Skizze meiner Reise nach Brasilien in Süd-Amerika in Jahre 1817 auf dem Koeniglich portugiesischen Linienschiffe Johann der VI, und Zugleich Erklaerung der 20 optischenen Ansichten dieses Kaiserreiches*. Wien: Stockholzer von Hirschfeld, 1830.

GROSSE, Eduard. *Don Pedro: Geschichte der neuesten Revolution von Brasilien und von Portugal*. Leipzig: Rostosky, 1836.

HAEBERLIN, Karl Ludwig. *Das Haus Braganza (von 1807-1S32) Historisch-romanisches Gemaelde in zwei Abteilungen von*. Leipzig: A. Tauber, 1839.

KOSTER, Henry. *Viagens ao Nordeste do Brasil*. Trad. e notas de Luís da C. Cascudo. São Paulo: Ed. Nacional, 1942.

LEITHOLD, Theodor Von. *O Rio de Janeiro Visto Por Dois Prussianos em 1819*. São Paulo: Ed. Nacional, 1966.

LUCCOCK, John. *Aspectos Sul-Riograndenses no 1º Quartel do Século XIX*. Trad. de Nelson C. de Mello e Sawsa. Rio de Janeiro: Record, 1935.

_____. Notas Sobre o Rio de Janeiro e Partes Meridionais do Brasil. In: MORAES, Rubens B. de. *Biblioteca Histórica Brasileira*. São Paulo: Martins, 1949, v. x.

MATHISON, Gilbert F. *Narrative of a Visit to Brasil, Chile, Peru and the Sandwich Islands, During the Years 1821 and 1822, With Miscellaneous Remarks on the Past and the Present State and Political Prospects of Those countries*. London: Charles Knight, 1825.

POHL, Johann Baptist Emmanuell. *Viagem no Interior do Brasil Empreendida nos Anos de 1817 a 1821 e Publicados Por Ordem de Sua Magestade*. Trad. do Instituto Nacional do Livro da edição de Viena – 1837. Rio de Janeiro: Ins. Nac. do Livro, 1951. 2 v.

RIBEYROLLES, Charles. *Brasil Pitoresco; História, Descrições, Viagens, Colonização e Instituições*. Trad. Gastão Penalva. São Paulo: Martins, 1951. 2 v.

RYLANCE, Ralph. *A Sketch of the Causes and Consequences of the Late Emigration to the Brazil*. London: Longmans, 1862.

RUGENDAS, Johann Moritz. *Viagem Pitoresca Através do Brasil*. 5. ed. Trad. de Sérgio Milliet. São Paulo: Martins, 1954. 2 v.

SAINT-HILAIRE, Augustin F.C.P. de. *Viagem à Província de Santa Catarina*. Trad. e pref. Carlos C. Pereira. São Paulo: Ed. Nacional, 1936.

_____. *Viagens Pelas Províncias do Rio de Janeiro e Minas Geraes*. Trad. de Clado R. Lessa. São Paulo: Ed. Nacional, 1938. 2 v.

_____. *Viagem ao Rio Grande do Sul (1820-1821)*. 2. ed. Trad. de Azeredo Pena. São Paulo: Ed. Nacional, 1939.

_____. *Viagem à Província de São Paulo e Resumo das Viagens ao Brasil, Província Cisplatina e Missões do Paraguai*. Trad. e pref. Rubens B. de Moraes. São Paulo: Martins, 1940.

_____. *Viagens Pelo Distrito dos Diamantes e Litoral do Brasil: Com um Resumo Histórico das Revoluções do Brasil, da Chegada de D. João VI à América à Abdicação de D. Pedro*. Trad. de Leonam de A. Pena. São Paulo: Ed. Nacional, 1941.

_____. *Viagens às Nascentes do Rio São Francisco e Pela Província de Goiás*. Trad. e notas de Clado R. Lessa. São Paulo: Ed. Nacional, 1944. 2 v.

_____. *Segunda Viagem a São Paulo e Quadro Histórico da Província de São Paulo*. Trad. Afonso de E. Taunay. São Paulo: Ed. Martins, 1953.

_____. *Viagem à Comarca de Curitiba (1820)*. Trad. Carlos da C. Pereira. São Paulo: Ed. Nacional, 1964.

SAINT-HILAIRE, Augustin F.C.P. de. *Tableau des derniers révolutions du Brésil*. Paris: Auffray, [s. d.].

SPIX, Johann Baptist Von. Viagem Pela Capitania de São Paulo (1817-1818). Separata do tomo XVI da *Revista do Museu Paulista*, trad. de Herbert Baldus e João Vetter. São Paulo: Diário Oficial, 1929.

_____. *Através da Bahia*. 3. ed. Excertos da obra "Reise in Brasilien". Trad. Pirajá da Silva e Paulo Wolf. São Paulo: Ed. Nacional, 1938.

TOLLENARE, Louis-François de. *Notas Dominicaes Tomadas Durante uma Residência em Portugal e no Brasil nos Anos de 1816, 1817 e 1818*. Recife: Jornal do Recife, 1905.

WALSCH, Robert. *Notices from Brazil in 1828 and 1829*. Boston: Richardson, Lord and Holbrook, 1831.

ZIMMERMANN, Eberhard August Wilhelm Von. *Interessante Darstellung des Koenigreichs Brasilien in geographischer, statistischer, naturhistorischer, politischer und mercantilischer Hinsicht. Nebst Nachrichten über Chile und die Halbinsel Patagonien. Aus Zuverlaessiegen. Quellen ges-choept und bearbeitet von, mit 4 kupfern und 1 karte*. Wein: B.Ph. Bauer, 1817.

Alvarás, Atas, Cartas, Elegias, Decretos, Falas, Memórias, Ofícios, Tratados etc.

ACTAS *das Sessões das Cortes Geraes, Extraordinárias e Constituintes da Nação Portugueza, Consagradas no Anno de 1821*. Lisboa: Imp. Nacional, 1821-1822. 3 v.

ALVARÁ *com Força de Lei, Pelo Qual Vossa Alteza Real Ha Por Bem Regular e Promover o Commercio Nacional nos Estabelecimentos de Azia, África, do Estado do Brazil, dos Reinos de Portugal e Algarves, e Ilhas Adjacentes Mandando Crear Hum Estabelecimento de Deposito na Cidade de Goa*. Rio de Janeiro: Imp. Regia, 1811.

ALVARÁ *com Força de Lei, Pelo Qual Vossa Alteza Real Ha Por Bem Estabelecer os Direitos, Que Se Devem Pagar Pelos Gêneros de Commercio, Que Tendo Dado Entrada nos Armazéns da Alfândega, Delles Sahirem, Para Serem Reexportados*. Rio de Janeiro: Imp. Regia, 1812.

ALVARÁ *com Força de Lei, Pelo Qual Vossa Alteza Real Ha Por Bem Ordenar, Que Fiquem em Observância as Disposições do Alvará de Vinte de Junho do Anno Passado, Por Terem Embaraços e Dificuldades na Pratica*. Rio de Janeiro: Imp. Regia, 1812.

ALVARÁS, *Leis, Decretos e Cartas Regias de 1815-1822*. Rio de Janeiro: Imp. Regia, 1815-1822.

ANTECEDENTES *Históricos*. Rio de Janeiro: Depto. Imprensa Nacional, 1960. V. 1 /1549-1896. (Presidência da República. Serviço de Documentação.)

APOTHEOSIS *em Memória do Centenário, 1822-1922*. [S.l.]: [S.n.], [s.d.].

ARCHIVO *Diplomático da Independência*. Rio de Janeiro: Fluminense, 1922. 6 v.

BAHIA, D.E.I.P.A. *A Conquista da Independência, 1823*. Bahia: Imp. Regina, 1943.

BARRETO, Domingos Alves Branco Moniz. Índice Militar de Todas as Leis, Alvarás, Cartas Regias, Decretos, Resoluções, Estatutos e Editaes Promulgados Desde o Anno de 1752 Até o Anno de 1810. Rio de Janeiro: Imp. Regia, 1812.

BICENTENÁRIO *do Nascimento do Patriarca da Independência do Brasil: José Bonifácio de Andrada e Silva, 1763-1963*. Ed. promovida pela Câmara dos Deputados. Brasília: Biblioteca da Câmara dos Deputados, 1964.

BIBLIOGRAFIA COMENTADA

BOSQUEJO *Sobre o Commercio em Escravos e Reflexões Sobre Este Trafico Considerado Moral, Política e Cristanmente.* Londres: Ellerton e Handerson, 1821.

BRAGA, Antônio José da Silva. *Descripção da Illuminação Symbolica, Que na Noute do Faustissimo Dia de Abril de 1819 Por Ocasião do Feliz Nascimento da Sereníssima Senhora Princeza.* Rio de Janeiro: Imp. Regia, 1819.

_____. *Descripção dos Emblemas Allegoricos e Seus Epigramas, com Que Se Adornou a Illuminação na Noite de 6 de Fevereiro de 1818 em Que Se Celebrou a Aclamação do Rei Nosso Senhor D. João Sexto.* Rio de Janeiro: Imp. Regia, 1821.

_____. *Descripção da Illuminação Symbolica Que na Noute do Faustissimo Dia 6 de Março de 1821 Por Occasiam do Feliz Nascimento do Príncipe da Beira Dom João.* Rio de Janeiro: Imp. Regia, 1821.

BRANDÃO, Mateus de Assumção. *Resposta à Analise Critica dos Redactores do Investigador Num. LXXXVI Contra as Reflexões Sobre a Conspiração de 1817, Por um Verdadeiro Amigo da Pátria.* Lisboa: Imp. Regia, 1818.

_____. *Elogio Necrologico do Imperador e Rei, o Senhor D. João VI, Recitado em Sessão Publica da Academia Real das Sciencias de Lisboa aos 10 de Setembro de 1826.* Lisboa: Typ. da mesma Academia, 1828.

BRASIL *Histórico: Estudos, Documentos, Reimpressões; 1916, I.* São Paulo: Typ. Brasil de Rothschild and Cy., 1916.

BRITISH *and Foreign State Papers, 1820-1821.* London: J. Harrison, 1830.

BRITISH *and Foreign State Papers, 1823-1824.* London: J. Harrison, 1825.

BRITISH *and Foreign State Papers, 1824-1825.* London: J. Harrison, 1826.

BRITO, Paulo J.M. de. *Memória Política Sobre a Capitania de Santa Catarina, Escripta no Rio de Janeiro em o Anno de 1816.* Lisboa: Typ. da Academia Real das Sciencias, 1829.

CAMINHA, Antônio L. *Soneto à Sentidissima Morte de Sua Magestade Imperial e Real o Senhor Rey D. João Sexto de Saudosa Memória Para os Fieis Portugueses.* (Manuscrito.)

CAMPOS, Joaquim Pinto de. *Discurso Sagrado Recitado em Comemoração da Independência do Brasil.* Rio de Janeiro: Laemmert, 1855.

CANTATA *Para Se Representar no Real Theatro de S. Carlos de Lisboa em Celebração dos Augustos Desposorios de SS.AA.RR. o Senhor D. Pedro de Alcântara com a Sereníssima Senhora d. Leopoldina Carolina Josefa.* Lisboa: Typ. Bulhões, 1817.

CARDOSO, Estanislau V. *Canto Épico à Acclamação Faustissima do Senhor D. João VI, o Liberalissimo Rei do Reino Unido de Portugal e Brasil, e Algarves, Composto Por Seu Vassallo Real.* Rio de Janeiro: Imp. Regia, 1818.

CARNEIRO, Heliodoro Jacinto de Araújo. *Cartas Dirigidas a S.M. El-Rey D. João VI desde 1817: A Cerca do Estado de Portugal e Brasil, e Outros Mais Documentos Escritos.* Londres: Imp. de Mess. Cox e Baylis, 1821.

_____. *Brasil e Portugal, em Reflexão Sobre o Estado Atual do Brasil.* Rio de Janeiro, Tip. do Diário, 1822.

CARTA *de Despedida do Ex-Imperador do Brasil.* Lisboa: Imp. Fanqueiros, 1831.

CARTA *de Confirmação, Aprovação e Ratificação Assinada Entre D. João VI e D. Pedro, Imperador do Brasil.* Rio de Janeiro: Typ. Nacional, 1836.

"CARTA de Lei de 16 de Dezembro de 1815: Eleva o Estado do Brasil à Graduação e Categoria de Reino". *Boletim do Ministério do Trabalho, Industria e Commercio,* Rio de Janeiro, n. 11, 1943.

CARTA *de Lei, Pela Qual Vossa Magestade Ha Por Bem Dar Armas ao Seu Reino do Brasil, e Incorporar em Hum Só Escudo Real as Armas de Portugal, Brasil e Algarves.* Lisboa: Imp. Regia, 1817.

CARTA *Que Hum Brasileiro Muito Amante de Sua Pátria Dirigiu a Hum Seu Amigo, Residente Fora da Cidade.* Rio de Janeiro: Imprensa Nacional, 1822.

CARTA *de Hum Habitante da Bahia, Sobre o Levantamento do Porto e o Miserável Estado do Brasil.* Lisboa: Imprensa Nacional, 1821.

CARTAS da Imperatriz Leopoldina ao Sr. Schaffer. *Revista do Instituto Histórico e Geográfico Brasileiro.* Rio de Janeiro, n. 75, 2ª parte, 1913.

CARTAS *e Mais Peças Officiaes, Dirigidas a Sua Magestade o Senhor D. João VI Pelo Príncipe Real o Senhor D. Pedro de Alcântara em Data de 26 e 28 de Abril Deste Anno.* Lisboa: Imp. Nacional, 1822.

CARTAS *do Imperador D. Pedro I a Domitilla de Castro (Marquesa de Santos).* Rio de Janeiro: Typ. Moraes, 1896.

CARTAS *e Documentos, Dirigidos a S.M. o Snr. D. João VI Pelo Príncipe Real o Snr. D. Pedro de Alcântara e Que Foram Presentes as Cortes em 28 de Setembro de 1822.* Lisboa: Imp. Nacional, 1822.

CARTAS *e Mais Documentos Dirigidos a S.M. o Snr. D. João VI, Pelo Príncipe Real o Snr. D. Pedro de Alcântara, com as Datas de 19 e 22 de Junho Deste Anno, e Que Foram Presentes as Cortes Gerais Extraordinárias e Constituintes da Nação Portuguesa: 28 de Agosto do Mesmo Anno.* Lisboa: Imp. Nacional, 1822.

CARTAS *e Mais Peças Officiaes Dirigidas a S.M. o Snr. D. João VI Pelo Príncipe Real D. Pedro de Alcântara e Juntamente os Officios e Documentos Que o General Comandante da Tropa do Rio Tinha Dirigido ao Governo.* Lisboa: Imp. Nacional, 1822.

CARTAS *e Mais Peças Officiaes Dirigidas a S.M. o Snr. D. João VI Pelo Príncipe Real o Snr. D. Pedro de Alcântara.* Lisboa: Imp. Nacional, 1822.

CARTAS *de D. Pedro, Príncipe Regente do Brasil a Seu Pae D. João VI, Rei de Portugal, 1821-1822.* Edição prep. por Eugênio Egas. São Paulo: Tip. Brasil, 1916.

CARTAS *e Mais Peças Officiaes Dirigidas a S.M. o Snr. D. João VI Pelo Príncipe Real o Snr. D. Pedro de Alcântara, 26 e 28 de Abril de 1822.* Lisboa: Imp. Nacional, 1822.

CARTAS *Dirigidas a S.M. o Snr. D. João VI Pelo Príncipe Real o Snr. D. Pedro de Alcântara.* Lisboa: Imp. Nacional, 1822.

CARVALHO, Bernardo T.C. Alves de. *Observações Sobre o Voto Que Domingos Alves Branco Moniz Barreto, Como Eleitor da Parochia do Sacramento da Corte do Rio de Janeiro Apresentou no Dia 25 de Dezembro de 1821 na Junta Eleitoral Para a Instalação da União e da Justiça.* Lisboa: Typ. S.T. Ferreira, 1822.

CASTILHO, Antônio Feliciano de. *A Faustissima Exaltação de Sua Magestade Fidelissima o Senhor d. João VI ao Throno.* Lisboa: Imp. Regia, 1818.

CATÁLOGO *de Jornais e Revistas do Rio de Janeiro, 1808-1889 Existentes na Biblioteca Nacional.* Rio de Janeiro: Biblioteca Nacional, 1965.

CENTENÁRIO *e Coroação do Príncipe D. Pedro Primeiro Imperador Constitucional do Brasil, "Fac-Símiles" dos Documentos do Senado da Câmara do Rio de Janeiro.* São Paulo: Melhoramentos, 1922.

CENTENÁRIO *da Independência do Brasil.* "Fac-Simile" da Correspondência Recebida Pelo Senado da Câmara do Rio de Janeiro. São Paulo: Melhoramentos, 1922. 5 v.

Centenário do "Fico" (9 de Janeiro de 1822). "Fac-simile" de Documentos do "Senado da Câmara" do Rio de Janeiro (janeiro a agosto de 1822). São Paulo: Melhoramentos, 1922. (Colleção do Archivo do Distrito Federal.)

386 BIBLIOGRAFIA COMENTADA

CHAPUIS, Pierre. *Reflexões Sobre a Carta de Lei De Sua Magestade Fidelissima o Senhor Rei D. João VI: De 15 de Novembro de 1825 e Sobre Seus Decretos de 15, e 19 do Mesmo Mez e Anno*. 2. ed. Rio de Janeiro: Tip. Nacional, 1826.

CÓDIGO Brasiliense ou Coleção das Leis, Alvarás, Decretos, Cartas Regias, etc. Promulgadas no Brasil Desde a Chegada do Príncipe Regente a Estes Estados, 1808. *Anais da Biblioteca Nacional*, Rio de Janeiro, v. 72-73, 1952-1953.

COLLEÇÃO *de Tratados, Convenções, Contratos e Atos Públicos Celebrados Entre a Coroa de Portugal e as Mais Potências Desde 1640 Ate o Presente*. Lisboa: Imp. Nacional, 1856-1858. 8 v.

COLLEÇÃO *de Correspondência Official das Províncias do Brazil, Durante a Legislatura das Cortes Constituintes*. Lisboa: Imp. Nacional, 1822.

CONCEIÇÃO, Cláudio da. *Memória Histórica da Enfermidade, Procissões de Presses com Devotissimas Imagens, Morte e Funeral do Rei o Senhor D. João VI*. Lisboa: Imp. Regia, 1826.

CONSIDÉRATIONS *importantes sur Vabolition générale de la traite des nègres, adressés aux négociateurs des puissances con-tinentalles qui doivent assister au Congrès de Vienne, par un portugais*. Paris: Goullet, 1822.

CONSTANCIO, Francisco Solano. *Remontrances des negocians du Brésil, contre les insultes faites au pavillon portugais*. Paris: Goullet, 1814.

CONSTITUIÇÃO *Política do Império do Brasil*. Lisboa: Imp. João N. Esteves, 1826.

CONSTITUIÇÃO *Política da Monarchia Portugueza*. Lisboa: Imp. Nacional, 1822.

CONTRIBUIÇÕES *Para a História da Guerra Entre o Brasil e Buenos Aires, nos Annos de 1825, 1826, 1827 e 1828*. Trad. de L. Broockmann. São Paulo: Martins, 1946.

CONVENÇÃO *Addicional ao Tratado de 22 de Janeiro de 1815, Entre os Muito Altos e Muito Poderosos Senhores El-Rei do Reino Unido de Portugal, do Brasil e Algarves, e El-Rei do Reino de Londres Pelos Plénipotenciarios de Huma e Outra Corte em 28 de julho de 1817: E Retificada Por Ambas*. Rio de Janeiro: Imp. Regia, 1817.

Correio Brasiliense ou Armazém Literário. Londres: W. Lewis, 1802-1812. 28 v. Direção de Hypolito José da Costa.

CORRESPONDÊNCIA *Oficial das Provincias do Brasil Durante a Legislatura das Cortes Constitucionais de Portugal nos Anos de 1821-1822*. Lisboa: Imp. Nacional, 1872.

CORRESPONDÊNCIA *Oficial das Provincias do Brasil Durante as Cortes Constituintes de Portugal, nos Anos de 1821-1822, Precedidas das Cartas a El-Rei D. João VI Pelo Rei D. Pedro de Alcântara Como Regente*. 2. ed. Lisboa: Imp. Nacional, 1872.

COSTA, José Daniel Rodrigues da. *Desafogo da Tristeza, na Infausta Morte de S. Magestade Imperial e Real o Senhor d. João VI de Saudosa Memória*. Em 1º de março de 1826. Lisboa: Regia Typ. Silviana, 1826.

COSTA, J. Pinto da. *O Deputado Brasiliense Refutado em Favor dos Povos*. Rio de Janeiro: Typ. de Santos e Souza, 1822.

COSTA, João Severiano Maciel da. *Memória Sobre a Necessidade de Abolir a Introdução dos Escravos*. Coimbra: Imp. da Univ., 1821.

COUP *d'oeil sur Vétat politique du Brésil en 12 novembre, 1823*. Londres: Chez l'auteur, Claremont Square n. 3, Pentoville.

COUTINHO, José Joaquim da Cunha de Azeredo. *Respostas Dadas Por D. José Joaquim da Cunha de Azeredo Coutinho, Bispo de Elvas, Então Bispo de Pernambuco, às Propostas Feitas Por Alguns dos Parochos d'Aquella Diocese*. Lisboa: João R. Alves, 1808.

_____. *Copia da Carta Que a Sua Magestade o Senhor Rey D. João VI (Sendo Príncipe Regente de Portugal) Esvreveo o Bispo d'Elvas, em 1816*. Londres: W. Flint, 1817.

_____. *Memória Sobre o Comercio dos Escravos em Que Se Pretende Mostrar Que Para Eles Esse Trafico É Antes um Bem do Que um Mal*. Rio de Janeiro: J. Villeneuve, 1838.

_____. *Obras Econômicas de José Joaquim da Cunha de Azeredo Coutinho (1794-1804)*. São Paulo: Ed. Nacional, 1966.

CUNHA, Vicente Pedro Nolasco da. *Lagrimas Patrióticas, Pela Infausta Morte do Senhor D. João VI Rei de Portugal*. Lisboa: Imp. J.N. Esteves, 1826.

DECRETO de 16 de Maio de 1818: Aprova as Condições Para o Estabelecimento no Brasil de uma Colônia de Suissos. *Boletim do Ministério do Trabalho, Industria e Commercio*, Rio de Janeiro, n. 12, 1935.

DECRETO de 2 de Dezembro de 1820: Manda Exigir Passaporte das Pessoas Que Entram e Sahem Deste Reino do Brasil. *Boletim do Ministério do Trabalho, Industria e Com-mercio*, Rio de Janeiro, n. 14, 1935.

DENIS, Ferdinand. *Resume de Vhistoire du Brésil, suivi d'un resume de Vhistoire da la Guyane*. 2. ed. Paris: Lecointe et Durey, 1825.

DIALOGO *Político e Instructivo, Entre os Dous Homens da Roça, André Rapozo e Seu Compadre Bolonio Simplicio, à Cerca da Bernardo do Rio de Janeiro e Novidades da Mesma*. Rio de Janeiro: Imp. Regia, 1821.

DISCURSO *de Sua Magestade o Imperador à Assemblea Geral Constituinte e Legislativa do Império do Brasil no Dia de Abertura da Mesma Assemblea*. Rio de Janeiro: Imp. Nacional, 1824.

DOCUMENTOS *Para a Historia da Independência*. Rio de Janeiro: Off. Graph. da Bibl. Nac, 1923.

DOCUMENTOS Sobre a Historia da Independência. *Revista do Instituto Histórico e Geográfico de São Paulo*, São Paulo, v. 10, 1906.

DOCUMENTOS Sobre a Revolução Republicana de 1817 (Copiados d'outros Existentes no Archivo Publico). *Revista do Instituto Histórico e Geográfico Brasileiro*, Rio de Janeiro, n. 29, 1ª parte, 1866.

D. JOÃO VI, Rei de Portugal, 1767-1826 Annos de Sua Magestade. Lisboa: Imp. da Rua dos Fanqueiros, 1825.

DON PEDRO I *und Brasilien: Ein Rückblick auf das Verhaltniss in welchem beide zehn Jahre zu einander gestanden haben*. Leipzig: Verlag von W. Engelmann, 1831.

D. PEDRO I, Imperador do Brasil. *Correspondence de don Pèdre Premier, empereur cons-titutionnel du Brésil, avec le feu roi de Portugal don Jean VI, sur les lettres originales; précédée de la vie de cet empereur et suivie de pièces justificatives par Eugène de Monglave*. Paris: Tenon, 1827.

DRAKE, José D'Almeida. *Oração Fúnebre Recitada nas Solemnes Exéquias Que ao Rei de Portugal o Senhor D. João VI Mandou Fazer a Real Irmandade de Santa Cecília na Paroquia Igreja de N.S. dos Martyres de Lisboa em o Dia 17 de Junho*. Lisboa: Typ. de R.J. de Carvalho, 1826.

DUNDONALD, Thomas Cochrane. *Narrativa de Serviços no Libertar-se o Brazil da Dominação Portugueza*. Londres: J. Ridgway, 1859.

_____. *Narrative of Services in the Liberation of Chili, Peru and Brasil from Spanish and Portuguese Domination*. London: J. Ridgway, MDCCCLIX. 2 v.

ENSAIO *Histórico, Politico e Filosófico do Estado de Portugal Desde o Mez de Novembro de 1807 Até o Mez de Junho de 1808*. Rio de Janeiro: Imp. Regia, 1808.

ESQUISSE *historique sur D. Pedro Premier: empereur constitutionnel du Brésil*. Paris: Imp. d'Hippolyte Tilhard, 1827.

388 BIBLIOGRAFIA COMENTADA

ESTUDOS *Vários Sobre José Bonifácio de Andrada e Silva.* Santos: [S.n.], 1963.

EXAMEN *del a Constitución de Don Pedro y de los Derechos del infante Dom Miguel: Dedicado a los Portugueses Fideles.* Paris: [S.n.], 1827.

EXPOSIÇÃO *Verídica dos Procedimentos da Junta Provisória de Pernambuco em Todo o Tempo do Ex-Governador José Maria de Moura, e na Entrada do Seu Sucessor: Por Dous Amigos da Verdade e da Justiça.* Lisboa: J.B. Morando, 1822.

FALLA *Que S. Magestade o Imperador Pronunciou na Câmara dos Senadores na Abertura da Assembleia Nacional.* Lisboa: João N. Esteves, 1826.

FALLAS *do Throno Desde o Anno de 1823 Até o Anno de 1889 Acompanhadas dos Respectivos Votos de Graças da Câmara Temporária e de Differentes Informações e Exclarecimentos, Coligidas na Secretaria da Câmara dos Deputados.* Rio de Janeiro: Imp. Nacional, 1889.

FERREIRA, Silvestre Pinheiro. Cartas Sobre a Revolução do Brasil. *Revista do Instituto Histórico e Geográfico Brasileiro*, Rio de Janeiro, n. 51, 1ª parte, 1888.

FLORENCE, Hercules. *Viagem Fluvial do Tietê ao Amazonas: De 1825 a 1829.* Trad. do Visc. de Taunay. São Paulo: Melhoramentos, 1941.

FONSECA, Elias Antônio da. *Elegia na Sentidissima e Nunca Assaz Lamentada Morte de Sua Magestade Imperial e Real o Senhor D. João VI.* Lisboa: Imp. Imperial e Real, 1826.

FORTUNE, E. Thomas. *Historia Breve e Authentica do Banco da Inglaterra com Dissertações Sobre os Metaes, Moeda e Letras de Cambio, e a Carta de Incorporação.* Lisboa: Typ. Arco do Cego, 1801.

GAMA, Bernardo José da. *Memória Sobre as Principaes Cauzas, Por Que Deve o Brasil Reassumir os Seus Direitos e Reunir as Suas Províncias.* Rio de Janeiro: Typ. Nacional, 1822.

_____. *Memória Sobre as Principaes Cauzas, Porque Deve o Rio de Janeiro Conservar a União com Pernambuco.* Rio de Janeiro: Imp. Nacional, [s.d.].

GAMA, José Bernardes Fernandes. *Memórias Históricas da Província de Pernambuco.* Pernambuco: Faria, 1844. 4 v.

GAMA, Manoel Jacinto Nogueira da. *Reflecções Sobre a Necessidade e Meios de Se Pagar a Divida Publica.* Rio de Janeiro: Typ. Nacional, 1822.

GARCIA, Rodolfo. O Rio de Janeiro em 1823, Conforme a Descripção de Otto von Kotzebue, Official da Marinha Russa. *Revista do Instituto Histórico e Geográfico Brasileiro*, n. 80, 1917.

GOUVÊA, João Cândido B. de. *Policia Secreta dos Últimos Tempos do Reinado do Senhor D. João VI e Sua Continuação Até Dezembro de 1826.* Lisboa: C.A.S. Carvalho, 1835.

HISTOIRE *de Jean VI, roi de Portugal, depuis sa naissance jus-qu'à sa mort en 1826, avec des particularités sur sa vie privée et sur les principales circinstances de son règne.* Paris: Pinthieu, 1827.

HUM Capixaba. *Memórias Para Servir a Historia Até ao Anno de 1817 e Breve Noticia Estatística da Capitania do Espirito Santo.* Lisboa: Nevesiana, 1840.

ILLUSTRAÇÃO *Brasileira.* 1822, 7 de setembro de 1922. Rio de Janeiro: Órgão Oficial da Comissão Executiva do Centenário da Independência, 1922.

IMPERIAL *Brazilian Mining Association, London-Reports of the Directors Addressed to the Share-Holders.* London: St. George's Fields, 1826.

INVENTARIO *dos Documentos do Arquivo da Casa Imperial do Brasil Existentes no Castelo d'Eu.* Rio de Janeiro: Min. da Educ. e Saúde, 1939. 2 v.

JORNAL *do Commercio.* Edição commemorativa do 1º centenário do Brasil, 1822, 7 de setembro de 1922, Rio de Janeiro, 1922.

LA BEAUMELLE, Victor Laurent Suzanne Moise Angliviel de. *O Império do Brasil, Considerado nas Suas Relaçoens Políticas e Comerciaes: Novamente Correcto e Addicionado Pelo Seu Author, e Traduzido Por Hum Brasileiro.* Rio de Janeiro: Typ. de Plancher, 1824.

LA FIGANIÈRE, Frederico Francisco. *Catalogo dos Manuscritos Portuguezes Existentes no Museu Britannico: Em Que Também Se Dá Noticia dos Manuscritos Estrangeiros Relativos à História de Portugal e Seus Domínios.* Lisboa: Imp. Nacional, 1835.

LA NACIÓN: *un Homenaje al Brazil en la Fecha de Sua Premier Centenário, 1822 – 7 de Setembro – 1922.* Buenos Aires: La Nación, 1922.

LEOPOLDINA, Maria. *Cartas Inéditas da Primeira Imperatriz D. Maria Leopoldina: 1821 a 1826.* [S.l.]: [S.n.], [s. d.].

LIBERTAÇÃO de Escravos Por Ocazião da Guerra da Independência Nacional. *Revista do Instituto Histórico e Geográfico Brasileiro*, n. 60, 1897.

LIMA, José Joaquim L. de. *Carta Que em Defesa dos Brasileiros Insultados Escreve ao Sachristão de Carahi o Estudante Constitucional Amigo do Filho do Compadre do Rio de Janeiro.* Rio de Janeiro: Imp. Nacional, 1821.

LINGHAM, Edward J. *Vindiciae lusitanae: or, An Answer to a Pamphlet Entitled "The Causes and Consequences of the Emigration to the Brazils".* London: J. Budd, 1808.

LISBOA, Baltasar da Silva. *Annaes do Rio de Janeiro, Contendo a Descoberta e Conquista Deste Paiz, a Fundação da Cidade com a Historia Civil e Eclesiástica, Até a Chegada D'el Rei Dom João VI.* Rio de Janeiro: Plancher-Seignot, 1834-1835. 7 v.

LISBOA, José da Silva. *Princípios de Direito Mercantil e Leis da Marinha.* Lisboa: Regia Of. Typ., 1798. 2 v.

_____. *Observações Sobre o Commercio Franco no Brazil.* Rio de Janeiro: Imp. Regia, 1808-1809.

_____. *Refutação das Declamações Contra o Commercio Inglez, Extrahida de Escriptores Eminentes.* Rio de Janeiro: Imp. Regia, 1810.

_____. *Observações Sobre a Franqueza da Industria e Estabelecimento de Fabricas no Brazil.* Rio de Janeiro: Imp. Regia, 1810.

_____. *Memória dos Benefícios Políticos do Governo de El-Rey Nosso Senhor D. João VI.* Rio de Janeiro: Imp. Regia, 1818. 2 v.

_____. *Sinopse da Legislação Principal do Senhor D. João VI.* Rio de Janeiro: Imp. Regia, 1818.

_____. *Estudos do Bem-Comum e Economia Política, ou Sciencia das Leis Naturaes e Civis de Animar e Dirigir a Geral Industria e Promover a Riqueza Nacional e Prosperidade do Estado.* Rio de Janeiro: Imp. Regia, 1819-1820.

_____. *Constituição Moral e Deveres do Cidadão.* Rio de Janeiro: Typ. Nacional, 1824-1825. 5 v.

_____. *História dos Principaes Sucessos Políticos do Império do Brasil.* Rio de Janeiro: Tip. Imperial e Nacional, 1826-1830. 4 v.

_____. *Leituras de Economia Política ou Direito Econômico Conforme a Constituição Social e Garantias da Constituição do Império do Brasil.* Rio de Janeiro: Typ. de Plancher-Seignot, 1827.

_____. *Cautela Patriótica.* Rio de Janeiro: Plancher-Seignot, 1828.

_____. *Espirito da Proclamação do Senhor Dom Pedro I á Nação Portugueza.* Rio de Janeiro: Plancher-Seignot, 1828.

LISBOA, José Maria. *Observações Sobre a Prosperidade do Estado Pelos Liberaes Princípios da Nova Legislação do Brazil.* Bahia: Manoel A. Serva, 1811.

390 BIBLIOGRAFIA COMENTADA

LIVRO de Ouro, Commemorativo do Centenário da Independência do Brasil e da Exposição Internacional do Rio de Janeiro: 7 de Setembro de 1822 a 7 de Setembro de 1922. Rio de Janeiro: Annuario do Brasil, 1923.

LOPES, Joaquim Pedro. Celebrando-se em Lisboa a Aclamação de S.M.F. o Senhor D. João VI, Rei do Reino Unido de Portugal. Brasil e Álgarves, no Dia 6 de Abril de 1817. Ode. Lisboa: Imp. Regia, 1817.

_____. Epithalamio nas Faustíssimas Nupcias de Sua Alteza Real o Sereníssimo Senhor D. Pedro de Alcântara com a Sereníssima Senhora D. Carolina Josefa Leopoldina. Lisboa: Imp. Regia, 1818.

MACEDO, Inácio José de. Oração Fúnebre Recitada nas Exéquias de S.M.F. e R. o Senhor D. João VI em a Villa de Barcellos no Dia 17 de Junho de 1826. Porto: Imp. Gandra, 1826.

_____. Oração Fúnebre nas Exéquias do Senhor D. João VI Recitada na Santa e Real Casa da Misericórdia da Cidade de Braga em 22 de Maio de 1826. Porto: Imp. Gandra, 1826.

MACEDO, José Agostinho de. Oração Fúnebre Que nas Exéquias do Rei o Senhor D. João Sexto, Celebradas na Basílica do Coração de Jesus, no Dia 10 de Abril de 1826, Pregou. Lisboa: Bulhões, 1826.

MELO, Antônio Joaquim de Mesquita e. À Deplorável Morte do Nosso Verdadeiro Pai, Imperador e Rei o Senhor D. João VI. Elegia. Porto: Typ. A. Ribeiro e Fºs, 1826.

MELO, João Crisóstomo do Couto e. Panegyrico de Sua Magestade Imperial e Real o Senhor D. João VI de Saudosa Memória Dirigido aos Portugueses d'Ambos os hemispherios. Lisboa: Imp. Regia, 1826.

MELO, José Correia de. Allegação do Brigadeiro, Governador das Armas da Província de Pernambuco Por Portaria de 10 de Dezembro de 1821, e de Cujo Governo Se Demittio aos 5 de Agosto de 1822 Logo Que a Província Tomou a Direção de Se Unir ao Rio de Janeiro. Para Lhe Servir de Defeza no Conselho de Guerra a Que Se Lhe Mandou Proceder. Lisboa: Typ. de Antônio R. Galhardo, 1822.

MENDONÇA, Estevão. Memórias do Anno de 1816: Senado da Câmara de Villa Real do Senhor Bom Jesus de Cuiabá. Revista do Instituto Histórico e Geográfico Brasileiro, Rio de Janeiro, n. 62, 1ª parte, 1894.

MENESES, Francisco de Alpuim e. Portugal e o Brasil: Observações Políticas aos Últimos Acontecimentos do Brasil. Lisboa: Imp. Liberal, 1822.

MENEZES, Antônio Telles da Silva Caminha. Éclaircissemens historiques sur mes négociations relatives aux affaires de Portugal, depuis la mort du roí don Jean VI jusqu'à mon arrivée en France comme ministre près de cette cour. 2. ed. Paris: Paulin, 1832.

MIRANDA, José Antônio de. Memória Constitucional e Política Sobre o Estado Presente de Portugal e do Brasil. Rio de Janeiro: Typ. Nacional, 1821.

MONTEZUMA, Francisco Gê A. de. Memória Política e Historica da Revolução da Província da Bahia, Principiada em 25 de Junho de 1822 a Muito Patriótica Villa de Cachoeira. Rio de Janeiro: Imp. Nacional, 1822.

MOURA, José Vicente Gomes de. Reflexões Sobre a Necessidade de Promover a União dos Estados de Que Consta o Reino Unido de Portugal, Brasil e Algarve, nas Quatro Partes do Mundo. Lisboa: Typ. Antônio R. Galhardo, 1822.

NOBREGA, Bernardino F. Memória Histórica Sobre as Victorias Alcançadas Pelos Itaparicanos no Decurso da Campanha da Bahia, Quando o Brasil Proclamou a Sua Independência. Fac-simile da primeira e única edição, reedição feita por Pirajá da Silva. Bahia: Typ. Imperial e Nacional 1827.

NARRAÇÃO do Procedimento da Villa de Itu em Consequência dos Factos de 23 de Maio de 1822 na Cidade de São Paulo. Rio de Janeiro: Tip. do Diário, 1822.

NARRAÇÃO *da Solemne Abertura da Imperial Academia Militar, em Presença de Suas Magestades Imperiaes, no Dia 9 de Março de 1825.* [S.l.]: [S.n.], [s.d.].

NOVA *Proclamação dos Hespanhoes aos Portuguezes, Extraída do Diário da Corunha de 6 de Novembro de 1808.* Lisboa: Of. J.E. Garcez, 1808.

O BRASIL *Império e o Brasil Republica: Reflexões Políticas Offerecidas aos Brasileiros Amantes de Sua Pátria.* Philadelphia: [S.n.], 1831.

OBSERVADOR *Portuguez, Histórico e Político de Lisboa, Desde o Dia 27 de Novembro do Ano de 1807, em Que Embarcou Para o Brasil o Príncipe Regente Nosso Senhor e Toda a Real Família, Por Motivo da Invasão dos Franceses Neste Reino, etc.* Lisboa: Imp. Regia, 1809.

OFFICIOS *e Documentos Dirigidos a Sua Magestade o Senhor D. João VI Pelo Governador das Armas da Província de Pernambuco e Que Foi Presente ás Cortes Geraes Extraordinárias e Constituintes da Nação Portugueza, em a Sessão de 13 de Agosto Deste Anno.* Lisboa: Imp. Nacional, 1822.

OFFICIOS *e Documentos Dirigidos ao Governo, Para Serem Presentes ás Cortes Geraes, e Constituintes da Nação Portugueza, e a Sua Magestade o Senhor D. João VI, Pela Junta Provisória do Governo da Província da Bahia com a Data de 8 e 13 de Março de 1822; e Bem Assim a Representação, e Documentos Dirigidos ás Cortes pelas Câmaras da Cidade da Bahia com a Data de 16 de Março do Mesmo Anno.* Lisboa: Imp. Nacional, 1822.

OFFICIOS e Documentos Dirigidos ao Governo Pela Junta Provisória da Província de Pernambuco, com Adta de 17 de Maio e 10 de Junho Deste Annó: e Que Forão Presentes ás Cortes Geraes e Constituintes da Nação Portugueza, em Sessões de 10 de Julho e 8 de Agosto. *Colleção da Correspondência Official das Províncias do Brasil, Durante a Legislatura das Cortes Constituintes.* Lisboa: Imp. Nacional, 1822.

OFFICIOS e Documentos Dirigidos ao Governo Pelo Governador das Armas da Província da Bahia com as Datas de 7 e 9 de Julho Deste Anno: e Que Forão Presentes ás Cortes Geraes Extraordinárias e Constituintes da Nação Portugueza, em a Sessão de 26 de Agosto do Mesmo Anno: e Também o Documento Dirigido ao Governo Pela Câmara da Bahia em 26 de Junho, e Que Foi Presente ás Cortes em a Sessão de 3 de Setembro. *Colleção da Correspondência Official das Províncias do Brasil, Durante a Legislatura das Cortes Constituintes.* Lisboa: Imp. Nacional, 1822.

OFFICIOS *e Mais Documentos Dirigidos ao Governo Pelo Ministério do Rio de Janeiro, com Data de 17 de Fevereiro e 21 de Março Deste Anno; e Também a Representação Dirigida ás Cortes Pela Câmara do Rio de Janeiro.* Lisboa: Imp. Nacional, 1822.

OFFICIOS *e Documentos Dirigidos ás Cortes Geraes Extraordinárias e Constituintes da Nação Portugueza, Dois Pela Junta Provisória do Governo da Província das Alagoas, com as Datas de 6 de Maio de 2 de Junho Deste Anno; e Dois Pela Junta Provisória do Governo da Província do Grão Pará, com as Datas de 8 de Junho e 8 de Julho do Mesmo Anno.* Lisboa: Imp. Nacional, 1822.

OFFICIO *e Documentos Dirigidos ás Cortes Geraes, Extraordinárias e Constituintes da Nação Portugueza, Pela Junta Provisória do Governo da Província de Pernambuco.* Lisboa: Imp. Nacional, 1822.

OFFICIOS *e Documentos Dirigidos ás Cortes Pelo Governador da Bahia em Data de 7 e 17 de Março Deste Anno: e Também a Representação Dirigida ás Cortes Por Diversas Classes de Cidadãos da Bahia.* Lisboa: Imp. Nacional, 1822.

O GRITO *do Ipiranga: Independência ou Morte.* 2. edição melhorada, contendo os hymnos brasileiros. São Paulo: Alves, [s.d.].

392 BIBLIOGRAFIA COMENTADA

OLIVEIRA, Antônio R.V. de. *A Igreja do Brasil, ou Informação Para Servir de Base á Divisão dos Bispados Projectada no Anno de 1819, com a Estatística da População do Brasil, Considerada em Todas as Suas Differentes Classes, na Conformidade dos Mappas das Respectivas Províncias a Numero de Seus Habitantes*. Revista do Instituto Histórico e Geográfico Brasileiro, Rio de Janeiro, n. 29, 1ª parte: 159-199, 2º trim., 1866.

ORAÇÃO *Gratulatória Recitada no Dia 12 d'Abril do Corrente (1817) Por Occasião dos Festejos Que a Ordem Terceira do Carmo da Cidade de São Paulo Celebrou em Sua Igreja, em Applauso a Visita com Que Suas Magestades Imperiaes se Dignarão Honrar Esta Província*. São Paulo: Typ. S. Sobral, 1846.

ORGANISAÇÕES *e Programmas Ministeriaes Desde 1822 a 1889*. Notas explicativas sobre moções de confiança, org. da secretaria da Câmara dos Deputados. Rio de Janeiro: Imp. Nacional, 1889.

O SETE *de Setembro de 1857: Tributo á Memória dos Heroes da Independência do Império do Brasil*. Rio de Janeiro: Paula Brito, 1857.

OUTROS Documentos Sobre a Revolução Pernambucana de 1817 e Sobre a Administração de Luiz do Rego (Copiados no Archivo Publico). *Revista do Instituto Histórico e Geográfico Brasileiro*, n. 30, 1ª parte, 1862.

PERNAMBUCO. Revolução de 1817. Interrogatórios Mais Importantes dos Réos (Extrahidos do Archivo Publico). Perguntas a Luiz Francisco de Paula Cavalcanti e Albuquerque, a João do Rego Dantas, a Agostinho Bezerra a Brasilio Quaresma Torreão. *Revista do Instituto Histórico Geográfico Brasileiro*, Rio de Janeiro, n. 31, 1ª parte, 1868.

PEREIRA, Isidoro R. *Relação Fiel da Ação de Patriotismo, e Fidelidade, Que a Câmara e o Povo da Cidade de S. Luiz do Maranhão Praticou, em Obséquio do Senhor D. João VI Escripto Pelo Primeiro Vereador da Câmara*. Lisboa: Imp. J.B. Morando, 1822.

PLANO *Sábio, Proferido no Parlamento de Inglaterra Pelo Ministro de Estado Mr. Pitt, Sobre a Continuação da Guerra com a França e Transladação do Trono de Portugal Para o Novo Império do Brazil*. Lisboa: Typ. Lacerdina, 1808.

PORTO, Manuel Joaquim da S. *Elogio Por Occazião do Fausto, e Gloriozo Sucesso das Armas Portuguezas Contra os Insurgentes de Pernambuco, Composto Por Seu Reverente e Fiel Vassalo*. Rio de Janeiro: Imp. Regia, 1812.

PORTUGAL, Marco Antônio. *Augurio di felicità, o sia il trionfo d'amore Serenata per musica da eseguirsi nel real palazzo del Rio di Gianeiro per celebrare l'augustissimo sposalizio del signore d. Pietro d'Alcântara con la signora d. Carolina Guiseppe Leopoldina ... nel mese di Novembro 1817*. Rio di Gianeiro: Imp. Regia, 1817.

REBELO, Domingos J.A. *Corographia ou Abreviada Historia Geographica do Império do Brasil Coordenada, Accrescida e Dedicada á Casa Pia, e Collegio dos Órfãos de S. Joaquim Desta Cidade; Para Uso dos Seus Alumnos, a Fim de Adquirirem Conhecimentos Geographicos Preliminares d'America em Geral, e Seo Descobrimento; e com Particular Individuação do Brasil; Especialmente da Província e da Cidade de S. Salvador Bahia de Todos os Santos*. Bahia: Typ. Imperial e Nacional, 1829.

REFLEXÃO *Sobre o Assignado dos Habitantes de Pernambuco á Favor do Despotismo*. Rio de Janeiro: Moreira e Garcez, 1821.

RELAÇÃO *do Que Se Fez na Corte do Rio de Janeiro Pela Morte de Nossa Rainha, a Senhora D. Maria I; e do Que Também Se Executou Nesta Cidade de Lisboa no Dia Sabbado 20 do Corrente, Pela Ação de Quebrar os Escudos*. Lisboa: Imp. Regia, 1816.

RELAÇÃO *das Solemnidades Praticadas Como Sentimento Publico da Cidade do Porto, na Occasião da Lamentada Morte do Senhor D. João Sexto.* Porto: Imp. Gandra, 1826.

RELAÇÃO *do Festim, Que ao Illmo. e Exmo. Senhor D. Marcos de Noronha e Brito, VIII Conde dos Arcos Derão os Subscriptores da Praça do Commercio, aos 6 de Setembro de 1817.* Bahia: Silva Serva, 1817.

RELAÇÃO *das Festas Que Se Fizerão no Rio de Janeiro Quando o Príncipe Regente N.S. e Toda a Sua Real Família Chegarão Pela Primeira Vez Àquela Capital.* Lisboa: Imp. Regia, 1810.

RELAÇÃO *Circunstanciada do Que Se Praticou na Província do Pará com a Infausta Noticia do Fallecimento da Rainha a Senhora D. Maria I, a Qual Participação Chegou a Esta Província em o Dia Primeiro de Agosto do Corrente Anno.* Lisboa: Imp. Regia, 1816.

REPRESENTAÇÃO, e Documentos Dirigidos às Cortes Pela Câmara da Cidade da Bahia em Data de 16 de Março de 1822. *Colleção da Correspondência Official das Províncias do Brasil, Durante a Legislação das Cortes Constituintes.* Lisboa: Imp. Nacional, 1822.

RESPOSTA *de um Fluminense ao Folheto à Opinião e à Coroa.* Rio de Janeiro: Correio da Tarde, 1861.

ROSSI, Camilo Luís. *Diário dos Acontecimentos de Lisboa Por Ocasião da Entrada das Tropas de Junot, Escripto Por uma Testemunha Presencial.* Lisboa: Casa Portuguesa, 1844.

SÁ, José Antônio de. *Defeza dos Direitos Nacionaes e Reaes da Monarquia Portugueza.* 2. ed. Lisboa: Imp. Regia, 1816. 2 v.

SANTOS, Luis G. dos. *A Impostura Desmascarada.* Rio de Janeiro: Typ. Nacional, 1822.

SANTOS, Luis G. dos. *Justa Retribuição Dada ao Compadre de Lisboa em Desagravo dos Brasileiros Offendidos Por Varias Asserções, Que Escreveo na Sua Carta em Resposta ao Compadre de Belém Pelo Filho do Compadre do Rio de Janeiro, Que a Offerece e Dedica aos Seus Patrícios.* 2. ed. Rio de Janeiro: Typ. Nacional, 1822.

SÃO BOAVENTURA, João de. *Oração Fúnebre do Senhor D. João Sexto Que nas Exéquias Celebradas no Dia 10 de Junho de 1826 na Real Capela do Paço da Bemposta Pregou.* Lisboa: Silviana, 1826.

SÃO CARLOS, Francisco de. *A El Rei Nosso Senhor O.D.C. o Senado da Câmara Desta Corte a Oração Sagrada Que na Solemne Acção de Graças Pelo Nascimento da Senhora D. Maria da Gloria, Princeza de Beira, Celebrada na Igreja de S. Francisco de Paula Pelo Mesmo Senado da Câmara.* Rio de Janeiro: Imp. Regia, 1819.

SEQUEIRA, José Maria da Costa e. *Epicedio ao Sentidissimo Fallecimento de Sua Magestade Imperial e Real o Senhor D. João VI de Saudosa Memória.* Lisboa: Silviana, 1826.

SILVA, Inácio Accioli de C. e. *Corografia Paraense, ou Descripção Fisica, Histórica e Política do Gram-Pará.* Bahia: Typ. do Diário, 1833.

SILVA, José Maria da Costa e. *Epicedio ao Sentidissimo Falecimento de Sua Magestade o Senhor D. João VI.* Lisboa: Silviana, 1826.

_____. *Discursos Parlamentares do Conselheiro José Bonifácio de Andrada e Silva.* Rio de Janeiro: Molarinho e Mont'Alverne, 1880.

_____. *Cartas Andradinas: Correspondência Particular de José Bonifácio e Antônio Carlos Dirigida a A. de M. Vasconcelos de Drummond.* Rio de Janeiro: Leuzinger, 1890.

_____. *O Patriarca da Independência, José Bonifácio de Andrada e Silva (Dezembro de 1821 a Novembro de 1823).* São Paulo: Ed. Nacional, 1939.

_____. *Escriptos Políticos.* São Paulo: Obelisco, 1964.

_____. *Obras Científicas, Políticas e Sociais de José Bonifácio de Andrada e Silva.* Coligidas e reproduzidas por Edgard C. Falcão. São Paulo: Revista dos Tribunais, 1965.

BIBLIOGRAFIA COMENTADA

SOCIEDADES *Mercantis Autorizadas a Funcionar no Brasil 1808-1946.* Rio de Janeiro: Departamento Nacional de Indústria e Comércio, 1947.

SOUZA, Bernardo A.F. e. *Relação dos Festejos Que á Feliz Acclamação do Senhor D. João VI Rei do Reino Unido de Portugal, Brasil e Algarves na Noite do Dia 6 de Fevereiro e nas Duas Subsequentes Como Respeito Votarão os Habitantes, do Rio de Janeiro; Seguida das Pessoas Dedicadas ao Mesmo Venerando Objeto.* Rio de Janeiro: Typ. Real, 1818.

SYNOPSE da Legislação Principal do Senhor D. João VI Pela Ordem dos Ramos da Economia do Estado. *Arquivo Nacional,* Rio de Janeiro, 1940.

TAVARES, Jorge de Avilez J. de Souza. *Representação Que ao Soberano Congresso das Cortes Geraes Extraordinárias e Constituintes Dirigirão do Acantonamento da Praia Grande.* Rio de Janeiro: Imp. Nacional, 1822.

TOMÁS, Manuel Fernandes. *Carta do Compadre de Belém ao Redactor do Astro da Lusitania Dada a Luz Pelo Compadre de Lisboa.* Lisboa: Antônio R. Galhardo, 1820.

TRATADO *Feito Entre Sua Magestade Imperial e Sua Magestade Fidelissima Sobre o Reconhecimento do Império do Brasil.* Rio de Janeiro: Typ. Nacional, 1825.

TRATADO *de Amizade e Alliança Entre os Muito Altos e Muito Poderosos Senhores, o Príncipe Regente de Portugal e El-Rey do Reino Unido da Grande Bretanha e Irlanda.* Rio de Janeiro: Impressão Regia, 1810.

TRATADO *de Commercio e Navegação Entre os Muito Altos e Muito Poderosos Senhores, o Príncipe Regente de Portugal e El-Rey do Reino Unido da Grande Bretanha e Irlanda.* Rio de Janeiro: Impressão Regia, 1810.

TREATY *of Amity, Commerce and Navigation, Between His Britannic Majesty and His Royal Highness the Prince Regent of Portugal: Signed at Rio de Janeiro, the 19th. of February 1810.* London: A. Strahan, 1810.

TREATY *of Amity and Commerce Between His Majesty and the Emperor of Brazil: Signed at Rio de Janeiro, August, 17, 1827.* London: Clarke, 1828.

VASCONCELOS, Antônio Luis de Brito Aragão e. *Memórias Sobre o Estabelecimento do Império do Brasil, ou Novo Império Lusitano.* Rio de Janeiro: Biblioteca Nacional, [s.d.].

Apêndice
Um Documento Inédito Para a História da Independência

Luiz Mott

Nota Introdutória

O Documento que será transcrito a seguir, escrito em bom francês, mas repleto de erros de ortografia, traz o título *"APER-ÇU"*[1]. Consta de treze páginas manuscritas, tamanho ofício, não trazendo nem data nem assinatura. Encontra-se no Arquivo Histórico Ultramarino (Lisboa), na secção "Brasil-Diversos", Caixa 2 (1749-1824), número de ordem 295. Salvo erro, trata-se de um texto inédito.

Autor

Através da leitura atenta do texto, pode-se descobrir alguns elementos a respeito da pessoa que escreveu o original. Trata-se seguramente de um francês de boa cultura, dada a elegância do estilo e a quantidade de informações que registra a respeito dos acontecimentos que ocorriam na Europa nas primeiras décadas do século XIX. Trata-se de um observador (espião?) a serviço do rei d. João VI, que presta conta das informações que dispõe a respeito da situação política do Brasil por volta de 1824. "D'après les ordres de Sa Magesté, j'étais parvennû

APÊNDICE

non seulement à connaitre les Principaux chefs et toutes leurs ramifications, mais même à envoyer de mes agents aux Etats Unis, auprès de Cruz, un des principaux chefs du Parti [Revolutionnaire] [...]" Por mais de uma vez o autor deste *Aperçu* se refere a seus *agentes*, o que faz-nos pensar na existência de uma rede bem organizada de coleta de informações a serviço do próprio rei d. João VI, tendo como chefe, provavelmente, o referido francês. Com uma perspicácia maquiavélica, o autor dessas linhas prova ao rei que dispunha de pleno conhecimento da situação política das forças revolucionárias: "Ce parti ne pouvait rien faire, sans que je n'en fusse immédiatement instruit; et comme j'étais toujours prevennu des heures et des lieux de leurs reûnions, il dependait de la volonté de S.M. de les faires tous arreter en même tems à Rio de Janeiro, comme à Bahia et à Pernambuco."

Absolutista incondicional – "l'autorité legitime du Roi, exercée avec une entière liberté, ne peut appertenir qu'à lui seul [...]" –, o autor se declara partidário dos ideais da Santa Aliança, opondo-se às aspirações separatistas e constitucionalistas do príncipe d. Pedro e do povo brasileiro.

Possuidor de uma boa cultura política internacional, ele cita alguns dos principais acontecimentos e personagens daquele momento histórico: a revolução dos negros do Haiti, a independência dos Estados Unidos, a Santa Aliança, os Carbonários, os libertadores hispano-americanos (San Martin, Bolívar, Cochrane, O'Higgins).

Data

A única data encontrada no texto se refere à "Explosion" do Partido Revolucionário em Pernambuco: 1817. Logo no início do texto, o autor declara: "Un fait certain: C'est que la Revolution au Brésil, n'y a été operée que par les Portugais Européens, partisans ou agents des Cortes [...]" Ora: as Cortes Gerais e Extraordinárias da Nação Portuguesa se reúnem em 1821. Pouco tempo depois, em 26 de abril do mesmo ano, d. João VI deixa o Brasil. Pelo tom geral do documento, podemos, por conseguinte, entender a "Revolution au Brésil" como a Independência, de sorte que tal documento deve ter sido escrito posteriormente a setembro de 1822. Um outro elemento reforça tal hipótese: diz, quem o escreveu, que "tout le tems que les Cortes ont existé en Portugal, le Prince Regent, en resistant à leurs ridicules decrets

[...]" e mais adiante: "des l'heureux moment ou le Roi est rentré dans tous ses droits, qu'il exerce avec une entière Liberte son autorité legitime, qui ne peut appartenir qu'à lui seul [...]" Em outras palavras: somente quando as Cortes foram dissolvidas – em 2 de junho de 1823 – é que o rei recuperou sua "autorité legitime" – depois da sedição absolutista e das Jornadas de Santarém e Vila Franca, quando a Constituição é suprimida e proclamado o absolutismo moderado. Assim, tudo faz crer que tal *Aperçu* fora escrito depois de junho de 1823, e, sem dúvida, antes de 1825, data em que foi ratificado por Portugal o tratado de Independência do Brasil. Nesse sentido, sua localização na Caixa 2, Brasil-Diversos, (1749-1824), está correta, pois ele deve ter sido escrito por volta de 1823-1824.

Objetivo

A razão desse *Aperçu* é mostrar ao rei d. João VI a importância e os meios de unir de novo ("rattacher" – "attacher de nouveau") o Brasil à metrópole, depois que d. Pedro chefiara a "Revolução" (Independência). "L'importance pour le Portugal, de rattacher à la Metrópole ses vastes et riches posséssions du Brésil, autant pour ses interets particuliers, que pour sa politique extérieure, est asses connue [...]"

O autor mostra, conhecedor que era do "theatre et des acteurs des differents partis que existent au Brésil [...] ", que havia dois meios para se chegar à rápida realização desta feliz re-união: a persuasão ou a força, usadas junta ou separadamente, quer secreta, quer ostensivamente.

Trata-se, seguramente, de um documento secreto destinado a informar à Sua Majestade sobre a situação política em que se encontrava o Brasil, sobre as aspirações de seu filho d. Pedro, sobre as perspectivas de evolução do 7 de setembro de 1822.

Importância do Documento

Documento bastante significativo, oferece informações cruciais para a história política e social do Brasil nas primeiras décadas do século XIX. No que se refere à nossa história política, encontramos informações a respeito

398 APÊNDICE

das diversas tendências e partidos existentes na época da Independência, sobre a insurreição de Pernambuco de 1817, sobre os focos de maior agitação revolucionária, sobre Cruz, "un des principaux chefs du Parti"[2]. Há igualmente diversas referências à pessoa de d. Pedro I: sobre seu caráter e temperamento, sobre suas atitudes em relação às Cortes.

Quanto à política internacional, este autor incógnito oferece ainda alguns dados sobre as condições de um possível auxílio da Inglaterra ao Brasil, no caso em que o príncipe estivesse desamparado; faz uma confrontação assaz interessante entre a "vocação continental" do Brasil e dos Estados Unidos em face dos Estados hispano-americanos. Termina o *Aperçu* com uma referência dramática ao perigo a que estavam expostos todos os habitantes brancos do Brasil, pois "quoiqu'il n'existe que deux partis apparents, il y en a un troisième, qui est celui des nègres et gens de couleurs, parti d'autant plus dangereux, qu'il est le plus fort numeriquement parlant". O exemplo da revolução de Saint-Domingue que servisse de lição!

Nas últimas linhas do texto, transparece claramente a ideologia altamente conservadora do autor, partidário da Santa Aliança, apologista do absolutismo por Direito Divino da Augusta Família de Bragança, escravocrata declarado: "il est tems qu'on ferme la porte aux debats politiques, aux discussions constitutionelles. Si l'on continue de parler des droits de l'homme, d'Égalité, l'on finira par prononcer le mot fatal de Liberté, mot terrible et qui a bien plus de force dans le Pays à esclaves, que partout ailleurs!"

O Documento

APERÇU

L'importance pour le Portugal, de rattacher à la Métropole ses vastes et riches posséssions du Brésil, autant pour ses interets particuliers, que pour sa Politique exterieure, est asses connue, pour que toute démonstration à cet egard me parraisse superflue.

Cependant, je me perméttrai de dire, que la prompte reussite de cet heureux evénnement, est d'autant plus à desirer, que si l'etat des choses tel qu'il est actuellement entre le Portugal et le Brésil durait encore quelques tems, le Portugal courroit les risques de perdre ses colonies dans l'inde et ses ettablissements de la côte d'Affrique qui se trouvent situés au Sud de la Ligne: parceque tous ces pays ont des interêts plus directs et plus imediats avec le Brésil, et qu'ils préffereront une Métropole plus rapprochée, qui leurs offrira plus d'avantages, sous les rapports Politiques & Commerciaux.

La perssuasion, ou la force, sont les deux moyens par lesquels le Portugal peut rattacher a lui le Brésil, non avec cette suprematie qu'il y exerçait avant l'ouverture de ses Ports aux Puissances etrangères. Mais, pourvû que la réunion se fasse avec plus ou moins d'avantages, il en resultera toujours pour le Portugal une masse d'interets immenses. Sous les rapports Commerciaux, Politiques & Millitaires.

Avant de parller des moyens à employer pour la perssuasion ou ce de la force, soit ensemble, soit separement, d'une manière onstensible, ou secrète, je crois necessaire de dire un mot sur la situation Politique et très difficile, dans laquelle s'est trouvé le Prince Regent et la situation fausse & dangereuse dans laquelle il se trouvé actuellement.

Un fait certain: C'est que la Revolution au Brésil, n'y a été operée que par les Portugais Européens, partisants ou agents des Cortes, qui se trouvaient à Bahia, et à Rio de Janeiro. Il existait bien au Brésil avant cette malheureuse éppoque, les restes du Parti revolutionnaire, qui avait fait sa prémière exploision à Pernambuco, en 1817, et dont les foyers principaux continuaient a être à Pernambuco & à Bahia. Mais, d'après les ordres de S.M. j'étais parvennu non seulement à en connaitre les Principaux chefs et toutes leurs ramifications, mais même à envoyer de mes agents aux etats unis, auprès de Cruz, un des principaux chefs du Parti, et celui chargé des sommes destinées a l'achat des armes, munitions, et Batiments pour le service des rebèlles. Mon agent, qui avant de partir du Brésil était muni de lettres confidentielles, des listes des amis & correspondants de Cruz, lettres & listes que S.M. a vues avant leurs depart, & dont l'intendant Genéral de la police garda des copies. Mon agent fut très bien accueillie par Cruz, eut plusieurs conferences avec lui, me rapporta les états des munitions, armes de toutes espèces & que lui remit Cruz, que mon agent vit, et verifia lui même dans les magazins, afain de paraitre vouloir en rendre un compte plus exact aux (officiers). S.M. au retour de mon agent vit les ettats et les repponses aux lettres avant quelles ne fussent remises aux frères & amis, qui étaient tous pour le parti Republicain, et non pour les Cortes, ni la Monarchie. Mais, ce parti ne pouvait rien faire, sans que je n'enfusse immédiatement instruit; et comme j'étais toujours prevennu des heures et des lieux de leurs reunions, il dependait de la volonté de S.M. de les faires tous arreter en même tems à Rio de Janeiro comme à Bahia & à Pernambuco.

J'ai cru devoir entrer dans cette digréssion, d'abord pour faire voir que je connais le théatre et les acteurs des différents partis que existent au Brésil, mais aussi pour signaler au bésoin des chefs Principaux du parti republicain, qui sous la masque du devouement, font croire au Prince qu'ils servent ses interêts, tandis qu'ils ont des vues tout à fait opposées!

Tout le tems que les Cortes ont existé en Portugal le Prince Regent, en resistant à leurs ridicules Decrets, a deployé en grand carractere. Il s'est conduit dans les interêts de l'auguste Famille De Bragance, dans ceux du vaste pays que lui avait eté confié, et même, dans les interêts du Portugal: car le départ du Prince pour le Portugal eut été pour le Brésil le signal de l'anarchie la plus funeste, et des maux innois en eussent eté les resultats, par le choc des defferents partis qui y existaient, au lieu que le Prince, en se mettant à la tête de la Revolution, en la dirigeant dans le sens Monarchique, comme il l'a fait, a sauvé le Brésil, a conservé son integrité & à menagé la Métropole les moyens plus ou moins raprochés de ratacher à son influence le Brésil.

Mais, des l'heureux moment où le Roi est rentré dans tous ses droits, qu'il exerce avec une entière liberté son autorité legitime, qui ne peut appartenir qu'à lui seul, la position politique du Prince a changé du tout au tout. Autant elle etait belle lorsqu'il combattait contre l'autorité usurpatrice des Carbonari, et des démagogues des Cortes, autant il se placerait dans une blamable et fausse position, si, il se refusait aux volontés, aux ordres du Roi, ce serait agir contre le droit Divin, n'obeissant pas au Roi, contre le droit Naturel ne se soumettant pas aux volontés de son Père, et contre le droit des Gens, en agissant contre les interets de la Couronne de Portugal: et de plus, le Prince se trouverait tout-à fait en opposition avec la Ste Alliance, dont la base principale, est de soutenir les Principes de la legitimité. Des courtisants, aussi bons logiciens, que bons publicistes, ont dit au Prince que le Brésil lui appartenait, parcequ'il l'avait sauvé! II est vray que le Prince a sauvé le Brésil, mais il ne la pas conquis, et même l'eut il conquis, il n'aurait pu y reussir qu'àvec les moyens & l'autorité, que lui avait delegués le Roi son Père et ces pouvoirs, ne lui avaient certaine- ment pas étés donnés, pour les faire tourner contre les Droits, et les interets de couronne de Portugal, dont il est, quoique l'heritier presontif, le Prémier Sujet. Ce double tittre, l'obligeant à avoir plus de respects, et une plus grande soumission, aux volontés, et aux ordres sacrés du Roi.

À toutes ces causes, auxqu'elles l'on pourrait donner un plus grand devel- lopement, mais que je crois devoir suffire, d'après ce que j'ai dit plus haut, pour prouver au Prince Regent combien sa position est tout à fait faussé. Viennent se reunir d'autres causes accidentelles, qui peuvent la rendre péni- ble et dangereuse pour lui. D'abord, sous le rapports Politiques – si le Prince malheureusement se refusait à l'evidance & persistait dans la coupable opi- niatreté à ne point se soumettre aux ordres de S.M. ce serait un mauvais exemple et très dangereux qu'il donnerait en général a tout le Brésil, et plus particulierement aux Provinces sur lesquelles son autorité est si peu affermie. D'ailleurs, le Prince n'a-til pas à craidre que quelques ambitieux, soit brési- liens, car il en existe, soit parmi les étrangers, tels que Cochrane, et autres, encouragés par les circonstances, et surtout par les exemples des Bolivards, des Sn. Martin, des Hogghins, etc., ne se mettent à la têtte des mecontens non pour ettablir ces différentes Provinces sous quelques formes de Gou- vernement, mais pour leurs en plonger l'anarchie et les exploiter pour leur propre compte? Qu'elles ressources lui resteraientií, dans de pareils évenne- ments, dons nous voyons malheureusement des exemples journellement: Demanderait-il des secours à l'angleterre? Je doute que le Gouvernement, lui en accordat, au moins de longtemps, & même, vint-il à lui en accorder, ce serait à un Prix bien cher, car je suis, que le 1er article de ce fatal traité, pour le Brésil serait de mettre à la disposition de l'angleterre les deux iles de Ste. Catherine et de taparica!

402 APÊNDICE

Quant aux Etats Unis, quoique certains individus aussi mauvais politiques que conseillers dangereux, ayent cherché à perssuader à S.A.R. qu'il trouverait toujours cette Puissance disposée a lui fournir, en cas de guerre, tous les secours dont il pourait avoir besoin, c'est ce dont je doutte beaucoup, et voici sur quoi se fonde mon opinion: la Puissante Republique des Etats Unis est le Phare des etats Espagnols inssurgés au milieu de la tourmente Politique qui les agite. Il ne faudrait avoir aucune prévision dans l'esprit, pour ne pas appercevoir que si ces etats finissent par se constituer sous une forme de Gouvernement plus au moins analogue à celle des Etats Unis, l'influence de ceux-ci, ne peut que s'en accroitre beaucoup. Or, leur ambition les porte à desirer à attendre egalement cette même influence sur les differents états de l'amerique Meridionale. La Politique de cette Puissance toute republicaine, est très prévoyante: voila pourquoi elle doit lui faire voir, que le Brésil constitue un Empire et parvenant à se bien affermir, pourait seul, avant peu d'annés, balanier l'influence des Etats Unis. Car sans parler des interets immenses que son sol inépuisable fournit dans touts les genres, par son admirable position, le Brésil commande L'amerique meridionale, bien mieux que les Etats Unis, ne commandent la Septentrionale. Il s'avance au milieu de l'Ocean, comme un bastion dominant de ses vastes flancs, les eaux qui le baignent au Nord, jusqu'aux Antilles, au Sud, jusqu'au cap de Horn.

D'après cet exposé, qui est vrai, je demande, sans entreprendre le détail de touts les consequensses qui derivent naturellement des deux paragraphes précedents, si la Republique des Etats Unis n'agirait réelement pas contre sa politique, et contre ses interêts, sous tous les rapports en fournissant au Brésil les moyens de bien constituer, et conssolider son Empire?

Ne pouvant compter sur des secours réels, d'aucune Puissance, car je ne compte pour rien, quelques corsaires que pourraient armer des particuliers des Etats Unis, le Prince Regent, se trouverait dont reduit à ses propres forces. C'est ici ou se multiplient les difficultés de tous genres, et dont on peut presenter au Prince une longue énumeration, et un tableau affligeant.

Enfin, accordant (par supposition) a sa témeraire entreprise, tout le bonheur possible, c'est à dire, qu'il soit vainqueur sur quelques points, qu'el prix ne lui couteront pas ces faibles succes? Il n'en resultera pas moins separé de la Conféderation Européenne, en lutte a toutes les meneés des etats republicains du Nouveau Monde, et avec un simulacre de souveraineté momentanée, sur um Pays où il n'a pas encore pu parvenir à etablir son autorité. Es-t-il vaincu?

qui lui restera-t-il?... En dernière ressource, d'implorer la clemence du Roi son Auguste Père, quand il pourait en méritter des sentiments plus flateurs et bien plus honnorables.

Le Prince, étant bon père, bon Epoux, l'on doit aussi lui parller de la position affligeante, et très embarrassante, dans laquelle se trouverait sa famille, et même le Brésil, si quelque accident funeste venait a lui arriver, malheur dont il augmente journellement les chances par le peu de soins qu'l prend de sa santé, de sa Personne.

Malheureusement le Prince n'a pas auprès de lui, un homme d'Etat; entouré de conseillers pusillanimes, dont il acroit la timidité & le silence, par son caracterre souvent emporté. Ces conseillers l'adulent mais ne le servent pas, car il est impossible de bien servir un prince, lorsqu'on ne peut pas lui faire connaitre la verité. Cependant, je crois qu'avant de rien entreprendre contre le Brésil, il serait prudent, même necessaire, de sonder le Prince, de lui faire connaitre plus en détail les verités dont cet écrit ne contient que les prémiers bases; la menace irriterait son carracterre, il resistera même à la Force. II se rendra plutot à la souplesse, à l'insinuation.

Je crois même que pour cette affaire, s'entame mieux, plus promptement, & d'une manière plus persuasive, auprès du Prince, elle ne devrait pas lui être presenté par un portugais, parcequ'il croira un étranger plus franc, degagé de tout prejugé national, et pouvant lui parller sur cet ôbjêt, d'une manière plus desintéressée sur ses propres interêts!

En cherchant à convaincre le Prince, il ne faut pas négliger de travailler l'oppinion publique, et principalement celle des personnes en qui S.A.R. a quelque confiance, ainsi que des personnes qui ont quelque influence soit par les places qu'elles occupent, soit par leurs fortunes, leurs rellations de familles, plus ou moins ettendues & enfin, par le jugement qu'on forme généralment sur leurs connaissances, leurs conduites et leurs Patriotisme Brésilien. L'on peut non seulement faire valoir auprès de ces personnes les mêmes raisons exposées ci-dessus, avec des nuances qui les intéressent plus directement, mais on doit aussi leur demontrer les malheurs certains aux quels s'exposent tous les blancs, principalement les blancs brésiliens, en ne s'opposant pas à la persecution aux massacres qu'épprouvent les Portugais Européens. Parceque quoiqu'il n'existe au Brésil que deux parties apparents, il y en a un troisième, qui est celui des nègres & gens de couleurs parti d'autant plus dangereux, qu'il est le plus fort numeriquement parlant. II voit avec plaisir & avec des esperances criminelles les dissentions qui existent entre les blancs, ce qui en diminue journellement le nombre enfim tous les brésiliens et surtout les blancs ne sentent pas assés, qu'il est tems qu'on ferme la porte aux débats Politiques, aux discussions constitutionelles. Si l'on continue de parller des droits de l'homme, d'Egalité, l'on finira par prononcer le mot fatal de Liberté, mot terrible et qui a bien plus de force dans le Pays à esclaves, que partout ailleurs!!

Alors toute la revolution finira au Brésil par le soulevement des Esclaves, qui brisant leurs fers, incendieront les Villes, les Campagnes, les plantations, massacreront les blancs et feront de ce magnifique Empire du Brésil un déplorable pendant de la brillante colonie de St. Domingue.

Rien n'est exageré dans ce que je viens d'exposer, tout n'est malheureusement que trop vrai. J'aurais même pu donner plus de devellopement à cet aperçu. J'ai cru ne devoir y placer que les bases principales sur lesquelles l'on peut entamer la negociation. C'est à la personne qui pourrait être chargé de cette affaire delicate, a bien instruire, bien diriger ses agents, et à biens profiter des circonstances que les localités, et les evenements, qui arrivent journellement au Brésil, lui pouront fournir, pour donner le devellopement dont sont susceptibles les differents articles contenus dans cet écrit.

L'on voit que cet aperçu n'est écrit que dans la supposition qu'il n'existe aucune espèce de negociation entre S.M . et le Prince, car pour peu que S.A.R voulut si pretter, la marche en serait plus aisée, & le succes plus pront et plus assuré.

Tradução do Documento

Sumário

A importância, para Portugal, de unir de novo à metrópole suas vastas e ricas possessões do Brasil, tanto por seus interesses particulares, como por sua política exterior, é bastante conhecida, de modo que qualquer demonstração sobre esse assunto me parece supérflua.

Entretanto, permitir-me-ei dizer que a rápida realização desse feliz acontecimento é tanto mais a desejar, pois, se o estado das coisas tal como se encontra entre Portugal e o Brasil durar ainda algum tempo, Portugal corre o risco de perder suas colônias da Índia, e seus estabelecimentos da Costa da África, que se encontram situadas ao sul da Linha. Pois todos esses países têm interesses mais diretos e mais imediatos com o Brasil, e que eles hão de preferir uma metrópole mais próxima, que lhes oferecerá maiores vantagens sob o ponto de vista das relações políticas e comerciais.

A persuasão ou a força são dois meios através dos quais Portugal pode ligar de novo o Brasil a si, não mais com aquela supremacia que exercia antes da abertura dos portos às potências estrangeiras. Mas, desde que a reunião se faça, com maiores ou menores vantagens, disso resultará sempre para Portugal uma grande quantidade de interesses no que se refere às relações comerciais, políticas e militares.

Antes de falar dos meios a serem empregados pela persuasão ou pela força, quer juntamente, quer em separado, seja ostensiva, seja secretamente, creio ser necessário dizer uma palavra a respeito da situação política e muito difícil em que se encontrava o príncipe regente, e a situação falsa e perigosa na qual se encontra atualmente. Um fato é certo: a revolução no Brasil foi obra dos portugueses europeus, adeptos ou agentes das Cortes, que se encontravam na Bahia e no Rio de Janeiro. É certo que existia no Brasil, antes dessa infeliz época, restos do Partido Revolucionário, o qual fizera sua primeira explosão em Pernambuco, em 1817, e cujos núcleos principais continuavam a estar em Pernambuco e na Bahia. Mas, conforme as ordens de Sua Majestade, cheguei a ter o conhecimento não só dos principais chefes e todas suas ramificações, mas inclusive enviei um de meus agentes aos Estados Unidos, junto ao Cruz – um dos principais chefes do partido, encarregado do dinheiro destinado à compra de armas, munições e construções para o serviço dos rebeldes. Meu agente, o qual antes de partir do Brasil estava munido de cartas confidenciais, de uma lista dos amigos e correspondentes do Cruz – cartas e listas que S.M. viu antes de sua partida, e de que o intendente geral da polícia conservou as cópias. Meu agente foi muito bem recebido por Cruz, teve várias conferências com ele, informou-me sobre o estado das munições, armas de todas as espécies, e que lhe confiou Cruz, e que meu agente viu e verificou ele mesmo nos depósitos, insinuando querer prestar conta mais exata aos oficiais.

Na volta de meu agente, S.M. foi informado, e viu as respostas das cartas antes que elas fossem entregues aos irmãos e amigos, os quais eram todos favoráveis ao Partido Republicano e contrários às Cortes e à monarquia. No entanto, esse partido não poderia fazer coisa alguma, sem que eu não fosse imediatamente informado, e como eu estava sempre prevenido das horas e dos lugares de suas reuniões, dependia da vontade de S.M. mandar prender a todos, ao mesmo tempo no Rio de Janeiro, na Bahia e em Pernambuco.

Acreditei ser necessário entrar nessa digressão, primeiro para mostrar que eu conheço o teatro e os atores dos diferentes partidos que existem no Brasil; em segundo lugar, também para assinalar, se for preciso, os chefes principais do partido republicano, que, sob a máscara do devotamento, fazem crer ao príncipe que servem a seus interesses, enquanto têm objetivos totalmente opostos.

Durante todo o tempo que as Cortes estiveram reunidas em Portugal, o príncipe regente, resistindo a seus ridículos decretos, revelou possuir um vigoroso caráter. Ele se conduziu nos interesses da Augusta Família de Bragança, nos do vasto país que lhe fora confiado, e também nos interesses de Portugal. Pois a partida do príncipe para Portugal teria sido para o Brasil o sinal da mais funesta anarquia: ter-se-iam desencadeado males inauditos, pelo choque dos diferentes partidos que existiam, ao passo que ao se colocar o príncipe à cabeça da revolução, dirigindo-a, como fez, no sentido monárquico, salvou o Brasil, conservou sua integridade, e preparou para a metrópole os meios mais ou menos próximos de ligar novamente o Brasil à sua influência.

Mas, desde o feliz momento em que o rei recuperou todos os seus direitos, que exerce com inteira liberdade sua legítima autoridade, que não pode pertencer senão a ele próprio, a posição política do príncipe mudou completamente. Quão boa estava quando ele combatia contra a autoridade usurpadora dos Carbonari, e dos demagogos das Cortes, tanto ele estaria numa posição censurável e falsa, se ele se recusasse a acatar as vontades e as ordens do rei. Assim procedendo, ele estaria indo contra o Direito Divino, não obedecendo às ordens do rei, contra o Direito Natural, não se submetendo às vontades de seu pai, e contra o Direito das Gentes, agindo contra os interesses da Coroa de Portugal. E ainda mais: o príncipe se encontraria totalmente em oposição à Santa Aliança, cuja principal base é manter os princípios da legitimidade.

Alguns cortesãos, tão bons na lógica quanto na publicidade, disseram ao príncipe que o Brasil lhe pertencia, pois ele o salvara. É verdade que o príncipe salvou o Brasil, mas não foi ele quem o conquistou, e mesmo que o tivesse feito, ele só teria concluído com êxito tal empresa com os meios e a autoridade que lhe foram delegados pelo rei seu pai, e certamente que tais poderes não lhe foram dados a fim de voltá-los contra os Direitos e os interesses da Coroa de Portugal, à qual, embora sendo herdeiro presuntivo, é ao mesmo tempo seu primeiro súdito. Esse duplo título o obriga a ter mais respeito e uma maior submissão às vontades e às sagradas ordens do rei.

A todas essas causas – às quais poder-se-ia dar um desenvolvimento maior, mas que acredito ter bastado, segundo o que disse acima, para provar ao príncipe regente o quanto sua posição é totalmente falsa. Vêm ainda acrescentar outras causas acidentais que podem torná-la penível e perigosa para ele. Inicialmente, quanto às relações políticas: se o príncipe infelizmente se recusar à evidência e persistir na culpável teimosia e não se submeter às ordens de S.M., isso seria um mau e muito perigoso exemplo que estaria dando a todo o Brasil em geral, e mais particularmente às províncias sobre as quais sua autoridade é tão pouco sólida. Aliás, o príncipe não há de temer que alguns ambiciosos, quer brasileiros – e eles existem – quer estrangeiros, tais como Cochrane e outros, encorajados pelas circunstâncias, e sobretudo pelos exemplos dos Bolívar, dos San Martin, dos O'Higgins etc. se coloquem à frente dos descontentes, não com o fim de estabelecer essas diferentes províncias sob alguma forma de governo, mas para lançá--las na anarquia, explorando-as por sua própria conta?

De que recursos disporia em tais situações, cujos exemplos temos a infelicidade de presenciar dia a dia? Pediria ele socorro à Inglaterra? Duvido que o governo o concedesse, a não ser a longo prazo, e assim, mesmo que o ajudasse, isso custar-lhe-ia muito caro, pois tenho a certeza que o primeiro artigo deste fatal tratado para o Brasil seria de colocar à disposição da Inglaterra as duas Ilhas a de Santa Catarina e de Itaparica.

Quanto aos Estados Unidos, ainda que certos indivíduos – maus políticos e conselheiros perigosos – tenham tentado persuadir S.A.R. que ele encontraria sempre esta potência disposta a fornecer-lhe, em caso de guerra, todos os socorros que fossem necessários – coisa que em muito duvido –, e eis sobre que bases se funda minha opinião: a poderosa República dos Estados Unidos é o farol dos estados espanhóis insurretos no meio da tormenta política que os agita. Somente uma pessoa destituída de qualquer previsão é que chegaria a não perceber que se esses estados acabarem por se constituir sob uma forma de governo mais ou menos análoga à dos Estados Unidos, a influência deste haveria de aumentar consideravelmente. Ora: sua ambição

APÊNDICE

os leva a desejar atingir igualmente essa mesma influência sobre os diferentes estados da América Meridional. A política desta todo-poderosa República é muito previdente: eis por que ela deve lhe fazer ver, que o Brasil constitui um Império, e chegando a se consolidar, poderia sozinho, dentro de poucos anos, afastar a influência dos Estados Unidos. Isso porque, sem falar nos imensos interesses que seu solo inesgotável fornece em todos os gêneros, por sua admirável posição, o Brasil comanda a América Meridional muito mais do que os Estados Unidos comanda a Setentrional. Ele se projeta no meio do Oceano como um bastião, dominando com seus vastos flancos as águas que o banham, ao Norte, até às Antilhas, e ao Sul, até o cabo Horn.

A partir do que expus – que é verdade – eu pergunto, sem entrar no detalhe de todas as consequências que derivam naturalmente dos dois parágrafos precedentes: não estaria a República dos Estados Unidos agindo realmente contra sua política, e contra seus interesses, sob todas as relações, fornecendo ao Brasil os meios de erigir e consolidar seu Império?

Não podendo contar com reais auxílios de qualquer potência, pois eu não conto por nada alguns corsários que poderiam armar pessoas particulares dos Estados Unidos, o príncipe regente se encontraria pois reduzido às suas próprias forças. É aqui que se multiplicam toda espécie de dificuldades, das quais poder-se-ia apresentar ao príncipe uma longa enumeração e um quadro aflitivo.

Enfim, concedendo (por suposição) toda a felicidade à sua temerária empresa, isto é, que ele seja vencedor nalguns pontos, que preço não há de pagar por estes fracos sucessos? Não resultará disso estar menos separado da Confederação Europeia, em luta com todas as intrigas dos Estados Republicanos do Novo Mundo, e com um simulacro de soberania momentânea sobre um país onde ele não chegou todavia a estabelecer sua autoridade? E se for vencido? Que lhe restará? Um último recurso: implorar a clemência do rei, seu Augusto Pai, quando ele poderia ter merecido sentimentos bem mais lisonjeiros e honráveis.

Sendo o príncipe bom pai, bom esposo, deve-se também falar-lhe da posição aflitiva e muito embaraçosa em que se encontraria sua família, e mesmo o Brasil, se algum acidente funesto viesse a lhe ocorrer, desgraça cujo risco aumenta dia a dia, devido à sua falta de cuidados à saúde e à sua própria pessoa.

Infelizmente o príncipe não tem, junto de si, um homem de estado. Cercado por conselheiros pusilânimes, ele aumenta-lhes ainda mais a timidez e o silêncio, devido a seu caráter frequentemente colérico. Tais conselheiros o adulam mas não servem, pois é impossível servir bem a um príncipe quando não se pode fazê-lo conhecer a verdade.

Entretanto, creio que antes de empreender qualquer medida contra o Brasil, seria prudente e mesmo necessário sondar o príncipe e informar-lhe mais detalhadamente a respeito das verdades que foram apenas esboçadas nessas linhas. A ameaça irritaria seu caráter, e ele poderia resistir à força. Ele se convencerá antes pela docilidade e pela insinuação.

Creio mesmo que a fim de que tal assunto se entabule melhor, com maior rapidez e de uma maneira mais persuasiva, tal matéria não deveria ser apresentada ao príncipe por um português, pois ele acreditará ser um estrangeiro mais franco e livre de todo preconceito nacional, podendo tratar desse assunto e de seus próprios interesses de uma maneira mais desinteressada. Ao tentar convencer o príncipe, não se pode negligenciar de trabalhar também a opinião pública e principalmente a opinião das pessoas em que S.A.R. tem certa confiança, assim como as pessoas que têm certa influência, seja pelo lugar que ocupam, por suas fortunas, pelas relações familiares mais ou menos extensas, e enfim, pelo julgamento que se forma geralmente a respeito de seus conhecimentos, suas condutas e seu patriotismo brasileiro. Pode-se não apenas fazer valer junto a essas pessoas as mesmas razões expostas aqui, com nuances que os interessa mais diretamente, mas deve-se igualmente demonstrar-lhes as desgraças a que certamente se expõem as pessoas brancas, principalmente os brasileiros brancos, não se opondo à perseguição e aos massacres que sofrem os portugueses europeus, pois embora havendo no Brasil aparentemente só dois partidos, existe também um terceiro: o partido dos negros e das pessoas de cor, que é o mais perigoso, pois tratar-se do mais forte numericamente falando. Tal partido vê com prazer e com esperanças criminosas as dissensões existentes entre os brancos, os quais dia a dia têm seu número reduzido.

Finalmente: todos os brasileiros, e sobretudo os brancos, não percebem suficientemente que é tempo de se fechar a porta aos debates políticos, às discussões constitucionais? Se se continua a falar dos direitos dos homens, de igualdade, terminar-se-á por pronunciar a palavra fatal: liberdade, palavra terrível e que tem muito mais força num país de escravos do que em qualquer outra parte. Então, toda a revolução acabará no Brasil com o levante dos escravos, que, quebrando suas algemas, incendiarão as cidades, os campos

APÊNDICE

e as plantações, massacrando os brancos, e fazendo deste magnífico império do Brasil uma deplorável réplica da brilhante colônia da São Domingos.

Coisa alguma é exagerada no que acabo de expor. Tudo, infelizmente, é muito verdadeiro. Eu poderia ter desenvolvido ainda mais este esboço. Achei, no entanto, melhor colocar apenas as principais bases sobre as quais se pode encetar a negociação. Compete à pessoa que for encarregada desse delicado assunto, de bem instruir e dirigir seus agentes, assim como de saber aproveitar das circunstâncias que as localidades e os acontecimentos que ocorrem diariamente no Brasil poderão lhe fornecer, a fim de dar o desenvolvimento que são susceptíveis os diferentes artigos contidos neste artigo.

Conclui-se que tal esboço foi escrito na suposição de que não existe negociação alguma entre S. Majestade e o príncipe, pois por pequeno que seja o auxílio que queira prestar S.A.R., o caminho haveria de ser mais fácil, e o sucesso mais rápido e certo.

Notas

Preliminar às Dimensões

1 "A Independência do Brasil: Um Debate", SBPC, Cidade Universitária, dia 5 de julho de 1972, com participantes de várias regiões do Brasil, debate dirigido pelo prof. dr. E. Simões de Paula.

2 Ver Maurice Herbet Dobb et al., La Transición del Feudalismo al Capitalismo, Madrid: Ciência Nueva, 1967.

3 Note-se: "passagem" que não significa necessariamente ruptura. Foi o historiador José Honório Rodrigues, aliás, quem observou no Prefácio à 4ª edição de seu clássico Aspirações Nacionais (Rio de Janeiro: Civilização Brasileira, 1970, p. II), que "não houve ruptura do regime colonial, que sobreviveu com o absolutismo do regime imperial, com a legislação arcaica, com a relativa imobilidade administrativa, com a alienação das elites, com a fragilidade da conjuntura e a estabilidade da estrutura, imutável e incapaz de atender às necessidades nacionais. O período colonial e sua sobrevivência determinam todo o subdesenvolvimento posterior".

I. DAS DEPENDÊNCIAS
1. As Dimensões da Independência
2. A Independência do Brasil e a Revolução do Ocidente

1 Tradução para o português do prof. Sérgio Paulo Moreyra, da Universidade Federal de Goiás.

2 Ato de Prova ou Lei do Teste: trata-se de uma série de leis penais inglesa do século XVII que instauravam a revogação de diversos direitos cívicos, civis ou de família para os católicos e outros dissidentes religiosos não anglicanos. Nessa mesma linha, estabeleciam vários princípios discriminatórios, como a exclusividade de acesso a cargos públicos para os anglicanos e instituíam o delito de recusa à fé na Igreja da Inglaterra. (N. da E.)

3 A atitude da imprensa francesa da Restauração com relação ao Brasil foi examinada por um dos meus estudantes brasileiros, M. de Abreu Pena, a quem tomei as informações aqui utilizadas.

4 Journal Politique et Littéraire de Toulouse, terça-feira, 10 de junho de 1817.

5 Ibidem, quinta-feira, 19 de junho de 1817.

6 Arch. du Ministère des Affaires étrangères, Paris. Portugal, Mémoires et documents. Mémoire sur l'état du Brésil par Gulnebaud, consul de France à Porto.

7 Ibidem, quinta-feira, 19 de dezembro de 1816.

8 Arch. du Ministère des Affaires étrangères, Paris. Portugal, Mémoires et Documents. Rapport sur le commerce des ports du Havre et de Rouen avec le Brésil, de 1816 à 1819.

3. A Conjuntura Atlântica e a Independência do Brasil

1 Traduzido por Giselda Mota.

2 A Situação Econômica no Tempo de Pombal: Alguns Aspectos, Porto: Portugália, 1951.

3 Frédéric Mauro, Le Portugal et l'Atlantique, Paris: Sevpen, 1960.

4 Bibliographie Critique de l'Histoire Economique et Sociale Portugaise au XIXe. siècle, Toulouse, 1967. (Tese 3 v Ciclo.)

5 Gaston Imbert, Des Mouvements de longue durée Kondratieff, Aix-en-Provence: La Pensée Universitaire, 1959.

6 Jaime Vicens Vives, Manual de Historia Económica de España, 3. ed. Barcelon: Editorial Vicens Vive, 1964, p. 535 e 666.

7 Paris: Armand Colin, 1955.

8 Ver gráfico no final da obra do professor Magalhães Godinho.

9 "Essa conjuntura de pronunciada baixa dos cereais explica-se, sem dúvida, pelo fato de o movimento de 1820-1822 não ter sido realmente popular." (A. Silbert. Contribution à l'étude du mouvement des prix des céréales à Lisbonne, Revista de Economia, jun. 1953, p. 79-80.)

414 NOTAS

10 *Prix et Monnaies au Portugal: 1750-1850*, p. 292-293.

11 Ibidem, p. 293.

12 Colloque International du C.N.R.S. sur "L'Histoire Quantitative du Brésil" (1800-1930).

13 A ser publicada pelo E.P.H.E. de Paris (VI Seção).

14 Ver as duas notas anteriores.

15 *História Econômica do Brasil: 1500-1820*, 2. ed., São Paulo: Companhia Editora Nacional, 1969, p. 448.

4. Os Remoinhos Portugueses da Independência do Brasil

1 *História de Portugal*, liv. VII, cap. IV.

2 Relatório do decreto de 17 de maio de 1832.

3 Relatório do decreto de 30 de julho de 1832.

4 Ibidem.

5. Europeus no Brasil à Época da Independência: Um Estudo

1 Artigo publicado originalmente em *Anais do Museu Paulista*, São Paulo, 1965, p. 11-25.

2 Pensamos especialmente em trabalhos como o de Fernando Piteira Santos, sobre a *Geografia e Economia da Revolução de 1820*, Lisboa: Europa-América, 1961, que ajudam a superar algumas das deficiências dessa historiografia tradicional.

3 *Registro de Estrangeiros (1808-1822)*, nota limiar de José Honório Rodrigues, Ministério da Justiça e Negócios Interiores, Arquivo Nacional, Rio de Janeiro, 1960. Verifica, ainda, que "do total registrado, entre 1808 a 1822, 4234 pessoas, sem contar muitas vezes os familiares esposa, filhos, criados, mais de 1500 são espanhóis, quase mil franceses (993), mais de seiscentos ingleses, mais de duzentos alemães, quase duas centenas de italianos, quase cem suíços e estadunidenses, quase cinquenta suecos, trinta holandeses, 25 irlandeses, treze austriacos e onze dinamarqueses e escoceses. Era assim, sobretudo, uma renovação populacional", p. 6.

4 *Diário de uma Viagem ao Brasil e de uma Estada Nesse País Durante Parte dos Anos de 1821, 1822 e 1823*, tradução e notas de A. Jacobina Lacombe, São Paulo: Ed. Nacional, 1956, p. 192.

5 Pedro Octavio Carneiro da Cunha, A Fundação de um Império Liberal, em Sérgio Buarque de Holanda (dir.), *História Geral da Civilização Brasileira*, São Paulo: Difel, 1962, p. 2. O Brasil Monárquico, v. 1: O Processo de Emancipação, p. 153.

6 Sierra y Mariscal, *Ideias Geraes Sobre a Revolução no Brasil, e Suas Consequências*, Rio de Janeiro: Biblioteca Nacional, 1926, 10 de novembro de 1823, capítulo IV.

7 Op. cit., p. 306. (Grifo nosso.)

8 Celso Furtado, Formação Econômica do Brasil, Rio de Janeiro: Fundo de Cultura, 1959, especialmente nota 76; veja-se também Sérgio Buarque de Holanda A Herança Colonial: Sua Desagregação, em S.B. de Holanda (dir.), História Geral da Civilização Brasileira, São Paulo: Difel, 1962; t. 2 O Brasil Monárquico; v. 1. O Processo de Emancipação, p. 27. 38 Celso Furtado, *Formação Econômica do Brasil*, Rio de Janeiro: Fundo de Cultura, 1959, especialmente nota 76; veja-se também Sérgio Buarque de Holanda A Herança Colonial: Sua Desagregação, em S.B. de Holanda (dir.), *História Geral da Civilização Brasileira*, São Paulo: Difel, 1962; t. 2 O Brasil Monárquico; v. 1. O Processo de Emancipação, p. 27.

9 *British Preeminence in Brazil, Its Rise and Decline: A Study in European Expansion*, Chapel Hill: The University oi North Caroline Preas, 1939, p. 187. F.P. Santos, op. cit., p. 142.

10 Ibidem. "e quer com a colônia como a aliada registramos um movimento de trocas deficitário".

11 A.K. Manchester, op. cit., p. 188.

12 John Armitage, *História do Brasil*, 3. ed., Rio de Janeiro: Zélio Valverde, 1943, p. 94. Continua o autor: "consequentemente mandaram-se ordens a Felisberto Caldeira Brant, que havia sido nomeado Encarregado de Negócios do Brasil em Londres, para engajar oficiais e maruja, propondo-lhes condições a eles mui vantajosas. As forças de terra também tiveram aumento, e, por um decreto de 8 de janeiro, organizou-se um batalhão de estrangeiros". Também por aí se vê como é relativa a discussão da emancipação de 1822, em termos de nacionalismo, na medida em que para cá foram arrastadas forças vinculadas a toda uma problemática de equilíbrio europeu.

14 A.K. Manchester, op. cit., p. 190.

15 Ibidem.

16 Ibidem, p. 191.

17 M. Graham, op. cit., p. 210-211. (Grifos nossos.)

18 Pierre Muret, *La Prépondérance anglaise (1715-1763)*, Paris: PUF, 1949, p. 399. Já em 1775, dos 660 navios mercantes entrados no Tejo, 121 eram portugueses e 271 ingleses; ver Gino Luzzato, *Storia economica dell'età moderna e Contemporanea*, Padova: Cedam, 1960, p. 61.

19 Brant Pontes, agente brasileiro em Londres, a José Bonifácio, em 23 de julho de 1823. Archivo Diplomático, I 278. Citado por A. Manchester, op. cit., p. 190, nota 25.

20 H. Temperly, *Foreign Policy of Canning*, p. 212, citado por A. Manchester, op. cit., p. 192.

21 Canning a Palmella, sobre a renovação do trabalho de 1810: " the English merchants considered the treaty with Brazil as an object of great importance, far superior, without comparison, to the treaties with Portugal". (Arquivo Diplomático I CXXI, citado por A. Manchester, op. cit., p. 206.)

22 C. Furtado, op. cit., p. 119-120.

6. Brasileiros nas Cortes Constituintes de 1821-1822

1 Sessão de 7 de agosto de 1822. (Diário das Cortes Gerais, Extraordinárias e Constituintes da Nação Portuguesa, principal fonte seguida neste trabalho). A frase célebre que Vilela tinha em mente é, como se sabe, de Afonso de Albuquerque: "Mal com el-rei por amor dos homens e mal com os homens por amor de el-rei."

2 Sessão de 29 de agosto de 1822. Alguns deputados brasileiros usavam os termos "português" e "brasileiro" para designar o que se referia ao reino respectivo com exclusão do outro. Outros preferiam dizer que "somos todos portugueses". Como é óbvio, quando nos referimos a "deputados portugueses" queremos designar os representantes das províncias de Portugal continental.

3 Como Borges Carneiro, Pereira do Carmo e Guerreiro, que defendiam alguns dos pontos de vista dos seus colegas brasileiros, pelo menos enquanto não houve conhecimento no Congresso de aberta dissidência de algumas províncias do Brasil.

4 Trigoso afirma em suas "Memórias" que os deputados brasileiros mostraram, desde início, que a "sua união com nosco não era de boa-fé". (*Memórias de Francisco Manuel Trigoso de Aragão Morato*, p. 137-138.)

5 Em especial os de 29 de setembro de 1821 sobre o regresso de d. Pedro e a organização dos governos provinciais. (Sessão de 22 de março de 1822.)

6 Sessão de 22 de maio de 1822.

7 Sessão de 19 de setembro de 1822.

8 Sessão de 27 de junho de 1822.

9 Sessão de 17 de abril de 1822.

10 Sessão de 1º de julho de 1822.

11 Sessão de 30 de agosto de 1822.

12 Sessão de 19 de julho de 1822.

13 Sessão de 26 de agosto de 1822. (O grifo é nosso.) Nessa sessão solicitaram os deputados paulistas Andrada, Pinheiro, Bueno e Costa Aguiar que o Congresso os dispensasse, considerando nulas as suas representações.

14 Acentuava, no entanto, não ser a sua opinião a que interessava ali, mas a da Província de que era representante. Em 1823 declarava em carta ao Conde de Subserra, que lhe pedira intercedesse pelo restabelecimento das relações entre Portugal e o Brasil, que a independência era "fatal" mas fora apressada pela atitude da "facção exagerada" das Cortes. (*Documentos Para a História das Cortes Gerais*, v. 1, p. 813.)

15 67 Na compreensão dos fatos que conduziram à independência, deve-se ter em conta um fator importante; o tempo da transmissão da informação. Assim, a Revolução do Porto de 24 de agosto de 1820 foi conhecida no Brasil a 17 de outubro do mesmo ano; cartas de d. Pedro a d. João VI, de 19 e 22 de junho de 1822, foram lidas em Cortes a 26 de agosto. Daqui o caráter extemporâneo e "desajustado" com que se nos deparam certas medidas das Cortes em relação à situação política no Brasil (para não citar outros tipos de atos): um projeto de decreto declarando nulos os atos de d. Pedro (em especial a convocação de assembleia legislativa) foi sustentado pelo deputado português Miranda, que declarava estar convencido de que logo que o decreto chegasse ao Brasil cessaria por completo a autoridade do príncipe. Passava-se isso a 19 de setembro de 1822 e sabe-se a data de declaração da independência.

16 Sessão de 19 de julho de 1822.

17 Sessão de 29 de agosto de 1822.

18 A acusação intensificou-se a partir da data em que se conheceu a atitude da Junta de São Paulo para com as Cortes. Fernandes Thomaz, não obstante se mostrar adverso ao Brasil, dizia não se assustar perante a possibilidade de separação do Brasil: "Eu entendo que o Brazil há de vir a separar-se de Portugal – mas em que tempo isto há de ser? E sou fatalista, tanto quanto pode ser um catholico romano; isto há de ser quando Deus quiser [...]"; "se o Brazil com effeito não quer unir-se a Portugal, como tem estado sempre, acabemos de uma vez com isto: passe o Snr. Brazil muito ... (sc=bem) que nós cuidaremos de nossa vida [...]" (Sessão de 23 de março de 1822.)

19 Sessão de 18 de outubro de 1821.

20 Sessão de 7 de dezembro de 1821.

21 Sessão de 23 de março de 1822.

22 Sessão de 23 de março de 1822.

23 Sessões de 20 de maio e de 22 de julho de 1822. Antônio Carlos admitia que um ou outro "doido" pensasse na independência e reconhecia que se o Brasil caminhasse para a separação era para ele um "dever religioso" adotar a decisão da sua pátria.

24 Sessão de 10 de janeiro de 1822.

25 Para alguns deputados brasileiros, à ideia de "união" opunham-se não só a ideia de "independência", mas também as de "desordem", "anarquia", "guerra civil" que ela acarretaria. Silva Bueno pensava que os membros da Junta de São Paulo, "todos proprietários, grandes capitalistas", queriam com certeza a união, nada tendo a lucrar com a "desordem e a anarquia", e Araújo Lima confessava temer "os horrores de uma guerra civil". (Sessão de 23 de março de 1822.)

26 Sessões de 16 de outubro e 7 de dezembro de 1821.

27 Sessão de 10 de janeiro de 1822.

28 Sessões de 13 de fevereiro e 22 de julho de 1822.

29 Sessão de 22 de março de 1822.

30 Sessão de 22 de março de 1822.

31 Assim entenda, entre outros, o deputado português Barata Feio (sessão de 30 de agosto de 1833.)

32 Sessão de 13 de fevereiro de 1822.

33 Sessão de 4 de março de 1822.

34 Sessão de 6 de março de 1822.

35 As representações feitas no Brasil a d. Pedro, como a de José Bonifácio, de 26 de janeiro de 1822, atribuíam ao Congresso a intenção de fazer voltar o Brasil ao estado de colônia. Antônio Carlos relatava a gesta dos brasileiros contra holandeses e espanhóis como exemplo de um povo que sempre soubera defender-se de inimigos e aludia ao "espírito de corpo" da gente brasileira. (Sessão de 21 de maio de 1822.)

36 Sessão de 19 de setembro de 1822.

37 Referia: a. população livre igual à de Portugal e em constante crescimento; b. grande número de portos; c. boas vias de comunicação fluvial;

38 d. extensão e fertilidade de terras; e. riqueza de produtos; f. comércio em grande escala; g. variedade climática. Vergueiro, português natural de Trás-os-Montes, deputado por São Paulo, fazia parte da Comissão dos Negócios Políticos do Brasil à qual coube dar parecer sobre a representação que a Junta Governativa de São Paulo dirigiu a d. Pedro em 24 de dezembro de 1821. Não se conformando com o parecer, que condenava a Junta e sugeria sanções, Vergueiro não o subscreveu e apresentou um declaração de voto as razões do seu desacordo. É desse documento que retiramos os dados citados.

39 Sessão de 2 de abril de 1822. Discussão do projeto de decreto sobre as relações comerciais entre Portugal e o Brasil.

40 Sessão de 15 de abril de 1822.

41 Sessão de 14 de maio de 1822.

42 Sessão de 14 de maio de 1822.

43 Sessão de 11 de fevereiro de 1822. Vilela, apoiando Antônio Carlos, que fora chamado à ordem, disse-lhe que confessasse francamente os seus sentimentos, pois que "não eram escravos" mas "representantes de uma nação livre".

44 Sessão de 11 de fevereiro de 1822.

45 Sessão de 25 de abril de 1822. Com a "Indicação", pretendia Feijó tornar ilegítimas todas as decisões referentes ao Brasil votadas em tempo em que não estavam completas as representações das várias provincias brasileiras. Considerada urgente foi a moção remetida à Comissão dos Negócios Políticos do Brasil, mas nunca chegou a ser discutida.

46 Sessão de 3 de setembro de 1821. A proposta foi rejeitada.

47 Sessão de 19 de dezembro de 1821. Após discussão e sob promessa de, no momento oportuno, se voltar à discussão dos artigos que não tinham o acordo dos brasileiros, Barata retirou a moção.

48 Sessão de 25 de fevereiro de 1822. O Congresso anuiu a 6 de março.

49 Sessão de 23 de março de 1822.

50 O deputado Trigoso – moderado – acentuando que, com ou sem os colegas brasileiros, certamente nunca se faria uma Constituição perfeita, mostrava concordar que se devia esperar que se completassem as deputações do Brasil. Mas já Fernandes Thomaz respondia secamente à proposta de Borges de Barros: "Ou a representação da Nação está completa, ou não: se o não está vamo-nos embora, e se o está então não admito aquela indicação, nem devemos esperar por mais ninguém." (Sessão de 25 de fevereiro de 1822.)

51 Sessão de 22 de maio de 1822.

52 Sessão de 1º de julho de 1822.

53 Sessão de 25 de abril de 1822.

54 Sessão de 20 de maio de 1822.

55 Sessão de 18 de outubro de 1821.

NOTAS

56 Sessão de 20 de maio de 1822.

57 Sessão de 20 de maio de 1822. Do Brasil vinham também solicitações nesse sentido e no da moção de Feijó. Em relatório da Junta do Governo de Pernambuco de 3 de dezembro de 1821 e lido em Cortes a 29 de janeiro de 1822, dava-se notícia de tumultos verificados ali em 29 de novembro e pedia-se que não se mandassem tropas. Eram os governadores de armas – nomeados pelo poder executivo – e certos grupos minoritários que requeriam a presença de forças militares: em 30 de janeiro de 1822 foi presente ao Congresso uma representação assinada por negociantes da Paraíba do Norte pedindo uma força militar para "conter os facciosos". Um deputado português, Soares Franco, defendia, em 18 de outubro de 1821, a expedição de quatrocentos homens para Pernambuco a fim de "segurar a propriedade dos cidadãos pacíficos" e a "confiança dos capitalistas", e o Abade de Medrões, lamentando o tempo que se perdia com os problemas do Brasil, aconselhava o uso da força, dizendo perante a recusa do governo do Rio em acatar ordens do Congresso: "se não querem ser constitucionaes, deixalos que sejão escravos: mande-se uma expedição, que os faça entrar nos seus deveres [...]" (Sessão de 7 de agosto de 1822.)

58 Como era o caso de Luís do Rego Barreto. Sessão de 18 de outubro de 1821.

59 Sessão de 18 de outubro de 1821.

60 Sessão de 22 de maio de 1822.

61 Sessão de 20 de maio de 1822.

62 Sessão de 18 de outubro de 1821.

63 Sessão de 16 de outubro de 1821.

64 Sessão de 12 de março de 1822.

65 Sessão de 30 de abril de 1822. Tratava-se de Inácio Luís Madeira de Melo.

66 Sessão de 16 de outubro de 1821.

67 Sessão de 16 de outubro de 1821.

68 Sessão de 30 de janeiro de 1822.

69 Sessões de 11 e 18 de setembro de 1821.

70 Sessão de 22 de julho de 1822.

71 Como dizia Ribeiro de Andrada. (Carta de Falmouth, 20 de outubro de 1822.)

72 Sessão de 11 de março de 1822.

73 Parecer de 18 de março de 1822, discutido a 20 e 22 de julho.

74 Parecer de 18 de março de 1822, discutido a 20 e 22 de julho.

75 Sessão de 22 de julho de 1822.

76 Sessão de 22 de julho de 1822.

77 Sessão de 22 de julho de 1822.

78 Sessão de 22 de julho de 1822.

79 Sessão de 31 de janeiro de 1822.

80 Borges Carneiro mostrava concordar com o ponto de vista dos colegas brasileiros: "Querer em tudo o Brazil por aquillo que se resolver para a Europa, he incoherente e muito errado; e querendo nós ter aquelle longínquo continente na mesma dependência de Lisboa, em que della estão as provincias europeias, não faremos mais que relaxar os vínculos da união quando os queremos segurar[...]". Sessão de 12 de março de 1822.

81 Sessão de 13 de fevereiro de 1822.

82 Sessão de 31 de janeiro de 1822.

83 Sessão de 13 de fevereiro de 1822.

84 Sessão de 13 de fevereiro de 1822.

85 Sessão de 9 de fevereiro de 1822. Um dos que reconheciam tal desacerto era Borges Carneiro.

86 Sessão de 10 de janeiro de 1822.

87 Sessão de 9 de março de 1822.

88 Sessão de 12 de março de 1822.

89 Sessão de 23 de março de 1822. Trata-se da representação da Junta de São Paulo a d. Pedro, de 24 de dezembro de 1821.

90 Sessão de 30 de abril de 1822.

91 Sessões de 23 de março e 27 de junho de 1822.

92 A declaração de voto de Vergueiro é um documento notável, revelando uma profunda visão dos problemas brasileiros.

93 Sessão de 18 de outubro de 1821.

94 Sessão de 2 de abril de 1822.

95 Sessões de 15 de abril e 14 de maio de 1822.

96 O projeto, elaborado por uma comissão da qual faziam parte os brasileiros Luís Paulino Oliveira Pinto da França, Pedro Rodrigues Bandeira e Francisco Xavier Monteiro da França, começou a ser discutido em abril de 1822. Em julho do mesmo ano, foi remetido à comissão para ser alterado de acordo com as emendas propostas. Foi novamente apresentado ao Congresso em 14 de setembro, mas já então a situação se modificara no Brasil, pelo que nunca passou de "projeto".

97 Sessão de 26 de julho de 1822.

98 Sessão de 26 de julho de 1822. Era o que pensava Ferreira de Moura.

99 Como sugeria, entre outros, Borges Carneiro.

100 Sessão de 3 de julho de 1822.

101 Sessão de 5 de julho de 1822.

102 Art. 1289, Tit. IV, Cap. II da "Constituição política da monarchia portugueza, decretada pelas cortes geraes, extraordinárias e constituintes, reunida em Lisboa, no anno de 1821".

103 Decreto de 3 de junho e carta de 19 de junho de 1882.

104 Como reconhecia Ferreira de Moura – Sessão de 19 de setembro de 1822.

105 A "Proclamação" foi feita em 17 de agosto de 1822.

106 "Indicação" de 26 de agosto de 1822, assinada por Antônio Costa, Aguiar, Silva Bueno e José Feliciano Fernandes Pinheiro. Minas não estava apresentada em Cortes.

107 Sessões de 22 e 30 de agosto de 1822.

108 Alguns deputados portugueses não pensavam assim: Castelo Branco Manuel, Xavier Monteiro e Girão são exemplos. Este último dizia: "se acaso há provincias dissidentes, os poderes dos Srs. Deputados desta provincias estão quebrados e nullos". (Sessão de 22 de agosto de 1822.)

109 "Indicação" de 10 de setembro de 1822.

110 Sessão de 11 de setembro de 1822 e Parecer da Comissão de Constituição de 16 de setembro de 1822.

111 Sessão de 19 de setembro de 1822.

112 Sessão de 19 de setembro de 1822.

113 Sessão de 29 de agosto de 1822.

114 Sessão de 19 de setembro de 1822.

115 Sessão de 19 de setembro de 1822.

116 Sessão de 20 de setembro de 1822.

117 Dissidentes seriam as que elegessem deputados às cortes brasileiras.

118 Sessão de 14 de setembro de 1822.

119 Sessão de 20 de setembro de 1822.

120 Sessão de 20 de setembro de 1822.

121 Sessão de 21 de setembro de 1822.

122 Sessão de 21 de setembro de 1822.

123 A assinatura fez-se a 23 de setembro e o juramento a 30 do mesmo mês. Dos deputados por São Paulo só a assinou Fernandes Pinheiro, que também a jurou. José Lino Coutinho e Francisco Moniz Tavares subscreveram-na mas não a juraram.

124 Era substituto. Foi chamado a tomar assento para substituir Gomes Parente.

125 Chamado a substituir Silva e Sousa, obteve dispensa por doença já em 1823.

126 Era substituto. Foi chamado a tomar assento para substituir Cunha.

127 Era substituto. Tomou assento para substituir Campelo.

128 Era substituto. Chamado para preencher o lugar de Sousa Pereira.

129 Era substituto. Preencheu o lugar de Carvalho e Silva.

130 Era substituto. Chamado para preencher o lugar vago por morte do Bispo de Elvas.

131 Era substituto. Preencheu o lugar do Bispo de Coimbra.

132 Era substituto. Como Cavalcanti não comparecia, foi chamado, tendo permanecido.

133 Era substituto. Preencheu o lugar de Sousa e Melo.

7. José Bonifácio: Homem e Mito

1 Sobre as lendas andradinas e antiandradinas veja-se Emília Viotti da Costa, *José Bonifácio: Mito e Histórias, Anais do Museu Paulista*, v. XXI, 1967, p. 291-350.

2 *Reforço Patriótico ao Censor Lusitano na interessante tarefa que se propôs de combater os periódicos*, Bahia: Imp. de Vieira Serra e Carvalho, 1822.

3 *Documentos Para a História da Independência*, Lisboa/Rio de Janeiro: Oficinas Gráficas da B.N., 1923, p. 402.

4 *O Tamoio*, Rio de Janeiro, Célio Valverde, 26 de agosto e 2 de setembro 1944.

5 Ver Maria Graham, *Diário de uma Viagem ao Brasil*, São Paulo: CEN, 1956.

6 Ver Divaldo Gaspar de Freitas, *Paulistas na Universidade de Coimbra*, Coimbra: [s.n.], 1958.

7 Francisco de Melo Franco, *No Reino da Estupidez: Poema*, Paris: Officina de A. Bobee, 1818.

8 *Revista da Academia Real de Ciências de Lisboa*, 24 de junho de 1816.

9 *Obras Científicas, Políticas e Sociais de José Bonifácio de Andrada e Silva*, coligida e reproduzida por Edgard de Cerqueira Falcão. São Paulo: [s.n.], 1965. 3 v.

10 Mss. existentes no Instituto Histórico e Geográfico Brasileiro.

11 Octávio Tarquínio de Souza, *José Bonifácio 1763-1838*, Rio de Janeiro: José Olímpio, 1945, p. 84; 2. ed., p. 131s.

12 Ibidem.

13 *Viagem Mineralógica na Província de São Paulo*, Arquivo do Museu Nacional do Rio de Janeiro 24, 1823 p. 217-236.

14 Emília Viotti da Costa, Introdução ao Estudo da Emancipação Política do Brasil, em Carlos Guilherme Mota (org.), *Brasil em Perspectiva*, São Paulo: Difusão Europeia do Livro, 1968, p. 90.

15 Auguste de Saint Hilaire, *Segunda Viagem a São Paulo e Quadro Histórico da Província de São Paulo*, São Paulo: Livraria Martins Editora, 1953, p. 100s.

16 Maria Isaura Pereira de Queiroz, *O Mandonismo Local na Vida Política Brasileira (Da Colônia à Primeira República): Estudos de Sociologia e História*, São Paulo: Anhembi, 1957, p. 216.

17 Em *Obras Científicas, Políticas e Sociais de José Bonifácio de Andrada e Silva*, v. II, p. 93-102.

18 Ibidem, v. II, p. 221s.

19 Venancio Neiva, *Resumo Biográfico de José Bonifácio de Andrada e Silva, o Patriarca da Independência do Brasil*, Rio de Janeiro: Pongetto, 1937, p. 249.

20 *Atas do Conselho de Estado*, Mss. Arquivo Nacional, caixa 295.

21 *Obras Científicas, Políticas e Sociais de José Bonifácio de Andrada e Silva*, v. II, p. 256.

22 Correspondência do barão Wenzel de Mareschall, agente diplomático da Áustria no Brasil. *Revista do Instituto Histórico e Geográfico Brasileiro*, n. 80, p. 65, Rio de Janeiro, 1916, ofício 17 de maio de 1822.

23 V. Neiva, op. cit., p. 117-118.

24 O.T. de Souza, op. cit., 2. ed., p. 219-220.

25 E.V. da Costa, op. cit., p. 131.

26 Vejam-se, por exemplo, os periódicos *Nova Luz Brasileira* e *Jurujuba dos Farroupilhas*, ambos representativos da ala liberal radical.

27 *Obras Científicas, Políticas e Sociais de José Bonifácio de Andrada e Silva*, v. III, p. 15.

28 Mss. Arquivo Nacional. *Atas do Conselho de Estado*, caixa 295.

29 Hélio Vianna. Correspondência de José Bonifácio, 1800-1820, *Estudos sobre José Bonifácio de Andrada e Silva*, Santos, MCMLXIII, p. 122-124.

30 Octávio Tarquínio de Souza. *O Pensamento Vivo de José Bonifácio*, São Paulo: Martins, [s.d.], p. 61.

31 Ibidem, p. 128.

32 Ibidem, p. 117.

33 V. Neiva, op. cit., p. 115.

34 Mss. Instituto Histórico e Geográfico Brasileiro, doc. 4864.

35 O.T. de Souza, *O Pensamento Vivo de José Bonifácio*, p. 131-132.

36 V. Neiva, op. cit., p. 61; O.T. de Souza, *O Pensamento Vivo de José Bonifácio*, p. 133; V. Neiva, op. cit., p. 103.

37 *Anais da Assembleia Constituinte de 1823*, t. I, p. 26.

38 Ver *Nova Luz Brasileira*.

39 Cartas Andradinas, *Anais da Biblioteca Nacional do Rio de Janeiro*, 14, p. 14 e 22; e V. Neiva, op. cit., p. 204.

40 José Bonifácio de Andrada e Silva, *Representação à Assembleia Geral Constituinte e Legislativa do Império do Brasil Sobre a Escravatura*, Paris: Typographia de Firmin Didot, 1825, reproduzido em *Obras Científicas, Políticas e Sociais de José Bonifácio de Andrada e Silva*, v. II, p. 139; V. Neiva, op. cit., p. 213. Citado ainda por O.T. de Souza, *O Pensamento Vivo de José Bonifácio*, p. 61.

41 Ver José Eloy Pessoa da Silva, *Memórias Sobre a Escravatura e Projeto de Colonização dos Europeus e Pretos da África no Império do Brasil*, Plancher: Rio de Janeiro, 1826; e João Severiano Maciel da Costa, *Memória Sobre a Necessidade de Abolir a Introdução dos Escravos Africanos no Brasil: Sobre o Modo e Condições Com Que Esta Abolição Se Deve Fazer e Sobre os Meios de Remediar a Falta de Braços Que Ela Pode Ocasionar*, Coimbra: Imprensa da Universidade, 1821.

42 *Obras Científicas, Políticas e Sociais de José Bonifácio de Andrada e Silva*, v. II, p. 99-100.

43 *Nova Luz Brasileira*.

44 *Anais da Assembleia Constituinte 1823*, Sessões de 7, 8, 9, 29, 30 de outubro e 6 de novembro.

45 Cartas Andradinas, *Anais da Biblioteca Nacional do Rio de Janeiro*, 14, p. 11. "Os políticos da moda querem que o Brasil se torne Inglaterra ou França, eu quisera que ele não perdesse nunca os seus usos e costumes simples e naturais e antes retrogradasse do que se corrompesse", dizia José Bonifácio. (O.T. de Souza, *O Pensamento Vivo de José Bonifácio*, p. 137.)

46 *Anais da Assembleia Constituinte*, t. I, p. 26.

47 Ibidem, t. IV, p. 231.

48 *Poesias Avulsas de Américo Elísio*, Bordéus: [s.n.], 1825; O.T. de Souza, *O Pensamento Vivo de José Bonifácio*, p. 173.

49 Mss. Museu Paulista

50 O.T. de Souza, *José Bonifácio 1763-1838*, p. 328s.

51 Mss. Museu Paulista.

52 O.T. de Souza, *José Bonifácio 1763-1838*, p. 332, 335, 337.

53 V. Neiva, op. cit., p. 257.

54 Gondin da Fonseca, *José Bonifácio, Nacionalista Republicano, Homem de Esquerda*, São Paulo: Fulgor, 1963.

8. A Interiorização da Metrópole (1808-1853)

1 Tobias Monteiro, *História do Império: A Elaboração da Independência*, Rio de Janeiro: F. Briguiet e Cia. Editores, 1927, p. 403-405 e 846-847.

2 Caio Prado Júnior procurou demonstrar o fato de a independência em si não constituir objetivo de estudo para o historiador, sendo antes resultado de "um consenso ocasional de forças que estão longe, todas elas, de tenderem cada qual só por si para aquele fim..." (*Formação do Brasil Contemporâneo*, São Paulo: Brasiliense, 1957, p. 156.)

3 "Pela própria natureza de uma tal estrutura, não poderíamos ser outra coisa mais que o que fôramos até então: uma feitoria da Europa, um simples fornecedor de produtos tropicais para seu comércio. A sociedade colonial era incapaz de fornecer a base, os fundamentos para constituir-se em nacionalidade orgânica. Não tinha com que satisfazer as necessidades internas e coerentes de uma população que não existia como fim em si mesma,

418 NOTAS

sendo apenas um mecanismo, uma parte de uma vasta organização produtora destinada a atender as demandas do comércio europeu." (C. Prado Júnior, op. cit., p. 120-121.)

4 Idem, *Evolução Política do Brasil e Outros Estudos*, São Paulo: Brasiliense, 1963, p. 187s.

5 Tobias Monteiro, *História do Império: A Elaboração da Independência*, p. 408 e 411.

6 Em S.B. de Holanda (dir.), *História da Civilização Brasileira*, São Paulo: Difusão Europeia do Livro, 1962. (O Brasil Monárquico, v. I. p. 9).

7 Emilia Viotti da Costa, Introdução ao Estudo da Emancipação Política, em Manuel Nunes Dias et al. (org.), *O Brasil em Perspectiva*, São Paulo: Difusão Europeia de Livro, 1968, p. 73s. A mesma autora, em outros trabalhos, aprofundou o estudo do papel desempenhado por José Bonifácio, analisando as contradições de sua mentalidade de ilustrado europeu e americano e o choque da visão de estadistas com a realidade concreta e objetiva de sua terra. "Mito e Histórias", *Anais do Museu Paulista*, v. XXI, São Paulo, 1967, p. 286.

8 Maria Thereza Schorer Petrone, Um Comerciante do Ciclo do Açúcar Paulista: Antônio da S. Prado (1817-1829), *Revista de História*, v. XXXVI n. 73 (1968), p. 161; v. XXXVII, n. 76, p. 315; e v. XXXIX, n. 79, p. 121.

9 Ver Introdução ao Estudo da Emancipação Política, em M.N. Dias et al. (org.), *O Brasil em Perspectiva*.

10 S.B. de Holanda, op. cit., p. 13.

11 O cônsul austríaco na corte do Rio dá testemunho sugestivo a respeito da disposição do conde da Barca, ministro de d. João VI, a esse respeito, em 1811. "Mostrando-lhe certa vez a inconveniência de menosprezar Portugal, donde poderia resultar a sua separação, ouviu o cônsul em resposta achar-se o governo preparado para essa eventualidade, que aliás não o assustava, *pois de bom grado renunciaria a Europa e tomar-se-ia americano..*" (T. Monteiro, *História do Império: A Elaboração da Independência*, p. 222. Ver também Manuel de Oliveira Lima, *D. João IV no Brasil (1808-1821)*, Rio de Janeiro: Typ. Do Jornal do Commercio, de Rodrigues & C., 1808, v. II, p. 1020.

12 Ver artigo de Hipólito da Costa sobre a industrialização de Portugal, *Correio Braziliense*, junho e agosto de 1816; Jorge Borges de Macedo, *Problemas de História da Indústria Portuguesa no século XVIII*, Lisboa: Associação Industrial Portuguesa, 1963; Joel Serrão, A Indústria Portuense em 1830, *Bulletin d'Etudes historiques*, Lisboa, 1953.

13 João Manuel Pereira da Silva, *História da Fundação do Império Brasileiro*, Paris: Garnier Irmãos, 1864-1868, v. III, p. 274. "Assolado pela

invasão interior dos três anos; diminuido de recursos com a perda do comércio e monopólios do Brasil; decaído de população que lhe arrancaram as guerras *e a emigração para a América*, sem mais indústria, fábricas e transações mercantis; malbaratado ainda por impostos e sacrifícios que lhe esgotaram os recursos do presente e enegreceram o porvir; curvado sob a autoridade de régulos, que não respeitavam lei nem pessoas e propriedades de súditos; reduzido a colônia e a conquista; que nação o igualava em sofrimentos?" (Ibidem.)

14 Representação Reservadíssima de D. Rodrigo de Souza e Coutinho ao Principe Regente de 31 de Dezembro de 1810, em ibidem, v. III, p. 283. Ver também v. II, p. 326, e v. III, p. 346.

15 254 Ibidem, v. III, p. 25.

16 255 Ibidem, p. 167.

17 Sobre a política regalista de d. João VI e os incidentes com o Vaticano, ver ibidem, p. 253, 256-258; Damião Peres, *História de Portugal, Porto: Portucalense, 1928*; e Fortunato de Almeida, *História de Portugal*, Coimbra: Almeida, 1922-1929, v. V e VI.

18 Ver Albert Silbert, *Le Portugal Mediterranéen à la fin de l'ancien regime: XVIIIème-debut du XIXe siècle*, Paris: SEVPEN, 1966; e José Gentil da Silva, *Annales*, nov. 1970.

19 J.M.P. da Silva. Op. cit., v. III, p. 161, 165-167, 168, 280-283 e 349.

20 Ibidem, 170.

21 Ver Fernando Piteira Santos, *Geografia e Economia da Revolução de 1820*, Lisboa: Publicações Europa-América, 1962; e Sandro Sideri, *Trade and Power: Informal Colonialism in Anglo-Portuguese Relations*, Rotterdam University Press, 1970.

22 Ver Antônio Cândido de Melo e Souza, *Formação da Literatura Brasileira: Momentos Decisivos*, São Paulo: Livraria Martins, 1964.

23 O conde de Palmela, apesar de ter estado apenas transitoriamente no Rio, define extraordinariamente bem o ponto de vista dos portugueses que se enraizavam no Brasil, que era aliás o mesmo dos ilustrados brasileiros, igualmente europeus. Em carta para a sua mulher, comentava Palmela: "Falta gente branca, luxo, boas estradas, enfim, faltam muitas coisas que o tempo dará, mas não falta, como em Lisboa e seus arredores, água e verdura, pois mesmo nesta estação, a pior, temos tudo aqui tão verde como na *Inglaterra*". (Maria Amalia Vaz de Carvalho, *Vida do Duque de Palmela: D. Pedro de Souza e Holstein*, Lisboa: Imprensa Nacional, 1898, v. 1, p. 371-372.) Nada mais sugestivo da visão dos homens que formaram a nacionalidade brasileira do que o trecho acima citado.

24 Paulo Pereira de Castro, "A Experiência Republicana (1831-1840)", em que o autor estuda a política da Regência e, em particular, a tradição de governo forte e centralizado de José Bonifácio, Evaristo da Veiga, Aureliano Coutinho, ligada aos interesses do paço. Ressalte-se a sua influência sobre liberais mineiros e paulistas, expressa, por exemplo, no ítem sobre a "província metropolitana" na Constituição elaborada pelos conspiradores de Pouso Alegre. O autor faz confronto dessa tendência com o parlamentarismo dos barões de café no interior do Rio. O fundamental é evidentemente a articulação da tendência autoritária e centralizadora com o tradicionalismo localista. S.B. de Holanda (dir.), *História Geral da Civilização Brasileira*, t. II, O Brasil Monárquico, v. II: Dispersão e Unidade. São Paulo: Difusão Europeia do Livro, 1964, p. 31.

25 J.M.P. da Silva, op. cit., v. II, p. 40 e v. III, p. 36, 52, 157.

26 Ver ms Visconde do Rio Seco, Exposição Analítica e Justificativa da Conduta e Vida Pública do Visconde do Rio Seco, *Arquivo do Museu Imperial*, Rio de Janeiro, 1821. A mesma tradição de dependência do poder real em Portugal vem descrita em Jacome Ratton, *Recordaçoens*, London: H. Bryer, 1813.

27 *Anais Biblioteca Nacional*, v. 56, p. 188.

28 Ibidem, Carta de fevereiro de 1814, p. 185. Ver também o levantamento dos bens adquiridos pelo conde dos Arcos em T. Monteiro, *História do Império: A Elaboração da Independência*, 244n.

29 Sugestivo das relações entre antiga Metrópole, a nova Corte do Rio de Janeiro e as demais capitanias do Brasil seria a divisão de mercado entre a fábrica real de pólvora do Reino e a nova fábrica de pólvora instalada no Rio de Janeiro. (J.M.P. da Silva, op. cit., v. III, p. 151.) Ficava reservado exclusivamente para a fábrica do Rio de Janeiro os mercados consumidores de Pernambuco, Bahia, São Paulo, Rio Grande do Sul, os portos da costa da África e a própria Corte. A fábrica do Reino só poderia vender para os Açores, Madeira, Porto Santo, Cabo Verde e no continente americano para o Maranhão, Pará e Ceará. (Carta de 22 de julho de 1811 em ibidem, p. 344). Também *ilustrativo da continuidade da política fiscal* é o fato de a Corte lançar novos impostos sobre as provincias do Norte destinados ao custeio de seu funcionalismo e de obras públicas, como seria o caso do aumento de impostos de exportação de açúcar, tabaco, algodão, couros etc. (Ibidem, p. 55.) Em julho de 1811, quando se tornou necessário levantar uma contribuição de 120 mil cruzados para financiar a

reconstrução do Reino, a nova Corte lançou os necessários impostos sobre as províncias do Norte: a Bahia contribuiria com 60 mil cruzados por ano, Pernambuco com 40 e Maranhão com 20 mil. (Carta Régia de 26 de julho de 1811, em ibidem, p. 285.)

30 Parecia a mesma coisa às capitanias dirigirem-se para Lisboa ou para o Rio de Janeiro. Ver Antônio Luiz de Brito Aragão e Vasconcellos, Memória Sobre o estabelecimento do império do Brasil, Anais Biblioteca Nacional, v. 43-44, p. 43.

31 Cit. Marrocos. Ver carta do conde dos Arcos sobre revoltas negras na Bahia. Rocha Martins, O Último Vice-Rei do Brasil, Lisboa: Oficinas Gráficas do ABC, 1934, p. 35-36.

32 Revista de História, v. XXVII, n. 55. p. 226.

33 Sierra y Mariscal, Ideias Gerais Sobre a Revolução do Brasil e Suas Consequências, Anais da Biblioteca Nacional, v. 43-44, p. 65.

34 Ibidem, p. 53.

35 Sobre a marginalização de Portugal no século XVIII e XIX, ver: Alan Krebs Manchester, British Preeminence in Brazil, Its Rise and Decline: A Study in European Expansion, Chapel Hill: University os North Carolina Presse, 1933; Stanley J. Stein e Barbara H. Stein, The Colonial Heritage of Latin America: Essays on Economic Dependence in Perspective, New York: Oxford University Press, 1970; Charles Ralph Boxer, The Portuguese Seaborne Empire, London, Hutchinson, 1970; Kenneth Maxwell, Pombal and the Nationalization of Luso-Brazilian Commerce, Hispanic American Historical Review, nov. 1968; e S. Sideri, op. cit., cap. III e VI.

36 Sierra y Mariscal, op. cit., 63.

37 Sérgio Buarque de Holanda, A Herança Colonial: Sua Desagregação, em S.B. de Holanda (dir.), História Geral da Civilização Brasileira, p. 16.

38 Carta de 22 de abril de 1826 e. Charles K. Webster, Great Britain and the Independence of Latin America, London: Oxford Univertsity Press, 1838, p. 308.

39 Sierra y Mariscal, op. cit., p. 72.

40 Ibidem, p. 74.

41 Note-se o prisma liberal curiosamente distorcivo com que Pereira da Silva, critica o que era um traço peculiar e característico do equilíbrio interno das classes dominantes da colônia: critica esta contra o funcionamento púbico que é uma das chaves com que investe contra o período joanino: "Conseguiram

igualmente entrar para as repartições públicas alguns brasileiros, posto que poucos e raros, deixando posições independentes lucrativas e honrosas, ofuscados pelo brilho e importância social do funcionalismo. Apoderaram-se os espíritos todos de uma tendência para os empregos administrativos que causou e causa ainda atualmente [1867] graves prejuízos à independência individual e ao desenvolvimento moral e material do passado. A ambição de viver dentro e debaixo da ação e tutela do governo rouba aos indivíduos a sua própria liberdade, ao passo que lhe não assegura a fortuna e nem o futuro seu e da sua família e arranca aos oficios, às artes, ao comércio, à indústria, às letras e às ciências, cidadãos prestimosos e inteligentes." (J.M.P. da Silva, op. cit., v. II, p. 47.)

42 Sierra y Mariscal, op. cit., p. 72.

43 C.R. Boxer, The Golden Age of Brazil 1695-1750, Berkeley: University of California Press, 1968, p. 63-70; idem, The Portuguese Seaborne Empire, 1418-1825, London: Hutchinson, 1969; Anthony J.R. Russell-Wood, Fidalgos and Philanthropists: Santa Casa de Misericórdia de Bahia, Berkeley: University of California Press, 1968; Stuart Schwartz, O Desembargo do Paço, Hispanic American Historical Review, 1971.

44 Sierra y Mariscal, op. cit., p. 72.

45 Ibidem. p. 67.

46 Mareschal, o ministro austríaco na corte do Rio, registrou o fato de José Joaquim da Rocha, um dos principais promotores do "Fico" e em cuja casa foi assinado o manifesto dos fluminenses, ter-se recusado a aceitar o cargo de ministro por achar necessária uma maioria de portugueses nos conselhos do Príncipe. (T. Monteiro, História do Império: A Elaboração da Independência, p. 445.) No manifesto de justificação dos revolucionários do Porto, alegavam, em primeiro lugar, a evasão de gente e de capital para o Brasil, em seguida lamentavam os efeitos do tratado de 1810 e a perda do monopólio do comércio do Brasil. (J.M.P. da Silva, op. cit., v. II, p. 46 e v. III, p. 26.)

47 Carlos Guilherme Mota, Nordeste 1817: Estruturas e Argumentos, São Paulo: Perspectiva, 1972.

48 Paulo Cavalcanti, Eça de Queiroz, Agitador no Brasil, São Paulo: Cia. Ed. Nacional, 1966, p. 63.

49 Correio Braziliense, XXIV, p. 421.

50 Maria Odila Silva Dias, Aspectos da Ilustração no Brasil, Revista do Instituto Histórico e Geográfico Brasileiro, v. 278, jan.-mar. 1968, p. 100-170.

51 C.R. Boxer, The Golden Age of Brazil, p. 13.

52 Luis dos Santos Vilhena, Notícias Soteropolitanas da Bahia, carta 1, p. 43-45.

53 C.R. Boxer, The Golden Age of Brazil; idem, The Portuguese Seaborne Empire; A.J.R. Russel-Wood, Fidalgos and Philanthropists: The Santa Casa de Misericórdia da Bahia.

54 "Uma das coisas que concorrem muito para o aumento da população é a providência da economia e política de todos os povos que habitam as cidades, vilas e aldeias e ainda mesmo os mais insignificantes lugares; para o que convém provê-los de tudo aquilo que eles necessitam, cuja falta faz muitas vezes ficaram desertas as terras, pois os habitantes fogem de residir em um sítio, onde faltam as comodidades necessárias. Para se poder dar as precisas providências tendentes a este fim, importa muito indagar quais são os gêneros indispensáveis para a subsistência da vida e fazer-se com que eles não faltem em cada lugar exempl. Grat! que em todos se plante a mandioca, ou o trigo, hajam açougues providos, pomares de frutos, pasto para toda a qualidade de gados, tavernas de comestíveis e mercadorias mais concordes com o uso e consumo da terra, que hajam oficiais de todos os oficios mecânicos. Médico ou Cirurgião e o mais conducente ao Bem Público de cada povoação à proporção da sua grandeza e do seu luxo pois sem isso não se podem reger os povos." (Antônio Luiz de Brito Aragão e Vasconcelos, Memórias Sobre o Estabelecimento do Império do Brasil ou Novo Império Lusitano, Anais da Biblioteca Nacional, v. 43-44, p. 31.)

55 J.M.P. da Silva, op. cit., v. III, p. 274.

56 Ibidem, p. 283.

57 Rocha Martins, op. cit., p. 38-39.

58 Foi o caso de Fernando José de Portugal, vice-rei no Rio de 1801 a 1806 e do próprio conde dos Arcos. (Oliveira Lima, D. João VI no Brasil, v. I, p. 171-173 e 180.)

59 J.M.P. da Silva, op. cit., v. III, p. 156, 288-289 e 291.

60 Alvará de 24-XI-1813 em J.M.P. da Silva, op. cit., v. III, p. 348.

61 Carta Régia de 4-XII-1813, em ibidem.

62 Oliveira Lima, D. João VI no Brasil, v. I, p. 255.

63 Ibidem, v. II, p. 789.

64 J.M.P. da Silva, op. cit., v. III, p. 133.

65 A.L. de B.A. e Vasconcellos, op. cit., p. 43.

66 A.C. de Melo e Souza, op. cit., v. II.

420 NOTAS

II. DAS INDEPENDÊNCIAS
9. O Processo de Independência no Norte

1 Sobre a ação de Portugal na Amazônia, escrevemos uma série de ensaios sintetizados no capítulo sobre a "Ocupação Portuguesa do Vale Amazônico" constante do primeiro volume da *História da Civilização Brasileira*, direção de Sérgio Buarque de Holanda, e em trabalhos mais amplos de minha autoria: *A Política de Portugal no Vale Amazônico*, Belém: Secult, 1940; *Aspectos da Experiência Portuguesa na Amazônia*, Manaus: Governo do Estado do Amazonas, 1966.

2 Sobre o episódio, ver meu ensaio "Uma Tentativa de Secessão na Amazônia, *A Amazônia e a Integridade do Brasil*, Manaus: Governo do Estado do Amazonas, 1966.

3 Ver Manoel Barata, Apontamento Para as Ephemérides Paraenses, *Revista do Instituto Histórico e Geográfico Brasileiro*, n. 90, Rio de Janeiro, 1921.

4 Na seção de manuscritos da Biblioteca e Arquivo Público do Pará, há abundante documentação sobre a população da Amazônia, com dados da maior importância sobre o comportamento que a caracterizava.

5 Sobre a atividade econômica regional, ver Manoel Barata, *A Antiga Produção e Exportação do Pará*, Belém: Gillet de Torres & Comp., 1915; Arthur Cezar Ferreira Reis, *O Processo Histórico da Economia Amazonense*, Rio de Janeiro: Imprensa Nacional, 1960; Moacyr Paixão, *Formação Econômica do Amazonas*, Porto Alegre: [s.n.], 1940; Manuel Nunes Dias, *A Companhia Geral do Grão-Pará e Maranhão*, Pará: Universidade Federal do Pará, 1970.

6 Permanece inédito esse inventário, que se guarda na seção de manuscritos da Biblioteca e Arquivo Público do Pará, e revela aspectos interessantíssimos da vida regional. O levantamento foi realizado visando ao conhecimento pormenorizado do procedimento da humanidade amazônica nos mais variados aspectos de sua atividade.

7 Paulo José da Silva Gama, barão de Bagé, fez a afirmativa no extenso memorial que dirigiu ao ministro do Império, propondo a elevação da comarca do Rio Negro à condição de província Imperial. Em várias outras oportunidades, o barão, falando a dirigentes do Império, assinalava os aspectos muito particulares da região, que, insistia, exigia tratamento especial.

8 Sobre a defesa militar da Amazônia, realizada através de fortificações ao longo da fronteira e ao longo da calha central do rio Amazonas, ver as monografias: Arthur Vianna, As Fortificações na Amazônia, *Anais da Biblioteca e Arquivo Público do Pará*, t. 4, Belém, 1905; e Arthur Cezar Ferreira Reis, *Roteiro Histórico das Fortificações no Amazonas*, Manaus: Governo do Estado do Amazonas, 1966.

9 Ainda se está por se escrever ensaio sobre as precauções adotadas, em todo o Brasil, para evitar a penetração da ideologia revolucionária. No particular da Amazônia, na seção de manuscritos da Biblioteca e Arquivo Público do Pará, há documentação por explorar. Liga-se a essa política a ordem proibindo a entrada de Humboldt e a ordem de aprisioná-lo caso fosse encontrado em território da Amazônia portuguesa.

10 A atuação de Souza Coutinho foi muito firme; nesse particular ver nossos estudos sobre *Limites e Demarcações na Amazônia Brasileira*, t. 1. *A Fronteira Colonial Com a Guiana Francesa*, Rio de Janeiro: Imprensa Nacional, 1947. Na mesma época o governador Lobo d'Almada projetara a conquista da região entre o Cassiquiari e o Orenoco. Ver nossos ensaios *Lobo d'Almada, um Estadista Colonial*, Manaus: Imprensa Pública, 1940.

11 Ver Arthur Cezar Ferreira Reis, *O Jardim Botânico de Belém*, Rio de Janeiro: Museu Nacional, 1946.

12 Sobre o que ocorreu na fronteira com a Venezuela, ver nosso ensaio intitulado Mentalidade e Boa Vizinhança no Início das Relações Entre Brasileiros e Venezuelanos, *Revista do Instituto Histórico e Geográfico Brasileiro*.

13 O episódio ainda não foi estudado. A documentação pertinente guarda-se no Pará, na seção de manuscritos da Biblioteca e Arquivo Público do Pará.

14 Ver José Antônio Soares de Souza, Aspectos do Comércio do Brasil e Portugal no Fim do Século XVIII e Começo do Século XIX, *Revista do Inst. Hist. Geográfico Brasileiro*, v. 289, Rio de Janeiro, 1970, em particular o capítulo sobre o Maranhão.

15 Sobre as condições do Maranhão em fins do período colonial, são fontes preciosas: Garcia de Abranches, *Espelho Crítico-Político da Província do Maranhão*, Lisboa: Rollandiana, 1822; Antônio Bernardino Pereira do Lago, *Estatística histórico-geográfica da Província do Maranhão*, Lisboa: [s.n.], 1822.

16 Sobre a atuação do bispo Nazaré, ver o artigo de Dunshee de Abranches intitulado "Frei D. Joaquim de Nazareth, o Bispo-Rei", *Jornal do Comércio* do Rio de Janeiro.

17 É assunto a estudar esse das instruções confiadas aos deputados mandados às Cortes de Lisboa. Geralmente, afirma-se que apenas os deputados paulistas receberam instituições dos governos provinciais, o que não é exato, como se verifica no caso dos que representaram o Piauí, Maranhão e Pará.

18 Ver Antônio Lopes, *História da Imprensa no Maranhão, 1821-1925*, Rio de Janeiro: Serviço de Documentação, 1959.

19 Afirmou-se, durante algum tempo, que essa *Gazeta do Pará* teria sido o primeiro jornal na região. Não é exato. Essa *Gazeta* foi impressa em Lisboa. Há dela exemplar na Biblioteca Nacional do Rio de Janeiro. Devo o conhecimento do fato em sua exatidão a Marcelo Ipanema.

20 O dr. João Cândido de Deus e Silva foi um dos primeiros intérpretes do sistema político inaugurado com o movimento liberal do Porto. Seu "Discurso", proferido em 13 de junho de 1821, em Sto. Antônio do Campo Maior, é já uma análise do que estava ocorrendo como fruto da novidade que punha termo ao absolutismo.

21 Ver Arthur C.F. Reis, capítulo escrito para a *História Geral da Civilização Brasileira*, direção de Sérgio Buarque de Holanda, t. IV, p. 147, São Paulo: Difusão Europeia do Livro, 1960.

22 Sobre a independência no Maranhão, ver, e é fundamental, Vieira da Silva, *Apontamentos Para a História da Independência do Maranhão*, [S.l.]: [S.n.], 1862. Sobre o Piauí, Abdias Neves, *A Guerra do Fidié*, Piauí: Edição do Autor, 1907. Fidié expôs o comportamento em *Vária Fortuna de Soldado Português Oferecida ao Público*, Lisboa: Typ. de Alexandrina Amelia de Salles, 1850. Esse opúsculo foi, posteriormente, reeditado no Rio de Janeiro com estudo, à guisa de prefácio, de Hermínio Conde.

23 Além do que há nas páginas do primeiro volume de *Os Motins Políticos*, de Domingos Antônio Rayol, é fundamental, para o conhecimento dos sucessos que assinalaram o processo de aceitação do sistema de soberania brasileira pela Amazônia, o que se contém na *Revista do Inst. Hist. Geogr. do Pará*, v. IV, em especial a monografia da Palma Muniz, intitulada "Adesão do Grão-Pará à independência".

10. O Processo de Independência no Nordeste

1 Henri Koster, *Viagem ao Nordeste do Brasil*, trad. e notas de Luis da Câmara Cascudo, São Paulo: CEN, 1942. p. 234.

2 "É um homem de talento, muito dedicado no tocante aos seus deveres, entusiasta de dotar de condições melhores o povo que lhe haviam dado para administrar. Lamento dizer que ele foi transferido para o governo insignificante de São Miguel, um dos Açores [...]" (Ibidem, p. 112.)

3 Ibidem.

4 Ibidem, p. 167.

5 Ibidem, p. 182, nota 19. O referido Martins era Domingos José Martins.

6 "Esforça-se pessoalmente pelo desenvolvimento da civilização nas classes abastadas da sua freguesia, evitando discórdia entre elas", notava Koster. (Ibidem, p. 345.)

7 10 de novembro de 1823, cap. IV. O comércio da praça da Bahia, escrevia Mariscal, estava todo ele também nas mãos dos portugueses europeus. "Este comércio comprava aos estrangeiros suas mercadorias e fazia vir de Inglaterra, as Máquinas, e utencílios para as serventias dos Engenhos, mas quasi tudo era fiado."

8 H. Koster, op. cit., p. 83.

9 Ibidem, p. 60.

10 Ibidem, p. 135.

11 Ibidem, p. 303. O realismo de Koster por certo contrastava com o ambiente: "É preciso pensar que vivemos no seio de um povo inteiramente devotado às formas e cerimônias do seu culto, cuja dedicação às suas Igrejas sobrepuja todas as outras afeições [...]"; "Podemos estabelecer relações comerciais com esse povo mas nós devemos contentar em ser estimados na proporção da nossa utilidade." (Ibidem, p. 489.)

12 Ibidem, p. 132.

13 Ibidem, p. 327.

14 Ibidem, p. 451. Para a agricultura do Nordeste, especialmente o algodão, Koster dedica capítulo particular. Sobre as máquinas de descaroçar o algodão, verifique-se como recuaram para o interior: dos arredores de Recife para Goiana, Limoeiro e Bom Jardim. (Ibidem, p. 452.) Como apêndice à obra de Koster, vejam-se os estudos de Arruda Câmara.

15 Ibidem, p. 72. As últimas páginas do livro retomam essas ideias. Pelo que se percebe, os gêneros de primeira necessidade eram taxados pesadamente, o mesmo ocorrendo com demais artigos comerciais. A inexistência de justiça imparcial era por ele reclamada. *A abolição de todos os monopólicos* (ibidem, p. 564),

igualmente reclamada, fornece elemento importante para que se compreenda que as estruturas do comércio colonial não ficaram eliminadas com a abertura dos portos: quando se procurava levar à prática os tratados de 1810, a ação econômica esbarrava nos interesses estratificados durante a colonização portuguesa. Que nesse trânsito do Antigo Sistema colonial do imperialismo moderno o Brasil esteve à beira de convulsão profunda, atestam-no as palavras de outro comerciante inglês, John Luccock no prefácio de suas *Notas Sobre o Rio de Janeiro e Partes Meridionais do Brasil* (2. ed., São Paulo: Martins): "A rapidez com que os melhoramentos se processam no Brasil é maravilhosa, requerendo mão firme para governar a nau do estado. Queira Deus que El-Rei possa ter bastante descortínio para evitar o escolho de encontro ao qual tantas nações se quebraram – o amor das conquistas inúteis – assim como o não menos perigoso rodamoinho que ameaça levar o País ao vórtice da Revolução." (*ca.* 1819). "Já há dez anos que prego e vocês com os olhos fechados", (*Documentos Históricos*, Biblioteca Nacional, Divisão de Obras Raras e Publicações, 10 v., 1953 a 1955. CIX, 31). Deixamos de lado as costumeiras considerações a propósito dos antecedentes longínquos do movimento, que poderiam ser procurados já na Guerra dos Mascates, no começo do século XVIII. Da mesma maneira, não é nosso propósito narrar pormenorizadamente os episódios de 1817 a 1824. Uma farta bibliografia existe sobre o assunto, na qual se destacam, além da clássica *História da Revolução de Pernambuco em 1817*, Francisco Muniz Tavares, Recife: Imp. Industrial, 1917, os trabalhos de: Manuel de Oliveira Lima, *Dom João VI no Brasil (1808-1821)* (3 v., Rio de Janeiro: Typ. do Jornal do Commercio, 1908); de Amaro Quintas, *A Gênese do Espírito Republicano em Pernambuco e a Revolução de 1817*, (Recife: Imprensa Industrial, 1939), e seu capítulo inserido na *História Geral da Civilização Brasileira*, dir. Sérgio Buarque de Holanda, São Paulo: Difusão Europeia do Livro, 1962, ("A Agitação Republicana no Nordeste"); de Ulysses Brandão, *A Confederação do Equador, 1824-1924* (Recife: Instituto Archeologico Historico e Geographico de Pernambuco, 1924); e de M.E. Gomes de Carvalho, *Os Deputados Brasileiros nas Cortes Geraes de 1821* (Porto: Chardron, 1912). São importantes as notas introdutórias ("Explicação") de José Honório Rodrigues a cada volume dos *Documentos Históricos*, da Biblioteca Nacional. Não deve ser dispensada ainda a leitura de *O*

Movimento da Independência: O Império Brasileiro (1821-1889), de Oliveira Lima (São Paulo, Melhoramentos, 2. ed., [s.d.]), em especial os capítulos V e VI.

17 *Documentos Históricos* (DH), CIV, 50. Acusado também de elogiar Bonaparte.

18 Veja-se para 1816 (Alagoas, DH, CIV, p. 49) e para fevereiro de 1817 (Recife, DH, CIII, p. 48).

19 DH, CIII, p. 91.

20 Luis do Rego Barreto, *Memória Justificativa Sobre a Canducta do Marechal de Campo Luiz do Rego Barreto Durante o Tempo em Que foi Governador de Pernambuco, e Presidente da Junta Constitucional do Governo da Mesma Provincia, Offerecida à Nação Portugueza*, Lisboa: Typ. de Desiderio Marques Leão, 1822, cap. I.

21 Sobre a Confederação do Equador, consultar trabalho de Ulysses Brandão e capítulo de Amaro Quintas na *História Geral da Civilização Brasileira*. Tais leituras podem ser complementadas com o trabalho de Luiz Delgado, *Gestos e Vozes de Pernambuco*, Recife: Universidade Federal de Pernambuco, 1970.

22 Veja-se o artigo de Manuel Correia de Andrade, As Sedições de 1831 em Pernambuco, *Revista de História*, v. XIII, n. 28, 1956.

23 Ver Amaro Quintas, *O Sentido Social da Revolução Praieira*, Rio de Janeiro: Civilização Brasileira, 1967.

24 Ver *O Abolicionismo*, São Paulo: CEN, 1938, p. 50s.

25 Ver o discurso lido em 27 de agosto de 1831, por Francisco Luis de Souza, intitulado "Lembranças das Revoluções de Pernambuco de 1817 a 1821", existente na Coleção Porto Seguro (Ministério das Relações Exteriores) e referido por Oliveira Lima na nota LI à *História da Revolução de Pernambuco, em 1817*, de Francisco Muniz Tavares.

26 A Constituição francesa de 1785 serviu de principal modelo: atente-se para o fato de o Governo Provisório ter sido constituído por cinco membros.

27 DH, CVI, p. 174.

28 Ibidem, p. 73.

29 Ibidem, CII, p. 80. Como Gomes Freire de Andrade, foi queimado depois de morto, sendo suas cinzas lançadas ao mar.

30 Ibidem, CVI, p. 76.

31 Suas palavras conservadoras no patíbulo contrastam fortemente com os termos do *Preciso* (Biblioteca da Ajuda de Lisboa, Cópia manuscrita, 1817, 52-X-2, p. 6).

32 Está publicado na íntegra em DH, CIV, p. 16 a 23. Seu autor principal parece ter sido Antônio Carlos.

422 NOTAS

33 Ibidem, p. 21.

34 Ibidem, p. 23.

35 Ibidem, CI, p. 13. Vale a pena referir, ainda, a existência dos "Novos impostos do ano de 1815", relativos ao Banco do Brasil. (Ibidem, CII, p. 144.)

36 Consulte-se a nota LXV, de Oliveira Lima, à obra de Muniz Tavares, onde outras medidas menores são indicadas, além das aqui citadas.

37 DH, CI, p. 48-49.

38 Doc. cit. por Amaro Quintas em "A Agitação Republicana no Nordeste", p. 220 do primeiro volume do tomo II da *História Geral da Civilização Brasileira*.

39 DH, CII, p. 8.

40 Ibidem, CI, p. 218.

41 Ibidem, CIV, p. 57.

42 Ibidem, CV, p. 118.

43 Bowles to Croker, em G. Graham; R.A. Humphfeys (eds.), *The Navy and South America (1807-1823): Correspondence of the Commanders in Chief on the South American Station*, London, Navy Records Society, 1962, p. 187.

44 Ibidem.

45 Ibidem, p. 192.

46 Ibidem, p. 193. (Grifo nosso.) Observava atentamente, além do "espirito revolucionário" desenvolvido no Brasil, as relações entre a Corte do Rio de Janeiro e o governo de Buenos Aires. E sobre a conspiração contra a dinastia Bragança, dizia estar "very widely extended".

47 Não seria improvável supor a existência de discriminação entre a velha aristocracia rural a que pertencia o Suassuna e a camada de comerciantes nativos representada por Domingos José Martins.'

48 Capítulo cit. em *História Geral da Civilização Brasileira*, p. 222.

49 O documento original encontra-se na Coleção Lamego, MS 49, no Instituto de Estudos Brasileiros da Universidade de São Paulo.

50 Cópias existentes na Biblioteca da Ajuda (Lisboa), em manuscritos (cota 1817; 52-X-2, n. 83).

51 DH, CII, p. 77-78. A sentença foi executada às dez horas da manhã do dia 10 de julho de 1817. O cadete Antônio Henriques, depois de morto, teve o cadáver queimado, e as cinzas lançadas ao mar, como já indicamos.

52 Veja-se Amaro Quintas, cap. cit., p. 223. Perfaziam estes últimos o total de 117 prisioneiros.

53 A deputação pernambucana foi composta por Domingos Pires Ferreira, Inácio Pinto de Almeida e Castro, Feliz Tavares Lira, Manoel Zeferino dos Santos, Francisco Muniz Tavares e Pedro de Araújo Lima. Quase todos participaram direta ou indiretamente de 1817. Antônio Carlos iria posteriormente, por São Paulo. Sobre o assunto, consulte-se *Os Deputados Brasileiros nas Cortes Gerais de 1821*, de Manuel Emílio Gomes de Carvalho, Porto: Chafdrom, 1912, especialmente o capítulo VI.

54 Veja-se seu discurso nas Cortes contra o Governador, em *História da Revolução*, p. CCXXXIII e s.

55 Oliveira Lima, *O Império Brasileiro*, cap. V, p. 845.

56 O livro das sessões existe no Instituto Arqueológico, Histórico e Geográfico de Pernambuco. *Revista do Instituto Arqueológico, Histórico e Geográfico Pernambucano*, volume indice n. XLIV, 1961, p. 93.

57 O caráter nacionalista e lusófobo do movimento é claro: segundo observadores portugueses anônimos, esse "desenvolto procedimento não era de estranhar em Gervásio Pires Ferreira, o qual nas mesmas ocasiões em que apareciam no Recife Europeos fugidos, e espancados das Povoações do interior, aonde se tinhão estabelecido, e aonde havião sido insultados, maltratados e perseguidos por quadrilhas de mulatos, e pretos, instrumentos do seu carniceiro rancor contra Portuguezes Europeos, tinha a impudencia de affirmar ao ex-Governador de Armas, que nada havia contra os Europeos" por "Dous amigos da Verdade e da Justiça", *Exposição Veridica dos Procedimentos da Junta Provisória de Pernambuco em Todo o Tempo do Ex-Governador, José Maria de Moura, e na Entrada do Seu Successor*, Lisboa: Impr. João Baptista Morando, 1822, p. 2.

58 Amaro Quintas, cap. cit., p. 226. O mulato Pedroso chegara nesse ano de Lisboa, onde fora anistiado pelas Cortes.

11. O Processo de Independência na Bahia

1 Braz do Amaral, *História da Independência na Bahia*, 2. ed., Salvador: Livraria Progresso, 1957; idem, *Ação da Bahia na Obra da Independência Nacional*, Bahia: Imprensa Official do Estado, 1923; Breno Ferraz, *A Guerra da Independência da Bahia: 1823*, São Paulo: Monteiro Lobato, 1923; Manuel Correia Garcia e Manuel Querino, *História da Independência da Bahia*, Bahia: Typ. e Encadernação, 1900; José Wanderley de A. Pinho, A Guerra da Independência (Crônica de Toda a Campanha), *Revista do Instituto Histórico e Geográfico Brasileiro*, Rio de Janeiro, jan.-mar. 1968, n. 278, p. 35-86.

2 Mais especificamente em *História da Independência na Bahia*.

3 Wanderley Pinho, A Bahia: 1808-1856, *História Geral da Civilização Brasileira*, dir. Sérgio B. de Holanda, t. II, v. 2, São Paulo: Difusão Europeia do Livro, 1964.

4 Introdução ao Estudo da Emancipação Política, em Manuel Nunes Dias et al., *Brasil em Perspectiva*, São Paulo: Difusão Europeia do Livro, 1964.

5 Ibidem, p. 66-67.

6 Como exemplo, podemos citar: a lei de 11 de outubro de 1808, que isentava de direitos de entrada nas alfândegas as fazendas das fábricas do Reino de Portugal; o decreto de 13 de maio de 1810, que dispensava de direitos de entrada nos portos do Brasil as mercadorias da China, diretamente importadas, pertencentes a vassalos portugueses; o alvará de 20 de junho de 1811, que prescrevia requisitos e formalidades para admissão de navios vindos de portos estrangeiros com destino a Portugal e ao Brasil; o alvará de 13 de julho de 1811, que procurava favorecer as manufaturas portuguesas importadas no Brasil; o decreto de 21 de janeiro de 1823, que declarava as mercadorias e manufaturas nacionais completamente isentas de direitos de importação. Citados por E.V. da Costa, op. cit., p. 76-77.

7 Embora o Brasil já houvesse sido elevado à categoria de Reino Unido (1615), utilizamos a terminologia metrópole-colônia porque, no nivel do sistema, essa relação entre Portugal e o Brasil ainda se mantinha.

8 A Constituição que revelaria as intenções das Cortes portuguesas ainda não havia sido elaborada.

9 "Proclamação do Tenente-Coronel Manuel Pedro Quando da Revolta Constitucionalista" (10 de fevereiro de 1821). Documento anexo à obra de Braz do Amaral, *História da Independência na Bahia*, p. 15-16. Manuel Pedro foi feito brigadeiro e escolhido para governar as armas da provincia durante o movimento.

10 "Carta Que a Junta Provisional do Governo da Bahia Dirigiu a D. João VI" (12 de fevereiro de 1821). Ibidem, p. 47-49.

11 Entre outras coisas, esse decreto determinava a convocação de uma Corte de procuradores eleitos nas principais vilas e cidades do Brasil para que examinasse e adaptasse a Constituição elaborada em Portugal a essa parte do reino.

12 B. do Amaral, *História da Independência na Bahia*, p. 53-55.

13 "Manifestação da Câmara da Capital da Bahia Sobre o Decreto de 18 de Fevereiro" (21 de março de 1821), ibidem, p. 55-56.

14 A Bahia, o governo dessa província, já era independente frente ao Rio de Janeiro, desde o movimento de fevereiro.

15 A palavra "partido" vem entre aspas por indicar apenas tendência, tomada de posição, e não organização partidária.

16 Referindo-se a esse episódio, o general Madeira de Mello dizia um pouco mais tarde que "bem via como o geral dos naturais do país estava ufano, julgando-se com forças; [...] ataques públicos que se fazia às autoridades e pessoas que não eram de seu faccioso partido; [...]" Braz do Amaral, *História da Independência na Bahia*, "Ofício do dia 7 de março de 1822", p. 122-128.

17 Madeira de Mello, em B. do Amaral, *História da Independência na Bahia:* "tendo recaído a eleição do governo provisório desta Província em naturais do país à exceção de um europeu [...]"

18 B. do Amaral, *História da Independência na Bahia*, p. 38.

19 "Representação Contra a Posse de Madeira", em ibidem, p. 74-79. Entre os que assinaram essa representação estava Francisco Sabino Alves da Rocha Vieira, principal personagem da Sabinada (1837).

20 "Carta da Junta Governativa da Bahia" (8 de março de 1822), em ibidem, p. 129-136. (Grifo nosso.)

21 "Representação da Câmara da Bahia" (16 de março de 1822), em ibidem, p. 137-144. (Grifo nosso.) A morte da madre superiora do Convento da Lapa, sóror Joana Angélica de Jesus, ocorreu no dia 20 de fevereiro após a vitória das tropas de Madeira: festejando a vitória, os soldados portugueses invadiram o convento e, encontrando resistência por parte da abadessa, a matam.

22 "Ofícios Dirigidos Pelo General Madeira de Mello às Cortes de Lisboa", em ibidem, p. 122-128. Ofício do dia 7 de março de 1822. Nesse documento, o general diz que o *partido da independência* daquela época surgiu da união de dois "partidos": um monarquista constitucional e um republicano. Não encontramos nenhum outro documento que se referisse a esses "partidos".

23 Ibidem. Ofício do dia 17 de março de 1822. Nesse documento, o general relata todas as providências tomadas por Manuel Pedro para defender a Bahia após a expulsão das tropas de Avilez do Rio de Janeiro; temia-se que essas tropas viessem atacar as províncias do Norte. Isso não ocorreu, porém, parte dessa tropa veio para a Bahia sob o comando de Carreti, juntando-se à tropa comandada por Madeira. Também podemos avaliar, por esse documento, o grau de reação a Madeira na província pela grande quantidade de reforço militar pedido por ele para conservação daquela parte da monarquia portuguesa.

24 O ambiente de guerra civil que se instalou na cidade, as mortes e a algazarra dos soldados portugueses durante e após o movimento de fevereiro de 1822, levou muitos dos moradores da cidade a se retirarem para o Recôncavo, temendo maiores conflitos: o êxodo da população aumentou após a chegada das tropas de Carreti (março de 1822). Pode-se falar que, ao se iniciar o segundo semestre do ano, a cidade estava praticamente despovoada. Esse fato pode ser comprovado por documentos transcritos por B. do Amaral nos quais tanto a Junta quanto Madeira pedem aos habitantes que não abandonem a

25 cidade. *História da Independência na Bahia*, p. 165-166 e 221-223.

25 Carta dos Deputados Bahianos" (22 de março de 1822), em ibidem, p. 188-189.

26 412 "Termo de Vereação do Dia Terça-Feira 25 de Junho de 1822 em Que Foi Aclamada a Regência de Sua Alteza", em ibidem, p. 181-193.

27 Ibidem, p. 194-195. Note-se no documento a ideia de *regeneração*.

28 O cerco à cidade se consolidou após a batalha de Pirajá, na qual Madeira viu frustrada sua intenção de destruir o quartel-general dos sitiantes (8 de novembro de 1822). Essa foi a principal batalha da guerra.

29 O general Lima e Silva substituiu a Labatut quando esse foi destituído do cargo em consequência das acusações feitas pelo conselho de Cachoeira ao governo do Rio de Janeiro. A principal acusação feita foi a de não haver, esse general, cuidado da defesa da província da forma necessária.

30 As tropas portuguesas embarcaram para Lisboa no dia 2 de julho. Nesse mesmo dia, Lima e Silva entrou na cidade com as forças que comandava, o chamado "Exército Pacificador".

31 Aqueles que se interessarem pelos detalhes da guerra devem recorrer à bibliografia citada na nota 1 deste estudo, onde encontrarão uma descrição pormenorizada.

32 Os nomes dos organizadores e dirigentes do movimento, assim como sua posição social, podem ser encontrados nos documentos apresentados por Braz do Amaral, especialmente nos juramentos de adesão ao governo do príncipe regente. Ver *História da Independência na Bahia*, p. 196-209.

33 Ibidem, p. 293-294.

12. O Processo de Independência em Goiás

1 Os limites políticos da capitania eram bem mais amplos que os atuais.

2 Ainda em 1828, existiam em funcionamento 133 engenhos. Ver Luís Antônio da Silva e Souza, *Memória Estatística da Província de Goiás*, Rio de Janeiro: Tipografia Nacional, 1832.

3 Em 1824, o presidente da província queixava-se da impossibilidade de exploração dos recursos minerais e agrícolas por causa da distância a que ficavam os mercados e portos de mar. Ver SDEG – Serviço de Documentação do Estado de Goiás, "Ofício Sobre o Deplorável Estado a Que se Acha Reduzida Esta Província", *Livro 2º Para o Império, Estrangeiros e Marinha*, p. 9-11.

4 Exportados principalmente para centros intermediários do norte de Minas Gerais e do oeste da Bahia. Ver L.A. da S. e Souza, op. cit.

5 Os maiores criadores mantinham suas próprias tropas para adquirir sal na Bahia. Seus tropeiros levavam sua correspondência e traziam de lá os jornais e notícias que conseguiam recolher.

6 SDEG, *Livro 1º de Registro Geral (1820-1824)*, p. 57.

7 SDEG, *Livro 2º Para o Império, Estrangeiros e Marinha (1824-1827)*, 22v-31v.

8 SDEG, *Livro 1º de Registro Geral (1820-1824)*, 60v-61.

9 José Martins Pereira de Alencastre, Anais da Província de Goiás, *Revista do Instituto Histórico e Geográfico Brasileiro*, n. 28, 1865, p. 116.

10 O padre Marques era um mulato culto, matemático, ativista radical, que pouco depois seria marginalizado do processo político. Seu jacobinismo marcou toda ação política que

desenvolveu. Em 1831, sendo vice-presidente da província, voltaria a comandar a luta contra os portugueses, fazendo depor o presidente Miguel Lino de Morais, que era português.

11 O capitão Cardoso era membro de uma das famílias mais ricas do Norte, os maiores exportadores de gado de Arraias e São Domingos. Estava fortemente influenciado pelas ideias políticas que revolucionavam a Bahia e Pernambuco, de onde recebia notícias regularmente, através de seus tropeiros. Ver Antônio Americano do Brasil, *O Brigadeiro Felipe*, Goiás, 1924, 18 p.

12 431 O governador temeu mais o padre que o militar por ainda lhe serem fiéis os comandantes da tropa. Ver J.M.P. de Alencastre, op. cit., p. 117.

13 Ibidem, p. 118.

424 NOTAS

14 O desembargador Segurado chegara a Goiás em 1805, nomeado ouvidor geral da capitania. Foi transferido para a ouvidoria do Norte em 1809, com a criação dessa comarca. Fixando residência na Palma, aí se casou e identificou-se tanto com os interesses e problemas da região que se tornou o homem de maior prestígio do Norte, fato ainda mais acentuado pelo poder da família de sua mulher, os Pereira de Lemos.

15 Silva e Souza não só era amigo de Sampaio como o admirava. Essa admiração transparece nos versos laudatórios que lhe dedicou. Ver J.M.P. de Alencastre, Traços Biográficos de Silva e Souza, *Revista do Instituto Histórico e Geográfico Brasileiro*, n. 30, 1867, p. 241-256.

16 Idem, Anais da Província de Goiás, *Revista do Instituto Histórico e Geográfico Brasileiro*, n. 28, 1865, p. 119; e SDEG, *Livro de Ofícios da Junta Interina de Governo Para Lisboa (1822)*, 3-12v.

17 A denúncia foi feita por uma mulher, Maria Gertrudes Laura, o que permite supor que ela tenha agido por instrução de alguém com conhecimento do plano. Ver J.M.P. de Alencastre, Anais da Província de Goiás, *Revista do Instituto Histórico e Geográfico Brasileiro*, n. 28, 1865, p. 119.

18 SDEG, *Livro de Ofício da Junta Interina de Governo Para Lisboa (1822)*, 3-12v; e idem, *Livro 1º de Registro Geral (1820-1824)*.

19 J.M.P. de Alencastre, Anais da Província de Goiás, *Revista do Instituto Histórico e Geográfico Brasileiro*, n. 28, 1865, p. 121.

20 O capitão Xavier de Barros seguiria para o registro de Santa Maria, o padre Mendonça para a aldeia de Formiga e Duro, o capitão Cardoso para sua fazenda em Arraias, o padre Marques para qualquer lugar a mais de cinquenta léguas da capital. O padre Andrade declarou no momento que abandonaria a capitania, o que não fez. Mais tarde, os homens que viriam a compor o governo provisório diriam ter assentido a essa decisão por estarem cercados de armas, e que sob a mesma coação assinaram requerimentos que pediam a permanência de Sampaio no governo da capitania por mais seis anos. Ver SDEG, *Livro de Ofícios da Junta Interina de Governo para Lisboa (1822)*, 3-12v; e J.M.P. de Alencastre, Anais da Província de Goiás, *Revista do Instituto Histórico e Geográfico Brasileiro*, n. 28, 1865, p. 123-125.

21 Galvão viria a ter uma extensa e intensa vida política, como deputado, senador, conselheiro de Estado, presidente de províncias, ministro e diplomata. Ver Barão de Javari, *Organizações e Programas Ministeriais*, 2. ed., Rio de Janeiro: Arquivo Nacional, 1962; e Argeu Guimarães, *Dicionário Biobibliográfico Brasileiro*,

22 Rio de Janeiro: Ed. do Autor, 1938. Alencastro, que deixou a capitania pouco depois, reapareceria na vida política regional em 1834, nomeado pela regência para a presidência de Mato Grosso. Ver Virgílio Correia Filho, *História de Mato Grosso*, Rio de Janeiro: Instituto Nacional do Livro, 1969, p. 490-493.

O padre Gonzaga, muito hábil e cultivado, além do prestígio pessoal que desfrutava, era o mentor e porta-voz do homem de maior fortuna da província, Joaquim Alves de Oliveira, sargento-mor e comandante de Meia Ponte. Mais tarde, foi presidente e deputado. Teve filhos de três mulheres, sendo ascendente de algumas das mais extensas famílias da província.Jardim, dono de extrema habilidade política, era o vereador mais antigo e um dos juízes ordinários da capital, apesar de contar apenas 39 anos. Trabalhando sutilmente nos bastidores, tornou-se o chefe político da província. Foi o primeiro nome de uma oligarquia que, com breves interrupções, ainda controla o poder político em Goiás. Casado com d. Angela Ludovico de Almeida, era irmão do padre Manoel Rodrigues Jardim, que foi deputado às Cortes por Minas Gerais (1821) e depois procurador geral de Goiás (1822-1823), constituinte por Minas e deputado por Minas e Goiás (1823, 1826-1829 e 1834-1837), tendo falecido em 1835. Bulhões, que foi seu companheiro e amigo, era sogro de uma de suas filhas, e meio-irmão do marechal Joaquim Xavier Curado. Em 1831, Jardim foi nomeado presidente da província e, em 1837, senador; faleceu em 1842. Além disso, era ligado ao marquês da Palma, d. Francisco de Assis Mascarenhas, de quem sua mulher tivera dois filhos anteriores ao casamento. Esses enteados, a quem dedicava afeição, eram d. Francisco de Assis Mascarenhas, que seguiu a carreira military, e d. José de Assis Mascarenhas, bacharel que, com o duplo patrocínio do pai e do padrasto, foi juiz de direito de Goiás, deputado por Goiás (1836 a 1847), presidente da província (1839-1845). Em 1847, d. José cedeu seu lugar de deputado a seu meio-irmão (também goiano, filho de uma índia), d. Manoel, pois já então se achava nomeado desembargador no Maranhão.

23 SDEG, *Livro 10 de Registro de Correspondência do Governo das Armas Com as Autoridades Civis da Província (1823-1826)*, passim; Setor de Documentação do Departamento de História de FFLCH da USP, *Microfilme da Documentação do Museu das Bandeiras (Goiás)*, rolos 45 e 46 – saída de gado; Raimundo José da Cunha Matos, Corografia Histórica da Província de Goiás, *Revista do Instituto Histórico e Geográfico Brasileiro*, n. 37, 1874 e t. 38, 1875, passim.

24 J.M.P. de Alencastre, Anais da Província de Goiás, *Revista do Instituto Histórico e Geográfico Brasileiro*, n. 28, 1865, p. 126-129; e SDEG. *Maço de Ordens e Decretos (1820-1824)*, doc. 28/1821. Mais tarde, a Junta de governo provisório de Goiás, a quem a separação do Norte atingiria duramente pelo brusco corte nos recursos provenientes de impostos sobre a exportação do gado, acusaria Segurado de ser partidário de Portugal. Na realidade, não o preocupava muito o fato de o Brasil estar ou não vinculado a Portugal. Era declaradamente partidário de um governo constitucional, mas sua preocupação maior era colocar fim à dependência de sua região ao governo do Sul. Quanto à Junta de Goiás, não poderia acusar ninguém de fidelidade a Portugal, pois ainda em 27 de agosto de 1822 lançou uma proclamação em cujo final saudava o rei, a assembleia luso-brasileira e o regente. Ver SDEG, *Livro 1º de Registro Geral (1820-1824)*, 113v-114.

25 SDEG, *Livro de Ofícios da Junta Interina para Lisboa (1822)*, 3-12v.

26 J.M.P. de Alencastre, Anais da Província de Goiás, *Revista do Instituto Histórico e Geográfico Brasileiro*, n. 28, 1865, p. 131.

27 SDEG, *Livro 1º de Registro Geral (1820-1824)*, 83v; e J.M.P. de Alencastre, Anais da Província de Goiás, *Revista do Instituto Histórico e Geográfico Brasileiro*, n. 28, 1865, p. 132-133.

28 SDEG, *Maço de Ordens e Decretos (1820-1825)*, doc. 28/1821; e J.M.P. de Alencastre, Anais da Província de Goiás, *Revista do Instituto Histórico e Geográfico Brasileiro*, n. 28, 1865, p. 129-130.

29 SDEG, *Livro de Ofícios da Junta Interina Para Lisboa (1822)*, 3-12v.

30 Ibidem.

31 Ibidem, 1-12v; J.M.P. de Alencastre, Anais da Província de Goiás, *Revista do Instituto Histórico e Geográfico Brasileiro*, n. 28, 1865, pp. 135-139; Antônio Americano do Brasil, *Súmula de História de Goiás*, 2. ed., Goiânia: Departamento Estadual de Cultura, 1961, p. 85; Artur Cezar Ferreira Reis, Goiás, *História Geral da Civilização Brasileira*, São Paulo: Difusão Europeia do Livro, 49 v., p. 186.

32 SDEG, *Livro de Ofícios da Junta Interina para Lisboa (1822)*, 2v-12v; idem, *Livro 1º de Registro Geral (1820-1824)*, p. 85-86.

33 SDEG, *Livro 1º de Registro Geral (1820-1824)*, 86v-87v; idem, *Livro de Ofícios da Junta Interina Para Lisboa (1822)*, 13v-17; e J.M.P. de Alencastre, Anais da Província de Goiás, *Revista do Instituto Histórico e Geográfico Brasileiro*, n. 28, 1865, p. 144-145.

34 Nos últimos meses de sua permanência, Sampaio já não pedia ordens a Lisboa, mas a Junta voltou a fazê-lo.

35 Na verdade, desejavam apenas justificar-se perante a metrópole, com argumentos verdadeiros ou não, pelas atitudes tomadas.

36 A.C.F. Reis, op. cit., p. 187; J.M.P. de Alencastre, Anais da Província de Goiás, *Revista do Instituto Histórico e Geográfico Brasileiro*, n. 28, 1865, p. 153-154.

37 SDEG, *Livro 1º de Registro Geral (1820-1824)*; J.M.P. de Alencastre, Anais da Província de Goiás, *Revista do Instituto Histórico e Geográfico Brasileiro*, n. 28, 1865, p. 147.

38 J.M.P. de Alencastre, Anais da Província de Goiás, *Revista do Instituto Histórico e Geográfico Brasileiro*, n. 28, 1865, p. 153-154.

39 Raimundo José da Cunha Matos foi governador da província de 1823 a 1826. Nesse periodo, foi promovido a general e eleito deputado pela província (1826).

40 Demonstrando compreensão do comportamento político provincial, criticou a lei dizendo: "compõe-se um governo policéfalo muito pior do que aquele que se pretendeu extinguir; o Excelentíssimo Presidente da Província fica constituído um miserável brinco ou autômato de meia dúzia de homens seus necessários inimigos, entre os quais pode ser que vejamos Manoel Leite, Manoel Mateus, José Bernardino, Vidal e outros rábulas do mesmo estofo, que têm loquela para conduzirem o povo aos interesses deles [...]" Ver SDEG, *Livro 10 de Correspondência do Governo das Armas Com as Autoridades Civis da Província (1823-1826)*, 78V.

41 Seu procedimento foi satirizado em verso por Silva e Souza. Ver J.M.P. de Alencastre, *Traços Biográficos de Silva e Souza, Revista do Instituto Histórico e Geográfico Brasileiro*, n. 30, 1867, p. 241-256.

42 O distrito de Goiás tinha cinco eleitores da cidade e um de Anta, Meia Ponte tinha três, Santa Luzia dois, Santa Cruz dois (um dos quais não compareceu), Pilar dois, Trairas um, São Félix um, não comparecendo o eleitor de Crixás.

43 SDEG, *Maço de Ordens e Decretos (1820-1825)*, certidões encaminhadas à Junta pelo sargento-mor Joaquim Alves de Oliveira. A.A. do Brasil, op. cit., p. 86; J.M.P. de Alencastre, Anais da Província de Goiás, *Revista do Instituto Histórico e Geográfico Brasileiro*, n. 28, 1865, p. 147-151; A.C.Ferreira Reis, op. cit., p. 186-187.

44 SEDG, *Livro 1º Para e Secretaria da Justiça (1222-1824)*, p. 1.

45 Ibidem, p. 1-2; SEDG, *Livro 10 de Registro Geral (1820-1824)*; A.A. do Brasil, op. cit., p. 89-94.

46 A escolha do sargento-mor é de difícil explicação. Tinham em mãos um documento assinado por ele e registrado no tabelionato de Meia Ponte, informando que era chagásico, artrítico, gonocócico e, provavelmente, prostático, não tendo condições de viajar. Talvez eleger Joaquim Alves fosse mais seguro que correr o risco de ter de aceitar um indesejável como deputado ou de ter que enfrentar nova crise. Nenhum membro da Junta poderia ser escolhido, pois as circunstâncias não permitiriam o afastamento de ninguém. Já pensavam em mandar Gonzaga ao Norte para promover a reunião das comarcas, Couto Guimarães e Hyacinto eram fazendeiros e funcionários, ambos portugueses, a quem não entregariam o governo, Joaquim Alves não exercia o cargo, o presidente Xavier, como Bulhões, era idoso (ambos faleceram em 1825) e, apesar de respeitados, não tinham condições para governarem sozinhos. Na ausência de Gonzaga, restaria apenas Jardim em Goiás, como executivo efetivamente capaz.

47 SDEG, *Livro 1º de Registro Geral (1820-1824)*; SDGE, *Maço de Ordens e Decretos (1820-1825)*; J.M.P. de Alencastre, Anais da Província de Goiás, *Revista do Instituto Histórico e Geográfico Brasileiro*, n. 28, 1865, p. 187-188;

A.A. do Brasil, op. cit., p. 89-94; A.C.F. Reis, op. cit., p. 160.

48 SDEG, *Livro de Registro de Ofícios Expedidos (1822-1823)*, l.v.; J.M.P. de Alencastre, Anais da Província de Goiás, *Revista do Instituto Histórico e Geográfico Brasileiro*, n. 28, 1865, p. 160.

49 Foram pronunciados: Pio Pinto de Cerqueira, Felipe Antônio Cardoso, Silvério José da Silva Rangel, José Bernardino e Sena Ferreira, Lúcio Luís Lisboa, Manoel Mateus Ferreira e outros. Ver J.M.P. de Alencastre, Anais da Província de Goiás, *Revista do Instituto Histórico e Geográfico Brasileiro*, n. 28, 1865, p. 162-163.

50 SDEG, *Livro 10 de Registro de Correspondência do Governo das Armas Com as Autoridades Civis da Província (1823-1826)*, 4v-5.

51 Embora os registros da correspondência de Cunha Matos forneçam alguns detalhes (como sua opinião sobre a periculosidade do sargento-mor Paula, por ser oficial de 1a linha), algumas personagens – como o "chefe de guerrilhas" Germano – e episódios permanecem bastante obscuros. Ver SDEG, *Livro 10 de Correspondência do Governo das Armas Com as Autoridades Civis da Província (1823-1826)*, p. 37-39.

52 Idem, *Maço de Ordens e Decretos (1820-1825)*, portaria de 23 de junho de 1823. Estando no Rio o padre Silvestre Alves da Silva, que conhecia bem o norte de Goiás, talvez tenha informado do perigo de separação, pelas afinidades entre os goianos do Norte e os paraenses.

53 Idem, *Livro 10 de Registro da Correspondência do Governo das Armas Com as Autoridades Civis da Província (1823-1826)*, p. 52-54.

54 Ibidem, 55-55v.

55 Ibidem, 59.

56 Ibidem, 70-99v. Ibidem, p. 1-2; SEDG, *Livro 1º de Registro Geral (1820-1824)*; A.A. do Brasil, op. cit., p. 89-94.

13. O Processo de Independência em Minas Gerais

1 Ver Luiz Pereira, Introdução, *Perspectivas do Capitalismo Moderno*, Rio de Janeiro: Zahar, 1971, p. 7-8.

2 Ver Florestan Fernandes, *Sociedade de Classes e Subdesenvolvimento*, Rio de Janeiro: Zahar, 1968, p. 23.

3 Se de um lado isso é razão de complexidade, tornando inexpressiva qualquer transposição mecânica de esquemas explicativos, por outro confere concreção histórica à análise assim conduzida. O transitar das crises de conjuntura às tensões estruturais só se faz ao se reconhecer as prioridades do real. Nessa linha de abordagem, ver os trabalhos de Carlos

4 Guilherme Mota, *Atitudes de Inovação no Brasil, 1789-1801*, Lisboa: Horizonte, 1970 e *Nordeste, 1817*, São Paulo: Perspectiva, 1972; e de Fernando A. Novais, Colonização e Sistema Colonial: Discussão de Conceitos e Perspectiva Histórica, *Colonização & Migração*, IV Simpósio dos Professores Universitários de História, Porto Alegre, 3-8 de set. de 1967, São Paulo, Col. da Revista de História, 1969, p. 243 e 262 e O Brasil nos Quadros do Antigo Sistema Colonial, em Carlos Guilherme Mota (org.), *Brasil em Perspectiva*, São Paulo, Difel, 1968, p. 53-71.

Ver A Sociedade Estamental e de Castas, Comunidade e Sociedade no Brasil, São Paulo: Ed. Nacional, 1972, p. 313.

5 Os marcos podem e devem, portanto, ser rediscutidos para a apreensão das dimensões gerais do processo de descolonização portuguesa nas demais regiões.

6 Trata-se de uma devassa contra o padre Carlos José de Lima pelo "abominável crime de censura a El-Rei e seu Ministro". Ver Antônio Gabriel Diniz, *A Inconfidência de Curvelo*, Belo Horizonte: S. Vicente, 1965, p. 6.

7 Citado por Celso Furtado, *Formação Econômica do Brasil*, 7. ed. São Paulo: Ed. Nacional, 1967, p. 37.

426 NOTAS

8 Ver C. Furtado, op. cit., p. 39. Ver também o excelente trabalho de Pierre Vilar, *Ora y Moneda en la Historia, (1450-1920)*, trad. de A.S. Buesa e J.I. Borrei, rev. por J.N. Oiller, Barcelona: Ariel, 1969, p. 266-273.

9 Tenha-se em conta que a economia de Minas não se limitou a uma monoprodução de ouro. Paul Singer mostrou a inconsistência dessa concepção "cíclica" da economia ao observar que quatro quintos da população ativa mineira faziam parte do Setor de Mercado Interno (comerciantes, tropeiros e artesãos) e principalmente no Setor de Subsistência (lavoura e pecuária). Ver Paul Singer, *Desenvolvimento Econômico e Evolução Urbana*, São Paulo: Ed. Nacional, 1968.

10 Ver Francisco Iglésias, Minai Gerais, em Sérgio Buarque de Holanda (dir.), *História Geral da Civilização Brasileira*, 2. ed., São Paulo: Difel, 1967, t. II; O Brasil Monárquico, v. 2, p. 368. Esse trabalho é o mais significativo dos quantos se escreveram sobre o tema.

11 Ver F. Iglésias, op. cit., p. 367.

12 Ver Fernando A. Novais, A Proibição das Manufaturas no Brasil e a Política Econômica Portuguesa do Fim do século XVIII, *Revista de História*, São Paulo, v. 33, n. 67, p. 147-166, jul.-set., 1966.

13 Carlos Guilherme Mota realiza um estudo comparativo das "Inconfidências" mineira e baiana, indicando as especificidades de cada qual. Importa chamar a atenção para a caracterização nítida de que houve camadas senhoriais distintas quanto a seus interesses. Ver Contribution à l'étude des formes de pensée coloniale au Brésil à la fin du XVIII.e siècle: l'idée de révolution, *Annales historiques de la Révolution Française*, Paris, 202, p. 613-645, oct.-déc, 1970; e idem, *Atitudes de Inovação no Brasil, (1789-1801)*, Lisboa: Horizonte, 1970. Ver também Kenneth R. Maxwell, *The Generation of the 1790's and the Idea of Luso-Brazilian Empire*. (Trabalho apresentado no seminário da Newberry Library em novembro de 1969 – mimeografado.)

14 Ver Emilia Viotti da Costa, *Da Senzala à Colônia*, São Paulo: Difel, 1966, p. 304; e João

15 Dornas Filho, *A Escravidão no Brasil*, Rio de Janeiro: Civilização Brasileira, 1939, p. 121.

16 Citado por João C. de Oliveira Torres, *Estratificação Social no Brasil*, São Paulo: Difel, 1965, p. 42.

17 Veja-se nesta mesma coletânea o trabalho de Fernando Tomaz.

18 Ver Francisco Iglésia, op. cit., p. 383.

A penetração de empresas estrangeiras provocará, em 1843, reações como aquela encontrada por Francisco Iglésias entre os escritos de Soares Andreia:"teorias bem concebidas e publicadas para nosso governo, e não para o governo dos autores, fizeram cair as nossas melhores minas de ouro em mãos estrangeiras, que pelo serviço que fazem em demonstrar-nos que em nossa terra ainda há muito ouro, o vão tirando todo e dando-nos em prêmio de nossa correspondência e urbanidade uns dez por cento do produto de nossas minas". Ver ibidem, p. 396.

14. O Processo de Independência no Rio de Janeiro

1 Jean Baptiste Debret, *Viagem Pitoresca e Histórica ao Brasil*, 4. ed., São Paulo: Livraria Martins, 1965, t. II, p. 88-89.

2 Alguns autores preferem considerar como "primeira etapa", no entanto, aquela que corresponde aos chamados "movimentos precursores" – as conjurações e inconfidências do período colonial.

3 Francisco Adolfo de Varnhagen, *História da Independência do Brasil*, 3. ed., São Paulo: Melhoramentos, 1957, p. 57.

4 Ver entre outros, Arnaldo Vieira de Mello, *Bolívar, o Brasil e os Nossos Vizinhos do Prata: da Questão de Chiquitos à Guerra da Cisplatina*, Rio de Janeiro: Olímpica, 1963. Talvez seja possível relacionar essa afirmativa ao recrudescer do movimento "emancipacionalista" na América Espanhola a partir de 1817. Ver Paula Beiguelman, *Formação Política do Brasil*, São Paulo: Pioneira, 1957, v. 1, p. 43.

5 Ver Pedro Octávio Carneiro da Cunha, A Fundação de um Império Liberal, em Sérgio Buarque de Holanda (dir.), *História Geral da Civilização Brasileira*, 3. ed., t. II, v. 1, O Processo de Emancipação, São Paulo: Difel, 1970.

6 Manuel de Oliveira Lima, *O Movimento da Independência: 1821-1822*, 4. ed., São Paulo: Melhoramentos, 1962, p. 60.

7 F.A. de Varnhagen, op. cit., p. 56. Ver "Processo da Revolta da Praça do Comércio do Rio de Janeiro, em 21 de abril de 1821", n. 6854 do Catálogo da Exposição de Hist. do Brasil.

8 P.O.C. da Cunha, op. cit., p. 161.

9 M. de O. Lima, op. cit., p. 61. "A 22, o rei, cuja natural pusilanimidade encontrará a reação em interesses cortesãos que vieram em seu socorro, revogou por um decreto a Constituição de Cádiz que outorgara e que fora, nas suas palavras, impetrada por 'anarquistas mal intencionados'."

10 F.A. de Varnhagen, op. cit., p. 57; na nota de n. 99 ele indica Joaquim G. Ledo e José Clemente Pereira como dois desses liberais.

11 Alberto Ribeiro Lamego, *O Homem e a Guanabara*, 2. ed., Rio de Janeiro: IBGE, 1964, p. 148s. e 163s.

12 Lysia M.C. Bernardes, *O Rio de Janeiro e Sua Região*, Rio de Janeiro: IBGE, 1964, p. 60.

13 Renato da Silveira Mendes, *Paisagens Culturais da Baixada Fluminense*, São Paulo: USP, 1950, p. 4a. 45, 73.

14 Arthur Cézar Ferreira Reis, *Épocas e Visões Regionais do Brasil*, Manaus: Ed. do Governo do Est. de Amazonas, 1966, p. 39s.

15 José de Souza Azevedo Pizarro e Araújo, *Memórias Históricas do Rio de Janeiro*, Rio de Janeiro: Imprensa Nacional, 1948, v. II, p. 22.

16 Afonso Arinos de Melo Franco, *Desenvolvimento da Civilização Material no Brasil*, 2. ed., Rio de Janeiro: Conselho Federal de Cultura, 1971, p. 67, 102.

17 João Capistrano de Abreu, *Capítulos de História Colonial*, 4. ed., Rio de Janeiro, Livraria Briguiet, 1954, p. 335.

18 Ibidem, p. 334.

19 José Honório Rodrigues, *Conciliação e Reforma no Brasil*, Rio de Janeiro: Civilização Brasileira, 1965, p. 33. A reeuropeização é o correspondente cultural da oficialização da internacionalização do Brasil com a abertura dos portos em 1808, e que vinha se processando desde o século anterior.

20 Olga Pantaleão, A Presença Inglesa, em S.B. de Holanda (dir.), *História Geral da Civilização Brasileira*, t. II, O Brasil Monárquico, v. I, O Processo de Emancipação, p. 64.

21 A.A. de M. Franco, op. cit., p. 108.

22 Auguste de Saint-Hilaire, *Viagem Pelas Províncias do Rio de Janeiro e Minas Gerais*, São Paulo: Cia. Editora Nacional, 1938, t. I, p. 64.

23 Caio Prado Jr., *Formação do Brasil Contemporâneo*, São Paulo: Brasiliense, 1969 p. 126n.

24 A.R. Lamego, op. cit., p. 228 e 230.

25 Outros dados e indicações bibliográficas em Pedro Calmon, *História do Brasil*, Rio de Janeiro: José Olympio, 1959, t. IV., p. 1423-1424, notas 35 e 36.

26 C. Prado Jr., op. cit., p. 140.

27 A. de Saint-Hilaire, op. cit., t. II, p. 107n.

28 Johann Baptist von Spix; Karl Friedrich Philipp von Martius, *Viagem Pelo Brasil 1817-1820*, São Paulo: Melhoramentos, 1968, t. I, p. 191.

29 Luccock, *apud* C. Prado Jr., op. cit., p. 153-154.

30 C. Prado Jr., op. cit., p. 157.

31 Roberto Simonsen, *História Econômica do Brasil*, São Paulo: Cia. Editora Nacional, 1962, p. 289-290.

427

32 Fernando Piteira dos Santos, *Geografia e Economia da Revolução de 1820*, Lisboa: Brasil-América, 1961, p. 142. Um outro autor assinala com bastante razão que "por aí se entende por que a revolução de 1817, dita de Gomes Freire de Andrade, era anti-inglesa e a revolução de 1820 era recolonizadora". Mota, Carlos Guilherme Mota, *Atitudes de Inovação no Brasil: 1789-1801*, Lisboa: Livros Horizonte, 1970, p. 33.

33 Talvez seja interessante assinalar que a conselho do embaixador português em Londres fora criada, em junho de 1808, a "Associação dos Comerciantes que Traficam para o Brasil", visando dar alguma ordem àquela euforia caótica. Os relatos dos estrangeiros, como Mawe e Maria Graham, são bastante ilustrativos. Ainda em 1822, Maria Graham podia anotar em diário que "as ruas estão, em geral, repletas de mercadorias inglesas. A cada porta as palavras Superfino de Londres saltam aos olhos [...]" *Diário de uma Viagem ao Brasil e de uma Estada Nesse País Durante Parte dos Anos de 1821, 1822 e 1823*, tradução e notas de A.J. Lacombe, São Paulo: Cia. Editora Nacional, 1956, p. 211. (Coleção Brasiliana.)

34 Ver Alan K. Manchester, *British Preeminence in Brasil Its Rise and Decline: A Study in European Expansian*, Chapel Hill: University of North Carolina Press, 1933.

35 O trecho seguinte de Sierra y Mariscal, a respeito do comércio da Bahia, retrata um aspecto muitas vezes apontado mas nem sempre avaliado em toda a importância: "composto todo de Portuguezes Europeos; este commercio comprava aos estrangeiros suas mercadorias e fazia vir de Inglaterra as Máquinas, e utencilios para as serventias dos Engenhos, mas quasi tudo era fiado. Fazia vir da costa d'África escravatura, do Rio Grande as Carnes, e d'outras partes Farinhas. Toda ação e movimento d'Aquelle Commercio se dirigia a proporcionar-se artigos e meios para poder suprir e adiantar fundos aos Srs. d'Engenho, estes que recebião adiantado quanto precizavão para o andamento de suas fabricas, epotecando aos Negociantes Portuguezes acto continuo a epotecavão aos estrangeiros, para pagamentos dos gêneros e Maquinas que lhes tinhão tomado fiadas". Idéias geraes sobre a Revolução no Brasil e suas consequências, 10 de novembro de 1823, capítulo IV. Citado por Carlos Guilherme Mota, Europeus no Brasil na Época da Independência: um Estudo, *Anais do Museu Paulista*, t. XIX, p. 14.

36 A respeito da política contraditória seguida por dom João no Brasil ver Emília Viotti da Costa, Introdução ao Estudo da Emancipação Política do Brasil, em C.G. Mota (org.), *Brasil em Perspectiva*, São Paulo: Difusão Europeia do Livro, 1968.

37 O crescimento industrial esbarrava em obstáculos estruturais – um terço da população constituído de escravos, capitais dirigidos principalmente para a lavoura, ausência de técnica – por vezes mais importantes do que aqueles criados pelos Tratados de 1810.

38 Nicia Vilela Luz, *A Luta Pela Industrialização do Brasil*, São Paulo: Difusão Europeia do Livro, 1961, p. 14s.

39 S.B. de Holanda (dir.), *História Geral da Civilização Brasileira*, Brasil Monárquico, t. II, v.1, São Paulo: Difusão Europeia do Livro, 1962, p. 27.

40 R. Simonsen, op. cit., p. 406-407; Pandiá Calógeras, *A Política Monetária do Brasil*, São Paulo: Cia. Editora Nacional, p. 26-27. (Coleção Brasileira.)

41 R. Simonsen, op. cit., p. 409s.; P. Calógeras, op. cit., p. 29 e 45.

42 P.O.C. da Cunha, op. cit., p. 135. João Capistrano de Abreu observara a respeito da Colônia: "é mesmo duvidoso se sentiam, mais ao menos consciência nacional, mas ao menos capitanial, embora usassem tratar-se de patrício e paisano", op. cit., p. 337.

43 João Frederico Normano, *Evolução Econômica do Brasil*, São Paulo: Cia. Editora Nacional, 1945, p. 96.

44 *Populações Meridionais do Brasil*, apud Raimundo Faoro, *Os Donos do Poder*, Porto Alegre: Globo, 1958, p. 125.

45 C.G. Mota, Europeus no Brasil na Época da Independência, op. cit., p. 12.

46 Sobre a revolução burguesa em geral ver Jacques Godechot, *Les Révolutions*, Paris: PUF, 1963; Robert Roswell Palmer, *The Age of the Democratic Revolution*, Princeton, Princeton University Press, t. I e II, 1964 e 1969; Eric J. Hobsbawn, *The Age of Revolution*, London: Weidenfold & Nicolson, 1962.

47 Ver Célia G. Quirino Santos, As Sociedades Secretas e a Formação do Pensamento Liberal, *Anais do Museu Paulista*, XIX, São Paulo, 1965, p. 51s.; Célia de Barros Barreto, Ação das Sociedades Secretas, em S.B. de Holanda (dir.), *História Geral da Civilização Brasileira*, t. II, v. 1, p. 191s.

48 Pedro Calmon, *História do Brasil*, t. IV, Rio de Janeiro: José Olympio, 1959.

49 Ver Fernando Piteira Santos, *Geografia e Economia da Revolução de 1820*, Lisboa: Publicação Europa América, 1961; C.G. Mota, *Atitudes de Inovação no Brasil*, p. 104.

50 P.O.C. da Cunha, op. cit., p. 145-146.

51 Tomás Antônio de Vila Nova Portugal, absolutista, preconizava uma política de meias medidas, pressupondo o desgaste da revolução e a vitória da contrarrevolução. Ver F.A. de Varnhagen, op. cit., p. 27. D. Marcos de Noronha e Brito, conde dos Arcos, embora aceitando algumas concessões ao "espírito constitucional" dos novos tempos, queria a ida do príncipe para Lisboa a fim de limitar o alcance da revolução. D. Pedro de Souza e Holstein, conde de Palmela, chegado em dezembro, preconizava uma política de adesão aos princípios constitucionais, a fim de evitar maiores males, pensando no "modelo inglês" e numa Câmara dos Pares para a nobreza. Ver José da Costa Hipólito, *O Correio Brasiliense*, XII/1820.

52 F.A. de Varnhagen, op. cit., p. 30.

53 Os absolutistas, sob a chefia do conde dos Arcos, agora favorável à permanência do príncipe d. Pedro no Brasil e à ida do monarca.

54 F.A. de Varnhagen, op. cit., p. 38-39.

55 O padre bacharel Marcelino José Alves Macamboa, o padre Francisco Romão de Góis e Luis Duprat.

56 D. Pedro conseguiu elidir essa última parte, fazendo o rei nomear os doze para o ministério, deixando sem funções a tal Junta. Ver F.A. de Varnhagen, op. cit., p. 45; M.de O. Lima, op. cit., p. 53.

57 O fato teve muitas e variadas repercussões nas provincias, conforme destaca P.O.C. da Cunha, op. cit., p. 159.

58 C.G. Mota, *Atitudes de Inovação no Brasil*, p. 28s.

59 Ibidem, p. 38s.

60 "A pequena expressão da burguesia, cujo único grupo importante era constituído de comerciantes portugueses, a preponderância dos grupos agrários, interessados na permanência do trabalho escravo, a disponibilidade revolucionária do clero, imprimiram um cunho todo especial aos movimentos liberais e nacionalistas no Brasil", E.V. da Costa, Introdução ao Estudo da Emancipação Política do Brasil, em C.G. Mota (org.), *Brasil em Perspectiva*, p. 105-106.

61 Caio Prado Júnior, *História Econômica do Brasil*, 6. ed. São Paulo: Brasiliense, 1961, p. 108.

62 M. Graham, op. cit., p. 96.

63 R. Faoro, op. cit., p. 135.

64 Caio Prado Jr., O Tamoio e a Política dos Andradas na Independência do Brasil, *Evolução Política do Brasil: E Outros Estudos*, 4. ed., São Paulo: Brasilienses, 1963, p. 189.

65 Idem, *Formação do Brasil Contemporâneo*, São Paulo: Brasiliense, 1963, p. 282.

66 A. St. Hilaire, *Segunda Viagem a São Paulo*, apud E.V. da Costa, op. cit., p. 112.

67 C. Prado Jr., *Evolução Política do Brasil*, p. 46-48.

68 O caso de José Bonifácio de Andrada e Silva aparece como excepcional, exigindo estudo à

428 NOTAS

parte. A sua "Representação Sobre a Escravatura" é um documento arrojado, que talvez explique em grande parte o seu declínio no cenário político. Caso típico é o do brigadeiro Cunha Mattos, defensor da escravidão negra na Constituição de 1823. Merece destaque também o caso de Cipriano Barata, um dos mais característicos componentes do grupo "democrata", e que em carta a um amigo recomendava "cautela com essa canalha africana". A adoção das "infames ideias francesas" não emancipava os indivíduos dos problemas raciais e sociais do quadro em que se movimentavam.

69 F.A. de Varnhagen, op. cit., p. 76.

70 Ibidem, p. 77.

71 Ibidem, p. 80.

72 565 R. Faoro, op. cit., p. 132.

73 Hélio Vianna, *História do Brasil*, São Paulo: Melhoramentos, 1961, v. II, p. 54.

74 Hélio Vianna, *História do Brasil*, São Paulo: Melhoramentos, 1961, v. II, p. 54.

75 E.V. da Costa, Introdução ao Estudo da Emancipação Política do Brasil, em C.G. aMota (org.), *Brasil em Perspectiva*, p. 124.

76 F.A. de Varnhagen, op. cit., p. 96.

77 M. de O. Lima, op. cit., p. 136; F.A. de Varnhagen, op. cit., p. 94.

78 Sobre a imprensa ver Hélio Vianna, *Contribuição à História da Imprensa Brasileira (1812-1869)*, Rio de Janeiro: Imprensa Nacional, 1945; e Nelson Werneck Sodré, *A História da Imprensa no Brasil*, Rio de Janeiro: Civilização Brasileira, 1966.

79 No capítulo I – Negócios da União – lê-se: 1. Integridade e indivisibilidade do Reino Unido, declarando-se que as nossas atuais

possessões em ambos os hemisférios serão mantidas e defendidas contra qualquer força externa que as pretender atacar ou separar; 2. Igualdade dos direitos políticos e dos civis quanto o permitir a diversidade dos costumes e território, e das circunstâncias estatísticas [...]; 7. Para que haja justiça e igualdade nas decisões das cortes gerais e ordinárias da Nação portuguesa parece necessário que os seus deputados, tanto do Reino de Portugal, como do ultramar, sejam sempre em número igual, qualquer que seja para o futuro a população dos Estados da União.

80 As observações de Maria Graham mostram uma outra faceta do mesmo acontecimento: "Os habitantes em geral, mas especialmente os comerciantes estrangeiros, estão bem satisfeitos por verem as tropas de Lisboa despedidas, porque por muito tempo foram tiranicamente brutais com os estrangeiros, com os negros e, não raramente, com os próprios brasileiros, e nas muitas semanas passadas a arrogância delas foi revoltante tanto com o Príncipe quanto com o povo [...] O aspecto da cidade é bastante melancólico. As casas estão fechadas, as patrulhas percorrem as ruas e todo mundo parece angustiado. Os caixeiros estão convocados na milícia: andam com cintos e boldriés de couro cru sobre as roupas habituais, mas as armas e munições estavam todas em bom estado. Exceto eles e os ingleses, não vi ninguém fora de casa." *Diário de uma Viagem ao Brasil...*, dia 12 de janeiro de 1822, p. 206.

81 574 F.A. de Varnhagen, op. cit., p. 101.

82 P.O.C. da Cunha, op. cit., p. 169.

83 F.A. de Varnhagen, op. cit., p. 114.

84 P.O.C. da Cunha, op. cit., p. 171; F.A. de Varnhagen, op. cit., p. 113, onde também aparece a ideia de "naturalização de Pedro", que conflita bastante com as suas atitudes após o 7 de setembro.

85 H. Vianna, *História do Brasil*, p. 57.

86 Ledo defendeu o princípio das eleições diretas dizendo que "o maior número pede eleições diretas, a Lei as deve sancionar, só por ela é que se pode dizer que o Povo nomeou os seus representantes, de outro modo são os representantes da porção que se intitula seleta". Seu ponto de vista foi vencido. Caetano Pinto de Miranda Montenegro diria que eleições diretas só eram exequíveis "em um país de população homogênea em que estão difundidas as Luzes e virtudes sociais". Para maiores detalhes. consultar E.V. da Costa, op. cit., p. 127-128.

87 Emilia Viotti da Costa faz um sugestivo levantamento biográfico dos principais membros do apostolado, ressaltando também o papel que tiveram posteriormente na vida política do império. Ibidem, p. 131-135.

88 F.A. de Varnhagen, op. cit., p. 127-128.

89 Ibidem, p. 133.

90 Oliveira Vianna, *Evolução do Povo Brasileiro*, apud R. Faoro, op. cit., p. 141.

91 J.H. Rodrigues, op. cit., p. 35.

92 F.A. de Varnhagen, op. cit., p. 61.

93 Ibidem, p. 168. Varnhagen chama atenção para o caráter de perseguição pessoal, muito mais do que ideológica.

94 Ver sobretudo P. Beiguelman, op. cit., v. II, p. 40-44.

15. O Processo de Independência em São Paulo

1 Sérgio Buarque de Holanda, *"São Paulo", em S.B. de Holanda (dir.), História Geral da Civilização Brasileira*, 2. ed., São Paulo: Difusão Europeia do Livro, 1963, t. II: O Brasil Monárquico, v. 2: Dispersão e Unidade, p. 431.

2 Maria Thereza Schorer Petrone, *A Lavoura Canavieira em São Paulo: Expansão e Declínio (1765-1851)*, 1. ed., São Paulo: Difusão Europeia do Livro, 1968, p. 223.

3 Ibidem, p. 140.

4 Ibidem, p. 151.

5 Ver Divaldo Gaspar de Freitas, *Paulistas na Universidade de Coimbra*, Coimbra: Coimbra Editora, 1958.

6 Ver Miguel Reale, *A Doutrina de Kant no Brasil*,

São Paulo: Editora da Universidade de São Paulo, 1949.

7 S.B. de Holanda, op. cit., p. 457.

8 Richard M. Morse, *Formação Histórica de São Paulo*, 1. ed. São Paulo: Difusão Europeia do Livro, 1970, p. 76.

9 S.B. de Holanda, op. cit., p. 456.

10 Ibidem, p. 443.

11 598 Emilia Viotti da Costa, Introdução ao Estudo da Emancipação Política, em C.G. Mota (org.), *Brasil em Perspectiva*, 3. ed., São Paulo: Difusão Europeia do Livro, 1971, p. 110.

12 Ver João Alberto Souza, *Os Andradas*, São Paulo: Tipografia Piratininga, 1922.

13 Ibidem.

14 R.M. Morse, op. cit., p. 77.

15 Ver Manuel Eufrásio de Azevedo Marques, *Apontamentos Históricos, Geográficos, Biográficos, Estatísticos e Noticiosos da Província de São Paulo, tomo II: Cronologia dos Acontecimentos Mais Notáveis*, São Paulo: Livraria Martins, 1976.

16 Ver Benevenuto Santana, *A Bernarda de Francisco Inácio*, São Paulo: Sociedade Impressora Brasileira, 1937.

17 Ibidem.

18 Ibidem.

19 R.M. Morse, op. cit., p. 80.

20 Esse problema estaria no cerne dos debates do período seguinte, o Regencial (1831-1840).

16. O Processo de Independência no Rio Grande do Sul

1 Ver José Feliciano Fernandes Pinheiro (visconde de São Leopoldo), *Anais da Província de São Pedro*, Rio de Janeiro: Instituto Nacional do Livro, 1946.

2 Ver *Revoluções Cisplatinas*, Porto: Chardrom, 1915; e *História da Grande Revolução*, Porto Alegre: Livraria do Globo, 1933.

3 Ver *História do Rio Grande do Sul*, 2. ed., Porto Alegre: Livraria do Globo, 1910.

4 Ver *História Popular do Rio Grande do Sul*, Porto Alegre: Livraria do Globo, 1935.

5 Porto Alegre: Globo, 1970.

6 *Ver Viagem ao Rio Grande do Sul (1820-1821)*, Rio de Janeiro: Cia. Editora Nacional, 1942.

7 Ver *Notícia Descritiva da Província do Rio Grande de São Pedro do Sul*, Porto Alegre: Instituto Estadual do Livro, 1961.

8 Apud A. Varela, *História da Grande Revolução.*

9 Ver "Falla aos Americanos Brazilianos em Nome d'America, Por Seus Irmãos os Habitantes das Vastas Províncias do Rio da Prata", anexo. Cópia do panfleto foi enviada pelo informante aventureiro Felippe Contucci em 28 de setembro de 1811 e 8 de outubro de 1811 respectivamente a Patrício José Corrêa de Câmara e a d. Diogo de Souza.

10 Ver João Maia, op. cit.

11 Ver Carta datada de 12 de março de 1822, enviada pelo governo da província a d. Pedro.

12 Ver Domingos José Marques Fernandes, *Descrição Corográfica, Política, Civil e Militar da Capitania do Rio Grande de São Pedro do Sul*, Porto Alegre, Instituto Anchietano de Pesquisas, *Revista Pesquisa*, n. 15, 1961.

13 Apud A. Varela, *Revoluções Cisplatinas*.

14 Op. cit.

15 Francisco Inácio Marcondes Homem de Mello, Índice Cronológico dos Fatos Mais Importantes da História da Capitania Depois Província de São Pedro do Rio Grande do Sul, *Revista do IHGB*, v. 42, 2a parte.

16 Apud A. Varela, *Revoluções Cisplatinas*.

17 Ver Coruja Filho (Dr. Sebastião Filho), *Datas Rio-Grandenses*, Porto Alegre: Globo, 1962.

18 Ver Anexo.

19 Extraído da carta enviada pelo governo da província a José Bonifácio, em 6 de março de 1822.

20 Extraído da carta enviada pelo governo da província a d. João VI, em 12 março de 1822.

21 Extraído da carta enviada pelo governo da província a José Bonifácio, em 20 de abril de 1822.

22 Extraído da carta enviada pelo governo da província a José Bonifácio, em 22 de junho de 1822.

23 Extraído da carta enviada pelo governo da província a José Bonifácio, em 13 de julho de 1822. O decreto a que se refere deve ser o do dia 3 de junho de 1822 e não o do dia 6.

24 Extraído da correspondência do brigadeiro João Carlos de Saldanha Oliveira e Daun com o governo da província, em 13 de julho de 1822.

25 Extraído da carta enviada pelo governo da província a d. Pedro, em 27 de julho de 1822.

26 Extraído da carta enviada pelo governo da província a d. Pedro, em 5 de setembro de 1822.

27 Extraído da carta enviada pelo governo da província ao coronel Francisco Antônio de Borba, em 28 de novembro de 1822.

28 João Borges Fortes, *Rio Grande de São Pedro (Povoamento e Conquista)*, Rio de Janeiro: Biblioteca Militar, v. XXXVII, 1941.

29 Apud Jean Roche, *L'Administration de la Province du Rio Grande do Sul de 1829 à 1847*, Porto Alegre: UFRGS, 1961.

III. BIBLIOGRAFIA COMENTADA
17. Para a Historiografia da Independência

1 A autora agradece o auxílio da Fundação de Amparo à Pesquisa do Estado de São Paulo que, através de Bolsa de Iniciação Científica, possibilitou a realização deste levantamento. Agradece também as observações críticas de Paulo de Salles Oliveira.

2 *Questão de Método*, 2. ed., trad. Bento Prado Jr., São Paulo: Difel, 1967, p. 78-79.

IV. APÊNDICE

1 A presença de erros primários de ortografia faz-nos pensar que o texto original fora copiado por alguém que desconhecia a língua francesa. Será conservada a ortografia e a pontuação tal qual se encontra no referido Arquivo.

2 *Aperçu* em português pode ser traduzido por "resumo", "vista d'olhos" "bosquejo", "sumário". Antônio Gonçalves da Cruz, cognominado o Cabugá, abastado comerciante brasileiro, natural do Recife, participou da insurreição pernambucana de 1817, tendo sido seu representante nos Estados Unidos, onde tentou obter o reconhecimento do governo rebelde, o contrato de militares, a aquisição de armamentos etc.

Este livro foi impresso na cidade de Diadema,
nas oficinas da Bartira Gráfica e Editora, em junho de 2022,
para a Editora Perspectiva e as Edições Sesc São Paulo.